焊接结构生产

◎主　编：王冠雄

外语教学与研究出版社
北京

图书在版编目（CIP）数据

焊接结构生产 / 王冠雄主编. -- 北京 ：外语教学与研究出版社，2015.3
ISBN 978-7-5135-5806-8

Ⅰ. ①焊… Ⅱ. ①王… Ⅲ. ①焊接结构－焊接工艺 Ⅳ. ①TG404

中国版本图书馆 CIP 数据核字（2015）第 065672 号

出 版 人　蔡剑峰
责任编辑　吴　飞
装帧设计　峰尚设计
封面设计　高　蕾
出版发行　外语教学与研究出版社
社　　址　北京市西三环北路 19 号（100089）
网　　址　http://www.fltrp.com
印　　刷　北京京华虎彩印刷有限公司
开　　本　787×1092　1/16
印　　张　16.5
版　　次　2016 年 8 月第 1 版 2016 年 8 月第 1 次印刷
书　　号　ISBN 978-7-5135-5806-8
定　　价　36.00 元

职业教育出版分社：
地　　址：北京市西三环北路 19 号 外研社大厦 职业教育出版分社 (100089)
咨询电话：010-88819475
传　　真：010-88819475
网　　址：http://vep.fltrp.com
电子信箱：vep@fltrp.com
购书电话：010-88819928/9929/9930（邮购部）
购书传真：010-88819428（邮购部）

购书咨询：（010）88819926　电子邮箱：club@fltrp.com
外研书店：https://waiyants.tmall.com

物料号：258060001

"十二五"职业教育国家规划教材

职业院校"双证书"课题实验教材

专家指导委员会

焊接技术应用专业教材编写委员会

主　任　杜志忠（厦门市集美职业技术学校）

副主任　刘　伟（厦门市集美职业技术学校）

委　员（按姓氏音序排列）

成　鹏　戴建树　杜兆宇　冯雪松　郜贝锋　顾鹏展　关　强
郭广磊　郭　实　侯成强　姜艳萍　李金泽　李　梅　李晓霞
李永晟　李志鹏　刘军华　刘　强　刘　新　邱葭菲　任黎娜
申海舰　孙　瑞　王冠雄　王宁伦　王文华　王云霞　吴定国
吴玉鹏　徐洪江　张金艳　赵春爽　周广涛　周玉凤

顾　问　戚文革（吉林电子信息职业技术学院）　孟宇泽（中石化第四建设有限公司）
赵丽辉（天津津滨石化设备有限公司）

本书编写组

主　编　王冠雄

副主编　李晓霞

参　编　张金艳

主　审　吴定国

出版说明

实行“双证书”制度，是党中央、国务院适应社会主义市场经济要求，推动职业教育、职业培训改革的重要举措。早在1993年，中共中央在《关于建立社会主义市场经济体制若干问题的决定》中就提出：“要制定各种职业的资格标准和录用标准，实行学历文凭和职业资格两种证书制度”。从那时起，“双证书”制度历经了制度确立、探索试点、积极推进三个发展阶段。2014年，《国务院关于加快发展现代职业教育的决定》（国发〔2014〕19号）指出：“服务经济社会发展和人的全面发展，推动专业设置与产业需求对接，课程内容与职业标准对接，教学过程与生产过程对接，毕业证书与职业资格证书对接，职业教育与终身学习对接。重点提高青年就业能力”“推进人才培养模式创新……积极推进学历证书和职业资格证书‘双证书’制度”。

近年来国家有关部门为促进就业和提高劳动者素质，对职业院校实施“双证书”制度做出了许多政策安排，“双证书”制度在广大职业学校得到有效推行，学历证书、职业资格证书成为毕业生就业的“敲门砖”和“通行证”。但是，我们也发现，职业院校学历认证和职业资格认证还没有从根本上实现贯通，存在着各行其道、“两张皮”的普遍现象，缺乏连接两者的桥梁和纽带。其中,融合“双证书”的课程与教材建设滞后是关键原因。

为了探索解决这个长期困扰中国职业教育界的难题，人力资源和社会保障部职业技能鉴定中心部级课题《职业技能教学用书开发技术规范和评价体系研究》课题组（项目编号：RS2013-16，以下简称“课题组”）在“双证书”课程资源建设开发方面做了积极研究和有益尝试。课题组认为：“双证书”课程是指实现国家职业技能标准和专业教学标准对接，职业技能鉴定与专业课程学习考核对接的课程，它是使学生在不延长学习时间的情况下，同时获得学历证书和职业资格证书的学校正规课程。加强对“双证书”课程教材开发的研究，对于探索从课程层面做到“双证结合”，引导学校用好现有职业技能鉴定政策，推动学生职业技能和就业竞争力提升，具有十分重要的意义。开发职业技能鉴定与学校课程考试“两考合一”的“双证书”教材，可以形成“双证书”政策落地的基础性教学资源，能够解决推行“双证书”制度、实施“两考合一”的“最后一公里”问题。

为了在教材层面上做到专业教学标准与国家职业技能标准的内容对接，课题组通过研究，编制了《中等职业学校“双证书”课程教材开发技术规范》，主要技术要点如下：一是以专业教学标准为依据，细化“双证书”培养目标；二是以国家职业技能标准为依据，确定“双证书”课程；三是根据双证结合的理念，编制“双证书”课程实施规范；四是结合职场工作实际，开发“双证书”综合实训课程；五是积极改革教学模式，建设“双证书”课程标准；六是根据职教特色，组织编写“双证书”教材；七是做好试题开发组织和考务服务，为“两考合一”做好技术保障。这一技术规范为实现教学内容与职业标准“双覆盖”、教学过程与岗位要求“双对照”、课程考试与技能鉴定“双结合”的职业院校教材开发目标提供了一个技术指引。

外语教学与研究出版社作为课题参与单位，自2014年开始，陆续开发了中等职业学校机械制造技术、机械加工技术、机电技术应用、机电设备安装与维修、焊接技术应用、汽车制造与检修、汽车运用与维修、电子与信息技术、文秘等9个专业的“双证书”课题实验教材。

“双证书”课题实验教材的开发采取专业负责人制，每个专业由一名资深专家对教材目标、内容选择、内容组织进行总体把关，然后指导各册主编分头编写，最后由本专业教学专家、职业技能鉴定专家、企业专家、课程开发专家组成的编审委员会共同审定，确保符合课题组编制的《中等职业学校“双证书”课程教材开发技术规范》，同时，努力在教材开发中对接“四新”（新知识、新技能、新产品、新工艺），做到不遗漏知识点、技能点、态度点。

职业院校“双证书”课题实验教材的开发编写遵循了教育部颁布的《中等职业学校专业教学标准（试行）》规定的课程名称、“主要教学内容和要求”，并在教材中融入了相应的五级、四级国家职业技能标准的要求，有助于学生学习掌握职业技能鉴定所要求的相关知识和必备技能，并获取相应等级的职业资格证书，为推动职业院校实施“双证书”制度提供了必要的教学资源支持。

“双证书”课题实验教材的开发，是一个新的探索，欢迎广大中等职业学校和职业高中积极试用，并提出宝贵意见，我们将进一步改进和完善。

职业教育是使“无业者有业，有业者乐业”的伟大事业。让我们携起手来，为建设现代职业教育体系和构建终身职业培训体系尽自己一份绵薄之力。

人力资源和社会保障部职业技能鉴定中心

《职业技能教学用书开发技术规范和评价体系研究》课题组

2015年6月23日

前　言

为适应中等职业教育教学改革和发展的需要，贯彻以素质教育为基础、以能力为本位的教学指导思想，突出职业教育特色，在认真总结同类教材建设经验的基础上，结合编者多年的教学经验，我们编写了本书。本书在编写时着重考虑了以下几个方面：

1．教材编写以突出应用性、实践性的原则重组课程结构，打破了原有课程的学科化倾向，剔除与岗位职业能力关系不大的内容，增加了与职业能力有关的新技术、新工艺、新设备、新材料。

2．立足于基本知识、基本工艺、基本技能的传授与训练，重点介绍焊接结构生产过程的工艺操作技术，淡化工艺设计的原理和计算等理论内容。

3．内容上紧紧扣住培养学生现场工艺实施的职业能力来阐述，将必需的理论知识点融于能力培养过程中，注重实践教学及操作技能培养。

4．语言通俗易懂，简明扼要，图文并茂。

5．每个单元后均附有练习题，便于加深对学习内容的理解。

6．采用最新国家标准和工艺规范，并介绍了典型结构图例和有关工艺参数图表。

本书8个单元中，第1、2单元为焊接结构基础知识，主要介绍了典型焊接结构基本构件、焊接接头的基本形式、焊接结构生产过程简介、消除焊接用力与预防焊接变形的措施以及焊接接头疲劳破坏和脆性断裂等问题；第3、4、5、6单元为焊接结构的生产过程，结合实例说明了焊接结构备料及成形加工、焊接结构的装配、焊接结构工艺规程的编制和典型焊接结构的生产工艺，这是本书的重点。最后两个单元介绍了装配—焊接工艺装备和焊接结构生产的安全技术。

本书由首钢技师学院王冠雄主编，李晓霞任副主编，张金艳参与编写。全书由吴定国主审。

本书可供中职学校、职业培训学校焊接技术应用等专业的学生使用，也可供相关工程技术人员参考。

由于编者水平有限，编写时间仓促，书中难免存在不妥之处，恳请读者批评指正。

编　者

2016年6月

目　录

绪　论

焊接是一种金属连接的方法，是通过加热或加压（或两者并用），并且用（或不用）填充金属，使焊件间达到原子间结合的一种加工方法。也可以说，焊接是一种将材料永久连接，并形成具有给定功能结构的制造技术。焊接技术在机械制造工业中具有重要地位，是国家经济建设各个领域不可缺少的工艺技术手段，与其他连接方法相比，具有很多优点，其应用涉及国民经济的各个领域。

一、焊接结构的特点及其在工业发展中的作用

1. 焊接结构的特点

1）焊接结构的优点

焊接结构就是将各种材料采用焊接方法加工而成的，能承受一定载荷的金属结构。与铆接、铸造及锻造等方法制成的金属结构相比较，焊接结构具有以下优点：

（1）焊接接头的强度高。由于铆接接头需要在母材上钻孔，因而削弱了接头的工作截面，使其接头强度低于母材。而焊接接头的强度、刚度一般可达到与母材相等或相近的程度，能够承受母材所能承受的各种载荷。

（2）可节约金属材料。与铆接相比，焊接结构可以节约材料 10% ~ 30%。一般情况下，钢材焊接毛坯比铸钢毛坯质量轻 50% ~ 60%。这主要是因为焊接结构的截面可以按设计的需要来选取，不必像铸造由于受工艺的限制而需增大尺寸和设置加强筋板。一般焊接件毛坯比铸造件毛坯轻 10% 左右。其次，用焊接代替铸造还可以节省大量的燃料，因此，将铸造、锻造结构改为焊接结构，或改为铸—焊、锻—焊结构是节省材料和能源的重要方法。

（3）工艺灵活性大。根据产品的结构特点，可以将几何尺寸大、形状复杂的结构分解，对分解后的零件或部件分别进行加工，然后通过总体装配焊接成整体结构。

（4）对金属材料的适应性强。通过焊接可将多种不同形状与厚度的钢材（或其他金属材料）连接起来，也可将不同种类金属材料（如铸钢件、锻压件等）连接起来，从而使焊接结构的材料分布、性能的匹配更合理。另外，焊接结构中各零部件间通常可直接用焊接连接，不需要附加的连接件。因而，可使产品重量减轻，生产成本也明显降低。

（5）投资少，见效快。焊接结构生产一般不需要大型和昂贵的机器设备。投建焊接结构制造厂（车间）所需设备和厂房的投资少、见效快。另外，焊接结构制造厂可进行不同批量的产品生产，而且结构的变更和改型快，因此转产方便。

2）焊接结构的不足

（1）在焊接过程中，焊缝处容易产生各类焊接缺陷，产生过大的应力集中，从而降低整个焊接结构的承载能力。

（2）焊接结构对于脆性断裂、疲劳破坏、应力腐蚀和蠕变破坏等都比较敏感。

（3）焊接结构中存在残余应力和变形，影响焊接结构的外形尺寸和外观质量，给焊后的构件继续加工带来麻烦，甚至直接影响焊接结构的强度。

（4）焊接会改变材料的部分性能，使焊接接头附近变为一个不均匀体。

（5）对于一些高强度的材料，因其焊接性能较差，更容易产生焊接裂纹等缺陷。

2. 焊接结构在工业发展中的作用

焊接是一种理想的材料连接方法，随着科学技术的进步，其已经从单一的加工工艺发展成为一种多学科相互交融的、综合的现代工程技术。

焊接结构已广泛应用于国民经济的诸多行业，如工业中的石油化工机械、重型矿山机械、起重与吊装设备、冶金建筑、各类锻压机械等；交通运输业中的汽车、船舶、农用运输机械等；兵器工业中的常规兵器、火箭、深潜设备等；航空航天工业中的人造卫星和载人飞船等。随着焊接技术向机械化、自动化方向的发展，焊接结构的应用领域和范围将日益扩大。

焊接结构被广泛地应用于工业生产的各个部门。焊接结构是许多高新技术产品不可缺少的组成部分。焊接结构的质量直接影响工业生产产品的质量和使用可靠性。因此，焊接结构在推动工业生产发展、技术进步以及促进国民经济发展过程中都发挥着重要的作用。

二、本课程的性质及讲授的主要内容

焊接结构生产课程是焊接技术应用及自动化相关专业必修的核心主干课程，其综合性、实践性强。该课程主要培养学生掌握焊接结构生产中常用的备料和成形加工方法，掌握典型焊接结构的生产工艺，具备运用所学知识，分析、解决焊接生产现场技术问题的能力，在本专业人才培养中具有十分重要的地位。

本课程的主要内容及基本要求如下：

（1）焊接应力与变形。要求明确焊接应力与变形的基本概念及其产生原因；熟悉焊接变形的种类；了解焊接应力的分布规律；掌握控制焊接变形的工艺措施和焊后矫正焊接变形的方法；掌握降低焊接应力的工艺措施和焊后消除焊接残余应力的方法。

（2）焊接接头及焊接结构的强度。要求了解焊接接头的组成、焊接坡口以及焊接接头的基本形式；能够识读焊缝符号并分清焊缝类型；能够进行对接接头的静载强度计算；掌握疲劳破坏与脆性断裂的基本概念与影响因素；了解应力腐蚀的基本概念与影响因素。

（3）焊接结构的备料及成形加工。焊接结构的零件加工过程，一般要经过钢材的矫正、预处理、划线、放样、下料、弯曲、压制、校正等工序，这对保证产品质量、缩短生产周期、节约材料等方面均有重要的影响。

（4）焊接结构的装配。要求掌握装配的基本条件；熟悉零件的定位原理；了解装配用工具及设备；明确装配的基本方法；掌握球形储罐和钢制焊接立式圆筒形储罐的现场组装。

（5）焊接结构生产工艺规程编制。要求明确焊接结构的工艺性审查；熟悉焊接结构制造工艺规程的编制；了解焊接工艺制订的内容和原则；掌握焊接工艺评定；掌握焊接焊接结构生产工艺过程分析的方法。

（6）典型焊接结构的生产工艺。要求明确压力容器操作条件特点、焊接特点、介质特性；熟悉压力容器所用焊接接头形式及对容器的要求；了解压力容器及桥式起重机的制造过程；重点掌握筒体、封头焊缝的布置、容器的焊接顺序及减小桥式起重机主梁焊接变形的方法。

（7）装配—焊接工艺装备。要求明确焊接工艺装备在焊接生产中的地位及作用；熟悉焊接工艺装备的种类及特点；掌握焊接工装夹具结构特点、使用及设计的基本知识；掌握各种焊接变位机械（包括焊件变位机械、焊机变位机械和焊工变位机械）的结构特点，并能正确使用焊接变位机械；了解焊接机器人的相关知识。

（8）焊接结构生产的组织管理、劳动保护与安全文明生产。要求了解焊接车间的类型及组成；熟悉焊接车间设计的基本知识；明确焊接结构生产的组织与质量管理，重点掌握焊接结构生产过程中的质量控制；熟悉焊接结构生产的劳动保护与安全文明生产。

三、学习本课程应达到的能力目标

1. 总目标

本课程的总目标是“以学生为主体，以职业能力培养为中心”，通过课程的实施，帮助学生学会学习、学会实践、学会协作，使学生的知识、技能、情感得到全面发展，既为今后的职业岗位打下一定的知识与技能基础，又培养良好的职业道德。

2. 具体目标

（1）职业专门技术能力目标：掌握焊接应力与变形控制措施与焊接变形的矫正方法；掌握焊接接头工作应力分布规律及接头静载强度的计算方法；掌握焊接结构生产中常用的备料和成形加工方法；能够制定合理的装配与焊接工艺；具备对产品设计图纸进行焊接工艺性审查的能力；具备设计和选择装配—焊接工艺装备的能力；具备运用所学知识，分析、解决焊接生产现场技术问题的能力。

（2）理论知识目标：掌握焊接结构基础知识、焊接接头工作应力分布规律及接头静载强度的计算方法；掌握焊接结构备料及成形加工、焊接结构的装配与焊接工艺、装配—焊接工艺装备、焊接结构工艺性分析、焊接工艺的制订、焊接结构的生产组织与安全技术等基础知识。

（3）职业关键能力目标：独立思考，自主完成项目任务；善于总结经验，有创新意识；乐于合作，发挥集体力量，共同完成任务；坦诚相待，乐于助人，树立良好的职业道德意识；坚韧、诚信，遵守秩序。

课堂笔记：____

____

____

单元 1 焊接结构基础知识

学习目标

1. 了解机器零部件、压力容器、梁柱及船舶等焊接结构基本构件的相关知识。
2. 掌握常用焊接接头的基本形式、表示方法、焊缝代号的识别。
3. 掌握焊接结构强度的基础知识。

第一节　焊接结构基本构件

焊接作为一种材料连接的工艺方法，已经在机械制造业中得到广泛应用，许多传统的铸、锻制品，由于毛坯加工量大，零部件受力不理想等原因逐步被焊接产品或铸—焊、锻—焊结构产品所代替。焊接结构形式各异，繁简程度不一，类型很多。

一、机器零部件焊接结构

机器焊接结构主要包括机床大件（如机身、立柱、横梁等）、压力机身、减速器箱体及大型机器零件等。这类结构通常在交变载荷或多次重复性载荷下工作，必须具有精确的尺寸，才能保证主要部件或仪表零件的加工精度。采用钢板焊接或铸—焊、锻—焊联合的工艺制造机械零部件结构，可以解决铸、锻设备能力不足的问题，同时大大缩短了制造周期。

1. 切削机床的焊接机身

切削加工是一个精度较高的工艺过程，因此必须要求机床的机身具有很高的刚度。过去，由于铸铁价格低，铸件适于成批生产，并具有良好的减振性能，所以铸铁机床机身一直占有优势。随着现代工业和新型加工技术的发展，为提高机床的整体工作性能，减轻结构重量，缩短机身的生产周期和降低制造成本，机床机身逐步改用焊接结构。尤其是对于单件小批量生产的大型、重型及专用机床，大量采用焊接结构代替铸造结构，其经济效果十分明显。

图 1-1（a）是卧式车床的焊接机身，主要由箱形床腿、加强筋、导轨、纵梁及斜板等零部件组成。如图 1-1（b）所示，机身断面结构形式是通过纵梁和斜板实现的，它把整个方箱断面分割成两个三角形的断面，下方三角形完全闭合，这样的断面结构具有较大的抗弯扭刚度。

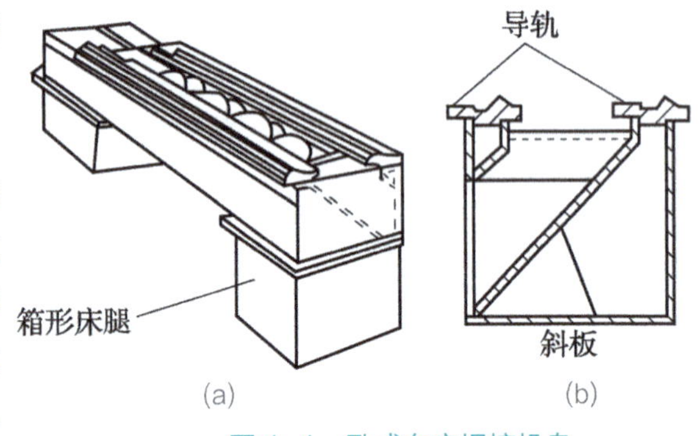

图 1-1　卧式车床焊接机身

（a）机身简图；（b）机身断面结构图。

在切削机床中采用焊接机身时，需要考虑以下几方面的问题：

（1）经济效益问题。焊接机身经济效益与生产批量有关，它特别适用于单件小批量生产的大型或专用机床。

（2）刚度问题。焊接机身一般采用轧制的钢板和型钢焊接而成，形状特殊的部分也采用一些小型锻件或铸件。焊接机身应用最多的材料主要是可焊性好的低碳钢和普通低合金钢。由于钢材的弹性模量比铸铁高，在保证相同刚度条件下，焊接机身比铸铁机身的自重轻很多。因此，焊接机身可以满足切削加工时的刚度要求。

（3）减振性问题。机身的减振性不仅取决于选用的材料，而且与结构本身有关。故可以分为材料减振性和结构减振性两个方面。焊接机身钢质材料的减振性低于铸铁，因此，必须从结构上采取措施以保证焊接机身结构的减振性。

（4）尺寸稳定性问题。焊接机身中存在较严重的焊接残余应力，这对焊接结构的尺寸稳定性有影响，特别是切削机床的机身，要求尺寸的稳定性更高，所以，焊接机身在焊后必须进行消除应力处理。

（5）机械加工问题。机床焊接结构与建筑、石油化工和船舶工业所采用的焊接结构不同，机床焊接结构焊后需要进行一定的机械加工。尽管焊接机身采用的低碳钢可焊性好，但机械加工性能却不如铸铁和中碳钢，所以在研究机身焊接结构工艺性时，还应该考虑机械加工工艺性问题。

2. 减速器箱体焊接结构

减速器箱体是安装各传动轴的基础部件，由于减速器工作时各轴传递转矩时会产生比较大的反作用力，作用在箱体上，因此要求箱体应具有足够的刚度，以确保各传动轴的相对位置精度。如果箱体刚度不足，不仅使减速器的传动效率低，而且会缩短齿轮的使用寿命。采用焊接结构箱体能获得较大的强度和刚度，且结构紧凑，重量较轻。

减速器箱体结构形式繁多，在小批量生产时，采用焊接减速器箱体较为合理。焊接减速器箱体一般制成剖分式结构，即把一个箱体分成上、下两个部分，分别加工制造，然后在剖分面处通过螺栓将两个半箱体连成一个整体。图 1–2 为一个单壁剖分式减速器箱体的焊接结构。为了增加焊接箱体的刚度，通常在壁板的轴承支座处用垂直筋板进行加强，并与箱体的壁板焊接成一个整体。小型焊接箱体的轴承支座用厚钢板弯制而成，大型焊接箱体的轴承支座采用铸件或锻件。轴承支座必须有足够的厚度，以保证机械加工时有一定的加工余量。焊接箱体的下半部分由于承受传动轴的作用力较大并与地面接触，因此必须采用较厚的钢板制作。

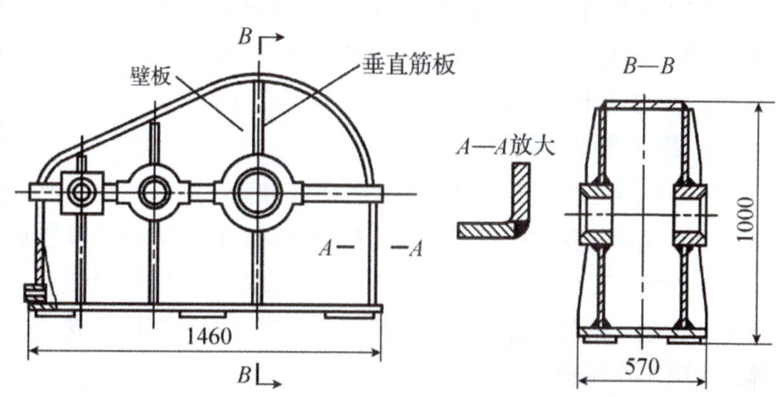

图 1–2 单壁剖分式减速器箱体焊接结构

对于工作条件比较平稳的减速器，箱体焊接时可以不必开坡口，焊脚尺寸也可以小一些。但对于承受反复冲击载荷的减速器箱体，则应该开坡口以增大焊缝的工作断面。焊接减速器箱体多用低碳钢制作，为保证传动稳定性，焊后需要进行热处理以消除残余应力。

承受大转矩的重型机器的减速器箱体，还可以采用双层壁板的焊接结构，并在双层壁板间设置加强筋以提高焊接箱体的整体刚度。

二、压力容器焊接结构

压力容器是指最高工作压力大于或等于 0.1MPa，容积大于或等于 25L，工作介质为气体、液化气体或最高工作温度高于或等于标准沸点的液体的容器。它们主要用于石油化工、能源工业、科研和军事工业等方面，同时在民用工业领域也得到广泛应用，如煤气或液化石油气罐、各种蓄能器、换热器、分离器以及大型管道工程等。

1. 压力容器的分类及应用

1）按工艺用途分类

（1）反应压力容器。用于完成介质的物理、化学反应。

（2）换热压力容器。用于完成介质的热量交换。

（3）分离压力容器。用于完成介质的流体压力平衡和气体净化分离等。

（4）储存压力容器。用于盛装生产用的原料气体、液体、液化气体等。

2）按设计压力 P 分类

（1）低压容器（代号 L）。$0.1\text{MPa} \leqslant P < 1.6\text{MPa}$。

（2）中压容器（代号 M）。$1.6\text{MPa} \leqslant P < 10\text{MPa}$。

（3）高压容器（代号 H）。$10\text{MPa} \leqslant P < 100\text{MPa}$。

（4）超高压容器（代号 U）。$P \geqslant 100\text{MPa}$。

2. 压力容器的焊接结构

压力容器的结构形式虽然很多，但其最基本的结构是一个密闭的焊接壳体。根据压力容器壳体的受力特点，最适合的形状是球形，但球形容器制造相对比较困难、成本高，因此在工业生产中，中、低压容器多数采用圆柱形结构。圆柱形容器由筒体、封头、法兰、密封元件、开孔接管以及支座等六大部件组成，并通过焊接构成一个整体，如图 1–3 所示。

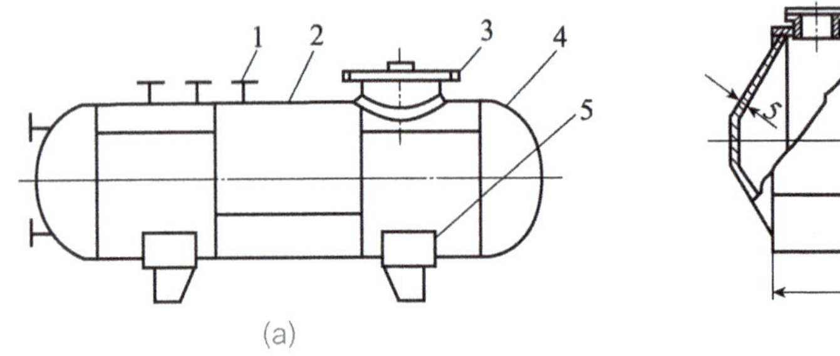

(a)

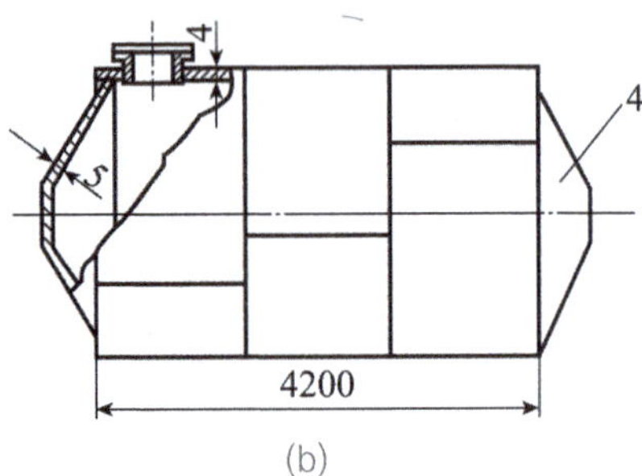

(b)

图 1–3 圆柱形压力容器

1– 接管；2– 筒体；3– 开孔接管及法兰；4– 封头；5– 支座。

一般用途的压力容器工作压力低，焊接结构比较简单。图 1–4 所示为载重汽车的制动储气筒，采用 Q235 钢材制成。筒体由钢板弯制，纵向焊缝用埋弧焊一次焊成，两封头采用冲压成形工艺，封头与筒体之间采用对接接头。为了保证焊接质量，在焊缝底部设置残留垫板。

对于大型储运容器，在结构和设计上有许多特别的地方，例如铁路运输石油产品用的油罐，如图 1–5 所示。虽然油罐承受的内压力不高，但在运输车辆启动和制动时有较大的惯性，因此要求罐体应有适当的厚度，以保证其刚度。油罐罐体一般用低碳钢制造，筒体由上、下两部分组成，上半部分占整个筒体的 3/4，用 8 ~ 12mm 厚的钢板成形后拼制而成；筒体下部分占 1/4，要求有较大的刚度，采用较厚的钢板弯制。筒体上、下两部分用对接纵焊缝连接。封头为椭圆封头，热压成形，与筒体之间采用对接焊缝。

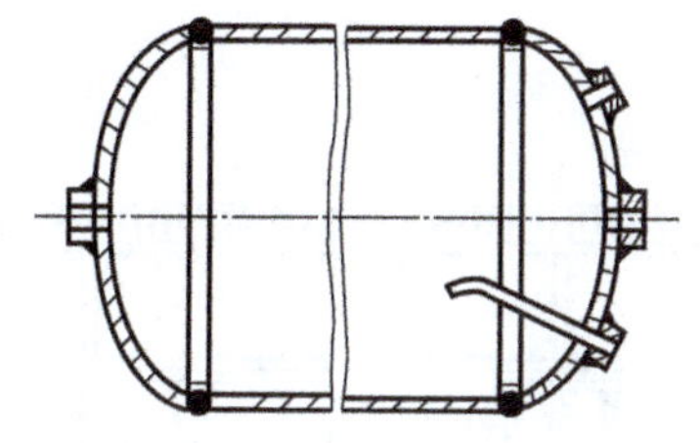

图 1–4 载重汽车的制动储气筒

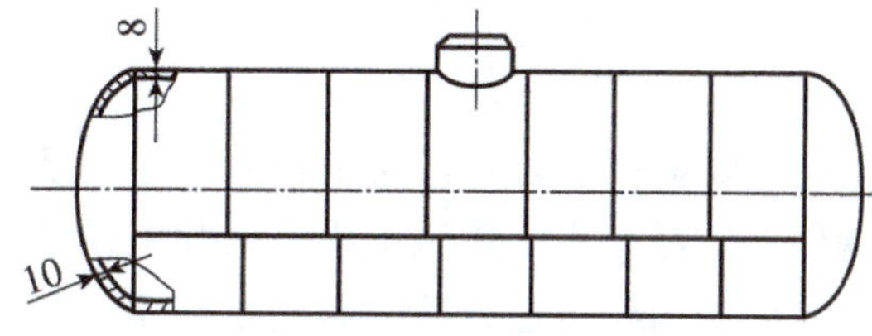

图 1–5 油罐

三、梁、柱焊接结构

1. 焊接梁

梁是在一个或两个主平面内承受弯矩作用的构件。这类结构的工作特点是结构件受横向弯曲力，当多根梁通过焊接组成梁系结构时，其各梁的受力情况变得比较复杂。

焊接梁主要应用于载荷和跨度都比较大的场合，多由翼板及一块腹板组成工字形，或由翼板和两块腹板组成箱形，故又称为工字梁或箱形梁，如图 1–6 所示。由于焊接梁的腹板厚度相对高度较薄，为防止失稳，通常在梁上加有竖向和水平方向的加强板。

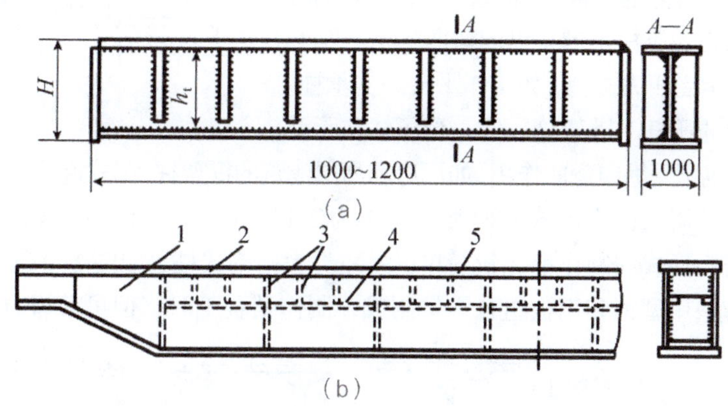

图 1–6 焊接梁结构简图

（a）工字形梁；（b）箱形梁。

1– 腹板；2– 翼板；3– 竖向加强板；4– 水平加强板；5– 翼缘焊缝。

工字形梁主要用于只在一个主要面内承受弯矩作用的场合；而箱形梁断面是封闭的，其水平刚度及抗扭刚度都比工字形梁高，故适用于在两个主平面内承受弯矩及附加轴向力的场合，重型、大跨度的桥式起重机多采用箱形梁。

梁的组成形式很多，常见的组成形式有：利用钢板焊成板焊结构梁，利用型钢焊接成型钢结构梁以及利用钢板和型钢焊接成组合梁，如图 1-7 所示。

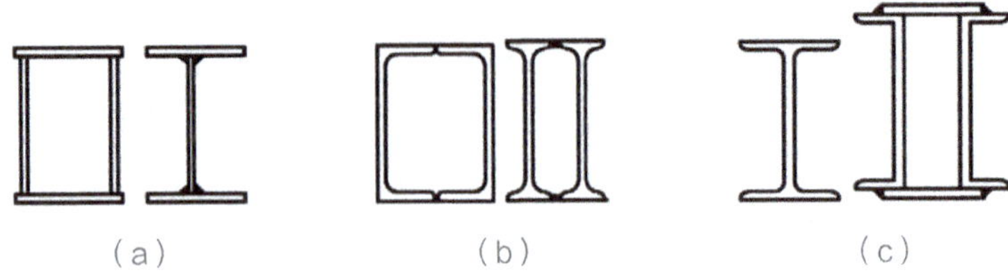

图 1-7 梁的组成形式

(a) 板焊结构梁；(b) 型钢结构梁；(c) 组合梁。

2. 焊接柱

柱是主要承受压力并将受压载荷传递至基础的构件，广泛应用于建筑工程机械和机器结构中，在梁和桁架传递载荷时起支承作用。起重机的支承臂和龙门起重机的支腿、自升式钻井船的柱腿等属于柱类结构。

焊接柱是通过钢板拼焊、型材焊接以及采用钢板和型材组合施焊而形成的受压构件，主要由柱头、柱身和柱脚三部分组成，如图 1-8 所示。柱头承受外部施加的载荷并传递给柱身，柱身再将载荷传至柱脚和基础。柱和梁组成厂房、高层房屋和工作平台的钢骨架。

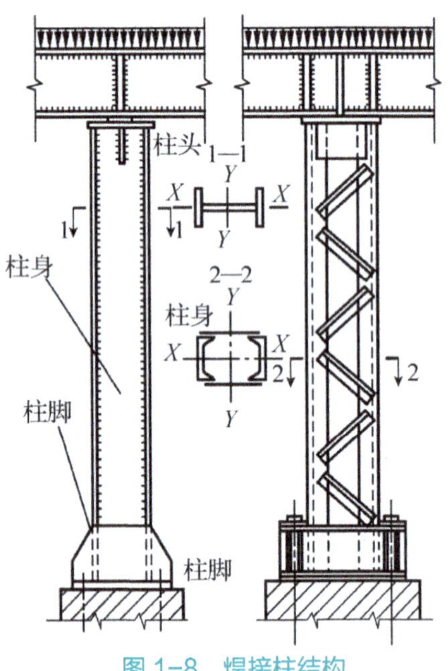

图 1-8 焊接柱结构

按照受力特点的不同，焊接柱一般分为轴心受压柱和偏心受压柱（带有纵向弯曲的）。轴心受压柱主要承受压力载荷，如工作平台的支承柱、网架结构中的压杆、塔架等；偏心受压柱在承受压力的同时也承受纵向弯曲作用，如厂房和高层建筑的框架柱、门式起重机的门架支柱等。

焊接柱常用的截面形式有两类：一类为实腹式柱，如图 1-9（a）、（b）所示，这种柱的结构形式和制作都比较简单；另一类为格构式柱，如图 1-9（c）、（d）所示，这种柱主要采用型钢和钢板组合焊接制成，制作稍费工时，但可节省材料。

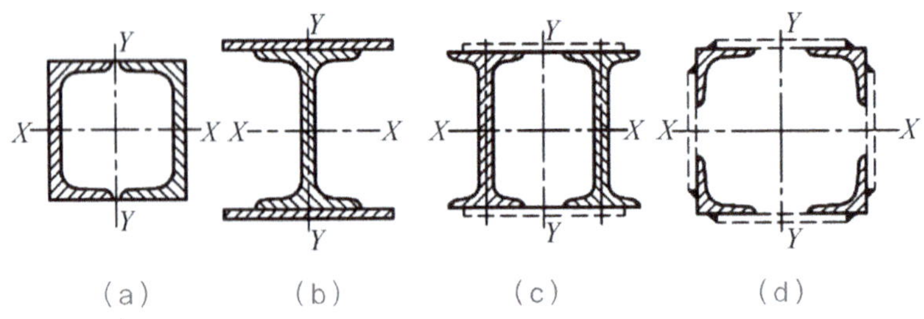

图 1-9 焊接柱截面形式

(a)、(b) 实腹式柱；(c)、(d) 格构式柱。

四、船舶焊接结构

现代船舶的船体已采用全焊结构，这对于减轻船体自重、缩短船舶制造周期和改善航运性能具有重要作用。船舶属于水上浮动结构，作为其主体的船体是由一系列板架相互连接而又相互支持构成的，它是一个具有复杂外形和空间结构的焊接结构。按其结构特点，从上到下，以贯通首尾的上甲板为界，分为主船体和上层建筑两部分。船体外板及甲板形成主船体的水密性外壳，其中外板包括平板龙骨、船底板、舭列板、舷侧板、舷顶列板等。船底板承受垂直于板平面的水压力，故在船体中采用纵向（沿船长方向）和横向（沿船宽方向）骨架予以加固。船体结构如图 1–10 所示。

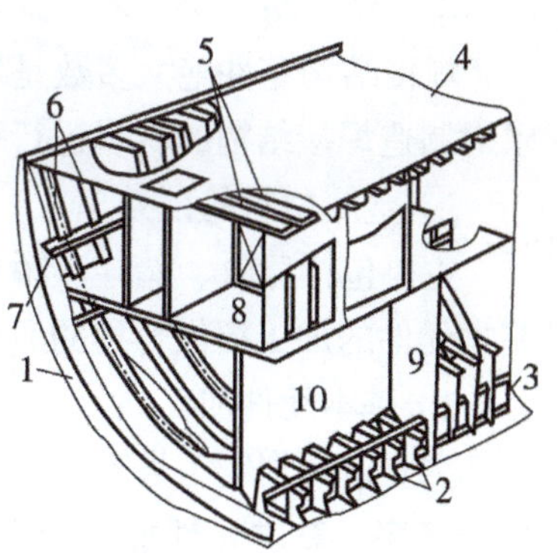

图 1–10　船体结构

1– 外板；2– 中内龙骨；3– 筋板；4– 肋骨和加强肋骨；5– 舷侧纵桁 6– 横梁；7– 上甲板；8– 下甲板；9– 横隔壁；10– 纵隔壁。

现代船体结构的制造多采用分段制造法，即将船体结构划分为部件、分段和总段，它们是平面和立体的结构。这些部件、分段和总段都有足够的刚度，它们的装配焊接工作可以在车间条件下，利用装配焊接夹具及机械化装置完成。这种生产方式易于实现专业化，便于组织流水线作业，有利于提高船舶的生产率和建造质量。

五、焊接结构生产工艺过程简介

焊接结构生产工艺过程是根据生产任务的性质、产品的图纸、技术要求和工厂条件，运用现代焊接技术、相应的金属材料加工和保护技术、无损检测技术，完成焊接结构生产的各个工艺过程。由于焊接结构的技术要求、形状、尺寸和加工设备等条件的差异，使其工艺过程有一定区别，但从各工序的内容以及相互之间的关系来分析，它们又都具有大致相同的生产步骤，即生产准备、材料加工、装配焊接、质量检验与安全评定。

1. 生产准备

1）技术准备

首先，研究将要生产的产品清单。因为在清单中按产品结构进行了分类，并注明该产品的年产量，即生产纲领。生产纲领确定了生产的性质，同时也决定了焊接生产工艺的技术水平。然后，研究和审查产品施工图纸和技术条件，了解产品的结构特点，进行工艺分析，制订整个焊接结构生产的工艺流程，确定技术措施，选择合理的工艺方法，并在此基础上进行必要的工艺试验和工艺评定。最后，制订出工艺文件及质量保证文件。

2）物质准备

根据产品加工和生产工艺的要求，订购原材料、焊接材料以及其他辅助材料，并对生产中的焊接工艺设备、其他生产设备和工夹量具，进行购置、设计、制造或维修。

2. 材料加工

焊接结构零件绝大多数是以金属轧制材料为坯料，所以在装配前必须按照工艺要求对制造焊接结构的材料进行一系列的加工，主要包括以下两项内容：

1）金属材料的预处理

主要包括验收、储存、矫正、除锈、表面保护处理和预落料等工序，其目的是为基本元件的加工提供合格的原材料，以获得优良的焊接产品和稳定的焊接生产过程。

2）基本元件加工

主要包括划线（号料）、切割（下料）、边缘加工、冷热成形加工、焊前坡口清理等工序。基本元件加工约占焊接结构生产全部工作量的40% ~ 60%，因此，制订合理的材料加工工艺，应用先进的加工方法，保证基本元件的加工质量，对提高劳动生产率和保证整个产品质量有着重要的作用。

3. 装配与焊接

装配与焊接，在焊接结构生产中是两个相互联系又有各自加工内容的生产工艺。一般地讲，装配是将加工好的零件，采用适当方法，按照产品图样的要求组装成产品结构的工艺过程。而焊接则是将已装配好的结构，用规定的焊接方法和焊接工艺，使零件牢固连接成一个整体的工艺过程。对于一些比较复杂的焊接结构，总是要通过多次装配、焊接的交叉过程才能完成，甚至某些产品还要在现场进行再次装配和焊接。装配与焊接在整个焊接结构制造过程中占有很重要的地位。

4. 质量检验与安全评定

焊接产品的质量包括整体结构质量和焊缝质量。整体结构质量是指结构产品的几何尺寸、形状和性能；而焊缝质量则与结构的强度和安全使用有关。在焊接结构生产过程中，产品质量十分重要，因此生产中的加工工序中间要进行不同内容的检验。不论工序检查还是成品检查，都是对焊接结构生产的有效监督，也是保证焊接结构产品质量的重要手段。

课堂笔记：____

____

练习题

一、填空题

1. 按工艺用途不同分类，压力容器可分为________、________、________和________四类。

2. 梁的受力特点是________，主要应用于________场合。焊接梁的组成形式有________、________、________三种。

3. 柱的受力特点是________，焊接柱由________、________、________三部分组成。焊接柱的常见截面形式有两种，分别是________、________。

二、思考题

1. 常见的焊接结构基本构件有哪些？各有何特点？

2. 不同的焊接结构，在制造方法上有何不同？

3. 焊接结构生产工艺过程有哪些？

第二节　焊接接头基础知识

一、焊接接头的组成及其基本形式

1. 焊接接头的组成

在焊件需连接的部位，用焊接方法制造而成的接头称为焊接接头，一般简称接头。以熔化焊为例，焊接接头由焊缝金属、熔合区和热影响区组成，如图 1-11 所示。

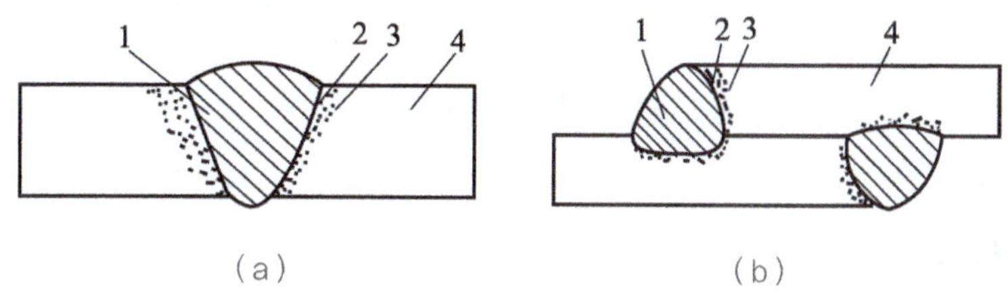

图 1-11　熔化焊接头的组成

（a）对接接头断面图；（b）搭接接头断面图。

1- 焊缝金属；2- 熔合区；3- 热影响区；4- 母材。

焊缝金属是由焊接填充金属及部分母材金属熔化结晶后形成的铸造组织，其组织和化学成分与母材金属有较大差异。近缝处的热影响区受焊接热循环的影响，其组织和性能都发生了变化，特别是熔合区的组织和成分更为复杂。因此，焊接接头是一个成分、组织和性能都不均匀的连接体。

2. 焊接接头的基本形式

1）对接接头

两板件端面通过焊接形成 135°～180° 夹角，称为对接接头。对接接头是各种接头中受力最好、最省材料的接头形式，常用的对接接头形式如图 1-12 所示。

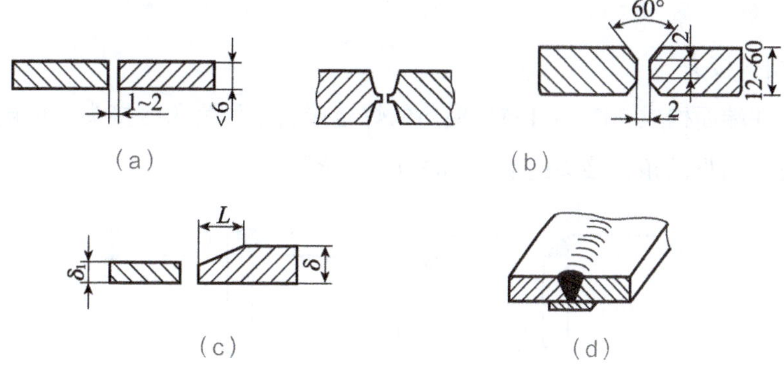

图 1-12　对接接头的基本形式

（a）不开坡口；（b）开坡口；（c）削薄；（d）带垫板。

2）搭接接头

两板件部分重叠起来进行焊接所形成的接头，称为搭接接头。搭接接头的应力分布极不均匀，疲劳强度较低，不是理想的接头形式。但是，搭接接头的焊前准备和装配工作比较简单，所以在受力较小的焊接结构中仍能得到广泛的应用。常见的搭接接头的形式如图 1–13 所示。

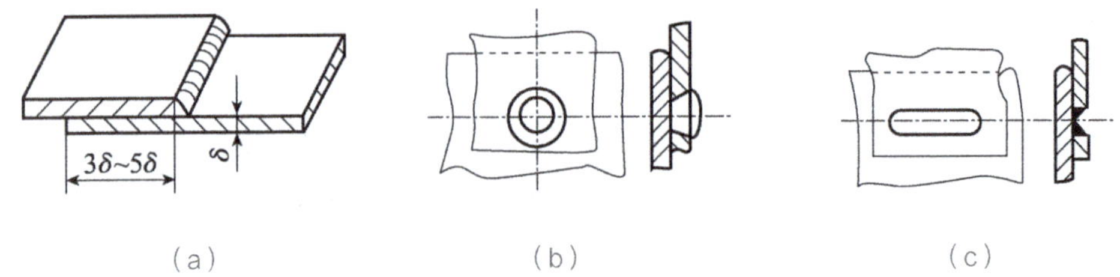

图 1–13　搭接接头的常见形式

（a）不开坡口；（b）圆孔内塞焊；（c）长孔内塞焊。

3）T 形接头

将一个焊件的端面与另一焊件的表面构成直角或近似直角，用角焊缝连接起来的接头，称为 T 形（十字）接头。这类接头能承受各种方向的外力和力矩的作用。常见的 T 形接头的形式如图 1–14 所示。

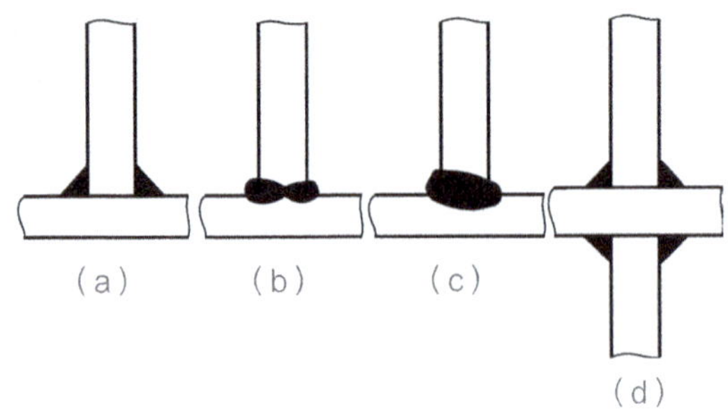

图 1–14　T 形接头的基本形式

（a）单面不开坡口；（b）开K形坡口；（c）开单边V形坡口；（d）双面不开坡口。

4）角接接头

两板件端面构成 30° ～ 135° 夹角的焊接接头，称为角接接头。角接接头多用于箱形构件，常见的角接接头的形式如图 1–15 所示。

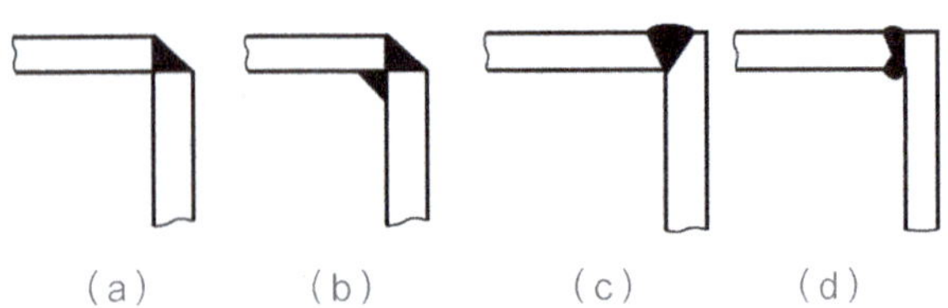

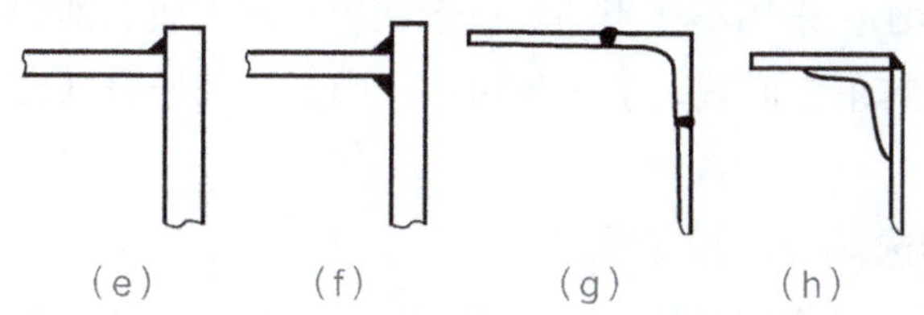

图 1-15 角接接头的常见形式

(a)简单角接接头;(b)双面角接接头;(c)开V形坡口;(d)开K形坡口;

(e)、(f)易装配角接接头;(g)保证准确直角的角接接头;(h)不合理的角接接头。

二、焊缝的基本形式

焊缝是构成焊接接头的主体部分,有对接焊缝和角焊缝两种基本形式。

1. 对接焊缝

1)坡口形式的选择

对接焊缝的焊接接头可采用卷边、平对接或加工成 V 形、U 形、X 形、K 形等坡口。对接焊缝的典型坡口形式,如图 1-16 所示。

对接焊缝开坡口的根本目的在于确保接头的质量,同时也从经济效益考虑。坡口形式的选择取决于板材厚度、焊接方法和工艺过程。通常必须考虑以下几个方面:

(1)可焊到性或便于施焊。可焊到性是选择坡口形式的重要依据之一,一般而言,要根据构件能否翻转、翻转难易或内外两侧的焊接条件而定。对不能翻转和内径较小的容器、转子及轴类的对接焊缝,为了避免大量的仰焊或不便从内侧施焊,宜采用 V 形或 U 形坡口。

(2)节省焊接材料。对于同样厚度的焊接接头,采用 X 形坡口比 V 形坡口能节省较多的焊接材料、电能和工时。构件越厚,节省得越多,成本越低。

(3)坡口易加工。V 形和 X 形坡口可用氧气切割或等离子弧切割,也可以用机械切削加工。对于 U 形或双 U 形坡口,一般需用刨边机加工。在圆筒体上,应尽量少开 U 形坡口,因其加工困难。

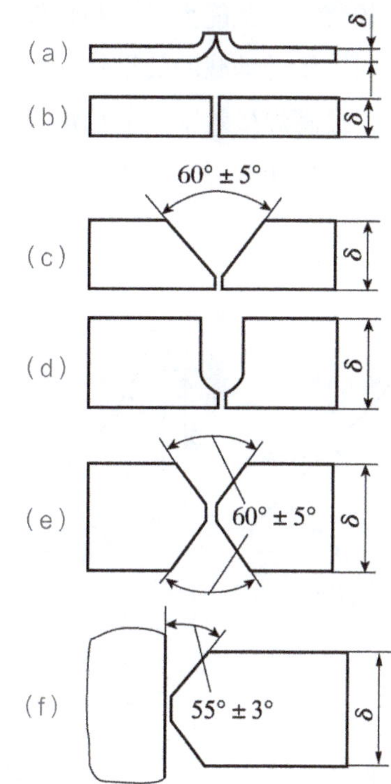

图 1-16 对接焊缝的典型坡口形式

(a)δ=1 ~ 3mm;(b)δ=3 ~ 8mm;(c)δ=3 ~ 26mm;(d)δ=20 ~ 60mm;(e)δ=12 ~ 60mm;(f)δ>12mm。

（4）焊接变形小。采用不适当的坡口形状容易产生较大的焊接变形。例如平板对接的 V 形坡口，其角变形就大于 X 形坡口。因此，选择合理坡口形式可以有效地减小焊接变形。

2）坡口尺寸的选择

（1）坡口角度。其作用是使电弧能深入根部使根部焊透，坡口角度的大小与板厚和焊接方法有关。坡口角度越大，焊缝金属量越多，焊接变形也会增大，一般焊缝的坡口角度选 60° 左右。

（2）根部间隙。采用根部间隙是为了保证根部能焊透。一般情况下，坡口角度小，需要同时增加间隙；而间隙较大时，又容易烧穿。为此，需要采用钝边防止烧穿。根部间隙过大时，还需要加垫板。

2. 角焊缝

角焊缝按其截面形状可分为平角焊缝、凹角焊缝、凸角焊缝和不等腰角焊缝 4 种，如图 1-17 所示，其中应用最多的是截面为等腰直角三角形的角焊缝。角焊缝的大小用焊脚尺寸 K 表示。各种截面形状角焊缝的承载能力与载荷性质有关：静载时，如果母材金属塑性好，则角焊缝的截面形状对承载能力没有显著影响；动载时，凹角焊缝比平角焊缝的承载能力高，凸角焊缝的承载能力最低；不等腰角焊缝的长边平行于载荷方向时，承受动载的效果较好。

为了提高焊接效率、节约焊接材料、减小焊接变形，当板厚大于 13mm 时，可以采用开坡口的角焊缝。在等强度条件下，坡口角焊缝的焊接材料消耗量仅为普通角焊缝的 60%。

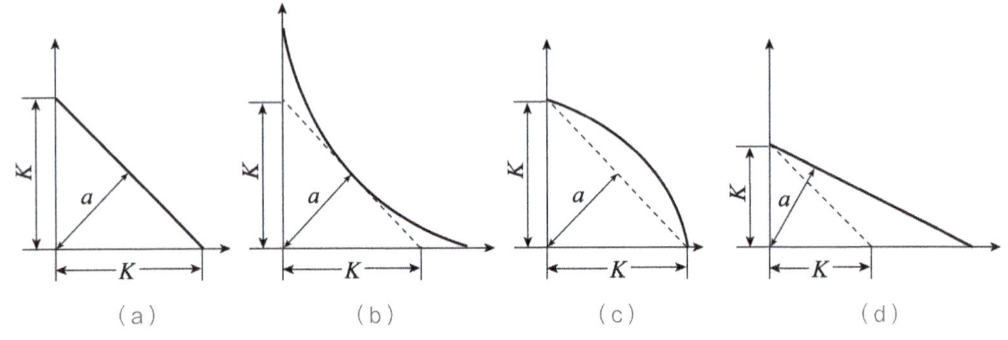

图 1-17　角焊缝截面形状及其断面计算

（a）平角焊缝；（b）凹角焊缝；（c）凸角焊缝；（d）不等腰角焊缝。

三、焊缝代号

焊接图是焊接施工所用的工程图样。要看懂施工图，就必须了解各焊接结构中焊缝代号及其标注方法。图 1-18 为两个支座的焊接图，图中多处标注有焊缝代号，用来说明焊接结构在加工制作时的基本要求。

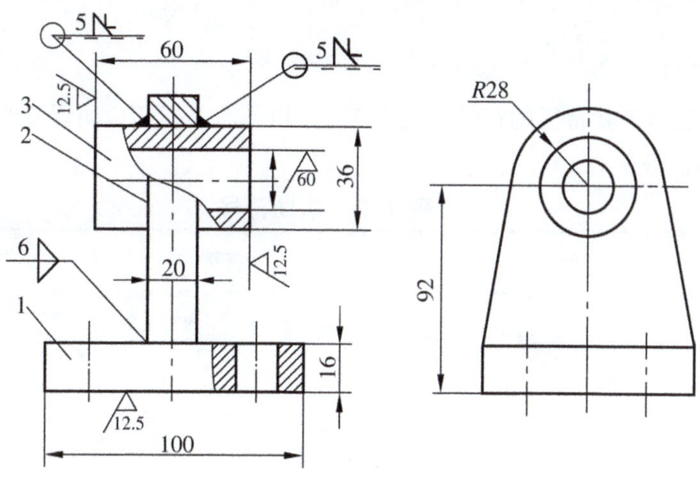

图 1–18　支座焊接图

焊缝代号是把在图样上用技术制图方法表示的焊缝基本形式和尺寸采用一些符号来表示的方法。焊缝代号可以表示出焊缝的位置、焊缝横截面形状（坡口形状）及坡口尺寸、焊缝表面形状特征、焊缝某些特征或其他要求等。

1．焊缝符号的组成

焊缝符号一般由基本符号和指引线组成，必要时可以加上辅助符号、补充符号和焊缝尺寸及数据等。

1）基本符号

表示焊缝端面（坡口）形状的符号，见表 1–1。

表 1–1　基本符号

名称	示意图	符号	名称	示意图	符号
I 形焊缝		‖	封底焊缝		
V 形焊缝		V	角焊缝		
带钝边 V 形焊缝		Y	塞焊缝或槽焊缝		⊓
单边 V 形焊缝		Y			
钝边单边 V 形焊缝		V	喇叭形焊缝		
带钝边 U 形焊缝		Y	缝焊缝		
点焊缝		○			

2）辅助符号

表示焊缝表面形状特征的符号，见表 1–2。当不需要确切说明焊缝的表面形状时，可以不用辅助符号。

表 1–2　辅助符号

名称	示意图	符号	说明
平面		—	表示焊缝表面平齐
凹面	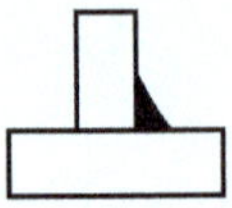	◡	表示焊缝表面凹陷
凸面		◠	表示焊缝表面凸出

3）补充符号

为了补充说明焊缝某些特征而采用的符号，见表 1–3。

表 1–3　焊缝补充符号

名称	示意图	符号	说明
带垫板	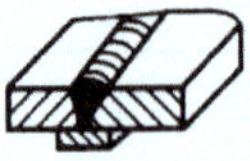	▭	焊缝底部有垫板
三面焊缝	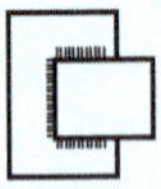	⊏	三面焊缝和开口方向
周围焊缝		○	环绕工作周围焊缝
现场焊缝		⚑	在现场或工地上进行焊接
尾部符		<	指引线尾部符号可参照国家标准《焊接及相关工艺方法代号》（GB/T 5185—2005）标注焊接方法

4）焊接尺寸符号

用来代表焊缝的尺寸要求，表 1–4 为常用的焊缝尺寸符号及标注示例。当需要注明尺寸要求时才标注。

表 1–4　常用焊缝尺寸符号及标注示例

名称	符号	示意图	标注示例
工件厚度	δ	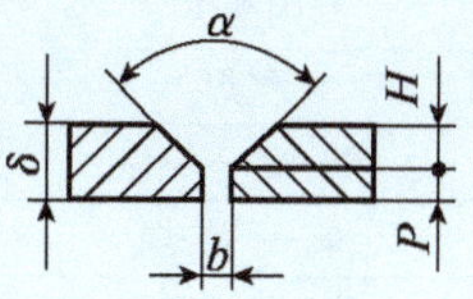	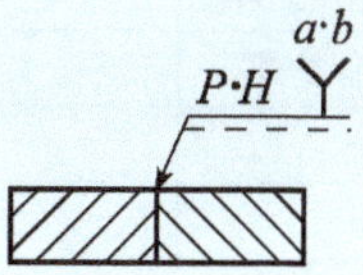
坡口角度	α		
坡口深度	H		
根部间隙	b		
钝边高度	P		
焊缝段数	n	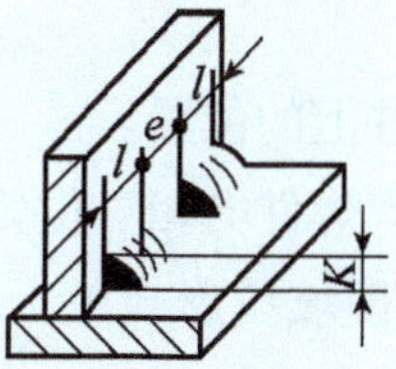	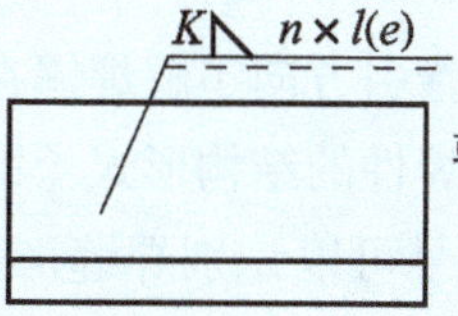 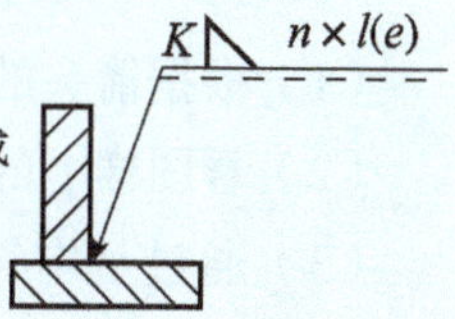
焊缝长度	l		
焊缝间隙	e		
焊角尺寸	K		
熔核尺寸	d	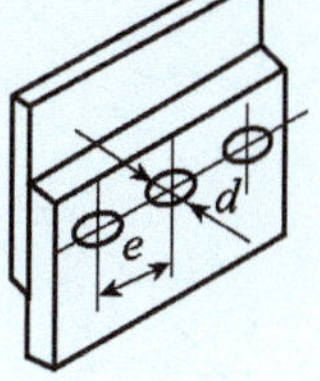	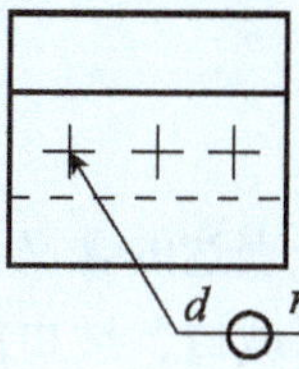 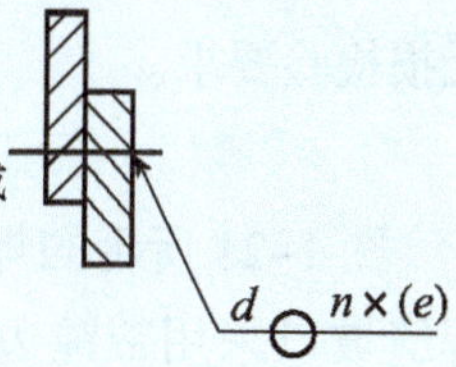
相同焊缝数量	N		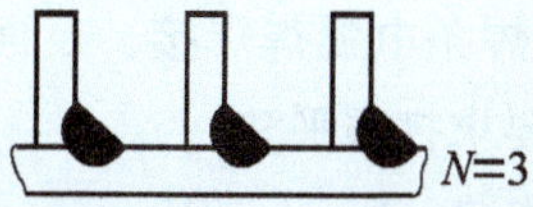 N=3

图 1–19 为焊缝尺寸的标注规则。

5）指引线

由箭头线和基准线组成，箭头指向焊缝处，基准线由两条互相平行的细实线和虚线组成，如图 1–20 所示。当需要说明焊接方法时，可以在基准线末端增加尾部符号。常用的焊接方法表示代号见表 1–5。

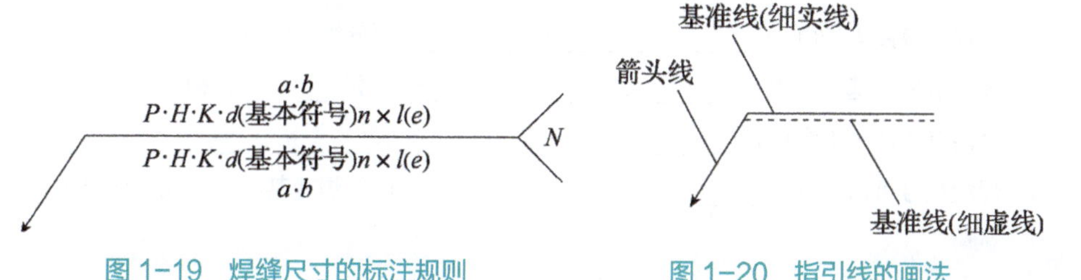

图 1–19　焊缝尺寸的标注规则　　图 1–20　指引线的画法

表 1–5 焊接方法表示代号

焊接方法	代号	焊接方法	代号
电弧焊	1	电阻焊	2
焊条电弧焊	111	点焊	21
埋弧焊	12	缝焊	22
熔化极惰性气体保护焊	131	闪光焊	24
钨极惰性气体保护焊	141	气焊	3
压力焊	4	氧—乙—炔焊	311
超声波焊	41	氧—丙烷焊	12
摩擦焊	42	其他焊接方法	7
扩散焊	45	激光焊	751
爆炸焊	441	电子束焊	76

2. 识别焊缝代号的基本方法

（1）根据箭头的指引方向了解焊缝在焊件上的位置。

（2）看图样上的焊件的结构形式（即组焊焊件的相对位置）识别出接头形式。

（3）通过基本符号可以识别焊缝形式（即坡口形式），基本符号上下标有坡口角度及装配间隙。

（4）通过基准线的尾部标注可以了解采用的焊接方法、对焊接的质量要求以及无损检验要求。

3. 焊缝代号应用实例

图 1–21 所示的焊缝代号表达的含义：焊缝坡口采用带钝边的 V 形坡口，坡口间隙为 2mm，钝边高为 3mm，坡口角度为 60°，采用焊条电弧焊焊接，反面封底焊，反面焊缝要求打磨平整。

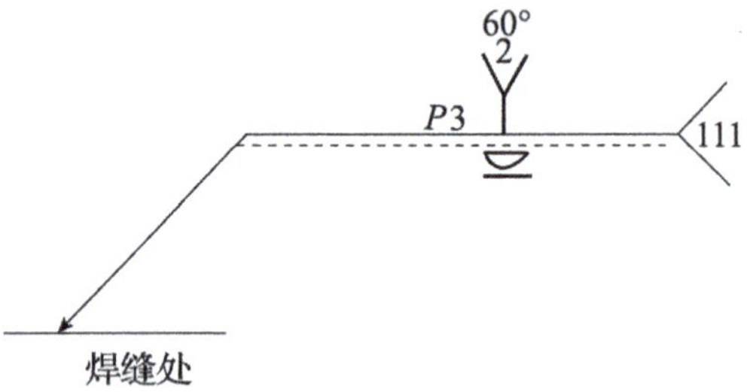

图 1–21 焊缝代号表示示例

课堂笔记：________________________________

____

____

练习题

一、填空题

1. 熔焊焊接接头是由________、________和________三部分组成的。

2. 焊接接头的基本形式有________、________、________和________四种。

3. 对接焊缝的坡口形式有________、________、________、________、________、________等。

4. 焊缝代号可以表示出________、________、________以及焊缝某些特种或其他要求。

二、思考题

1. 选择焊缝的坡口形式通常要考虑哪些因素？

2. 如何正确识别焊缝代号？

三、实例分析

1. 对接接头的焊缝形式如图 1-22（a）所示，焊缝代号标注如图 1-22（b）所示。试说明其焊缝代号的含义。

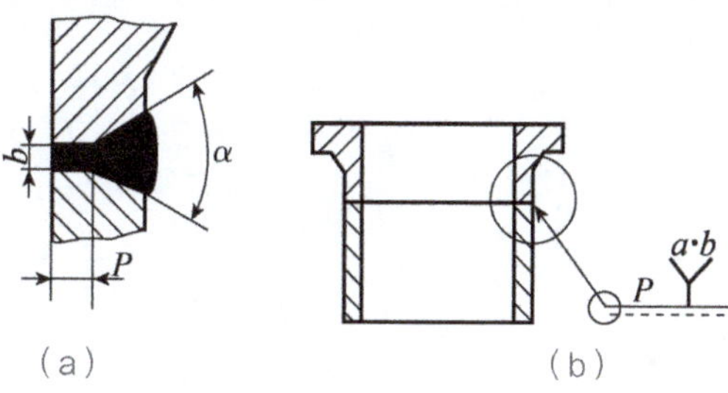

图 1-22　对接焊缝

（a）焊缝形式；（b）焊缝代号标注。

2. T 形接头的焊缝形式如图 1-23（a）所示，焊缝代号标注如图 1-23（b）所示。试说明其焊缝代号的含义。

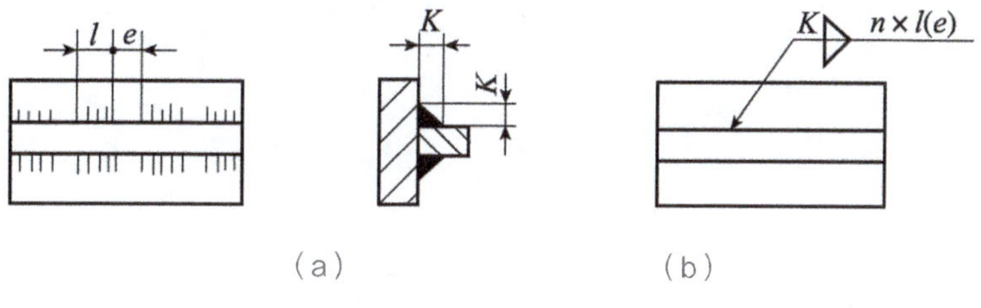

图 1-23　T 形接头焊缝

（a）焊缝形式；（b）焊缝代号标注。

3. 角接接头的焊缝形式如图 1-24（a）所示，角接焊缝代号标注如图 1-24（b）所示。试说明其焊缝代号的含义。

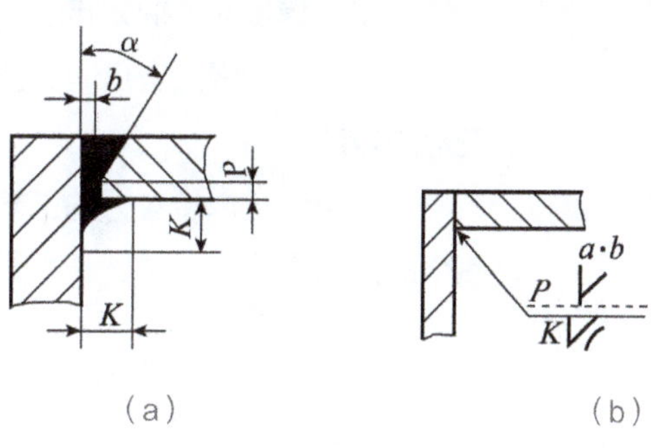

图 1-24　角接焊缝

（a）焊缝形式；（b）焊缝代号标注。

单元2 焊接应力与变形

学习目标

① 明确焊接应力与变形的基本概念及其产生原因。

② 熟悉焊接变形的种类。

③ 了解焊接应力的分布规律。

④ 掌握控制焊接变形的工艺措施和焊后矫正焊接变形的方法。

⑤ 学会降低焊接应力的工艺措施和焊后消除焊接残余应力的方法。

第一节　焊接应力与变形的产生

构件焊后一般都会产生变形，有的变形量超过了允许的数值；有的矫正后虽能达到使用要求，但却占用很多生产时间；有的矫正后无效而报废。因此，应力求防止产生超过允许范围的焊接变形。

焊后结构内部还会产生焊接残余应力，多数情况下对结构质量无影响。但有些情况下，残余应力对结构质量有影响。例如，焊后的结构要进行机械加工，将影响加工精度。对于低温下工作和在动载荷下工作的金属结构，焊接应力的存在是不利的。焊接应力过大还可能造成焊接裂纹。

怎样防止或减小焊接变形及应力呢？首先要力求把产生焊接变形及应力的原因和各种影响因素分析清楚，才能进一步掌握其变化规律，找出防止或减小焊接变形及应力的办法。

一、应力与变形的基础知识

1. 变形

物体在外力或温度等因素的作用下，其形状和尺寸发生变化，这种变化称为物体的变形。当使物体产生变形的外力或其他因素去除后，变形也随之消失，物体可恢复原状，这样的变形称为弹性变形。当外力或其他因素去除后变形仍然存在，物体不能恢复原状，这样的变形称为塑性变形。物体的变形还可按拘束条件分为自由变形和非自由变形。在非自由变形中，有外观变形和内部变形两种。以图 2–1 中的金属杆为例，当温度为 T_0 时，长度为 L_0，均匀加热，温度上升至 T 时，若金属杆不受阻，杆的长度会增加至 L，其长度的改变 $\Delta L_T=L-L_0$，ΔL_T 就是自由变形，如图 2–1（a）所示。

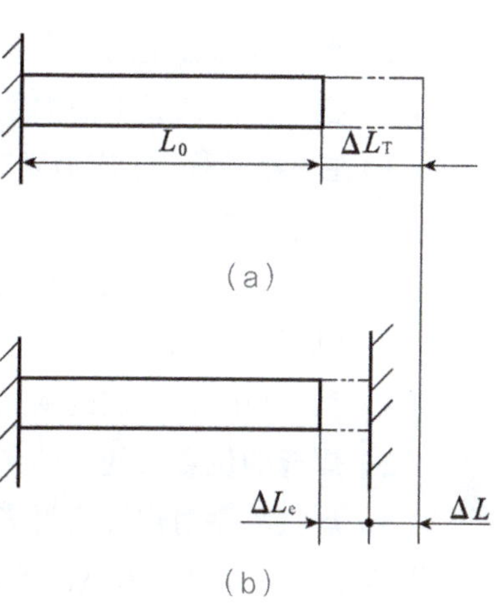

图 2–1　金属杆件的变形

（a）自由变形；（b）非自由变形。

单位长度的变形量称为变形率，自由变形率用 ε_T 表示，其数学表达式为：

$$\varepsilon_T = \Delta L_T/L_0 = \alpha(T - T_0) \tag{2-1}$$

式中：α——金属的线膨胀系数，其数值随材料及温度而变化。

如果金属杆在温度变化过程中的伸长受到阻碍，则变形量不能完全表现出来，就是非自由变形，如图 2–1（b）所示。其中，把能够表现出来的这部分变形，称为外观变形，用 ΔL_e 表示。外观变形率 ε_e 可用下式表示：

$$\varepsilon_e=\Delta L_e/L_0 \tag{2-2}$$

未表现出的变形称为内部变形，用 ΔL 表示。

$$\Delta L=\Delta L_T-\Delta L_e \qquad (2\text{-}3)$$

同样，内部变形率 ε 用下式表示：

$$\varepsilon=\Delta L/L_0 \qquad (2\text{-}4)$$

2. 应力

存在于物体内部的、对外力作用或其他因素引起物体变形所产生的抵抗力，叫做内力。另外，在物理、化学或物理化学变化过程中，如温度、金相组织或化学成分等变化时，在物体内也会产生内力。作用在物体单位截面积上的内力叫做应力。

根据引起内力的原因不同，可将应力分为工作应力和内应力。工作应力是由外力作用于物体而引起的应力；内应力是由物体的化学成分、金相组织及温度等因素变化，造成物体内部的不均匀性变形而引起的应力。内应力存在于许多工程结构中，如铆接结构、铸造结构、焊接结构等。焊接应力就是一种内应力。内应力的主要特点是在物体内部，内应力是自成平衡的，形成一个平衡力系。

3. 焊接应力与焊接变形

焊接应力是焊接过程中及焊接过程结束后，存在于焊件中的内应力。由焊接而引起的焊件尺寸的改变称为焊接变形。焊接应力的特点有：

（1）焊接应力都是内应力。

（2）在焊件内构成平衡力系，在一个截面上，拉应力和压应力共存并平衡。

（3）在焊接过程中，应力随时间变化。焊接应力按应力在焊件内的空间位置分为：一维空间应力、二维空间应力、三维空间应力。按产生应力的原因分为：热应力、相变应力、塑变应力。按应力存在的时间分为：焊接瞬时应力、焊接残余应力。

焊接变形的特点如下：

（1）某一瞬时各部位的膨胀和收缩不同。

（2）焊缝的位置对变形的影响很大。

（3）焊接顺序对焊接变形影响也很大。

焊接变形按方向分为纵向变形和横向变形；按区域分为整体变形和局部变形；按变形的形态分为横向收缩、纵向收缩、回转变形、纵向弯曲变形、横向弯曲变形、波浪变形、扭曲变形等。

二、研究焊接应力与变形的基本假定

金属在焊接过程中，其物理性能和力学性能都会发生变化，给焊接应力的认识和确定带来了很大的困难，为了后面分析问题方便，对金属材料进行以下假定：

（1）平截面假定。假定构件在焊前所取的截面，焊后仍保持平面。即构件只发生伸长、缩短、弯曲，其横截面只发生平移或偏转，一直保持平面。

（2）金属性质不变的假定。假定在焊接过程中材料的某些热物理性质，如线膨胀系数（α）、热容（c）、热导率（λ）等均不随温度而变化。

（3）金属屈服强度假定。低碳钢屈服强度与温度的实际关系如图 2-2 中实线所示，为了讨论问题的方便，将它简化为图中虚线所示。即在 500℃以下，屈服强度与常温下相同，不随温度而变化；500℃～600℃之间，屈服强度迅速下降；600℃以上时呈全塑性状态，屈服强度为零。材料的屈服强度为零时的温度称为塑性温度。

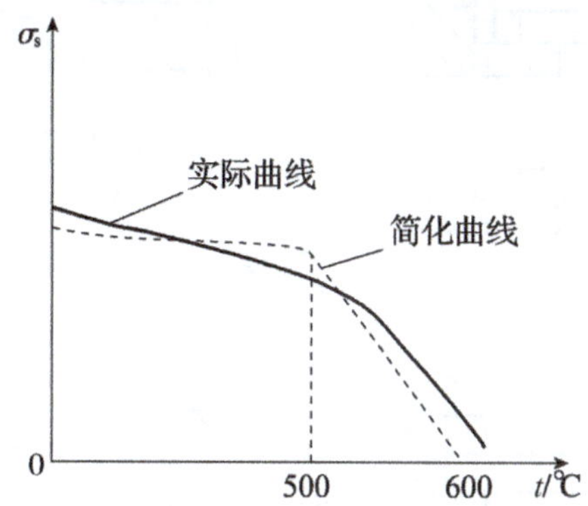

图 2-2 低碳钢的屈服强度与温度的关系

（4）焊接温度场假定。通常将焊接过程中的某一瞬间，焊接接头中各点的温度分布称为温度场。在焊接热源作用下，构件上各点的温度在不断地变化，可以认为达到某一极限热状态时，温度场不再改变，这时的温度场称为极限温度场。

三、焊接应力与变形产生的原因

产生焊接应力与变形的原因很多，其中最根本的原因是焊接过程中对焊件进行了局部的、不均匀的加热，其次是由于焊缝和焊缝附件受热区的金属都发生缩短、金相组织的变化及焊件的刚性不同。另外，焊缝在焊接结构中的位置、装配焊接顺序、焊接方法、焊接电流及焊接方向等对焊接应力与变形也有一定的影响。

1. 焊件的不均匀受热

焊件的焊接是一个局部的加热过程，焊件上的温度分布极不均匀，为了便于了解不均匀受热时应力与变形的产生，下面对不同条件下的应力与变形进行讨论。

1）不受约束的杆件在均匀加热时的应力与变形

根据前面对变形知识的讨论，不受约束的杆件在均匀加热与冷却时，其变形属于自由变形，因此在杆件加热过程中不会产生任何内应力，冷却后也不会有任何残余应力和残余变形，如图 2-3（a）所示。

2）受约束的杆件在均匀加热时的应力与变形

根据前面对非自由变形情况的讨论，受约束杆件的变形属于非自由变形，既存在外观变形，也存在内部变形。当加热温度较低时，没有达到材料屈服点温度时（$T<T_s$），材料的变形为弹性变形，加热过程中杆件内部存在压应力的作用。当温度恢复到原始温度时，杆件自由收缩到原来的长度，压应力全部消失，不存在残余变形和残余应力。

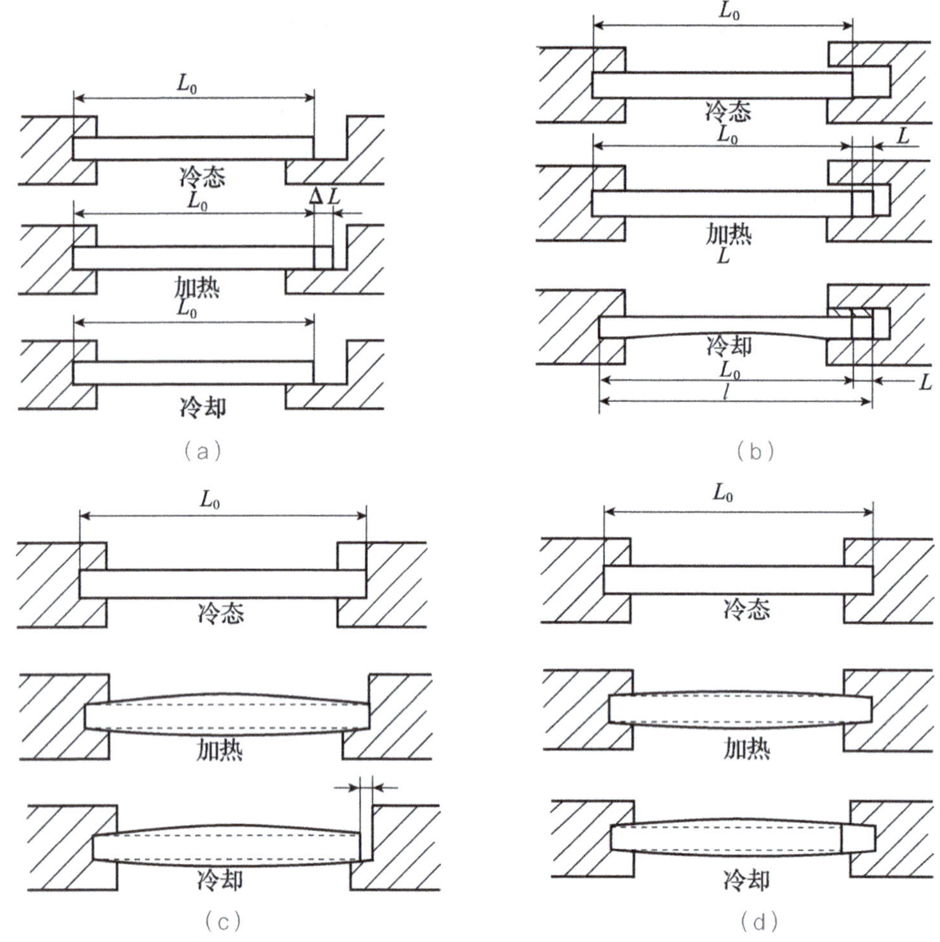

图 2-3 杆件均匀加热时的应力与变形

(a)自由状态；(b)自由延伸—限制收缩状态；(c)限制延伸—自由收缩状态；(d)限制延伸—限制收缩状态。

当加热温度较高时，达到或超过材料屈服点温度时（$T>T_s$），则杆件中产生压缩塑性变形，内部变形包括弹性变形和塑性变形，甚至全部为塑性变形（$T>600$℃）。冷却后，当温度恢复到原始温度时，弹性变形恢复，塑性变形不可恢复，可能出现以下 3 种情况：

（1）如果杆件加热时自由延伸，冷却时限制收缩，那么冷却后杆件内既有残余应力又有残余变形，如图 2-3（b）所示。

（2）如果杆件加热时不能自由延伸，可以自由收缩，那么杆件中没有残余应力只有残余变形，如图 2-3（c）所示。

（3）如果杆件受绝对拘束，那么杆件中存在残余应力而没有残余变形，如图 2-3（d）所示。

实际生产中的焊件，与上述的第一种情况相似，焊后既有焊接应力存在，又有焊接变形产生。以上所述的是一般杆件在均匀加热时的应力与变形。下面讨论材料不均匀加热时的应力与变形。

3）长板条中心加热（类似于堆焊）引起的应力与变形

如图 2–4（a）所示长板条的长度为 L_0，厚度为 δ，材料为低碳钢，在其中间沿长度方向上进行加热。为简化讨论，将板条上的温度分为两种：中间为高温区，其温度均匀一致；两边为低温区，其温度也均匀一致。

加热时，如果板条的高温区与低温区是可分离的，高温区将伸长，低温区不变，如图 2–4（b）所示。但实际上板条是一个整体，所以板条将整体伸长，此时高温区内产生较大的压缩塑性变形和压缩弹性变形，如图 2–4（c）所示。冷却时，由于压缩塑性变形不可恢复，所以，如果高温区与低温区是可分离的，高温区应缩短，低温区应恢复原长，如图 2–4（d）所示。由于板条是一个整体，所以板条将整体缩短，这就是板条的残余变形，如图 2–4（e）所示。同时在板条内部也产生了残余应力，中间高温区为拉应力，两侧低温区为压应力。

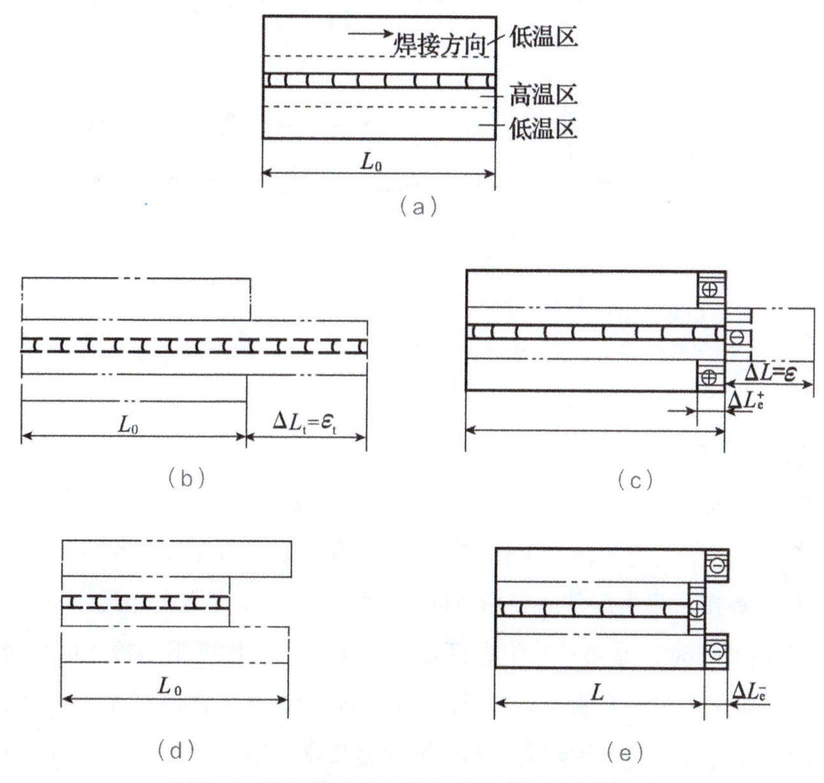

图 2–4 长板条中心加热和冷却时的应力与变形

（a）原始状态；（b）、（c）加热过程；（d）、（e）冷却以后。

4）长板条一侧加热（相当于板边堆焊）引起的应力与变形

如图 2–5（a）所示的材质均匀的钢板，在其上边缘快速加热。假设钢板由许多互不相连的窄条组成，则各窄条在加热时将按温度高低而伸长，如图 2–5（b）所示。但实际上，板条是一个整体，各板条之间是互相牵连、互相影响的，上一部分金属因受下一部分金属的阻碍作用而不能自由伸长，因此产生了压缩塑性变形。由于钢板上的温度分布是自上而下逐渐降低，因此，钢板产生了向下的弯曲变形，如图 2–5（c）

所示。

钢板冷却后，各板条的收缩应如图 2-5（d）所示。但实际上钢板是一个整体，上一部分金属要受到下一部分的阻碍而不能自由收缩，所以钢板产生了与加热时相反的残余弯曲变形，如图 2-5（e）所示。同时在钢板内产生了残余应力，即钢板中部为压应力，钢板两侧为拉应力。

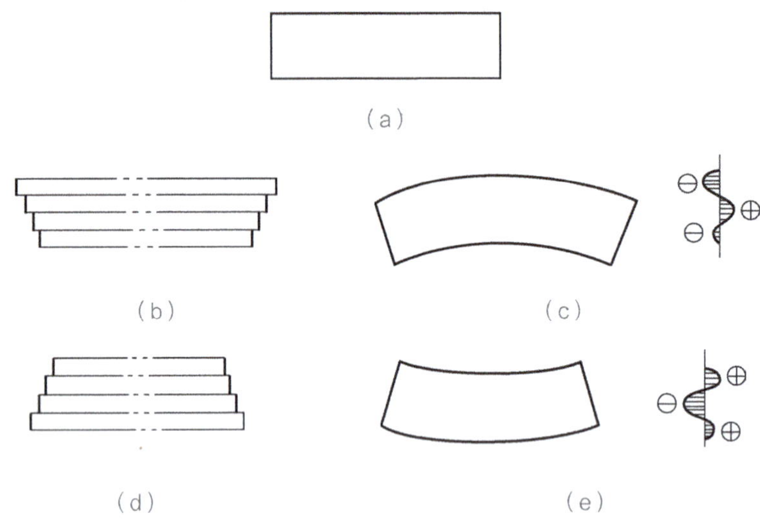

图 2-5　钢板边缘一侧加热和冷却时的应力与变形

（a）原始状态；（b）假设各板条的伸长；（c）加热后的变形及应力；（d）假设各板条的收缩；（e）冷却以后的变形及应力。

由上述讨论可知：

（1）对构件进行不均匀加热，在加热过程中，只要温度高于材料屈服强度的温度，构件就会产生压缩塑性变形，冷却后，构件必然有残余应力和残余变形。

（2）通常焊接过程中焊件的变形方向与焊后焊件的变形方向相反。

（3）焊接加热时，焊缝及其附近区域将产生压缩塑性变形，冷却时压缩塑性变形区要收缩。如果这种收缩能充分进行，则焊接残余变形大，焊接残余应力小；若这种收缩不能充分进行，则焊接残余变形小而焊接残余变形大。

（4）焊接过程中及焊接结束后，焊件中的应力分布都是不均匀的。焊接结束后，焊缝及其附近区域的残余应力通常是拉应力。

2. 焊缝金属的收缩

当焊缝金属冷却时，由液态转为固态时，其体积要减小。由于焊缝金属与母材是紧密联系的，因此，焊缝金属并不能自由收缩。这将引起整个焊件的变形，同时在焊缝中引起残余应力。另外，一条焊缝是逐步形成的，焊缝中先结晶的部分要阻止后结晶部分的收缩，由此也会产生焊接应力与变形。

3. 金属组织的变化

钢在加热及冷却过程中发生相变，可得到不同的组织，这些组织的比容也不一样，由此也会造成焊接应力与变形。

4. 焊件的刚性和拘束

焊件的刚性和拘束对焊接应力和变形也有较大的影响。刚性是指焊件抵抗变形的能力；而拘束是焊件周围物体对焊件变形的约束。刚性是焊件本身的性能，它与焊件材质、焊件截面形状和尺寸等有关；而拘束是一种外部条件。焊件自身的刚性及受周围的拘束程度越大，焊接变形越小，焊接应力越大；反之，焊件自身的刚性及受周围的拘束程度越小，则焊接变形越大，而焊接应力越小。

课堂笔记：____

____

____

练习题

一、填空题

1. 物体的变形按拘束条件分为________和________。在非自由变形中，有________和________两种。

2. 根据引起内力的原因不同，可将应力分为________和________。

二、判断题

1. 焊后结构内部产生焊接残余应力，它对结构质量无影响。（　）

2. 焊接过程中对焊件进行局部的、不均匀的加热可能导致焊接变形。（　）

三、思考题

1. 什么是弹性变形和塑性变形？

2. 简述焊接应力与变形的特点。

3. 简述焊接应力与变形产生的原因。

第二节　焊接残余应力

一、焊接残余应力的分布

焊接残余应力（Welding Residual Stresses）简称焊接应力，有沿焊缝长度方向的纵向焊接应力、垂直于焊缝长度方向的横向焊接应力和沿厚度方向的焊接应力。在厚度不大（小于20mm）的焊接结构中，残余应力基本是纵、横双向的，厚度方向的残余应力很小，可以忽略。只有在大厚度的焊接结构中，厚度方向的残余应力才有较高的数值。这里将重点讨论纵向残余应力和横向残余应力的分布情况。

1. 纵向残余应力 σ_x 的分布

作用方向平行于焊缝轴线的残余应力称为纵向残余应力。

焊接过程是一个不均匀加热和冷却的过程。在施焊时，焊件上产生不均匀的温度场，焊缝及其附近温度最高，可达 1600℃以上，而邻近区域温度则急剧下降如图 2–6（a）所示。不均匀的温度场产生不均匀的膨胀。温度高的钢材膨胀大，但受到两侧温度较低、膨胀量较小的钢材所限制，产生了热塑性压缩。焊缝冷却时，被塑性压缩的焊缝区趋向于缩短，但受到两侧钢材限制而产生纵向拉应力。在低碳钢和低合金钢中，这种拉应力经常达到钢材的屈服强度。焊接应力是一种无荷载作用下的内应力，因此会在焊件内部自相平衡，这就必然在距焊缝稍远区段内产生如图 2–6（c）所示压应力。

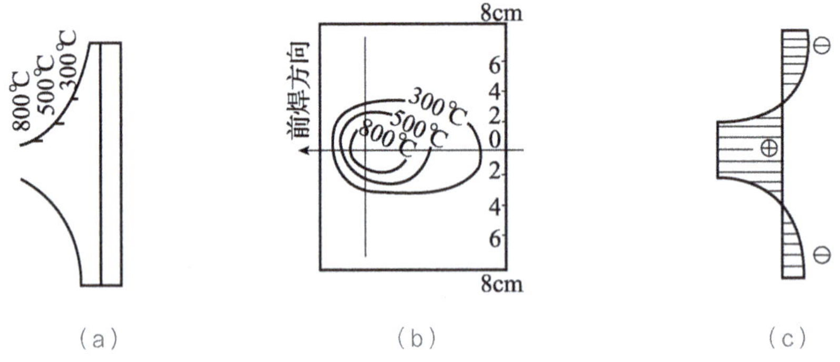

图 2–6　施焊时焊缝及附近的温度场和焊接残余应力

（a）焊缝的温度场；（b）焊缝附近的温度场；（c）钢板上的纵向焊接应力。

图 2–7 所示为板边堆焊时，其纵向残余应力 σ_x 在焊缝横截面上的分布与变形。两块不等宽度的板对接时，宽度相差越大，宽板中的应力分布越接近于板边堆焊时的情况。若两板宽度相差较小时，则其应力分布近似于等宽板对接时的情况。

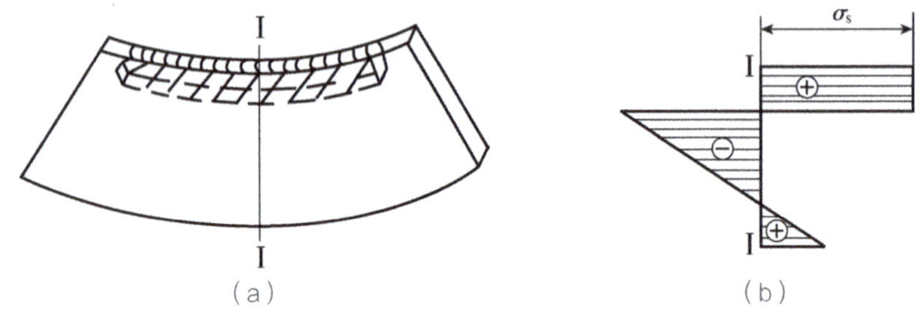

图 2–7　板边堆焊时纵向残余应力的分布与变形

不同焊缝纵向残余应力在焊件纵截面上的分布规律如图 2–8 所示。在焊件纵截面端头，纵向应力为零，焊缝端部存在一个残余应力过渡区，焊缝中段是残余应力稳定区。当焊缝较短时，不存在稳定区，焊缝越短，σ_x 越小。

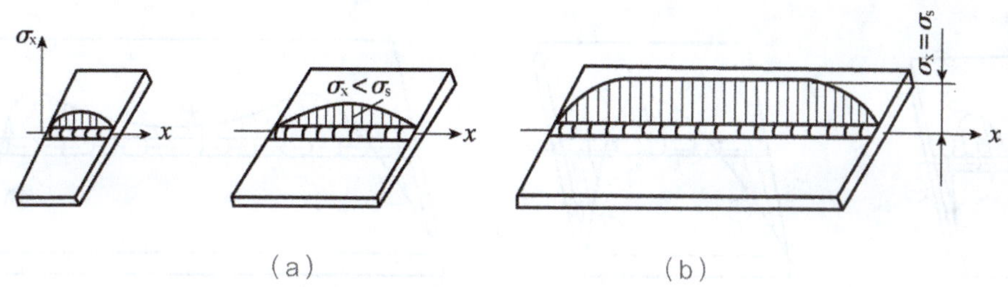

图 2-8　不同长度焊缝纵截面上纵向残余应力的分布

(a)短焊缝；(b)中长焊缝；(c)长焊缝。

2. 横向残余应力 σ_y 的分布

垂直于焊缝轴线的残余应力称为横向残余应力。

横向残余应力 σ_y 的产生原因比较复杂，将其分成两个部分加以讨论：一部分是由于焊缝纵向收缩，使两块钢板趋向于形成反方向的弯曲变形，但实际上焊缝将两块钢板连成整体，不能分开，于是两块板的中间产生横向拉应力，而两端则产生压应力，用 σ_y' 表示；另一部分是由于先焊的焊缝已经凝固，会阻止后焊焊缝在横向自由膨胀，使其发生横向塑性压缩变形。当焊缝冷却时，后焊焊缝的收缩受到已凝固的焊缝限制而产生横向拉应力，而先焊部分则产生横向压应力，在最后施焊的末端的焊缝中必然产生拉应力，用 σ_y'' 表示。

1）焊缝及其附近塑性变形区的纵向收缩引起的横向应力 σ_y'

图 2-9（a）是由两块平板条对接而成的构件，如果假想沿焊缝中心将构件一分为二，即两块板条都相当于板边堆焊，将出现如图 2-9（b）所示的弯曲变形，要使两板条恢复到原来位置，必须在焊缝中部加上横向拉应力，在焊缝两端加上横向压应力。由此可以推断，焊缝及其附近塑性变形区的纵向收缩引起的横向应力如图 2-9（c）所示，其两端为压应力，中间为拉应力。各种长度的平板条对接焊，其 σ_y' 的分布规律基本相同，但焊缝越长，中间部分的拉应力将有所降低，如图 2-10 所示。

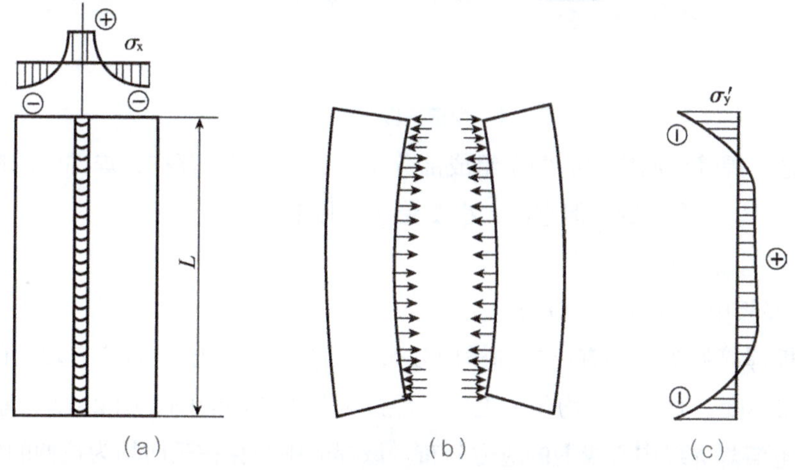

图 2-9　纵向收缩引起的横向应力 σ_y' 的分布

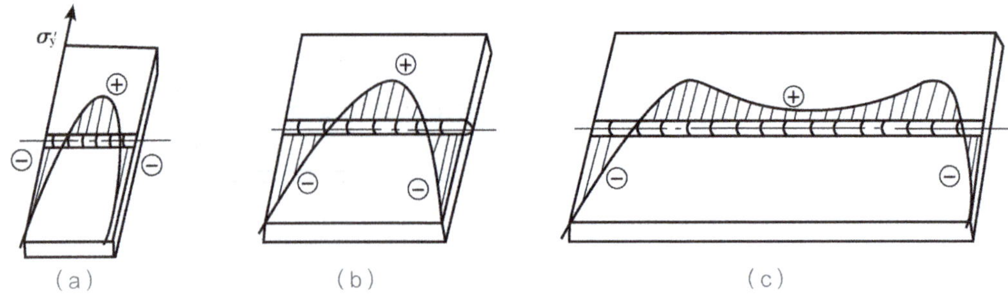

图 2-10　不同长度平板对接焊时 σ_y' 的分布

（a）短焊缝；（b）中长焊缝；（c）长焊缝。

2）横向收缩所引起的横向应力 σ_y''

在焊接结构上，一条焊缝不可能同时完成，总有先焊和后焊之分，先焊的部分先冷却，后焊的部分后冷却。先冷却的部分又限制后冷却部分的横向收缩，这就产生了横向应力 σ_y'' 。σ_y'' 的分布与焊接方向、分段方法及焊接顺序等有关。图 2-11 所示为焊接方向不同时 σ_y'' 的分布。如果将一条焊缝分两段焊接，当从中间向两端焊时，中间部分先焊先收缩，两端部分后焊后收缩，则两端部分的横向收缩受到中间部分的限制，因此 σ_y'' 的分布是中间部分为压应力，两端部分为拉应力，如图 2-11（a）所示；相反，如果从两端向中间部分焊接时，中间部分为拉应力，两端部分为压应力，如图 2-11（b）所示。

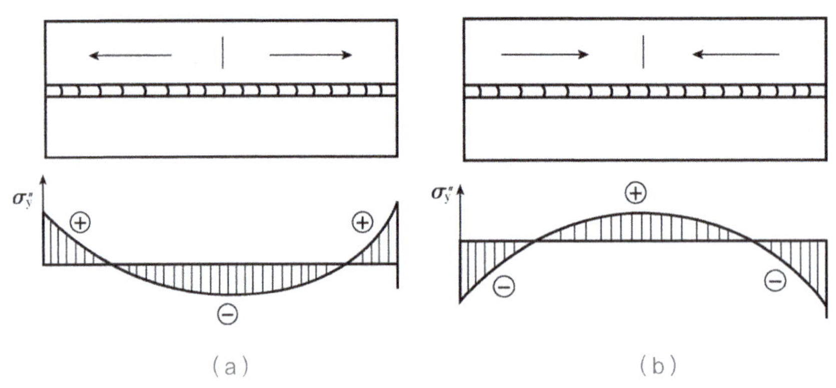

图 2-11　焊接方向不同时的 σ_y'' 分布

总之，焊缝横向应力的两个组成部分 σ_y' 、σ_y'' 同时存在，焊件中的横向应力 σ_y 是由 σ_y' 、σ_y'' 合成的，但它的大小要受 σ_s 的限制。

3. 特殊情况下的残余应力分布

1）厚板中的焊接残余应力

厚板焊接接头中除有纵向和横向残余应力外，在厚度方向还有较大的残余应力 σ_z。它在厚度上的分布不均匀，主要受焊接工艺方法的影响。图 2-12 为厚 240mm 的低碳钢电渣焊焊缝中心线上的应力分布。该焊缝中心存在三向均为拉伸的残余应力，且均为最大值，这与电渣焊工艺有关。因电渣焊时，焊缝正、背面装有水冷铜滑块，表面冷却速度快，中心部位冷却较慢，最后冷却的收缩受周围金属制约，故中心部位出现较高的拉应力。

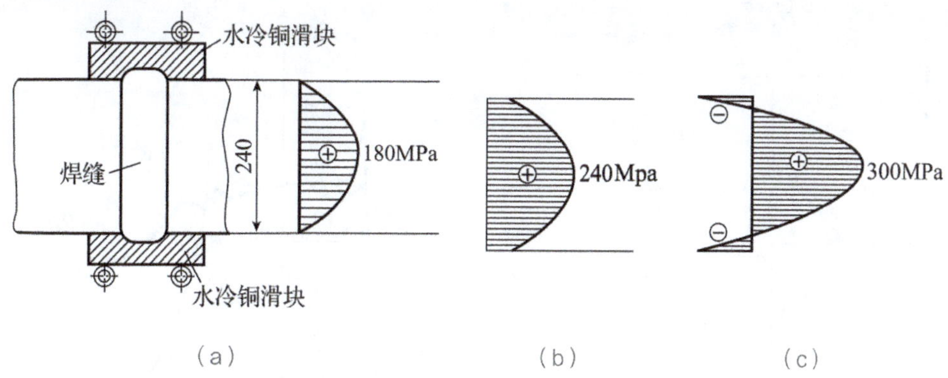

图 2-12 厚 240mm 的碳钢电渣焊焊缝中心线上的应力分布

（a）σ_z 的分布；（b）σ_x 的分布；（c）σ_y 的分布。

2）在拘束状态下的焊接残余应力

前面讨论的焊接残余应力分布都是指焊件在自由状态下焊接时的分布情况，而生产中焊接结构往往是在受拘束的情况下进行焊接的。如图 2-13（a）所示，该焊件焊后的横向收缩受到限制，因而产生了拘束横向应力，其分布如图 2-13（b）所示。拘束横向应力与无拘束横向应力图 2-13（c）叠加，结果在焊件中产生了如图 2-13（d）所示的合成横向应力。

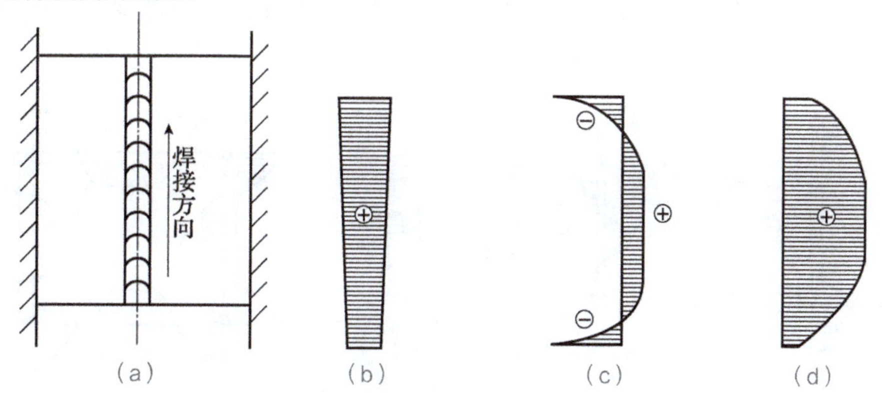

图 2-13 拘束状态下对接接头的横向应力分布

（a）拘束状态下的焊件；（b）拘束横向应力；（c）焊接横向应力；（d）合成横向应力。

3）封闭焊缝中的残余应力

在板壳结构中经常遇到接管、镶块和开孔等构造。这些构造上都有封闭焊缝，它们是在较大拘束下焊接的，内应力都较大。其大小与焊件和镶入体本身的刚度有关，刚度越大，内应力也越大。图 2-14 所示为圆盘中焊入镶块后的残余应力，σ_θ 为切向应力，σ_r 为径向应力。从图中曲线可以看出，径向应力均为拉应力，切向应力在焊缝附近最大，为拉应力，由焊缝向外侧逐渐下降为压应力，由焊缝向中心达到一均匀值。在镶块中部有一个均匀的双轴应力场，镶块直径越小，外板对它的约束越大，这个均匀双轴应力值就越高。

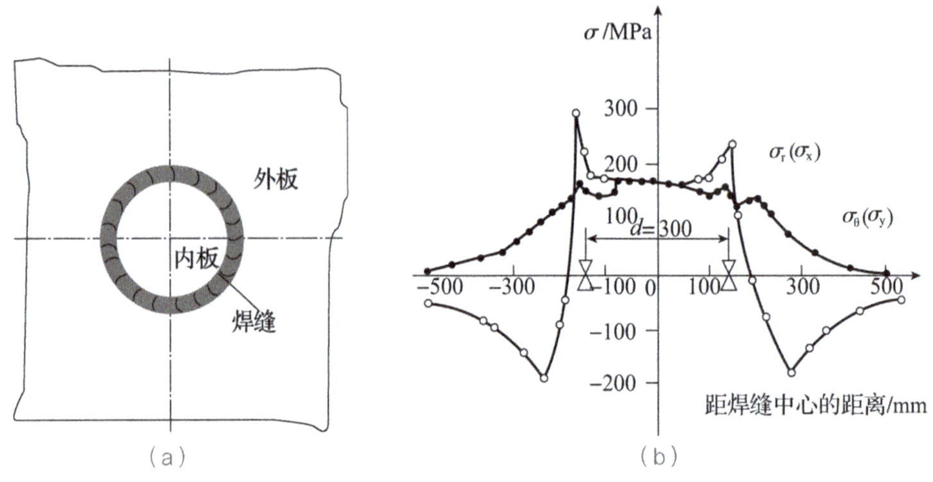

图 2-14 圆盘中焊入镶块后的残余应力

（a）封闭焊缝；（b）σ_θ 和 σ_r 的分布。

4）焊接梁柱中的残余应力

图 2-15 为 T 形梁、工字梁和箱形梁纵向残余应力的分布情况。对于此类结构，可以将其腹板和翼板分别视为板边堆焊或板中心堆焊加以分析，一般情况下焊缝及其附近区域中总是存在有较高的纵向拉应力，而在腹板的中部则会产生纵向压应力。

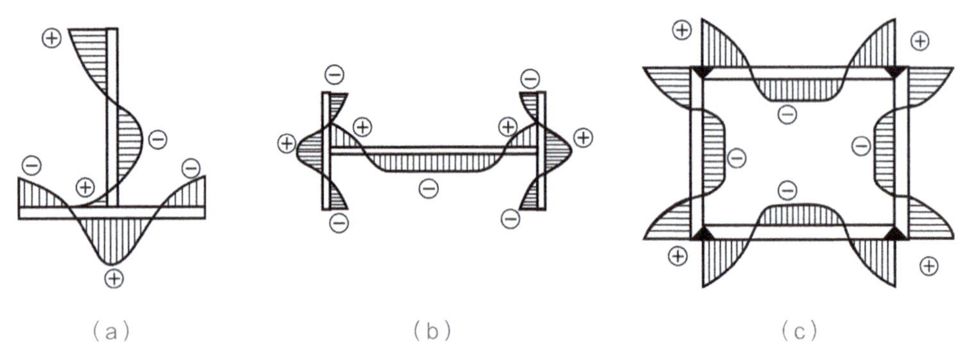

图 2-15 焊接梁柱的纵向残余应力分布

（a）T 形梁；（b）工字梁；（c）箱形梁。

5）环形焊缝中的残余应力

管道对接时，焊接残余应力的分布比较复杂，当管径和壁厚之比较大时，环形焊缝中的应力分布与平板对接相类似，如图 2-16 所示，但焊接残余应力的峰值比平板对接焊要小。

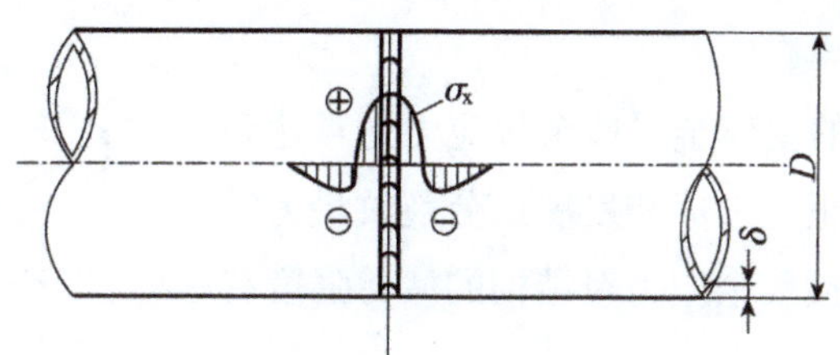

图 2-16 环形焊缝纵向残余应力分布

二、焊接残余应力对焊接结构的影响

1. 对结构强度的影响

没有严重应力集中的焊接结构，只要材料具有一定的塑性变形能力，焊接内应力并不影响结构的静载强度。但是，当材料处在脆性状态时，则拉伸内应力和外载引起的拉应力叠加有可能使局部区域的应力首先达到抗拉强度，导致结构早期破坏。曾有许多低碳钢和低合金结构钢的焊接结构发生过低应力脆断事故，大量试验研究表明：在工作温度低于材料的脆性临界温度的条件下，拉伸内应力和严重应力集中的共同作用，将降低结构的静载强度，使之在远低于屈服强度的外应力作用下就发生脆性断裂。因此，焊接残余应力的存在将明显降低脆性材料结构的静载强度。

2. 对构件加工尺寸精度的影响

焊件上的内应力在机械加工时，因一部分金属从焊件上被切除而破坏了其原来的平衡状态，于是残余应力重新分布以达到新的平衡，同时产生变形，于是加工精度受到影响。图 2-17 所示为在 T 形焊件上加工一平面时的情况，当切削加工结束后松开加压板，工件会产生上拱变形，加工精度受到影响。为了保证加工精度，应对焊件先进行消除应力处理，再进行机械加工。也可采用多次分步加工的办法来释放焊件中的残余应力和变形。

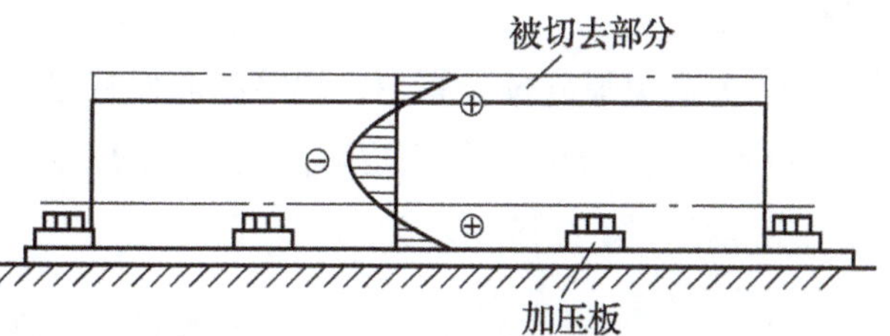

图 2-17 机械加工引起内应力释放和变形

3. 对受压杆件稳定性的影响

焊接工字梁或焊接箱形梁时，腹板的中心部位存在较大的压应力，这种压应力的存在，往往会导致高大梁结构的局部或整体的失稳，产生波浪变形。

4. 对低温冷脆的影响

焊接残余应力对低温冷脆的影响经常是决定性的，必须引起足够的重视。在厚板和具有严重缺陷的焊缝中以及在交叉焊缝（图 2-18）的情况下，产生了阻碍塑性变形的三轴拉应力，使裂纹容易发生和发展。

5. 对疲劳强度的影响

在焊缝及其附近的主体金属残余拉应力通常达到钢材屈服点，此部位正是形成和发展疲劳裂纹最为敏感的区域。因此，焊接残余应力对结构的疲劳强度有明显不利影响。

因此，为了保证焊接结构具有良好的使用性能，必须设法在焊接过程中减小焊接残余应力，有些重要的结构，焊后还必须采取措施消除焊接残余应力。

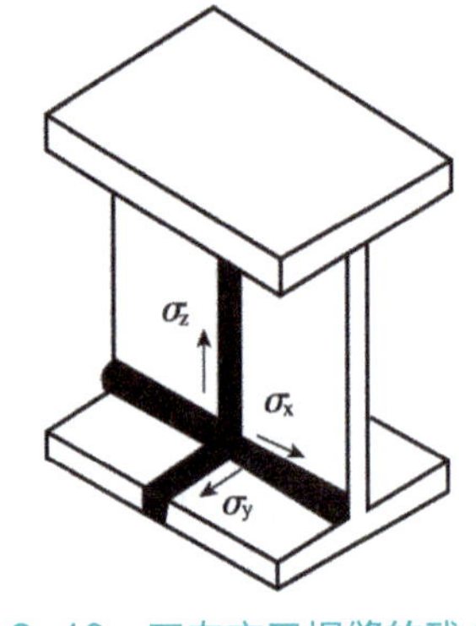

图 2-18 三向交叉焊缝的残余应力

三、减小焊接残余应力的措施

减小焊接残余应力，即在焊接结构制造过程中采取一些适当的措施以减小焊接残余应力。一般来说，可以从设计和工艺两方面着手，设计焊接结构时，在不影响结构使用性能的前提下，应尽量考虑采用能减小和改善焊接应力的设计方案；另外，在制造过程中还要采取一些必要的工艺措施，以使焊接应力减小到最低程度。

1. 设计措施

（1）尽量减少结构上焊缝的数量和焊缝尺寸。多一条焊缝就多一处内应力源；过大的焊缝尺寸，焊接时受热区加大，使引起残余应力与变形的压缩塑性变形区或变形量增大。

（2）避免焊缝过分集中，焊缝间应保持足够的距离。焊缝过分集中不仅使应力分布更不均匀，而且可能出现双向或三向的复杂应力状态。压力容器设计规范在这方面要求严格，图 2-19 所示为其中一例。

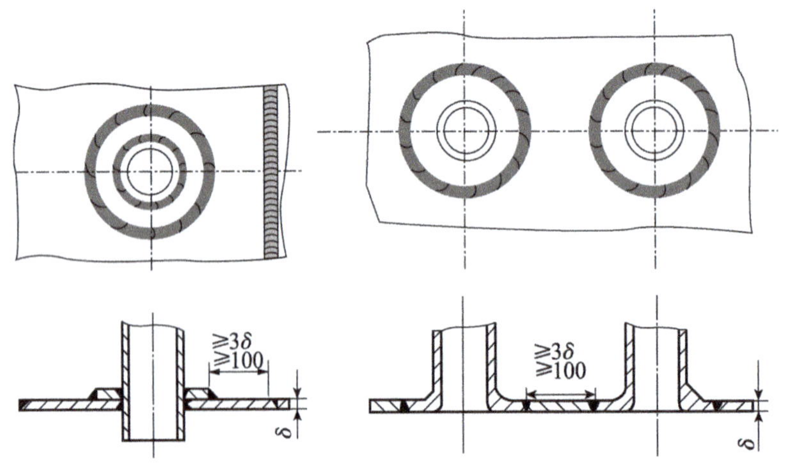

图 2-19 容器接管焊缝

（3）采用刚性较小的接头形式。例如，图 2-20 所示为容器与接管之间连接接头的两种形式，插入式连接的拘束度比翻边式的大，前者的焊缝上可能产生双向拉应力，且达到较高数值，而后者的焊缝上主要是纵向残余应力。

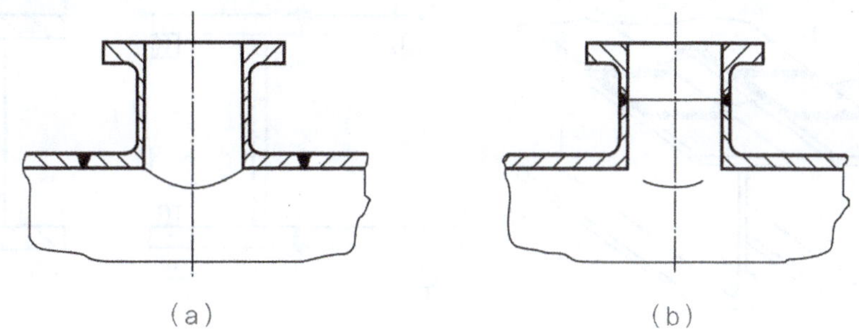

图 2-20 焊接管连接

(a) 插入式；(b) 翻边式。

图 2-21 中，图(a)设计刚度大，焊接时引起很大拘束应力而极易产生裂纹；图(b)的接头已削弱了局部刚性，焊接时不会开裂。

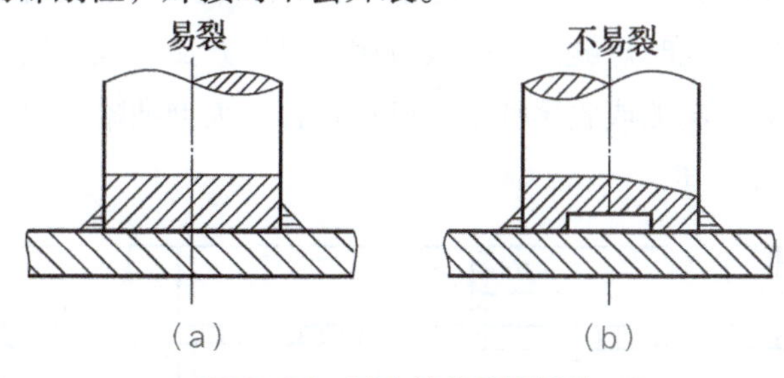

图 2-21 减小接头刚性措施

2. 工艺措施

1）采用合理的装配焊接顺序和方向

除了防止弯曲及角变形要考虑合理安排焊接顺序外，为了减小应力也应选择合理的焊接顺序。合理的装配焊接顺序就是能使每条焊缝尽可能自由收缩的焊接顺序。具体应注意以下五点：

（1）平面上的焊缝焊接时，要保证焊缝的纵向及横向（特别是横向）收缩能够比较自由，而不是受到较大的约束。如图 2-22 所示的拼板焊接，合理的焊接顺序应是按图中1 ~ 10 施焊，即先焊相互错开的短焊缝，后焊直通长焊缝。

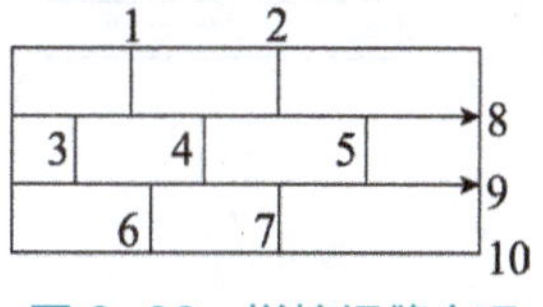

图 2-22 拼接焊缝合理的装配焊接顺序

（2）收缩量最大的焊缝应先焊。因为先焊的焊缝收缩时受阻较小，故残余应力就比较小。如图 2-23 所示的带盖板的双工字梁结构，应先焊盖板上的对接焊缝1，后焊盖板与工字梁之间的角焊缝 2，原因是对接焊缝的收缩量比角焊缝的收缩量大。

（3）工作时受力最大的焊缝应先焊。如图 2-24 所示的大型工字梁，应先焊受力最大的翼板对接焊缝 1，再焊腹板对接焊缝 2，最后焊预先留出来的一段角焊缝 3。

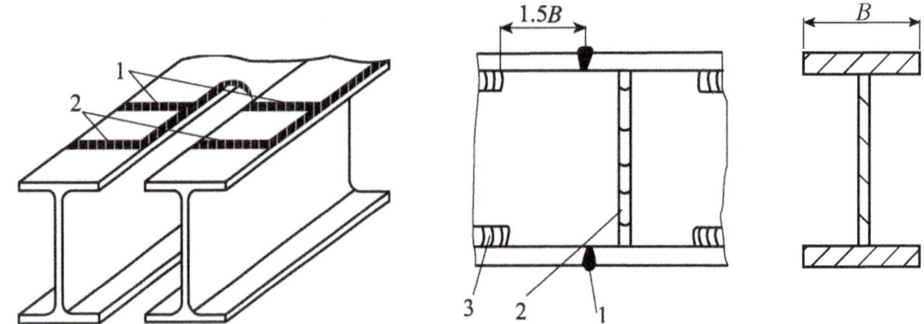

图 2-23 带盖板的双工字梁结构焊接顺序图　　图 2-24 对接工字梁的焊接顺序

（4）在对接平面上带有交叉焊缝的接头时，必须采用保证交叉点部位不易产生缺陷的焊接顺序。图 2-25 为几种 T 形接头焊缝和十字形接头焊缝，应采用图中（a）、（b）、（c）的焊接顺序，才能避免在焊缝的相交点产生裂纹及夹渣等缺陷。图（d）为不合理的焊接顺序。同时焊缝的起弧或收尾也可避开交点或虽然在交点上，但在焊相交的另一条焊缝时，起弧或收尾处事先已被铲掉。大型油罐、船壳建造等大面积拼板焊接中必须注意这一点。

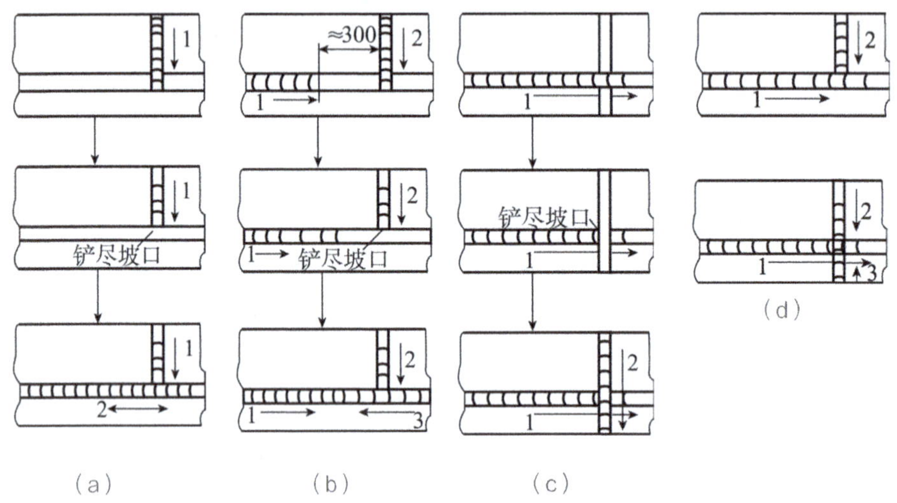

图 2-25 平面交叉焊缝的焊接顺序

（5）图 2-26 为对接焊缝与角焊缝交叉的结构。由于对接焊缝 1 的横向收缩量大，因此必须先焊对接焊缝 1，后焊角焊缝 2。反之，如果先焊角焊缝 2，则焊接对接焊缝 1 时，其横向收缩不自由，极易产生裂纹。

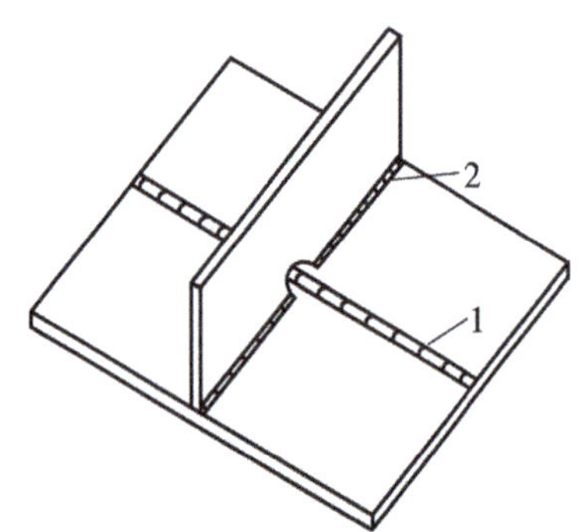

图 2-26 对接焊缝与角焊缝交叉结构

2）预热法

预热法是在施焊前，预先将焊件局部或整体加热到 150℃ ~ 650℃。对于焊接或焊补淬硬倾向较大的材料的焊件以及刚性较大或脆性材料焊件，常常采用预热法。

3）冷焊法

冷焊法是通过减少焊件受热来减小焊接部位与结构上其他部位间的温度差。具体做法：

（1）采用焊条直径较小，焊接电流偏低的焊接工艺参数。

（2）每次只焊很短的一道焊缝。例如，焊铸铁每道只焊 10 ~ 40mm。焊刚度大的钢件，每次焊半根到一根焊条。等这道焊缝区域的温度降低不烫手时，才能焊下一道很短的焊缝。

（3）在每道焊缝的冷却过程中，可用小锤锻打焊缝。另外，应用冷焊法时，环境温度应尽可能高。

（4）降低焊缝的拘束度。平板上镶板的封闭焊缝焊接时拘束度大，焊后焊缝纵向和横向拉应力都较高，极易产生裂纹。为了降低残余应力，应设法减小该封闭焊缝的拘束度。图 2-27 所示为焊前对镶板的边缘适当翻边，做出角反变形，焊接时翻边处拘束度减小。若镶板收缩余量预留得合适，焊后残余应力可减小且镶板与平板平齐。

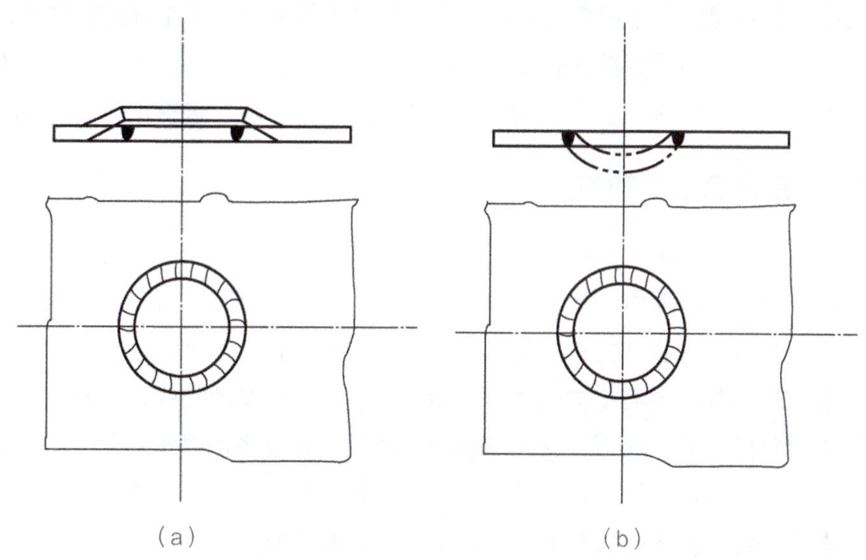

图 2-27 降低局部刚度减少内应力

（a）平板少量翻边；（b）镶块压凹。

（5）加热“减应区”法。选择结构的适当部位进行低温或高温加热使之伸长。加热这些部位以后再去焊接或焊补原来刚性很大的焊缝时，焊接应力可大大减小。这个加热的部位就叫做“减应区”。这种方法和冷焊法及预热法的原理相似，只是更加巧妙地解决了如何造成较小温度差（注意：这里不是指焊接部位温度和焊件整体温度之间的温度差，而是焊接部位温度和焊件上那些阻碍焊接区自由收缩的部位温度之间的温度差），从而减小了焊接热应力，有利于避免热应力裂纹。图 2-28 表示出了此法的减应原理。图中框架中心已断裂，须修复。若直接焊接断口处，焊缝横向收缩受阻，在焊缝中受到相当大的横向应力。若焊前在两侧构件的减应区处同时加热，两侧受热膨胀，使中心构件断口间隙增大。此时对断口处进行焊接，焊后两侧也停止加热。于是焊缝和两侧加热区同时冷却收缩，互不阻碍，因此减小了焊接应力。

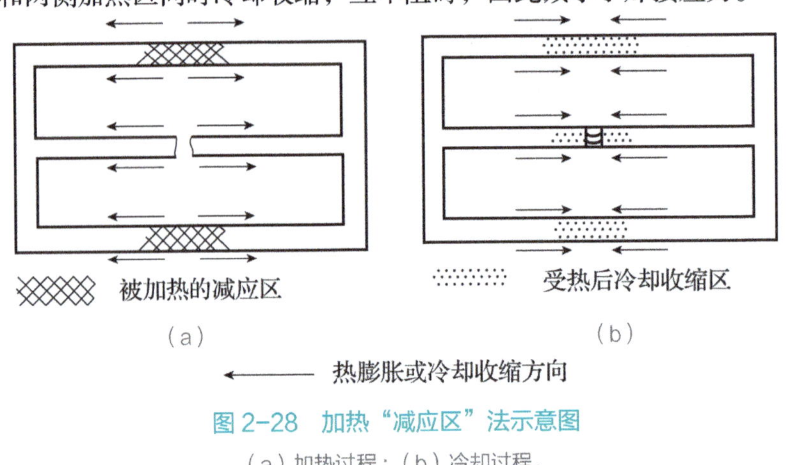

图 2-28 加热"减应区"法示意图

(a) 加热过程；(b) 冷却过程。

此法在铸铁补焊中应用最多，也最有效。此方法的关键在于正确选择加热部位，选择的原则：只加热阻碍焊接区膨胀或收缩的部位。检验加热部位是否正确的方法：用气焊炬在所选处试加热一下，若待焊处的缝隙是张开的，表示选择正确，否则不正确。

四、消除焊接残余应力的方法

虽然在结构设计时考虑了残余应力的问题，在工艺上也采取了一定的措施来防止或减小焊接残余应力，但由于焊接应力的复杂性，结构焊接完以后仍然可能存在较大的残余应力。另外，有些结构在装配过程中还可能产生新的残余内应力，这些焊接残余应力及装配应力都会影响结构的使用性能。焊后是否需要消除残余应力，通常由设计部门根据钢材的性能、板厚、结构的制造及使用条件等多种因素综合考虑后决定。任何产品，最好是通过必要的科学试验，或者分析同类产品在国内外长期使用中所出现过的问题来确定。在下列情况下一般应考虑消除内应力：

（1）在运输、安装、启动和运行中可能遇到低温，有发生脆性断裂的危险。

（2）大型受压容器，对各种钢材的焊接容器有一个设计的壁厚界限。厚度超过这个界限时，要求消除残余应力。例如，《压力容器》（GB 150.1 ~ 150.4—2011）规定，碳素钢厚度大于 32mm，16MnR 钢厚度大于 30mm，16MnVR 钢厚度大于 28 mm 的焊接容器，焊后应进行热处理。

（3）焊后机械加工量较大，多数情况下，应做消除残余应力的热处理（高温回火），否则，难以保证加工尺寸精度。

（4）对尺寸稳定性要求较高的结构，如精密仪器和量具座架、机床床身、减速箱箱体等。

（5）有应力腐蚀破坏可能性的结构。

常用的消除残余应力的方法如下：

1. 热处理法

热处理法是利用材料在高温下屈服强度下降和蠕变现象来达到松弛焊接残余应力的目的，同时热处理还可改善焊接接头的性能。生产中常用的热处理法有整体热处理和局部热处理两种。

1）整体热处理

将焊接结构整体放入加热炉中，并缓慢加热到一定的温度（低碳钢为650℃），并保温一定的时间（一般按每毫米板厚保温2 ~ 4min，但总时间不少于30min），然后空冷或随炉冷却。放入炉子时，要把构件垫好，整体热处理消除残余应力的效果取决于加热温度、保温时间、加热和冷却速度、加热方法和加热范围。一般可消除60% ~ 90%的残余应力，在生产中应用比较广泛。

2）局部热处理

对于某些不允许或不可能进行整体热处理的焊接结构，可采用局部热处理。局部热处理就是对构件焊缝周围的局部应力很大的区域及其周围，缓慢加热到一定温度后保温，然后缓慢冷却，其消除应力的效果不如整体热处理，它只能降低残余应力峰值，不能完全消除残余应力。对于一些大型筒形容器的组装环缝和一些重要管道等，常采用局部热处理来降低结构的残余应力。

2. 机械拉伸法

机械拉伸法是通过不同方式在构件上施加一定的拉伸应力，使焊缝及其附近产生拉伸塑性变形，与焊接时在焊缝及其附近所产生的压缩塑性变形相互抵消一部分，达到松弛残余应力的目的。实践证明，拉伸载荷加得越高，压缩塑性变形量就抵消得越多，残余应力消除得越彻底。在压力容器制造的最后阶段，通常要进行水压试验，其目的之一也是利用加载来消除部分残余应力。

3. 温差拉伸法

温差拉伸法的基本原理与机械拉伸法相同，其不同点是机械拉伸法采用外力进行拉伸，而温差拉伸法是采用局部加热形成的温差来拉伸压缩塑性变形区。图2-29为温差拉伸法示意图，在焊缝两侧各用一适当宽度（一般为100 ~ 150mm）的氧—乙炔焰嘴加热焊件，使焊件表面加热到

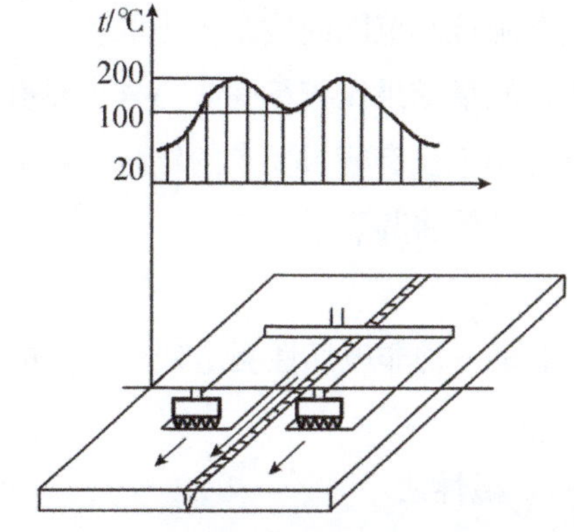

图2-29　“温差拉伸法”消除残余应力示意图

200℃左右，在焰嘴后面一定距离用水管喷头冷却，以形成两侧温度高、焊缝区温度低的温度场，两侧金属的热膨胀对中间温度较低的焊缝区进行拉伸，产生拉伸塑性变形抵消焊接时所产生的压缩塑性变形，从而达到消除残余应力的目的。如果加热温度和加热范围选择适当，消除应力的效果可达 50% ~ 70%。

4. 锤击焊缝

在焊后用手锤或一定直径的半球形风锤锤击焊缝，可使焊缝金属产生延伸变形，能抵消一部分压缩塑性变形，起到减小焊接应力的作用。锤击时注意施力应适度，以免施力过大而产生裂纹。

5. 振动法

又称振动时效或振动消除应力法（VSR）。它是利用由偏心轮和变速马达组成的激振器，使结构发生共振所产生的循环应力来降低内应力。其效果取决于激振器、工件支点位置、激振频率和时间。振动法所用设备简单、价廉，节省能源，处理费用低，时间短（从数分钟到几十分钟），也没有高温回火时金属表面氧化等问题。故目前在焊件、铸件、锻件中，为了提高尺寸稳定性较多地采用此法。

五、焊接残余应力的测定

目前，测定焊接残余应力的方法主要可归结为两类，即机械方法和物理方法。

1. 机械方法

机械法也称应力释放法，利用机械加工将试件切开或切去一部分，测定由此而释放的弹性应变来推算构件中原有的残余应力。

1）切条法

加工麻烦，要完全破坏焊件，但测定残余应力比较准确。所以，该方法只适合在实验室中进行研究工作。

2）钻孔法

测定残余应力时所钻孔可以是盲孔，也可以是 $\phi 2$ ~ 3mm 的通孔，其适用于焊缝及其附近小范围内残余应力的测定，并可现场操作，很快测得指定点的主应力及其方向，测量结果比较精确。另外，钻孔法由于所钻孔比较小，对结构的破坏性很小，特别适用于没有密封要求的结构；对有密封要求的结构，可采用盲孔，测试完毕后可用电动砂轮将其磨平。

2. 物理方法

这是一种非破坏性测定残余应力的方法，常用的有磁性法、超声波法及 X 射线衍射法等。

1）磁性法

利用铁磁材料在磁场中磁化后的磁致伸缩效应来测量残余应力的一种方法。该方法目前在生产中已获得了应用，市场上已有仪器出售，测量仪器轻巧、简单，测量方便、迅速，但测量精度不高。

2）X 射线衍射法

根据金属晶体晶格常数在应力的作用下发生变化来测定残余应力的一种方法，是一种无损的测量方法。我国已生产出了可用于现场的轻便型 X 射线残余应力测定仪。但这种方法只能测定表面应力，对被测表面精度要求较高，测量仪器的价格也比较昂贵。

3）超声波法

根据超声波在有应力的试件和无应力的试件中传播速度的变化来测定残余应力的一种方法，可用于测定三维空间的残余应力。但这种方法目前还处在实验室研究阶段，国外已有仪器出售，国内实际生产中还尚未得到应用。

课堂笔记：____

____

练习题

一、填空题

1．构件中沿空间 3 个方向上产生的应力叫________________________________。

2．焊件沿平行于焊缝方向上的应力称为________。

3．焊缝在钢板中间的纵向焊接应力使焊缝及其附近产生________；钢板两侧产生________。

4．焊件在垂直于焊缝方向上的应力和变形叫做________。

5．为减小焊接残余应力，焊接时，应先焊收缩量________的焊缝，使焊缝能较自由地收缩。

6．为减小焊接残余应力，焊接时，应先焊________的短焊缝，后焊________焊缝；先焊工作时受力________的焊缝，使内应力合理分布。

二、判断题

1．为减小焊接残余应力，多层焊时，每层都要锤击。（　）

2．整体高温回火的温度越高，时间越长，残余应力消除得越彻底。（　）

3．局部高温回火较整体高温回火消除残余应力彻底。（　）

4．焊件焊后整体高温回火，既可以消除应力，又可以消除变形。（　）

5．采用对称焊接的方法可以减小焊件的波浪变形。（　）

三、选择题

1．需要进行消除焊后残余应力的焊件，焊后应进行________。

A．后热　B．高温回火　C．正火　D．正火加回火

2．薄板对接焊缝产生的应力是________。

A．单向应力　B．平面应力　C．体积应力　D．双向应力

3．焊件表面堆焊时产生的应力是________。

A．单向应力　B．平面应力　C．体积应力　D．双向应力

四、思考题

1. 什么是焊接应力？焊接应力有哪些种类？
2. 防止和减小焊接应力的措施有哪几种？简述其原理。
3. 消除焊接残余应力的方法有哪些？简述其原理。
4. 什么是机械拉伸法、温差拉伸法？

第三节 焊接变形

可以粗略地说，焊接过程中对焊件进行的局部、不均匀的加热是产生焊接变形及应力的原因。焊接后焊缝和焊缝附件受热区的金属都发生缩短现象。缩短主要表现在两个方向，即沿着焊缝长度方向的纵向收缩和垂直于焊缝长度方向的横向收缩。正是由于焊缝处有这两个方向的收缩和收缩所引起的这两个方向上的缩短造成了焊接结构的各种变形。

一、焊接变形的种类及其影响因素

焊接变形在焊接结构中的分布是很复杂的。按变形对整个焊接结构的影响程度，可将焊接变形分为局部变形和整体变形；按变形的外观形态来分，可将焊接变形分为如图 2-30 所示的 5 种基本变形形式：收缩变形、角变形、弯曲变形、波浪变形和扭曲变形。这些基本变形形式的不同组合，形成了实际生产中焊件的变形。下面，将分别讨论各种变形的形成规律和影响因素。

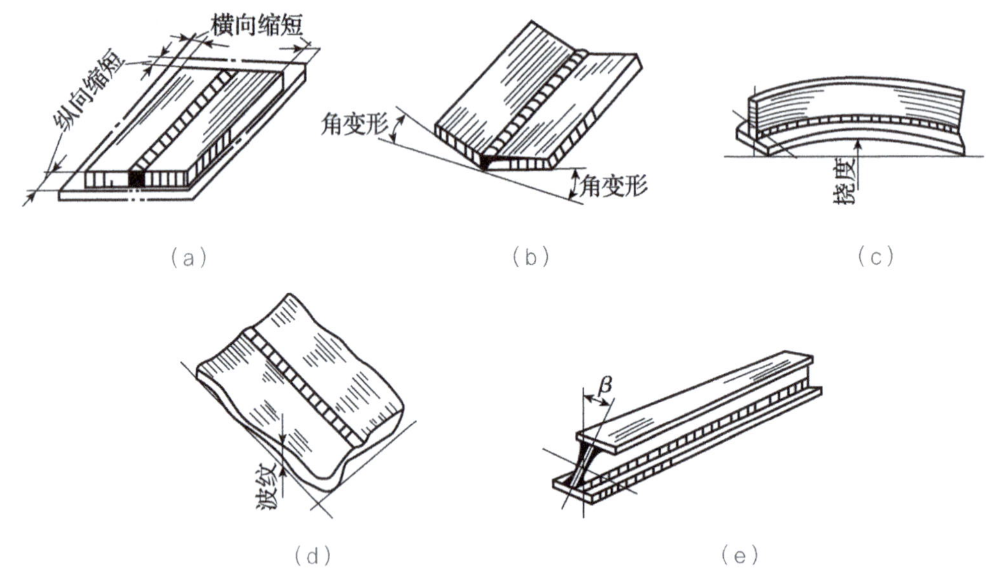

图 2-30 焊接变形的基本形式

(a) 收缩变形；(b) 角变形；(c) 弯曲变形；(d) 波浪变形；(e) 扭曲变形。

1. 收缩变形

焊件尺寸比焊前缩短的现象称为收缩变形。它分为纵向收缩变形和横向收缩变形，如图 2-30（a）所示。

1）纵向收缩变形

纵向收缩变形即沿焊缝轴线方向尺寸的缩短。这是由于焊缝及其附近区域在焊接高温的作用下产生纵向的压缩塑性变形，焊后这个区域要收缩，便引起了焊件的纵向收缩变形。

纵向收缩变形量取决于焊缝长度、焊件的截面积、材料的弹性模量、压缩塑性变形区的面积以及压缩塑性变形率等。焊件的截面积越大，焊件的纵向收缩量越小。焊缝的长度越长，纵向收缩量越大。从这个角度考虑，在受力不大的焊接结构内，采用间断焊缝代替连续焊缝，是减小焊件纵向收缩变形的有效措施。

压缩塑性变形量的大小与焊接方法、焊接工艺参数、焊接顺序以及母材的热物理性质有关，其中以热输入的影响最大。在一般情况下，压缩塑性变形量与热输入成正比。同样截面形状和大小的焊缝，可以一次焊成，也可以采用多层焊。多层焊每次所用的线能量比单层焊时要小得多，因此，多层焊时每层焊缝所产生的 A_p（压缩塑性变形区面积）比单层焊时小。但多层焊所引起的总变形量并不等于各层焊缝的 A_p 之和，因为各层所产生的塑性变形区面积是相互重叠的。图 2-31 为单层焊和双层焊对接接头塑性变形区示意图。单层焊时，塑性变形区的面积为 $ABCD$；双层焊时，第一层焊道产生的塑性变形区为 $A_1B_1C_1D_1$，第二层的塑性变形区为 $A_2B_2C_2D_2$。由此可以得出结论：对截面相同的焊缝，采用多层焊引起的纵向收缩量比单层焊小，分的层数越多，每层的热输入越小，纵向收缩量就越小。

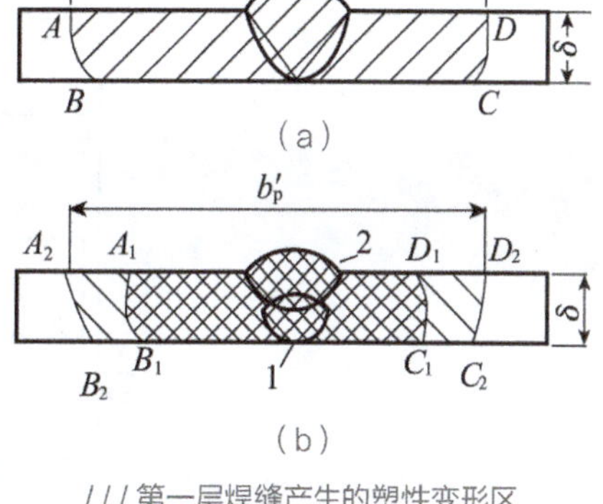

图 2-31 单层焊和双层焊对接接头塑性变形区示意图

（a）单层焊；（b）双层焊。

焊件的原始温度对焊件的纵向收缩也有影响。一般来说，焊件的原始温度提高，相当于热输入增大，焊后纵向收缩量增大。但是，当原始温度高到某一程度，可能会出现相反的情况，因为随着原始温度的提高，焊件上的温度差减小，温度趋于均匀化，压缩塑性变形率下降，可使压缩塑性变形量减小，从而使纵向收缩量减小。

焊件材料的线膨胀系数对纵向收缩量也有一定的影响，线膨胀系数大的材料，焊后纵向收缩量大，如不锈钢和铝比碳钢焊件的收缩量大。

2）横向收缩变形

横向收缩变形指沿垂直于焊缝轴线方向尺寸的缩短。构件焊接时，不仅产生纵向收缩变形，同时也产生横向收缩变形，如图 2–32 所示中的 Δy。产生横向收缩变形的过程比较复杂，影响因素很多，如线能量、接头形式、装配间隙、板厚、焊接方法以及焊件的刚性等，其中以线能量、装配间隙、接头形式等影响最为明显。

不管何种接头形式，其横向收缩变形量总是随焊接热输入增大而增加。装配间隙对横向收缩变形量的影响也较大，且情况复杂。一般来说，随着装配间隙的增大，横向收缩也增加。两块平板，中间留有一定间隙的对接焊，如图 2–32 所示。焊接时，随着热源对金属的加热，对接边产生膨胀，焊接间隙减小。焊后冷却时，由于焊缝金属很快凝固，阻碍平板两对接边的恢复，则产生横向收缩变形。

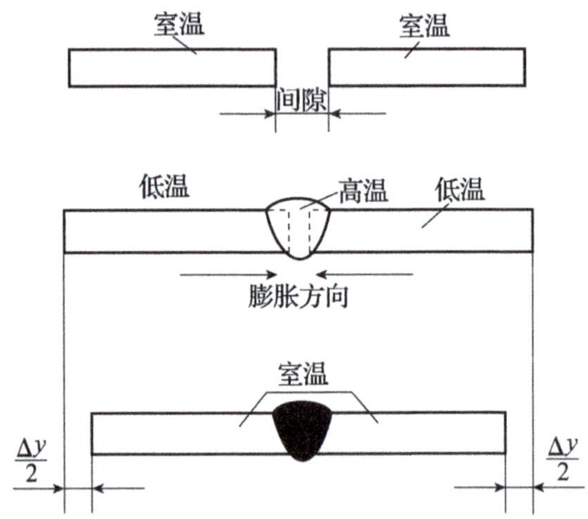

图 2–32　带间隙平板对接焊的横向收缩变形过程

如果两板对接焊时不留间隙，如图 2–33 所示，加热时板的膨胀引起板边挤压，使之在厚度方向上增厚，冷却时也会产生横向收缩变形，但其横向收缩变形量小于有间隙的情况。

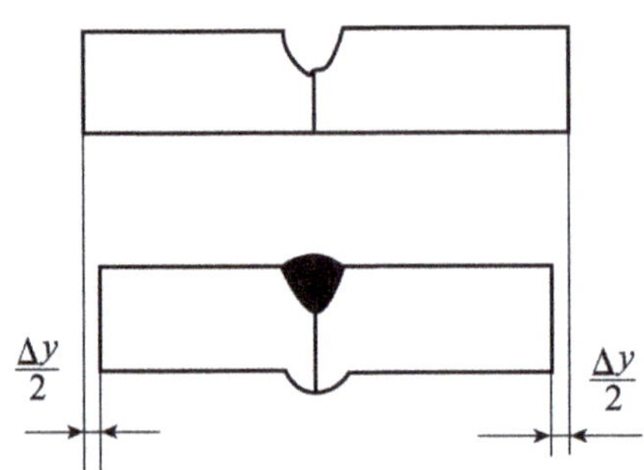

图 2–33　无间隙平板对接焊的横向收缩变形过程

另外，横向收缩量沿焊缝长度方向分布不均匀。因为一条焊缝是逐步形成的，先焊的焊缝冷却收缩对后焊的焊缝有一定挤压作用，使后焊的焊缝横向收缩量更大。一般地说，焊缝的横向收缩沿焊接方向是由小到大，逐渐增大到一定长度后便趋于稳定。由于这个原因，生产中常将一条焊缝的两端头间隙取不同值，后半部分比前半部分要大 1 ~ 3mm。横向收缩的大小还与装配后定位焊和装夹情况有关，定位焊焊缝越长，装夹的拘束程度越大，横向收缩变形量就越小。

对接接头的横向收缩量是随焊缝金属量的增加而增大；线能量、板厚和坡口角度增大，横向收缩量也增加，而板厚的增大使接头的刚度增大，又可以限制焊缝的横向收缩。另外，多层焊时，先焊的焊道引起的横向收缩较明显，后焊焊道引起的横向收缩逐层减小。焊接方法对横向收缩量也有影响，如相同尺寸的构件采用埋弧自动焊比采用焊条电弧焊其横向收缩量小；气焊的收缩量比电弧焊的大。角焊缝的横向收缩要比对接焊缝的横向收缩小得多。同样的焊缝尺寸，板越厚，横向收缩变形越小。

2. 角变形

中厚板对接焊、堆焊、搭接焊及 T 形接头焊接时，都可能产生角变形。角变形产生的根本原因是由于焊缝的横向收缩沿板厚分布不均匀所致。焊缝接头形式不同，其角变形的特点也不同。图 2–34 所示是几种焊接接头的角变形。就堆焊或对接焊而言，如果钢板很薄，可以认为在钢板厚度方向上的温度分布是均匀的，此时不会产生角变形。但在焊接（单面）较厚钢板时，在钢板厚度方向上的温度分布是不均匀的。温度高的一面受热膨胀较大，另一面膨胀小甚至不膨胀。由于焊接面膨胀受阻，出现较大的压缩塑性变形，这样，冷却时在钢板厚度方向上产生收缩不均匀的现象，焊接一面收缩大，另一面收缩小，故冷却后平板产生角变形。

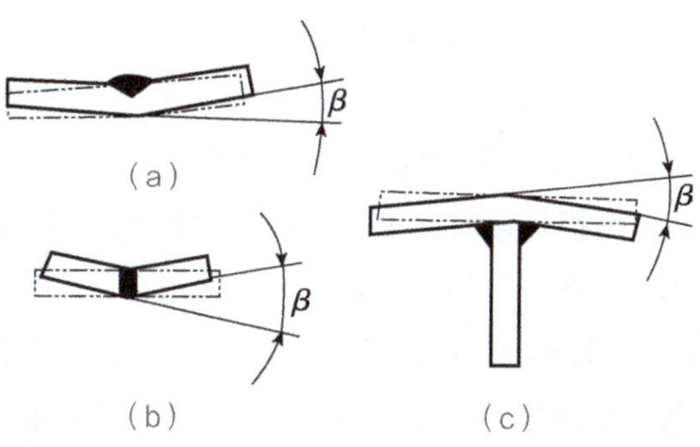

图 2–34　几种焊接接头的角变形

角变形的大小与焊接线能量、板厚等因素有关，也与焊件的刚性有关。当线能量一定时，板厚越大，厚度方向上的温差越大，角变形增加；但当板厚增大到一定程度，此时构件的刚性增大，抵抗变形的能力增强，角变形反而减小。另外，在板厚一定时，线能量增大，压缩塑性变形量增加，角变形增加。但线能量增大到一定程度时，堆焊面与背面的温差减小，角变形反而减小。

对接接头角变形主要与坡口形式、坡口角度、焊接方式等有关。坡口截面不对称的焊缝，其角变形大，因而用 X 形坡口代替 V 形坡口，有利于减小角变形；坡口角度越大，焊缝横向收缩沿板厚分布越不均匀，角变形越大。同样的板厚和坡口形式下，多层焊比单层焊角变形大，焊接层数越多，角变形越大，多层多道焊比多层焊角变形大。

另外，坡口截面对称，采用不同的焊接顺序时，产生的角变形大小也不相同。图 2–35（a）所示为 X 形坡口对接接头，先焊完一面后翻转再焊另一面。焊第二面时所产生的角变形不能完全抵消第一面产生的角变形，这是因为焊第二面时第一面已经冷却，增加了接头的刚性，使第二面的角变形小于第一面，最终产生一定的残余角变形。如果采用正反面各层对称交替焊，如图 2–35（b）所示，这样正反面的角变形可相互抵消。但采用这种方法时，焊件翻转次数比较多，不利于提高生产率。比较好的办法是，先在一面少焊几层，然后翻转过来焊满另一面，使其产生的角变形稍大于先焊的一面，最后再翻转过来焊满第一面，如图 2-35（c）所示，这样就能以最少的翻转次数来获得最小的角变形。非对称坡口的焊接如图 2-35（d）所示，应先焊焊接量少的一面，后焊焊接量多的一面，并且注意每一层的焊接方向应相反。

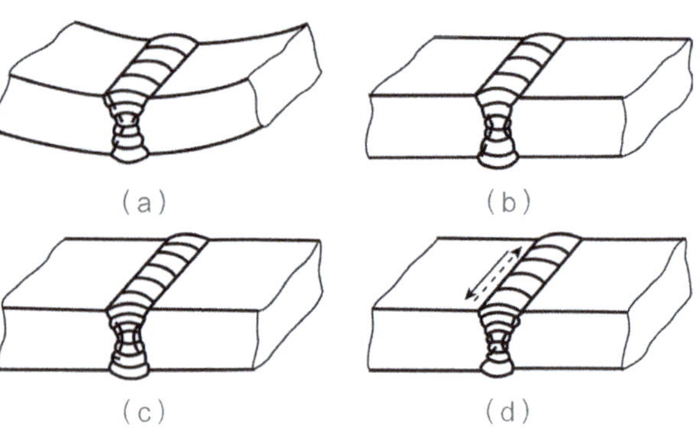

图 2-35 角变形与焊接顺序的关系

（a）对称坡口非对称焊；（b）对称坡口对称交替焊；（c）对称坡口非对称焊；（b）非对称坡口非对称焊。

薄板焊接时，正、反面的温差小，同时薄板的刚度小，焊接过程中，在压应力作用下易产生失稳，使角变形方向不定，没有明显规律性。

T 形接头的角变形如图 2-36（a），所示可以看成是由立板相对于水平板的回转与水平板本身的角变形两部分组成。T 形接头不开坡口焊接时，其立板相对于水平板的回转相当于坡口角度为 90° 的对接接头角变形 β' ，如图 2-36（b）所示；水平板本身的角变形相当于水平板上堆焊引起的角变形 β'' ，如图 2-36（c）所示。这两种角变形综合的结果使 T 形接头两板间的角度发生如图 2-36（d）所示的变化。

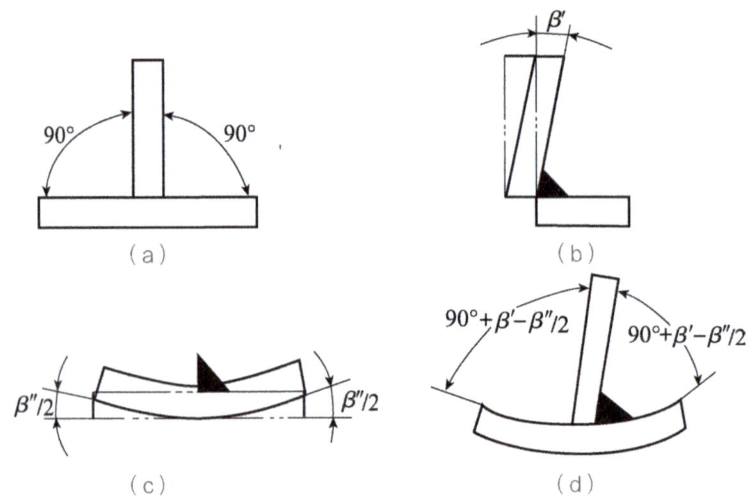

图 2-36 T 形接头的角变形

为了减小 T 形接头角变形，可通过开坡口来减小立板与水平板间的焊缝夹角，以减小 β' 值；还可通过减小焊脚尺寸来减少焊缝金属量，以降低 β'' 值。

3. 弯曲变形

焊接梁或柱时容易产生弯曲变形，主要是由于焊缝的中心线与结构截面的中性轴不重合或不对称，焊缝的收缩沿构件宽度方向分布不均匀而引起的。弯曲变形分两种：焊缝纵向收缩引起的弯曲变形和焊缝横向收缩引起的弯曲变形。

1）纵向收缩引起的弯曲变形

图 2–37 所示为不对称布置焊缝的纵向收缩所引起的弯曲变形。弯曲变形（挠度 f）的大小与焊缝在结构中的偏心距 s 及假想偏心力 F_p 成正比，与焊件的刚度 EI 成反比。而假想偏心力又与压缩塑性变形区有关，凡影响压缩塑性变形区的因素均影响偏心力 F_p 的大小。偏心距 s 越大，弯曲变形越严重。焊缝位置对称或接近于截面中性轴，则弯曲变形就比较小。

2）横向收缩引起的弯曲变形

焊缝的横向收缩在结构上分布不对称时，也会引起构件的弯曲变形。例如，工字梁上布置若干短筋板如图 2–38 所示，由于筋板与腹板及筋板与上翼板的角焊缝均分布于结构中性轴的上部，它们的横向收缩将引起工字梁的下挠变形。

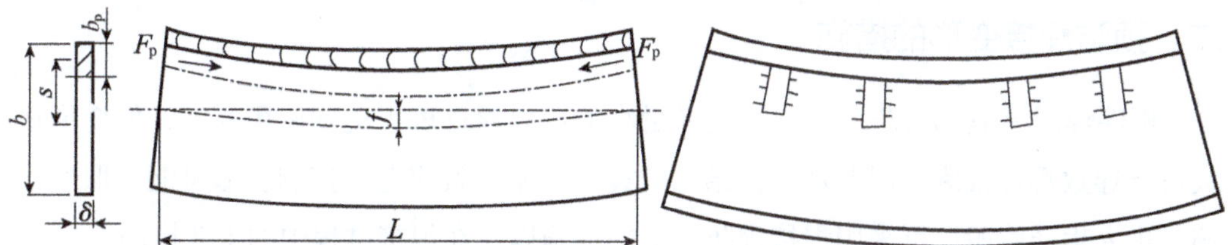

图 2–37　焊缝的纵向收缩引起的弯曲变形　　图 2–38　焊缝横向收缩引起的弯曲变形

4. 波浪变形

波浪变形常发生于板厚小于 6mm 的薄板焊接过程中，又称为失稳变形。大面积平板拼接，如船体甲板、大型油罐罐底板等，极易产生波浪变形。产生原因：一种是由于焊缝的纵向缩短对薄板边缘造成的压应力；另一种是由于焊缝横向缩短所造成的角变形。图 2–39 所示为采用大量筋板的结构，每块筋板的角焊缝引起的角变形，连贯起来就形成波浪变形。这种波浪变形与失稳的波浪变形有本质的区别，要有不同的解决办法。

图 2–39　焊接角变形引起的波浪变形

防止波浪变形可从两方面着手：一是降低焊接残余压应力，如采用能使塑性变形区小的焊接方法，选用较小的焊接线能量等；二是提高焊件失稳临界应力，如给焊件增加筋板，适当增加焊件的厚度等。

5. 扭曲变形

装配质量不好、工件搁置不当以及焊接顺序和焊接方向不合理，都可能引起扭曲变形。归根结底，是由于焊缝的角变形沿焊缝长度方向分布不均匀。如图 2-40 中的工字梁，若按图示 1 ~ 4 顺序和方向焊接，则会产生图示的扭曲变形，主要是角变形沿焊缝长度逐渐增大的结果。如果改变焊接顺序和方向，使两条相邻的焊缝同时同向焊接，就会克服这种扭曲变形。

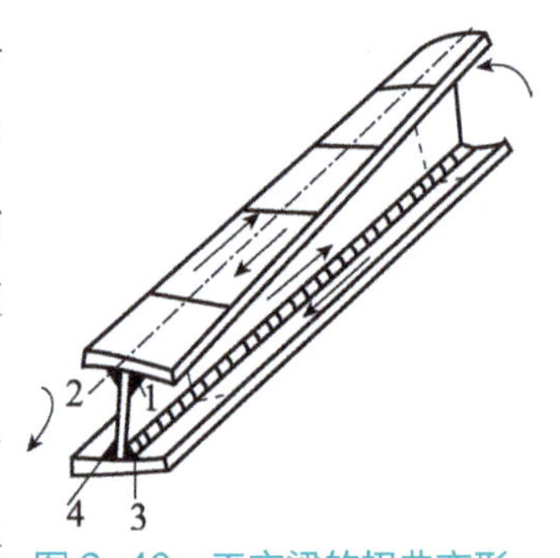

图 2-40 工字梁的扭曲变形

以上 5 种变形是焊接变形的基本形式，通过分析，可以看出焊后焊缝的收缩变形是引起各种变形和应力的根本原因。同时，焊缝缩短能否转变成各种形状的变形还和焊缝在结构上的位置、焊接顺序和焊接方向等因素有关。焊接结构的变形对焊接结构生产有极大的影响。首先，零件或部件的焊接变形，给装配带来困难，进而影响后续焊接的质量；其次过大的变形还要进行矫正，增加结构的制造成本；另外，焊接变形也降低焊接接头的性能和承载能力。因此，实际生产中，必须设法控制焊接变形，使变形控制在技术要求所允许的范围之内。

二、预防焊接变形的措施

构件焊后一般都会产生变形，变形量小的可以通过矫正达到使用要求，但变形量大可能导致焊件报废，因此从焊接结构的设计开始，就应考虑控制变形可能采取的措施。进入生产阶段，可采用焊接预防变形的措施以及在焊接过程中的工艺措施。

1. 控制焊接序列的设计措施

1）选择合理的焊缝尺寸和坡口形成

（1）选择最小的焊缝尺寸。在保证结构有足够承载能力的前提下，应采用尽量小的焊缝尺寸。尤其是角焊缝尺寸，最容易盲目加大。焊接结构中有些仅起联系作用或受力不大，并经强度计算尺寸甚小的角焊缝，应按板厚选取工艺上可能的最小尺寸。

对受力较大的 T 形或十字形接头，在保证强度相同条件下，采用开坡口的焊缝可减少焊缝金属，对减小角变形有利。图 2-41 所示为相同承载能力的十字形接头。

（2）选择合理的坡口形式。相同厚度的平板对接，开单面 V 形坡口的角变形大于双面 V 形坡口。因此，具有翻身条件的结构，宜选用两面对称的坡口形式。T 形接头立板端开单边 U 形（J 形）坡口比开单边 V 形坡口角变形小，如图 2-42 所示。

2）减少焊缝的数量

只要条件允许，多采用型材、冲压件；焊缝多且密集处，可以采用铸—焊联合结构，就可以减少焊缝数量。此外，适当增加壁板厚度，以减少筋板数量，或者采用压型结构代替筋板结构，都对防止薄板结构的变形有利。

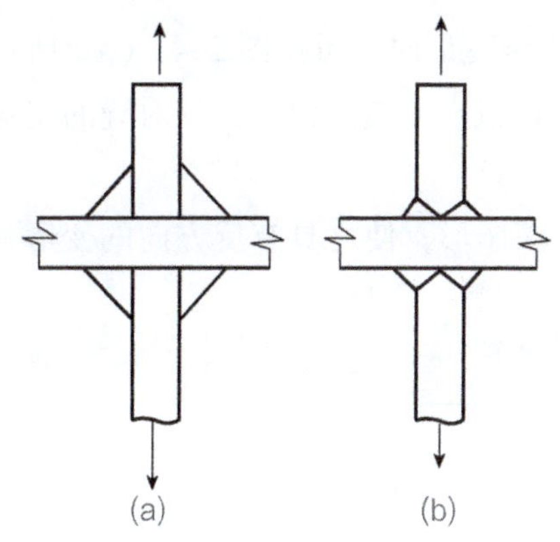

图 2-41　相同承载能力的十字形接头

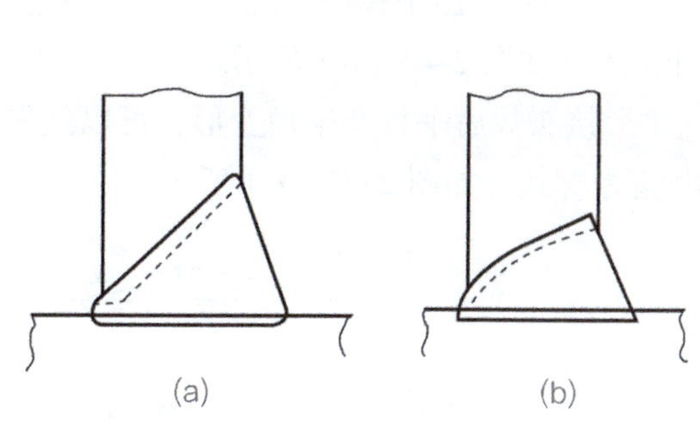

图 2-42　T 形接头的坡口

(a) 角变形大；(b) 角变形小。

3）合理安排焊缝位置

梁、柱等焊接构件常因焊缝偏心配置而产生弯曲变形。合理的设计应尽量把焊缝安排在结构截面的中性轴上或靠近中性轴，力求使中性轴两侧的变形量大小相等方向相反，起到相互抵消作用。图 2-43 所示为箱形结构，图（a）中焊缝集中于中性轴一侧，弯曲变形大，图（b）、（c）中的焊缝安排合理。图 2-44（a）所示的筋板设计，使焊缝集中在截面的中性轴下方，筋板焊缝的横向收缩集中在下方，将引起上拱的弯曲变形。改成图 2-44（b）的设计后，就能防止或减小这种变形。

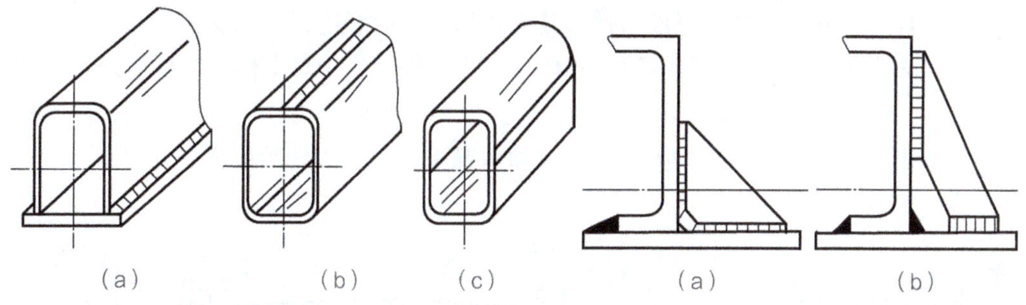

图 2-43　箱形结构的焊缝安排

（a）不合理；（b）、（c）合理。

图 2-44　合理安排焊缝位置防止变形

（a）不合理；（b）合理。

2. 控制焊接变形的工艺措施

1）留余量法

此法就是在下料时，将零件的长度或宽度尺寸比设计尺寸适当加大，以补偿焊件的收缩。余量的多少可根据公式并结合生产经验来确定。留余量法主要是用于防止焊件的收缩变形。

2）反变形法

此法就是根据焊件的变形规律，焊前预先将焊件向着与焊接变形的相反方向进行人为的变形（反变形量与焊接变形量相等），使之达到抵消焊接变形的目的。此法很有效，但必须准确地估计焊后可能产生的变形方向和大小，并根据焊件的结构特点和生产条件灵活地运用。

（1）无外力作用下的反变形。平板对接焊产生角变形时，可按图 2-45（a）所示方法；电渣焊产生的终端横向变形大于始端问题，可以在安装定位时，使对缝的间隙下小上大，如图 2-45（b）所示。

T 形接头焊后平板产生角变形，可以预先把平板压形，使之具有反方向的变形，然后进行焊接，如图 2-45（c）所示。

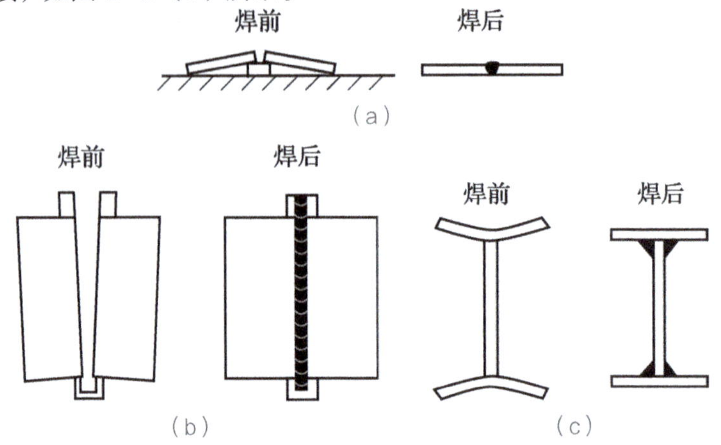

图 2-45　无外力作用下的反变形法

（a）平板对接焊；（b）电渣对接立焊；（c）工字梁翼板反变形。

（2）有外力作用下的反变形。利用焊接胎具或夹具使焊件处在反向变形的条件下施焊，焊后松开胎夹具，焊件回弹后其形状和尺寸恰好达到技术要求。

图2-46中（a）~（d）所示的空心构件，均因焊缝集中于上侧，焊后将产生弯曲变形。采用如图2-46（e）所示的转胎，使两根相同截面的构件“背靠背”，两端夹紧中间垫高，于是每根构件均处在反向弯曲情况下施焊。该转胎使施焊方便，而且还能提高生产效率。

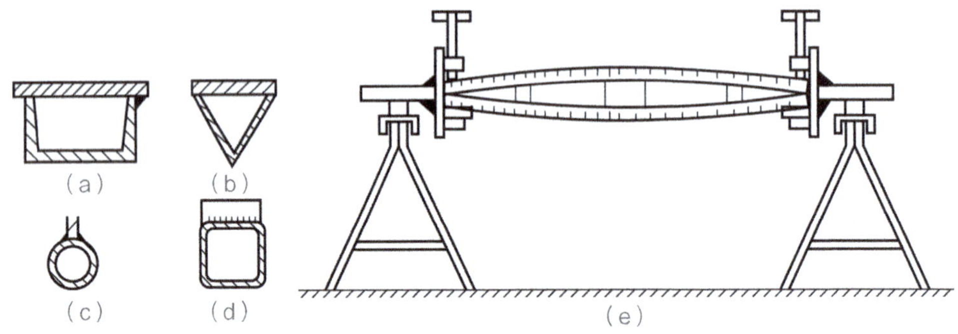

图 2-46　弹性支撑法

（a）、（b）、（c）具有单面纵向焊缝的空心梁；（d）具有单面横焊缝的空心梁；（e）在焊接转胎上焊接。

运用外力作用下的反变形法需注意两点：

第一，安全问题。所需外力应足够大。因此，所用的胎夹具须保证强度和刚度。焊件是处在弹性状态下反变形，焊后仍处于弹性状态。松夹时焊件必然回弹，一定要防止回弹时伤人。

第二，反变形量的控制最可靠的办法是按照通常的焊接工艺参数，在自由状态下试焊，测出其残余变形量。以此变形量做适当调整，做到焊件反弹后的形状和尺寸恰好就是焊件技术要求的形状和尺寸。

反变形法主要用于控制角变形和弯曲变形。

3）刚性固定法

刚性大的构件焊后变形一般较小。如果在焊接前加强焊件的刚性，那么焊后的变形就相对较小。固定的方法很多，有的用简单的夹具或支撑，有的采用专用的胎具，有的是临时固定在刚性工作平台上，有的甚至利用焊件本身去构成刚性较大的组合体。常用的刚性固定法有以下几种：

（1）将焊件固定在刚性平台上。薄板（厚 2 ~ 3mm）的拼接常常因焊接应力作用引起波浪变形。在焊接时可将其用定位焊缝固定在刚性平台上，并且用压铁压住焊缝附近，如图 2-47 所示，待焊缝全部焊完冷却后，再铲除定位焊缝，周围刚性点可以限制焊缝的纵向及横向缩短量，并可防止波浪变形；加放压铁可防止角变形。如果上述刚性固定和压铁改用电磁平台，将能大大地提高生产率，但成本要高些。

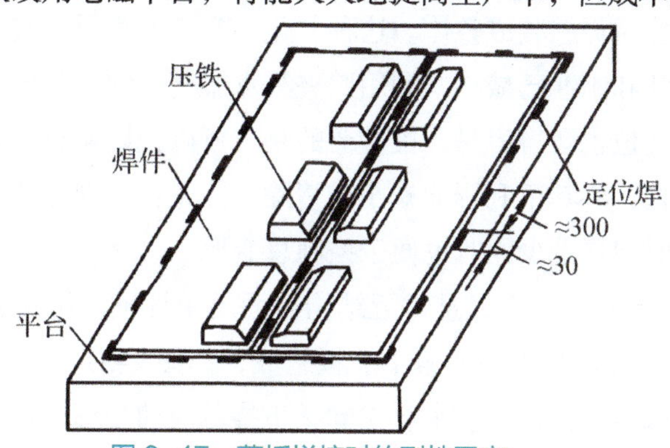

图 2-47 薄板拼接时的刚性固定

（2）将焊件组合成刚性更大或对称的结构。T 形梁焊接时容易产生角变形和弯曲变形，可采用反变形法，在中间垫一小板条，在夹具力的作用下，造成角反变形。焊接顺序可以任意选择。也可以采用图 2-48 所示将两根 T 形梁组合在一起，使焊缝对称于结构截面的中性轴，大大地增加了结构的刚性，同时采取反变形法（如图中所示采用垫铁），对防止弯曲变形和角变形有利。

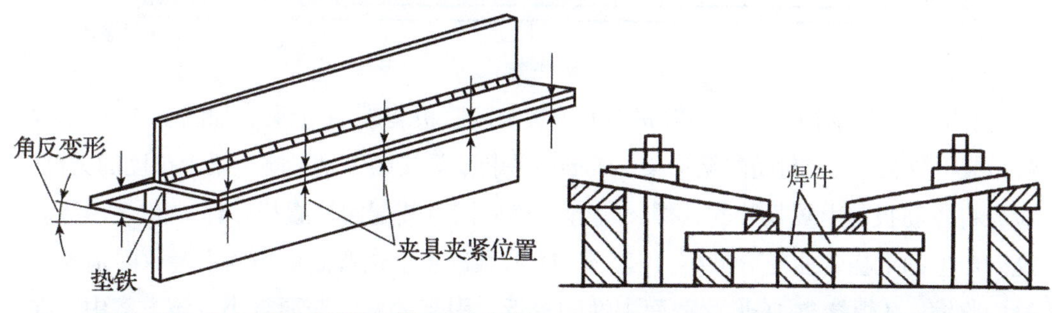

图 2-48 在 T 形梁的刚性夹紧下进行焊接

图 2-49 对接拼板时的刚性固定

（3）利用焊接夹具增加结构的刚性和拘束。上页图 2–49 所示为利用夹紧器将焊件固定，以增加构件的拘束，防止构件产生角变形和弯曲变形的应用实例。

（4）利用临时支撑增加结构的拘束。单件生产中，采用专用夹具在经济上不合理。因此，可在容易发生变形的部位焊上一些临时支撑或拉杆，增加局部的刚度，能有效地减小焊接变形。图 2–50 所示为防护罩焊接时用临时支撑来增加拘束的应用实例。

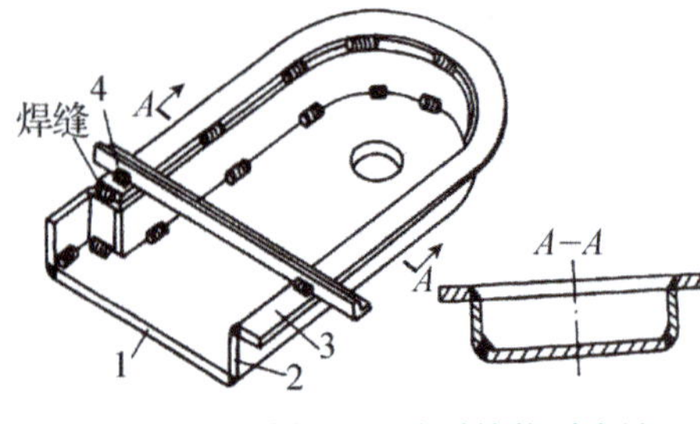

图 2–50 防护罩焊接时的临时支撑

1– 底板；2– 立板；3– 缘口板；4– 临时支撑。

4）选择合理的装配焊接顺序

采用合理的装配焊接顺序来减小变形具有重大意义。同样一个焊接构件采用不同的装配顺序，焊后产生的变形不一样。为了控制和减小焊接变形，装配焊接顺序的确定应按以下原则进行。

（1）大型而复杂的焊接结构，只要条件允许，将其分成若干个结构简单的部件，单独进行焊接，然后再总装成整体。这种“化整为零，集零为整”的装配焊接方案的优点：部件的尺寸和刚性已减小，利用胎夹具克服变形的可能性增加；交叉对称施焊要求焊件翻身与变位也变得容易；更重要的是，可以把影响总体结构变形最大的焊缝分散到部件中焊接，将其不利影响减小或清除。注意：所划分的部件应易于控制焊接变形，部件总装时焊接量少同时也便于控制总变形。

（2）正在施焊的焊缝应尽量靠近结构截面的中性轴。桥式起重机箱形主梁结构由上下翼板、左右腹板及中间的若干筋板组成，如图 2–51 所示。梁的大部分焊缝处于箱形梁的上半部分，其横向收缩会引起梁下挠的弯曲变形，而梁制造技术中要求该箱形主梁具有一定的上拱度，为了解决这一矛盾，除了在左、右腹板预制上拱度外，还应选择最佳的装配焊接顺序，使下挠的弯曲变形最小。

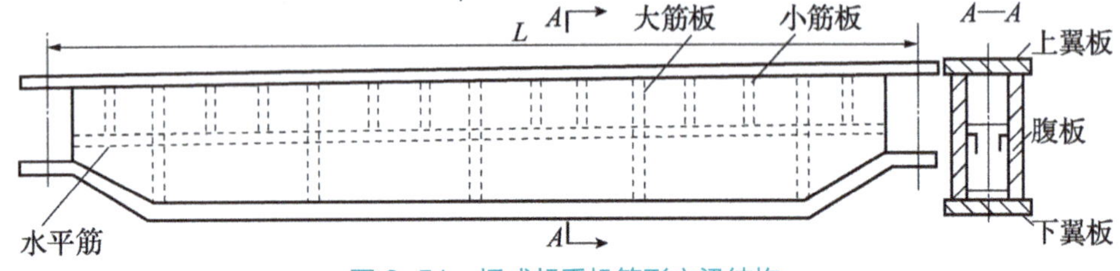

图 2–51 桥式起重机箱形主梁结构

根据该梁的结构特点，一般先将上盖板与两腹板装成 Π 形梁，如图 2–52 所示，最后装下翼板，组成封闭的箱形梁。Π 形梁的装配焊接顺序是影响主梁上拱度的关键，应先将各筋板与上翼板装配，焊 *A* 焊缝，然后同时装配两块腹板，焊 *C* 和 *B* 焊缝。这时产生的下挠弯曲变形最小。因为使 Π 形梁产生下挠弯曲变形的主要原因是 *A* 焊缝的收缩，*A* 焊缝离 Π 形梁截面中性轴越近，引起的弯曲变形越小。该方案中，在

装配腹板之前焊 A 焊缝，结构中性轴最低，因此焊缝 A 距梁的截面中性轴最近，引起的下挠变形就小。因此，该方案是最佳的装配焊接顺序，也是目前类似结构在实际生产中广泛采用的一种方案。

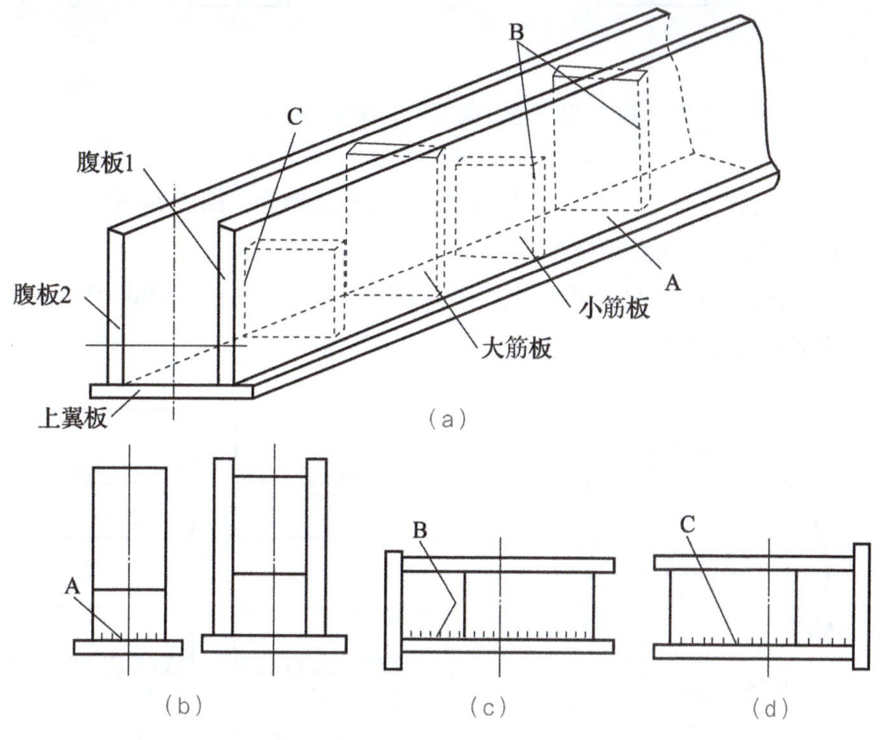

图 2-52 桥式起重机箱形主梁的装配焊接

（3）对于焊缝非对称布置的结构，装配焊接时应先焊焊缝少的一侧。如图 2-53（a）所示压力机的压型上模，截面中性轴以上的焊缝多于中性轴以下的焊缝，焊缝不对称，焊后将产生下挠的弯曲变形。解决的办法：先由两人对称地先焊只有两条焊缝的一侧，即图 2-53（b）中焊缝 1 和 1′，焊后将产生较大的上拱弯曲变形 f_1 并增加了结构的刚性；再按图 2-53（c）的位置焊接焊缝 2 和 2′，产生下挠弯曲变形 f_2；最后按图 2-53（d）中的位置焊接 3 和 3′，产生下挠弯曲变形 f_3，这样 f_1 近似等于 f_2 与 f_3 的和，并且方向相反，这样弯曲变形基本相互抵消。

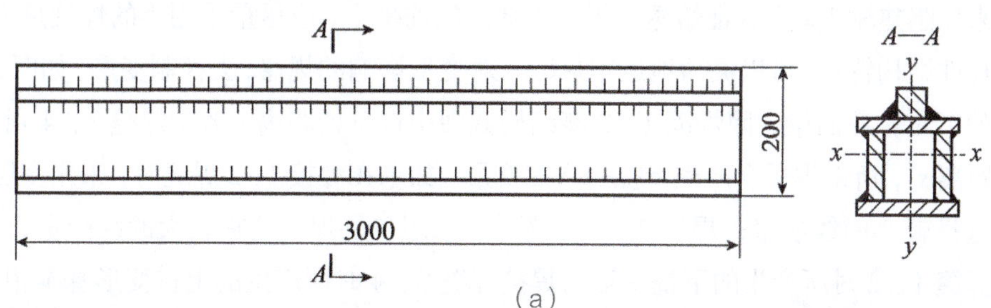

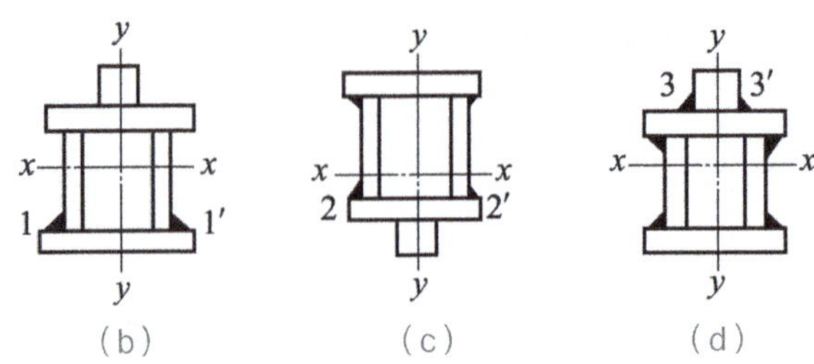

图 2-53　压力机压型上模的焊接顺序

（a）压型上模结构图；（b）、（c）、（d）为焊接顺序。

（4）焊缝对称布置的结构，应由偶数焊工对称地施焊。图 2-54 所示的圆筒体对接焊缝，应由两名焊工对称地施焊。

（5）长焊缝（1m 以上）焊接时，可采用图 2-55 所示的方向和顺序进行焊接，以减小其焊后的收缩变形。

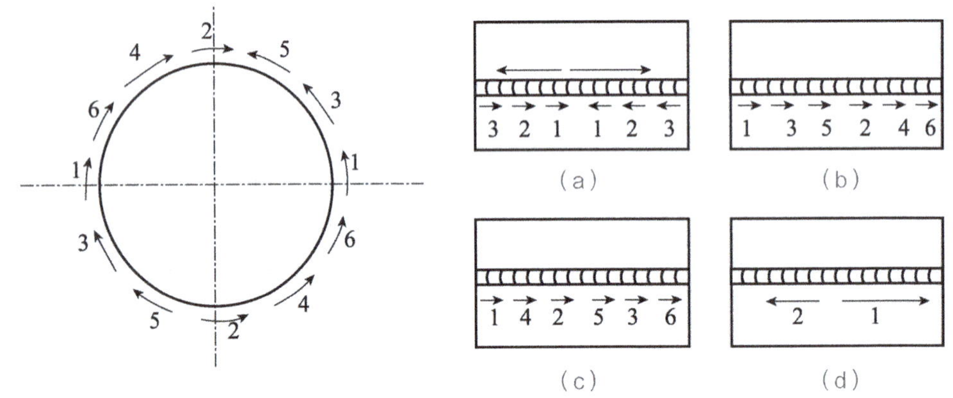

图 2-54　圆筒体对接焊缝的焊接顺序　　图 2-55　长焊缝的几种焊接顺序

5）合理地选择焊接方法和焊接工艺参数

由于各种焊接方法的线能量不相同，因而产生的变形也不一样。能量集中和热输入较低的焊接方法，可有效地降低焊接变形。用 CO_2 气体保护弧焊焊接中厚钢板的变形比用气焊和焊条电弧焊小得多，更薄的板可以采用脉冲钨极氩弧焊、激光焊等方法焊接。电子束焊的焊缝很窄，变形极小，一般经精加工的工件，焊后仍具有较高的精度。

焊接热输入是影响变形量的关键因素，当焊接方法确定后，可通过调节焊接工艺参数来控制热输入。在保证熔透和焊缝无缺陷的前提下，应尽量采用小的焊接热输入。根据焊件结构特点，可以灵活地运用热输入对变形影响的规律，去控制变形。如图 2-56 所示的不对称截面梁，因焊缝 1、2 离结构截面中性轴的距离 s 大于焊缝 3、4 到中性轴的距离 s'，所以焊后会产生下挠的弯曲变形。如果在焊接 1、2 焊缝时，采用多层焊，每层选择较小的线能量；焊接 3、4 焊缝时，采用单层焊，选择较大的线能量，这样焊接焊缝 1、2 时所产生的下挠变形与焊接焊缝 3、4 时所产生的上拱变形基本相互抵消，焊后基本平直。

6）热平衡法

对于某些焊缝不对称布置的结构，焊后往往会产生弯曲变形。如果在与焊缝对称的位置上采用气体火焰与焊接同步加热，只要加热的工艺参数选择适当，就可以减小或防止构件的弯曲变形。如图 2–57 所示，采用热平衡法对边梁箱形结构的焊接变形进行控制。

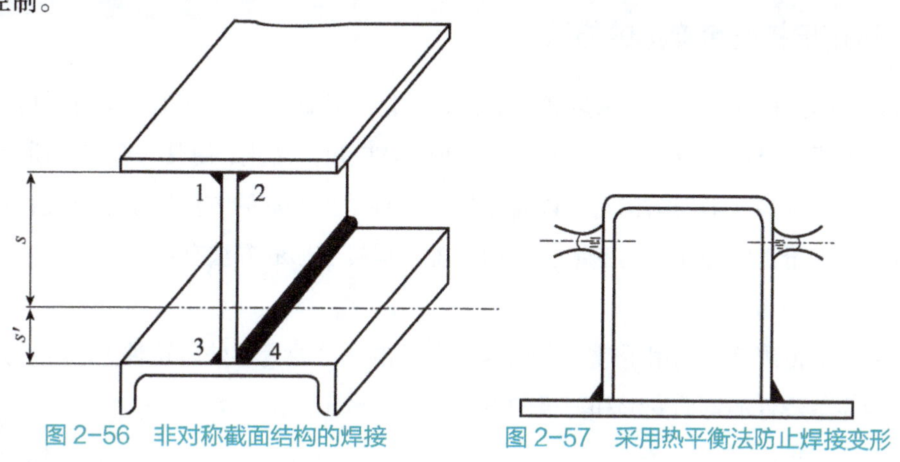

图 2–56 非对称截面结构的焊接　　图 2–57 采用热平衡法防止焊接变形

7）散热法

散热法又称强迫冷却法，就是利用各种办法将焊接处的热量迅速散走，使焊缝附近的金属受热面大大减小，同时还使受热区的受热程度大大降低，达到减小焊接变形的目的。图 2–58（a）为水浸法散热示意图，常用于表面堆焊和焊补。图 2–58（b）为应用散热垫散热示意图，散热垫一般采用纯铜板，有的还钻孔通水。这些垫板越靠近焊缝，防止变形的效果越好。图 2–58（c）为喷水法散热示意图。

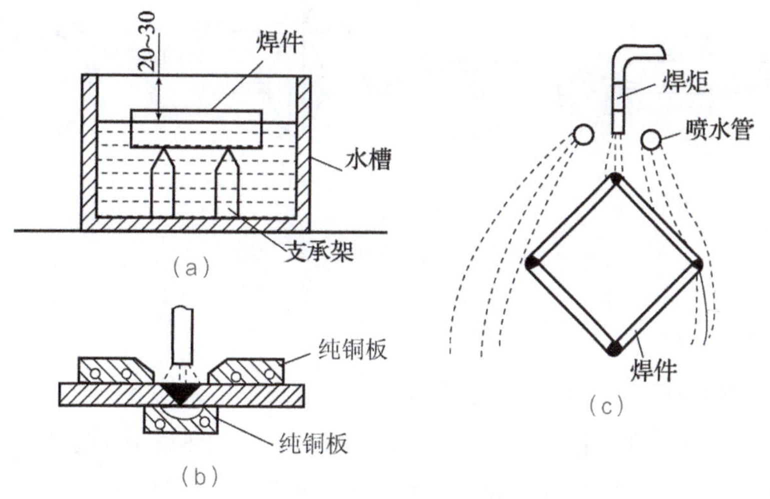

图 2–58 散热法示意图

（a）水浸法散热；（b）散热垫法散热；（c）喷水法散热。

散热法比较麻烦，而且对于具有淬火倾向的钢材不宜采用，因为可能导致开裂。

在实际生产中防止焊接变形的方法很多，上述仅仅是其中的几种方法，而且在实际应用中往往都不是单独采用，而是联合采用。选择防止变形的方法，应充分估计各种变形，分析各种变形的变形规律，根据现场条件选用一种或几种方法，有效地控制焊接变形。

三、矫正焊接残余变形的方法

对于焊接构件，首先要采取各种有效措施防止或减小变形。由于某种原因，焊后结构发生了超出产品技术要求所允许的变形，就应设法矫正，使其符合产品质量要求。实践表明，很多变形的结构是可以矫正的。各种矫正变形的方法实质上都是设法造成新的变形去抵消已经发生的变形。常用的矫正焊接变形的方法有：

1. 手工矫正法

手工矫正法就是利用手锤、大锤等工具锤击焊件的变形处。这种方法主要用于一些小型简单焊件的弯曲变形和薄板的波浪变形的矫正。

2. 机械矫正法

机械矫正法就是利用机器或工具来矫正焊接变形，如图 2–59 所示。具体地说，就是用千斤顶、拉紧器、压力机、碾压机等将焊件顶直或压平。机械矫正法一般适用于塑性比较好的材料及形状简单的焊件。

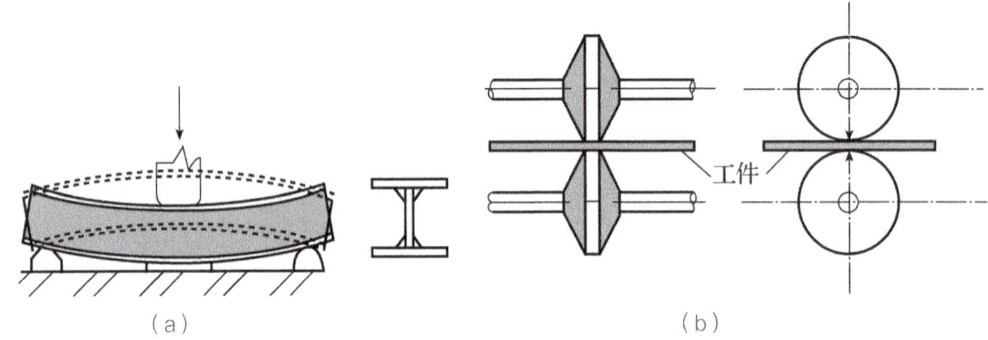

图 2–59 机械矫正法矫正梁的弯曲变形

(a) 加压机构矫正；(b) 碾压矫正。

3. 火焰加热矫正

对金属结构进行不均匀加热会引起变形。但是在一定条件下，也可以利用不均匀加热引起的变形去矫正焊接结构已经发生的变形。火焰加热矫正就是利用火焰对焊件进行局部加热，使焊件产生新的变形去抵消焊接变形。火焰加热矫正法在生产中应用广泛，主要用于矫正弯曲变形、角变形、波浪变形等，也可用于矫正扭曲变形。

火焰加热的方式有点状加热、线状加热和三角形加热。

1）点状加热

如图 2–60 所示，加热点的数目应根据焊件的结构形状和变形情况而定。厚板加热点直径 d 要大些、薄板的要小些，一般不小于 15mm。变形量越大，加热点之间距离 a 应小一些，一般为 50 ~ 100mm；变形量小时，加热点之间距离应大一些。

2）线状加热

火焰沿直线缓慢移动或者同时在宽度方向作横向摆动，形成一个加热带的加热方式，称为线状加热。线状加热有直通加热、链状加热和带状加热 3 种形式，如图 2–61 所示。加热线的横向收缩一般大于纵向收缩。因此，应尽可能发挥加热线横向收缩的作用。横向收缩随着加热线的宽度增加而增加，加热宽度一般为钢板厚度的 0.5 ~ 2 倍左右。线状加热可用于矫正波浪变形、角变形和弯曲变形等。

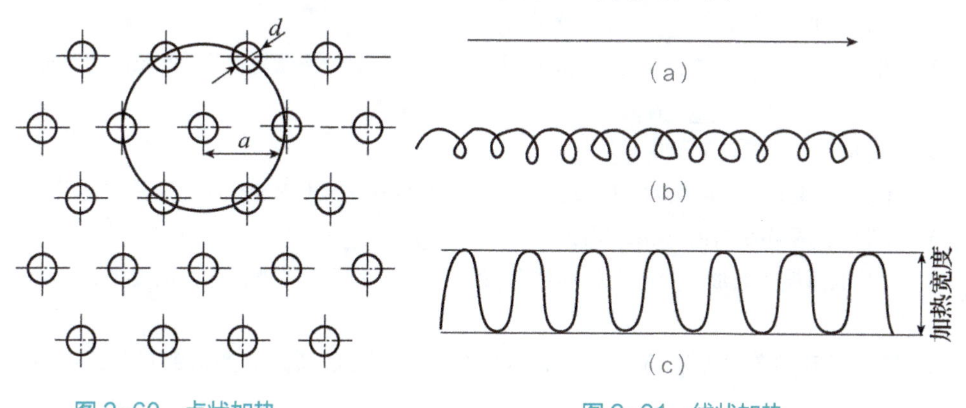

图 2–60　点状加热

图 2–61　线状加热

（a）直通加热；（b）链接加热；（c）带状加热。

3）三角形加热

三角形加热即加热区域呈三角形，一般用于矫正刚度大，厚度较大结构的弯曲变形。加热时，三角形的底边应在被矫正结构的拱边上，顶端朝焊件的弯曲方向，如图 2–62 所示。三角形加热与线状加热联合使用，对矫正大而厚焊件的焊接变形，效果更佳。

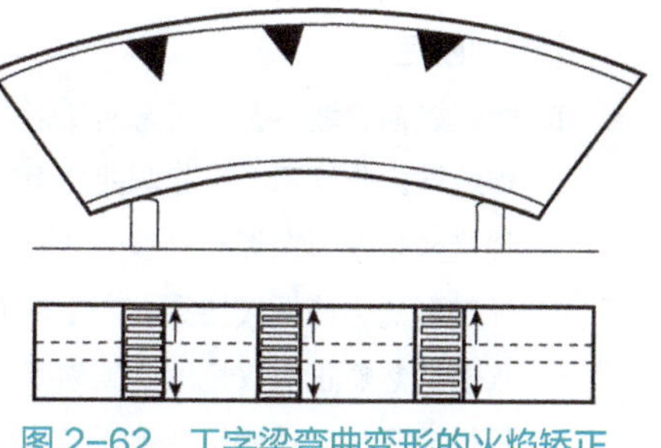

图 2–62　工字梁弯曲变形的火焰矫正

火焰加热矫正焊接变形的效果取决于加热方式、加热位置、加热温度和加热区的面积。

（1）加热方式的确定取决于焊件的结构形状和焊接变形形式，一般薄板的波浪变形应采用点状加热；焊件的角变形可采用线状加热；弯曲变形多采用三角形加热。

（2）加热位置的选择应根据焊接变形的形式和变形方向而定。

（3）加热温度和加热区的面积应根据焊件的变形量及焊件材质确定，一般情况下，热量越大，矫正能力越强，矫正变形量也就越大。焊件变形量越大，需要加热的面积也越大。

课堂笔记：____

____

____

练习题

一、填空题

1. 按照变形的外观形态可将焊接变形分为________、________、________、________和________等5种基本变形形式。

2. 纵向收缩变形即构件焊后在________方向发生的收缩。焊缝的纵向收缩变形量是随________的增加而增加，随________的增加而减小。

3. 构件焊后在________方向发生的收缩叫横向收缩变形。其变形量是随装配间隙的增加而增大，同时它还与________和________有关。

4. 构件向一侧变弯的变形叫________。

5. 角变形产生的根本原因是由于焊缝的________沿板厚分布不均匀所致。

6. 构件焊后两端绕中性轴相反方向扭转一角度叫________。

7. 为了抵消焊接变形，焊前先将焊件向与焊接变形相反方向进行人为的变形，这种方法叫________。

8. 焊接时利用各种办法将焊接区的热量散走，从而达到减少变形的目的，这种方法叫________。

9. 焊前对焊件采用外加刚性拘束，强制焊件在焊接时不能自由变形，这种防止变形的方法叫________。

10. 火焰加热方式有________、________和________。

二、判断题

1. 焊缝纵向收缩不会引起弯曲变形。（　）
2. 焊缝横向收缩不会引起弯曲变形。（　）
3. 焊接残余变形在焊接时是必然要产生的，是无法避免的。（　）
4. 反变形法会使焊接接头中产生较大的焊接应力。（　）
5. 火焰加热矫正法仅适用于碳素钢结构。（　）
6. 机械矫正法只适用于低碳钢结构。（　）
7. 火焰加热矫正法工艺关键是确定正确的加热位置。（　）
8. 三角形加热法常用于厚度较大、刚性较强构件的弯曲变形的矫正。（　）
9. 在同样厚度和焊接条件下，X形坡口的变形比V形坡口的小。（　）

三、选择题

1. 在同样条件下进行焊接，采用________坡口，焊后焊件的残余变形较小。

A. V形　　B. X形　　C. U形

2. 当两板自由对接，焊缝不长，横向没有约束时，焊缝横向收缩变形量比纵向收缩变形量________。

A. 大得多　　B. 小得多　　C. 稍大　　D. 稍小

3. 横向收缩变形在焊缝的厚度方向上分布不均匀是引起________的原因。

A. 波浪变形　　B. 扭曲变形　　C. 角变形　　D. 错边变形

4. 平面应力通常发生在________焊接结构中。

A. 薄板　　B. 中厚板　　C. 厚板　　D. 复杂

四、思考题

1. 什么是焊接变形？焊接变形的种类有哪些？
2. 预防焊接变形的措施有哪几种？简述其原理。
3. 矫正焊接残余变形的方法有哪几种？简述其原理。
4. 利用刚性固定法减少焊接残余变形，应注意什么问题？

第四节　焊接结构强度基础知识

一、焊接接头的静载强度计算

1. 工作焊缝与联系焊缝

任何一个焊接结构上都有若干条焊缝，根据其传递载荷的方式和重要程度，一般可分为两种：一种焊缝与被连接的元件是串联的，其承担着传递全部载荷的作用，即焊缝一旦断裂，结构就立即失效，这种焊缝称为工作焊缝，如图 2–63（a）、（b）所示，其应力称为工作应力；另一种焊缝与被连接的元件是并联的，其仅传递很小的载荷，主要起元件之间相互联系的作用，焊缝一旦断裂，结构不会立即失效，这种焊缝称为联系焊缝，如图 2–63（c）、（d）所示，其应力称为联系应力。在结构设计时无需计算联系焊缝的强度，只需计算工作焊缝的强度。对于具有双重性的焊缝，它既有工作应力又有联系应力，则只计算工作应力，不考虑联系应力。

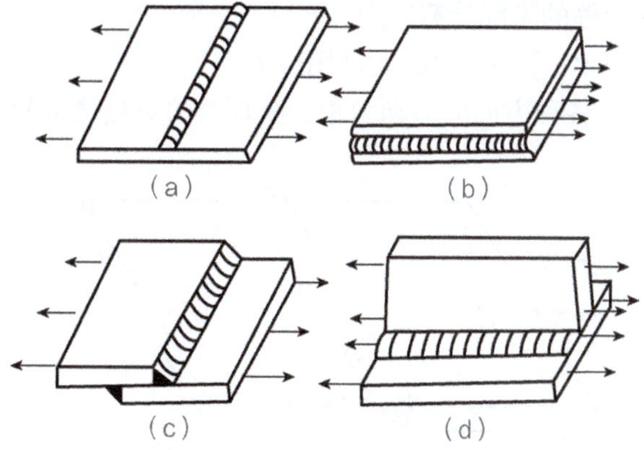

图 2–63　工作焊缝和联系焊缝

（a）、（b）工作焊缝；（c）、（d）联系焊缝。

2. 焊接接头静载强度计算的假设

由于焊接接头的应力分布非常复杂，所以精确计算接头的强度是困难的，常用的计算方法都是在一些假设的前提下进行的，称为简化计算法。工程上为了计算方便常作如下假设：

（1）残余应力对接头强度没有影响。

（2）焊趾处和余高处的应力集中对接头强度没有影响。

（3）接头的工作应力是均布的，以平均应力计算。

（4）正面角焊缝与侧面角焊缝的强度没有差别。

（5）焊脚尺寸 K 的大小对角焊缝的强度没有影响。

（6）角焊缝都是在切应力的作用下破坏的，按切应力计算其强度。

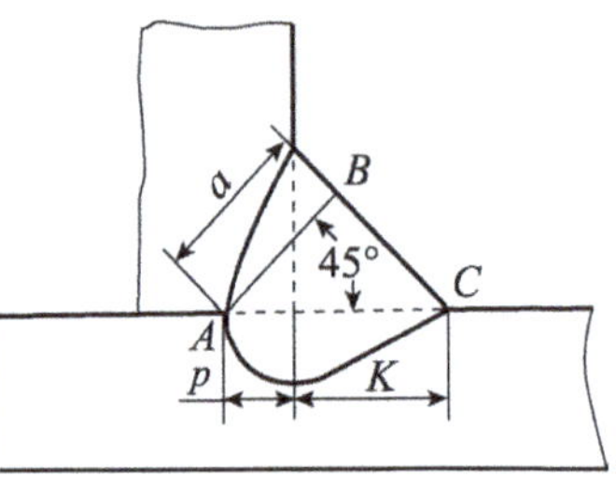

图 2-64 深熔焊的角焊缝

（7）角焊缝的破断面（计算断面）在角焊缝截面的最小高度上，其值等于内接三角形高度，如图 2-64 所示，称为计算高度。直角等腰焊缝的计算高度为：

$$a=\frac{K}{\sqrt{2}}\approx 0.7K \tag{2-5}$$

（8）余高和少量的熔深对接头的强度没有影响，但是在采用熔深较大的埋弧焊和 CO_2 气体保护焊（简称 CO_2 焊）时，应予以考虑，如图 2-64 所示。其角焊缝计算断面高度 a 为：

$$a=(K+p)\cos 45° \tag{2-6}$$

当 $K\leqslant 8$mm 时，可取 $a=K$；当 $K>8$mm 时，可取 $p=3$mm。

3. 电弧焊对接接头的静载强度计算

焊接接头强度计算方法是采用许用应力法，即焊缝的实际计算应力应小于或等于许用应力，其强度条件为：

$$\sigma\leqslant[\sigma']\ 或\ \tau\leqslant[\tau'] \tag{2-7}$$

式中：σ、τ——焊缝的实际计算应力；

$[\sigma']$、$[\tau']$——焊缝的许用应力。

对接接头可以承受各种方向的力和力矩，全焊透的对接接头的受力情况如图 2-65 所示。

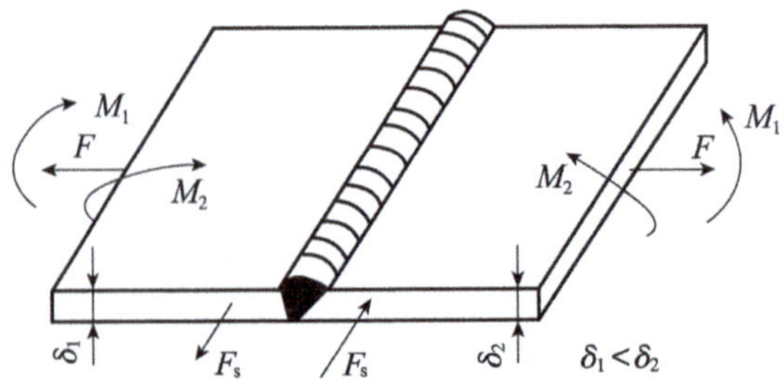

图 2-65 全焊透的对接接头受力情况

各种受力情况的计算公式如下：

（1）受拉时：
$$\sigma=\frac{F}{L\delta_1}\leqslant[\sigma_1']\tag{2-8}$$

（2）受压时：
$$\sigma=\frac{F'}{L\delta_1}\leqslant[\sigma_a']\tag{2-9}$$

（3）受剪切时：
$$\tau=\frac{Q}{L\delta_1}\leqslant[\tau']\tag{2-10}$$

（4）受板平面内的弯矩时：
$$\sigma=\frac{6M_1}{L^2\delta_1}\leqslant[\sigma_1']\tag{2-11}$$

（5）受垂直于板面的弯矩时：
$$\sigma=\frac{6M_2}{L{\delta_1}^2}\leqslant[\sigma_1']\tag{2-12}$$

式中：$[\sigma_1']$——焊缝的许用拉应力；

$[\sigma_a']$——焊缝的许用压应力；

$[\tau']$——焊缝的许用切应力。

例 2-1　两块厚分别为 5mm、10mm，宽都为 50cm 的钢板对接在一起，两端受 2.84×10^5N 的拉力，材料为 Q235-A 钢，$[\sigma_1']$=142MPa，试校核其焊缝强度。

解：首先分析，应取板厚较薄件为计算基础，板厚取 5mm，统一单位，宽 50cm=500mm。

已知 $F=2.84\times10^5$N，L=500mm，$[\sigma_1']$=142MPa，代入式（2-8）得：

$$\sigma_1=\frac{F}{L\delta_1}=\frac{2.84\times10^5\text{N}}{500\text{mm}\times5\text{mm}}=113.6\text{MPa}<[\sigma_1']=142\text{MPa}$$

所以这个对接接头焊缝强度满足要求，焊接结构在工作时是安全的。

二、焊接接头的疲劳强度

1. 疲劳的概念

疲劳是材料在循环应力和应变作用下，在一处或几处产生局部永久性累积损伤，经一定循环次数后产生裂纹或突然发生完全断裂的过程。疲劳极限是在指定循环基数下的中值疲劳强度，循环基数一般取 10^7 或更高一些，一般解释为试样受“无数次”应力循环而不发生疲劳破坏的最大应力值。在承受重复载荷结构的应力集中部位，当部件所受的公称应力低于弹性极限时，就可能产生疲劳裂纹。由于疲劳裂纹发展的最后阶段——失稳扩展（断裂）是突然发生的，没有预兆，没有明显的塑性变形，难以采取预防措施，所以疲劳裂纹对结构的安全性有很大威胁。

焊接结构在交变应力或应变作用下，也会由于裂纹引发（或）扩展而发生疲劳破坏。疲劳破坏一般从应力集中处开始，而焊接结构的疲劳破坏又往往从焊接接头处产生。

2. 影响焊接结构疲劳性能的因素

焊接结构的疲劳强度，在很大程度上取决于构件中的应力集中情况，不合理的接头形式和焊接过程中产生的各种缺陷（如未焊透、咬边等）是产生应力集中的主要原因。除此之外，焊接结构自身的一些特点，如接头性能的不均匀性、焊接残余应力等，都对焊接结构疲劳强度有影响。

1）应力集中和表面状态的影响

结构上几何不连续的部位都会产生不同程度的应力集中，金属材料表面的缺口和内部的缺陷也可能造成应力集中。焊接接头本身就是一个几何不连续体，不同的接头形式和不同的焊缝形状，有不同程度的应力集中，其中具有角焊缝的接头应力集中较为严重。

构件上的缺口越尖锐，应力集中越严重，疲劳强度降低得也越大。不同材料或同一材料因组织和强度不同，缺口的敏感性是不相同的。高强度钢较低强度钢对缺口敏感，即在具有同样缺口的情况下，高强度钢的疲劳强度比低强度钢降低很多。焊接接头中，承载焊缝的缺口效应比非承载焊缝强烈，而承载焊缝中又以垂直于焊缝轴线方向的载荷对缺口最敏感。

表面状态对疲劳强度也有影响。表面状态粗糙相当于存在很多微缺口，这些缺口的应力集中导致疲劳强度下降。表面越粗糙，疲劳极限降低得就越严重。材料的强度水平越高，表面状态的影响也越大。焊缝表面波纹过于粗糙，对接头的疲劳强度是不利的。

2）焊接残余应力的影响

焊接结构的残余应力对疲劳强度有影响。在焊接残余拉应力区使平均应力增大，其工作应力有可能达到或超出疲劳极限而破坏，故对疲劳强度有不利影响。反之，残余压应力对提高疲劳强度是有利的。对于塑性材料，当循环特征应力比 $r<1$ 时，材料是先屈服后才疲劳破坏，这时残余应力已不发生影响。

由于焊接残余应力在结构上是拉应力与压应力同时存在。如果能调整到残余压应力位于材料表面或应力集中区则是十分有利的；如果材料表面或应力集中区存在的是残余拉应力，则极为不利，应设法消除。

3）焊接缺陷的影响

焊接缺陷对疲劳强度的影响与缺陷的大小、种类、尺寸、方向和位置有关。片状缺陷（如裂纹、未熔合、未焊透）比带圆角的缺陷（如气孔等）影响大；表面缺陷比内部缺陷影响大；与作用力方向垂直的片状缺陷的影响比其他方向的大；位于残余拉应力场内的缺陷，其影响比在残余压应力场内的大；同样的缺陷，位于应力集中场内（如焊趾裂纹和根部裂纹）的影响比在均匀应力场中的影响大。

3. 提高焊接结构疲劳强度的措施

由上面讨论可知，应力集中是降低焊接接头和结构疲劳强度的主要原因，只有当焊接接头和结构的构造合理、焊接工艺完善、焊缝金属质量良好时，才能保证焊接接头和结构具有较高的疲劳强度。提高焊接结构的疲劳强度，一般应采取下列措施：

1）降低应力集中

疲劳裂纹源于焊接接头和结构上的应力集中点，消除或降低应力集中的一切手段，都可以提高结构的疲劳强度。

（1）采用合理的结构形式。

①优先选用对接接头，尽量不用搭接接头；对于重要结构，最好把 T 形接头或角接接头改成对接接头，使焊缝避开拐角部位；采用 T 形接头或角接接头时，尽量采用全熔透的对接焊缝。

②尽量避免偏心受载的设计，使构件内力的传递流畅、分布均匀，不引起附加应力。

③减少断面突变，当板厚或板宽相差悬殊而需对接时，应设计平缓的过渡区；结构上的尖角或拐角处应做成圆弧状，其曲率半径越大越好。

④避免三向焊缝空间汇交，焊缝尽量不设置在应力集中区，尽量不在主要受拉构件上设置横向焊缝；当不可避免时，一定要保证该焊缝的内外质量，减少焊趾处的应力集中。

⑤只能单面施焊的对接焊缝，在重要结构上不允许在背面放置永久性垫板；避免采用断续焊缝，因为每段焊缝的始末端有较高的应力集中。

（2）具有正确的焊缝形状和良好的焊缝内外质量。

①对接接头焊缝的余高应尽可能小，焊后最好能刨（或磨）平而不留余高。

② T 形接头最好采用带凹度表面的角焊缝，不用有凸度的角焊缝。

③焊缝与母材表面交界处的焊趾应平滑过渡，必要时对焊趾进行磨削或氩弧重熔，以降低该处的应力集中。

任何焊接缺陷都有不同程度的应力集中，尤其是片状焊接缺陷，如裂纹、未焊透、未熔合和咬边等对疲劳强度影响最大。因此，在结构设计上要保证每条焊缝易于施焊，以减少焊接缺陷，发现超标的缺陷时必须清除。

2）调整残余应力

构件表面或应力集中处存在的残余压应力，就能提高焊接结构的疲劳强度。例如，通过调整施焊顺序、局部加热等都有可能获得有利于提高疲劳强度的残余应力场。图 2–66 所示的工字梁对接，对接焊缝 1 受弯曲应力最大且与之垂直。若在接头两端预留一段角焊缝 3 不焊，先焊焊缝 1，再焊腹板对接焊缝 2，焊缝 2 的收缩，使焊缝 1 产生残余压应力。最后焊预留的角焊缝 3，它的收缩使焊缝 1 与焊缝 2 都产生残余压应力。试验表明，这种焊接顺序比先焊焊缝 2 后焊焊缝 1 疲劳强度可提高 30%。图 2–67 所示为用纵向焊缝连接节点板，在纵焊缝端部缺口处是应力集中点，采取点状局部加热，只要加热位置适当，就能形成一个残余应力场，使缺口处获得有利的残余压应力。

此外，还可以采取表面形变强化，如滚压、锤压或喷丸等工艺，使金属表面塑性变形而硬化，并在表层产生残余压应力，以达到提高疲劳强度的目的。

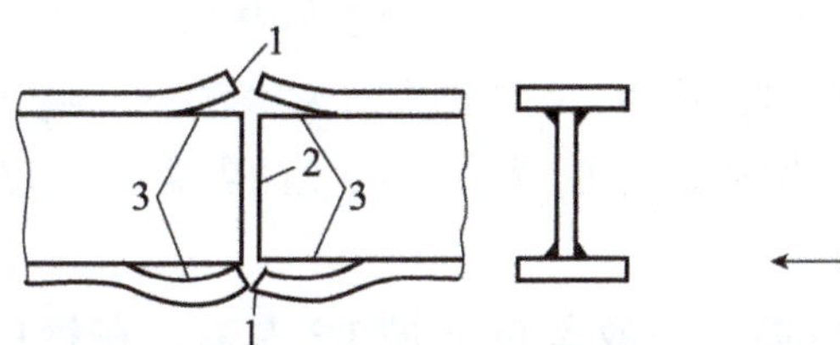

图 2–66 工字梁对接焊的顺序

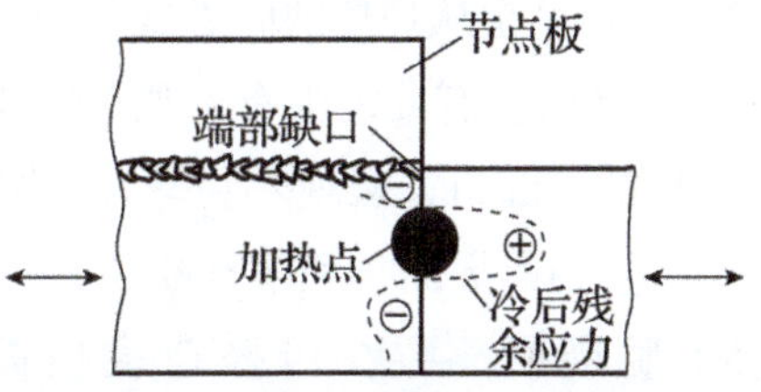

图 2–67 节点板局部加热的残余应力

对有缺口的构件，采取一次性预超载拉伸，可以使缺口顶端得到残余压应力。因为在弹性卸载后，缺口残余应力的符号总是与（弹塑性）加载时缺口应力的符号相反。此方法不宜用弯曲超载或多次拉伸加载，常与结构验收试验结合，如压力容器做水压试验时，能起到预超载拉伸作用。

3）改善材料的组织和性能

首先，提高母材金属和焊缝金属的疲劳强度还应从材料的内在质量考虑。应提高材料的冶金质量，减少其中的夹杂物。重要构件可采用真空熔炼、真空除气，甚至电渣重熔等冶炼工艺的材料，以保证纯度；在室温下细化晶粒钢可提高疲劳寿命；通过热处理可以获得最佳的组织状态，在提高强度的同时，也能提高其塑性和韧性。回火马氏体、低碳马氏体和下贝氏体等组织都具有较高的抗疲劳能力。其次，强度、塑性和韧性应合理配合。强度是材料抵抗断裂的能力，但高强度材料对缺口敏感。塑性的主要作用是通过塑性变形，可吸收变形功、削减应力峰值，使高应力重新分布。同时，也使缺口和裂纹尖端得以钝化，裂纹的扩展得到缓和甚至停止。塑性能保证强度作用充分发挥。所以对于高强度钢和超高强度钢，设法提高一点塑性和韧性，将显著改善其抗疲劳能力。

4）特殊保护措施

大气及介质侵蚀往往对材料的疲劳强度有影响，因此，采用一定的保护涂层是有必要的。例如，在应力集中处涂上含填料的塑料层是一种实用的改进方法。

三、焊接结构的脆性断裂

焊接结构广泛应用以来，曾发生过一些脆性断裂（简称脆断）事故。这些事故无征兆，是突然发生的，一般都有灾难性后果。引起焊接结构脆断的原因是多方面的，涉及材料选用、构造设计、制造质量和运行条件等。防止焊接结构脆断是一个系统工程，仅靠个别试验或计算方法是不能确保焊接结构安全使用的。

1. 焊接结构脆断的基本现象和特点

通过分析大量的焊接结构脆断事故，发现焊接结构脆断有下述一些现象和特点：

（1）多数脆断是在环境温度或介质温度降低时发生，故称为低温脆断。

（2）脆断的名义应力较低，通常低于材料的屈服极限，往往还低于设计应力，故又称为低应力脆性破坏。

（3）破坏总是从焊接缺陷处或几何形状突变、应力和应变集中处开始的。

（4）破坏时没有或极少有宏观塑性变形产生，一般都有断裂片散落在事故周围。断口是脆性的平断口，宏观外貌呈人字纹和晶粒状，根据人字纹的尖端可以找到裂纹源。微观上多为晶界断裂和解理断裂。

（5）脆断时，裂纹传播速度极高，一般是声速的1/3左右，在钢中可达1200～1800m/s。当裂纹扩展进入更低的应力区或材料的高韧性区时，裂纹就停止扩展。

（6）模拟断裂时的温度对断口附近材料做力学性能试验，会发现其韧性均很差，对离断口较远的材料进行力学性能复验，其强度和伸长率往往仍符合原规范要求。

2. 焊接结构脆断的原因

对各种焊接结构脆断事故进行分析和研究，发现焊接结构发生脆断是材料（包括母材和焊材）、结构设计和制造工艺三方面因素综合作用的结果。就材料而言，主要是在工作温度下韧性不足；就结构设计而言，主要是造成极不利的应力状态，限制了材料塑性的发挥；就制造工艺而言，除了因焊接工艺缺陷造成的严重应力集中外，还因为焊接热能的作用改变了材质（如产生热影响区的脆化）和产生焊接残余应力与变形等。

研究表明，同一种金属材料由于受到外界因素的影响，其断裂的性质会发生改变，其中最主要的因素是温度加载速度和应力状态，而且这三者往往是共同起作用。

（1）温度的影响。温度对材料断裂性质影响很大，把一组开有同样缺口的试样在不同温度下进行试验，随着温度降低，它们的破坏方式从塑性破坏变为脆性破坏。材料从塑性向脆性转变的温度称为脆性转变温度，又称临界温度。各种钢材的脆性转变温度高低不同，因此，可以作为用来衡量材料抗脆性断裂的指标。

（2）加载速度的影响。实验证明，钢的屈服强度 σ_s 随着加载速度提高而提高。这说明钢材的塑性变形抗力随加载速度提高而加强，促进了材料脆性断裂，提高加载速度的作用相当于降低温度。

（3）拉应力的影响。塑性变形主要是由于金属晶体内沿滑移面发生滑移，引起滑移的力学因素是切应力。金属材料受外力作用时，在不同的截面上会产生不同的拉应力和切应力。切应力促进塑性变形，而拉应力促进脆性裂纹的扩展。当零件中存在缺陷、应力集中，同时又在拉伸应力的作用下，就会在缺陷根部产生三轴拉应力。

在三轴拉伸时，最大应力超出单轴拉伸时的屈服应力，极易导致脆性断裂。因此，应力集中的作用以及除载荷作用方向以外的拉应力分量，是造成金属零件在静态低负荷下产生脆性断裂的重要原因。材料的应力状态越复杂，则发生脆性断裂的倾向性越大。

（4）材料状态的影响。前述 3 个因素均是引起材料脆断的外因，材料本身的质量则是引起脆断的内因。

① 厚度的影响。厚板在缺口处容易形成三向拉应力，且厚板相对于薄板受轧制次数少，终轧温度高，组织较疏松，内外层均匀性差。因此板厚增大，发生脆断的可能性增大。

② 晶粒度的影响。对于低碳钢和低合金钢来说，晶粒度对钢的脆性转变温度影响很大，晶粒度越细，转变温度越低，越不易发生脆断。

③ 化学成分的影响。对于碳素结构钢，随着碳含量增加，其强度也随之提高，而塑性和韧性却下降，即脆断倾向增大。其他如 N、O、H、S、P 等元素会增大钢材的脆

性，而适量加入 Ni、Cr、V、Mn 等元素则有助减小钢的脆性。

3. 预防焊接结构脆性断裂的措施

1）零件的设计与制造

温度是引起零件脆性断裂的重要因素之一，设计者必须考虑使零件的工作温度高于材料的临界脆性转变温度 T_c。若所设计的零件工作温度低于 T_c，则必须降低设计应力水平。若其设计应力不能降低，则应更换材料，选择韧性更高、T_c 更低的材料。

在进行零件结构和焊接工艺设计时，应使缺陷所产生的应力集中减少到最低限度，如零件形状圆滑过渡、减少尖角及结构尺寸的不连续性，合理布置焊缝的位置、焊缝不交叉，结构加工后不应存在缺口、凹槽、过深的刀痕等缺陷。对质量要求高的焊接结构，在条件允许的情况下，焊后应进行消除残余应力退火和对焊缝采用 TIG 焊重熔措施等。

2）冶金方面

实践证明，C、N、P、Si 等元素会增大钢的冷脆性，钢中的少量 Ni、Mn、Cu 等元素有利于获得较高的低温冲击韧性。对钢中的有益元素，要保证其含量在规定的范围内；而对提高钢脆性转变温度、降低冲击韧性的有害元素和夹杂含量，必须控制在规定的含量以下。总之，调整合金元素、降低杂质含量、提高钢的纯净度是降低材料脆断的有效途径。细化晶粒是提高钢材塑性、韧性并避免脆性断裂的另一个重要的冶金手段。

3）钢材的热处理

形变热处理是形变强化与热处理淬火强化相结合的一种复合强化工艺，通过热处理可以获得强度、硬度高，塑性和韧性好的低碳马氏体，同时还具有脆性转变温度低、缺口敏感性小等优点。

综上所述，要在提高强度的同时，又能改善韧性、降低脆性，可从 3 个方面着手：一是改善合金的化学成分和冶炼生产方法，去除或限制对韧性不利的有害因素；二是获得可达到最佳韧性的显微组织和相分布；三是细化显微组织、细化晶粒。

四、焊接接头的设计和选用原则

焊接接头是构成焊接结构的关键部分，同时又是焊接结构的薄弱环节，其性能的好坏直接影响整个焊接结构的质量。实践表明，焊接结构的破坏多起源于焊接接头区，除了与材料的选用、结构的合理性以及结构的制造工艺有关外，还与接头设计的好坏有直接关系，因此选择合理的接头形式就显得十分重要。在保证焊接质量的前提下，焊接接头的设计与选用应遵循以下原则：

（1）接头形式应尽量简单，焊缝填充金属要尽可能少，接头不应设在最大应力作用的截面上。

（2）焊缝外形应连续、圆滑，以减少应力集中。

（3）接头设计要使焊接工作量尽量少，且便于制造与检验。

（4）合理选择和设计接头的坡口尺寸，使之有利于坡口加工和焊透，以减小各种焊接缺陷产生的可能性。

（5）若有角焊缝接头，要特别重视焊脚尺寸的设计和选用。

（6）按等强度要求，焊接接头的强度应不低于母材标准规定的抗拉强度的下限值。

课堂笔记：____

____

____

练习题

一、填空题

1. 焊缝中的工艺缺陷有________、________、________等。

2. 对重要的动载结构，可采用________或________的措施来降低应力集中，提高接头的疲劳强度。

3. 由于T形接头焊缝向母材过渡较急剧，接头中应力分布极不均匀，在________和________处，易产生很大的应力集中。

二、判断题

1. 设计焊接接头时，应考虑尽量简单，焊缝填充金属也应尽量少。（　　）

2. 不管是哪种焊接接头，焊缝外形应连续、光滑，以减少应力集中。（　　）

3. 按等强度要求，焊接接头的强度应不低于母材标准规定的抗拉强度的下限值。（　　）

三、思考题

1. 什么是疲劳？影响钢结构疲劳强度的因素有哪些？

2. 简述提高钢结构疲劳强度的措施。

3. 简述焊接结构脆断的特点。

4. 简述防止钢结构脆断的措施。

5. 什么是应力集中？应力集中产生的原因有哪些？

6. 如何减少T形接头的应力集中？

7. 焊接接头的选用原则是什么？

8. 两块厚度为20mm的钢板对接，焊缝受到50 000N的切力，材料为Q235-A钢，试设计焊缝的长度。

单元3 焊接结构备料及成形加工

学习目标

1. 掌握钢板的矫正方法。
2. 掌握零件的加工原理、加工方法和工艺。

第一节 钢材的预处理

钢板和型钢在轧制过程中，可能产生残余应力而变形；或者在下料的过程中，钢板经过剪切、气割等工序加工后因钢材受外力、加热等因素的影响，会使表面产生不平、弯曲、扭曲、波浪等变形缺陷；另外，因存放不妥和其他因素的影响，也会使钢材表面产生铁锈、氧化皮等，这些都将影响零件和产品的质量。因此，必须对变形钢材进行矫正及预处理。钢材预处理是把钢板、型钢、管子等材料在下料装焊之前进行抛丸清理、喷保护漆、烘干等的处理工艺。而矫正是为了使材料在加工之前保持一种良好的平直状态，以利于零件的加工。

一、钢材的净化

清除零件表面上的锈、氧化物和油污是焊接生产中常被忽视的一项工作。这项工作没有彻底进行或被省略，会使正常的生产受到影响，尤其在成批大量生产，采用点焊、缝焊以及自动焊时，是造成质量问题甚至产生废品的重要原因之一。因此，必须对钢材表面进行净化工作，才能进行后续工序的加工。这对保证产品质量、缩短生产周期是相当重要的。常用的净化方法有机械清理和化学清理。

1. 机械清理

机械清理包括喷砂或喷丸处理、手动风砂机或钢丝刷清理、砂纸打光、刮刀刮光及抛光等。喷砂（或喷丸）是将干砂（或铁丸）由专门压缩空气装置中急速喷出，轰击金属表面将其表面的氧化物、污物打落。这种方法清理较彻底，效率较高，但粉尘大，需在专用车间或封闭条件下进行，劳动条件较差。同时经喷砂（或抛丸）处理的材料会产生一定的表面硬化，且不够均匀，对零件的弯曲加工有不良影响。另外，喷砂（或抛丸）也常用在结构焊后涂装前的清理上。

钢材经喷砂（或抛丸）除锈后，随即进行防护处理，其步骤为：

（1）用经净化过的压缩空气将原材料表面吹净。

（2）涂刷防护底漆或浸入钝化处理槽中，做钝化处理，钝化剂可用10%磷酸锰铁水溶液处理10min，或用2%亚硝酸溶液处理1min。

（3）将涂刷防护底漆后的钢材送入烘干炉中，用加热到70℃的空气进行干燥处理。

2. 化学清理

化学清理即用溶液进行清理。这种方法生产效率较高，质量均匀并且比较稳定，但成本高，并会对环境造成一定的污染。

酸洗是将钢板浸入盛有2% ~ 4%硫酸液的耐酸槽内，取出后放入盛有1% ~ 2%温石灰液槽内，经石灰液洗去钢板上残留的硫酸液，取出干燥。钢板上留有一层薄薄的石灰粉，防止金属表面再发生氧化，在焊前将这层石灰擦去。

低碳钢冲压零件的清理（如汽车制造厂）冲压零件焊前要清理油污。步骤为：先在 90℃以下热碱水（将 Na_2CO_3 溶于热水）中冲洗；然后在 90℃以下热水中清洗；接着在90℃热水中进行第三次清洗(在雨季为防止零件生锈,可在热水中加入重铬酸钠)；最后在 200℃下进行烘干，然后送入中间仓库。

为清理不锈钢零件的油污，可采用以下步骤：

①取苛性钠（氢氧化钠）90g、碳酸钠 20g 加 1L 水配成碱液，加热至 80℃ ~ 90℃，将零件放入其中清洗 10min；

②用 45℃ ~ 50℃热水冲洗掉全部残液；

③用冷水冲洗。

对于铅锌模或铝锌模冲压的不锈钢毛坯，应清除工件表面的铝、铅、锌附着物。除进行上述清油过程外，接着应用浓度 100 ~ 150mL/L 的盐酸进行清洗。

铝合金在氩弧焊前也要清理。清理步骤如下：

①除油污，用磷酸钠（40 ~ 60g/L）、碳酸钠（40 ~ 50g/L）及水玻璃（25 ~ 30g/L）的溶液，在 60℃ ~ 80℃温度下，清洗 10 ~ 30min；

②用 40℃ ~ 60℃流动的热水洗 3 ~ 5 次；

③用冷水洗 3 ~ 5 次；

④用硝酸（250 ~ 400g/L）溶液在 60℃ ~ 65℃下洗光（气焊时在室温下洗光）；

⑤用流动冷水洗 3 ~ 5 次；

⑥用苛性钠（50 ~ 60g/L）溶液在 50℃ ~ 70℃下腐蚀 0.5 ~ 3min；

⑦用流动的水 40℃ ~ 60℃洗 3 ~ 5 次；

⑧用流动的冷水洗 3 ~ 5 次；

⑨同④，再一次进行洗光处理；

⑩同⑧，再一次冲洗，在 60℃ ~ 70℃下干燥。清洗后 5 天内必须焊接。

二、钢材的矫正

1. 钢材变形的原因

引起钢材变形的原因很多，从钢材的生产到零件加工的各个环节，都可能因各种原因而导致钢材变形。钢材的变形主要来自以下几个方面：

（1）钢材在轧制过程中可能产生残余应力而变形。例如，在轧制钢板时，当轧辊沿其长度方向受热不均匀，轧辊弯曲、轧辊设备调整失常等原因，会造成轧辊间隙不一致，引起板料在宽度方向的压缩不均匀。压缩大的部分其长度方向的延伸也大，反之，则延伸较小。

（2）送到工厂或焊接结构车间的轧制钢材，由于冷却、存储及运输等环节组织不当使轧制材料发生变形，如局部凸起、波浪、整体弯曲、板边折弯、局部折弯等。图 3-1 所示为型钢在存放架上的存放方式。

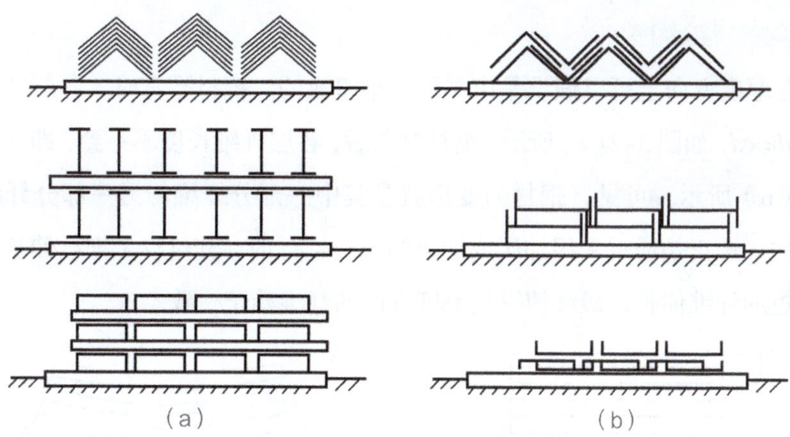

图 3-1　型钢存放方式

（a）正确；（b）不正确。

（3）钢材在划线以后，一般要经过气割、剪切、冲裁、等离子弧切割等工序。这些工序使钢材受热不均匀，必然会产生残余应力，进而导致钢材产生变形。因此，必须对变形钢材进行矫正，才能进行后续工序的加工。这对保证产品质量、缩短生产周期是相当重要的。

综上所述，造成钢材变形的原因是多方面的。当钢材的变形大于技术规定或大于表 3-1 中的允许偏差时，划线前必须进行矫正。

表 3-1　钢材在划线前的允许偏差

名称	简　图	允许偏差 /mm
钢板、扁钢的局部挠度	f　δ　1000	$\delta \geqslant 14$, $f \leqslant 1$ $\delta < 14$, $f \leqslant 1.5$
角钢、槽钢、工字钢、管子的挠度	f　L	$f = \dfrac{L}{1000} \leqslant 5$
角钢两边的垂直度	Δ　b	$\Delta \leqslant \dfrac{b}{100}$
工字钢、槽钢翼缘的倾斜度	b　Δ　b　Δ	$\Delta \leqslant \dfrac{b}{80}$

2. 钢材的矫正原理

钢材在厚度方向上可以假设是由多层纤维组成的。钢材平直时，各层纤维长度都相等，即 $ab=cd$，如图 3-2（a）所示。钢材弯曲后，各层纤维长度不一致，即 $a'b' \neq c'd'$，如图 3-2（b）所示。可见，钢材的变形就是其中一部分纤维与另一部分纤维长短不一致造成的。矫正是通过采用加压或加热的方式进行的，其过程是把已伸长的纤维缩短，把缩短的纤维伸长，最终使钢板厚度方向的纤维趋于一致。

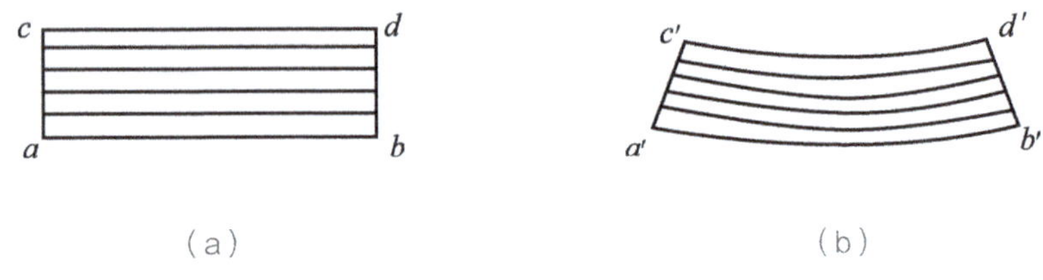

图 3-2 钢材平直和弯曲时纤维长度的变化

（a）平直；（b）弯曲。

3. 钢材的矫正方法

矫正就是将变形的钢材在外力作用下产生塑性变形（永久性变形），使钢材中局部收缩的纤维拉长，伸长的纤维缩短，达到金属各部分的纤维长度均匀，以消除表面不平、弯曲、扭曲和波浪形等变形的缺陷，从而获得正确的形状。钢材的矫正可以分冷矫正和热矫正。冷矫正是在常温或局部加热条件下进行，矫正时，材料往往会出现冷硬现象，适用于矫正塑性好或变形不大的钢材。热矫正是将钢材加热至700℃ ~ 900℃进行的矫正，用于弯曲变形过大，塑性较差的钢材。经常采用的方法有手工锤击矫正、机械矫正、火焰矫正及高频热点矫正 4 种。矫正方法的选用，与工件的形状、材料的性能和工件的变形程度有关，同时与制造厂拥有的设备有关。

1）手工锤击矫正

手工锤击矫正是采用手工工具，对已变形的钢材施加外力，以达到矫正变形的目的。手工矫正由于矫正力小，劳动强度大，效率低，所以常用于矫正尺寸较小薄板钢材。手工矫正时，根据刚性大小和变形情况不同，有反向变形法和锤展伸长法。

（1）反向变形法。钢材弯曲变形时，对于刚性较好的钢材，可采用反向进行矫正。由于钢板在塑性变形的同时，还存在弹性变形，当外力消除后会产生回弹，因此为获得较好的矫正效果，反向弯曲矫正时应适当过量。反向弯曲矫正的应用见表 3-2。

当钢材产生扭曲变形时，可对扭曲部分施加反扭矩，使其产生反向扭曲，从而消除变形。反向扭曲矫正的应用见表 3-3。

表 3-2　反向弯曲矫正的应用

<table>
<tr><th>名称</th><th>变形示意图</th><th>矫正示意图</th><th>矫正要点</th></tr>
<tr><td rowspan="2">钢板</td><td>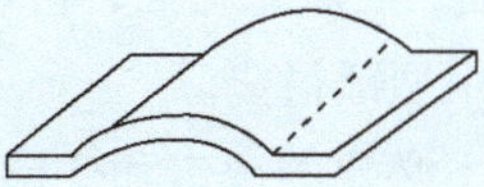</td><td>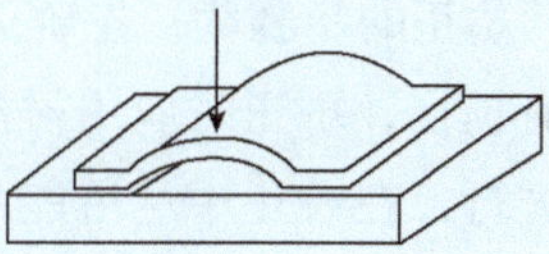</td><td rowspan="5">对于刚性较好的钢材，其弯曲变形可采用反向弯曲进行矫正。由于钢板在塑性变形的同时，还存在弹性变形，当外力消除后会产生回弹，因此为获得较好的矫正效果，反向弯曲矫正时应适当过量</td></tr>
<tr><td>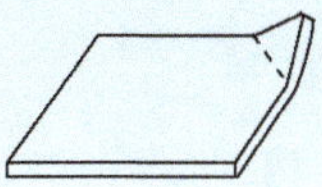</td><td>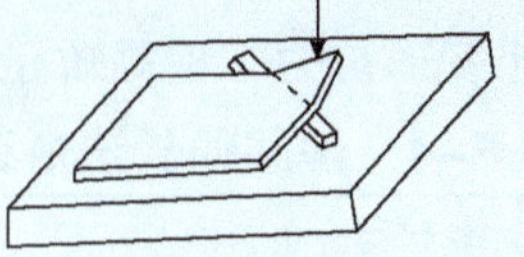</td></tr>
<tr><td>角钢</td><td>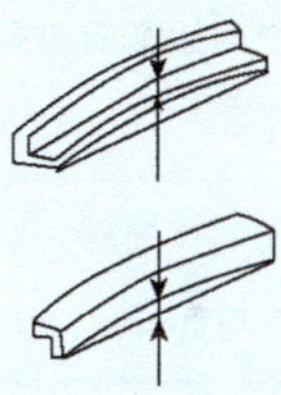</td><td>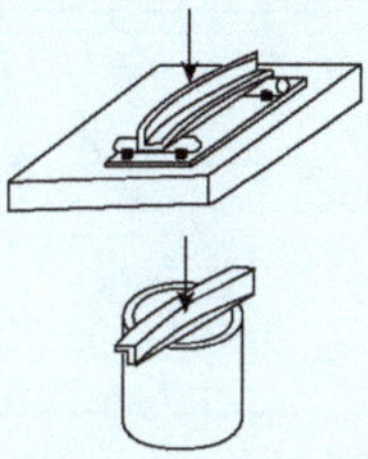</td></tr>
<tr><td>圆钢</td><td>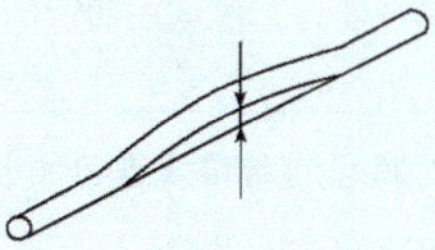</td><td>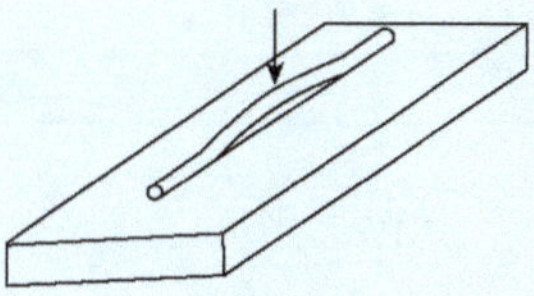</td></tr>
<tr><td>槽钢</td><td>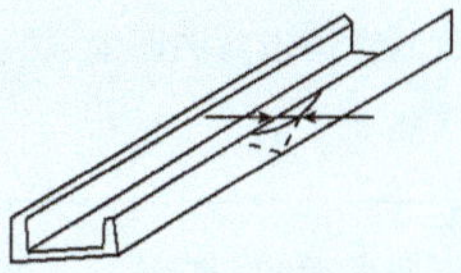</td><td>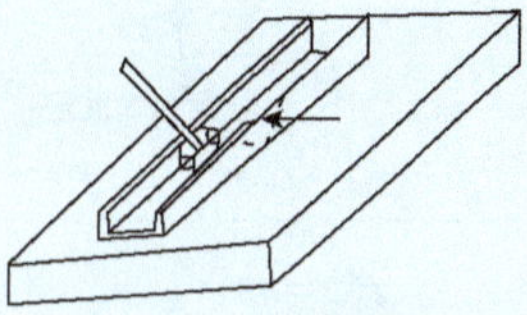</td></tr>
</table>

表 3-3　反向扭曲矫正的应用

<table>
<tr><th>名称</th><th>变形示意图</th><th>矫正示意图</th><th>矫正要点</th></tr>
<tr><td>角钢</td><td>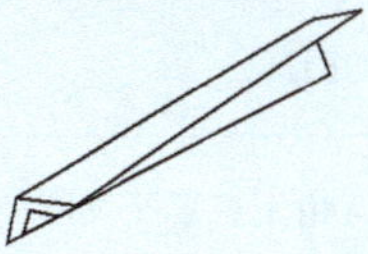</td><td>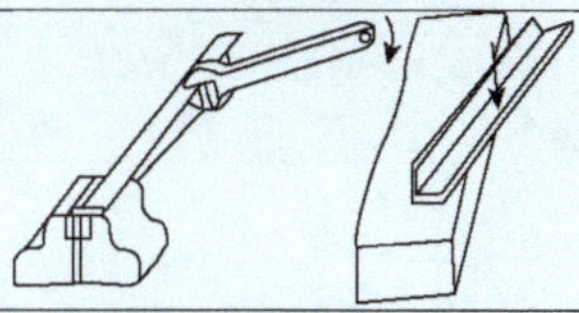</td><td rowspan="3">当钢材产生扭曲变形时，可对扭曲部分施加反扭矩，使其产生反向扭曲，从而消除变形</td></tr>
<tr><td>扁钢</td><td>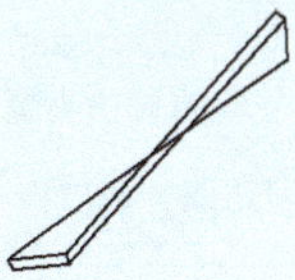</td><td>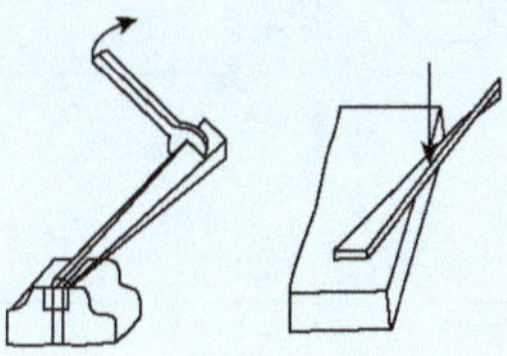</td></tr>
<tr><td>槽钢</td><td>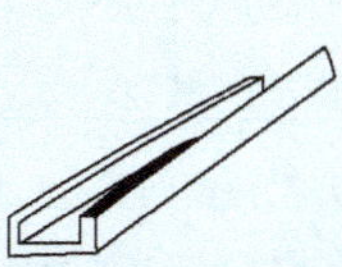</td><td>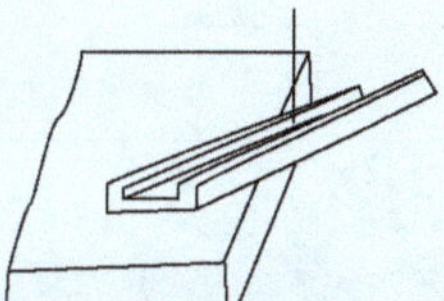</td></tr>
</table>

（2）锤展伸长法。对于变形较小或刚性较差的钢材变形，可锤击纤维较短处，使其伸长与较长纤维趋于一致，从而达到矫正目的。锤展伸长法矫正的应用见表 3–4。工件出现较复杂的变形时，其矫正的步骤为：先矫正扭曲，后矫正弯曲，再矫正不平。如果被矫正钢材表面不允许有损伤，矫正时应用衬板或用型锤衬垫。

手工矫正一般在常温下进行，在矫正中尽可能减少不必要的锤击和变形，防止钢材产生加工硬化。对于强度较高的钢材，可将钢材加热至 750℃ ~ 1000℃的高温，以降低其强度，提高塑性，减小变形抗力，提高矫正效率。

表 3–4　锤展伸长法矫正的应用

名称		矫正示意图	矫正要点
薄板	中间凸起	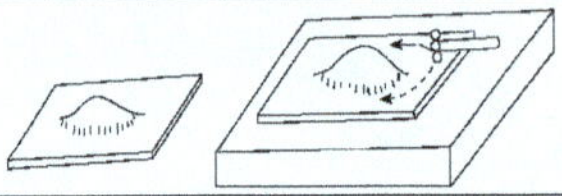	锤击由中间逐渐向四周，锤击力由中间轻至四周重
	边缘波浪形	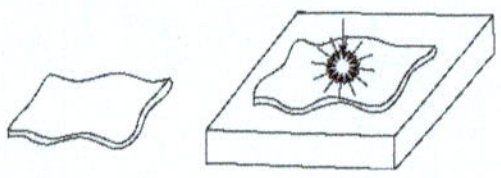	锤击由四周逐渐移向中间，锤击力由四周轻向中间重
	纵向波浪形	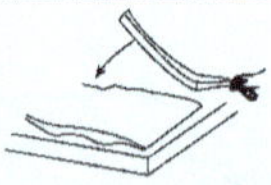	用拍板抽打，仅适用初矫的钢板
	对角翘起	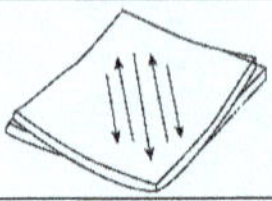	沿无翘起的对角线进行线状锤击，先中间后两侧依次进行
扁钢	旁弯		平放时，锤击弯曲凹部或竖起锤击弯曲的凸部
	扭曲	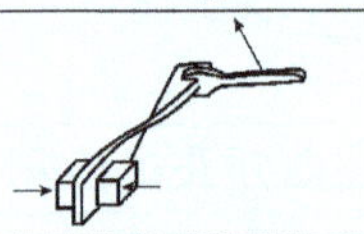	将扭曲扁钢的一端固定，另一端用叉形扳手反向扭曲
角钢	外弯	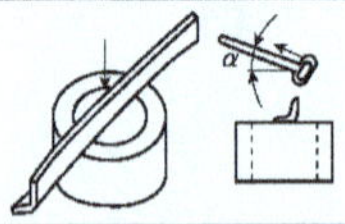	将角钢一翼边固定在平台上，锤击外弯角钢的凸部
	内弯	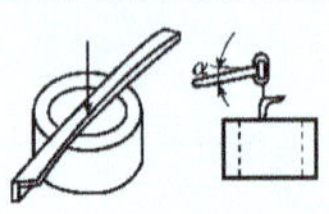	将内弯角钢放置于钢圈的上面，锤击角钢靠立筋处的凸部
	扭曲	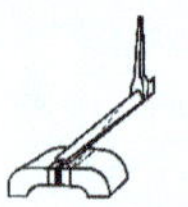	将角钢一端的翼边夹紧，另一端用叉形扳手反向扭曲，最后再用锤矫直
	角变形	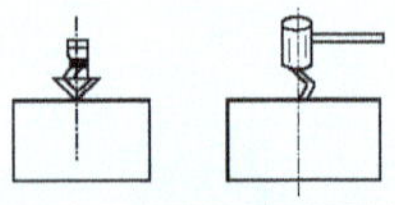	角钢翼边小于 90° ，用型锤扩张角钢内；角角钢翼边大于 90° ，将角钢一翼边固定，锤击另一翼边
槽钢	弯曲变形	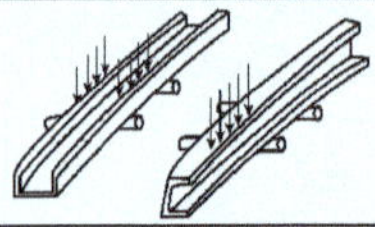	槽钢旁弯，锤击两翼边凸起处；槽钢上拱，锤击靠立筋上拱的凸起处

2）机械矫正

因手工矫正的作用力有限，劳动强度大，效率低，表面损伤大，不能满足生产需要，另一方面，冷作用的轧制钢材和工件的变形情况都比较有规律，所以许多钢材和工件一般采用机械方式进行矫正，机械矫正是利用三点弯曲使构件产生一个与变形方向相反的变形，使结构件恢复平直。机械矫正使用的设备有专用设备和通用设备。专用设备有钢板矫正机、圆钢与钢管矫正机、型钢矫正机、型钢撑直机等；通用设备包括压力机、卷板机等。

钢材厚度为0.5～50mm，通常利用多辊钢板矫正机进行矫正，棍子数目为5～11个。钢板在空隙较板厚略小（可以调节）的两排辊子中间通过，如图3–3所示，在垂直板的平面内反复弯曲，使钢板整体得到均匀的伸长。此伸长能消除原有的不平处，达到矫正的目的。有一些钢板（如4.5mm厚板）是由工厂成卷供应的，在投入焊接生产之前必须经钢板矫正机进行矫正。板厚小于0.5mm的钢板则利用相应的压力机进行辗压延伸或在专用拉伸机上矫正。

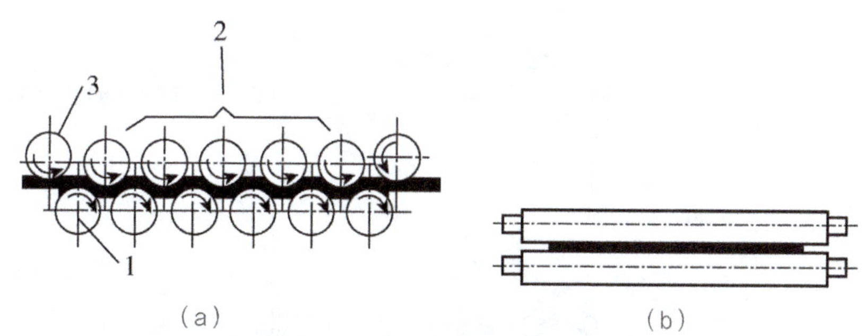

图3–3 上下列轴辊平行矫平机

（a）工作示意；（b）轴辊与板材关系。

1 –上列辊；2 –下列辊；3 –导向辊。

机械矫正是通过机械动力或液压力对材料的不平直处给予拉伸、压缩或弯曲作用，使材料恢复平直状态，机械矫正的分类及适用范围见表3–5。

表3–5 机械矫正分类及适用范围

矫正方法	简 图	适 用 范 围
拉伸机矫正		薄板、型钢扭曲的矫正，管子、扁钢和线材弯曲的矫正

续表

矫正方法	简　图	适 用 范 围
压力机矫正	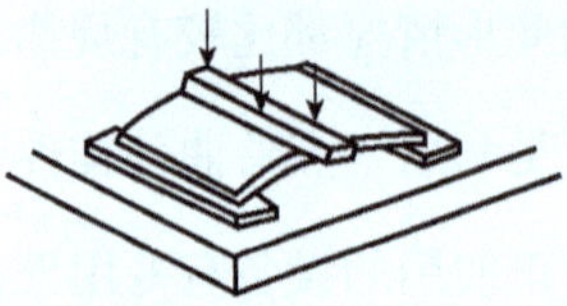	中厚板弯曲矫正
	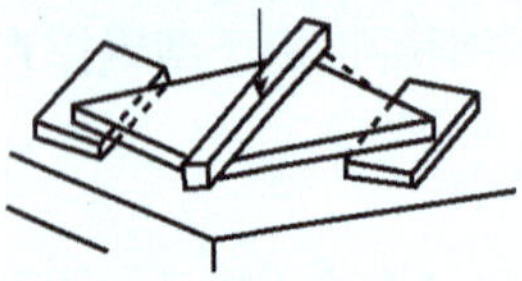	中厚板扭曲矫正
	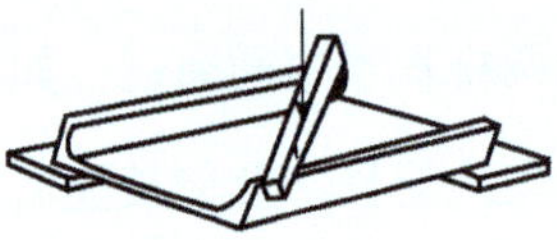	型钢的扭曲矫正
	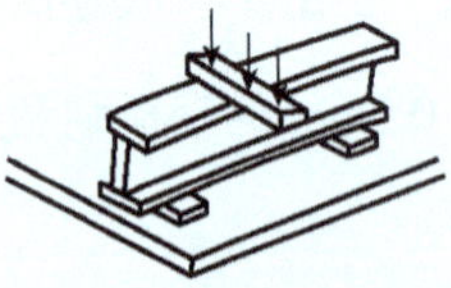	工字钢、箱形梁等的上拱矫正
	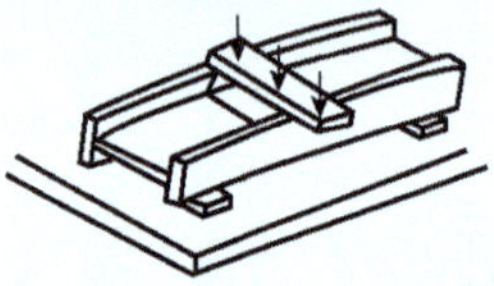	工字钢、箱形梁等的上旁弯矫正
	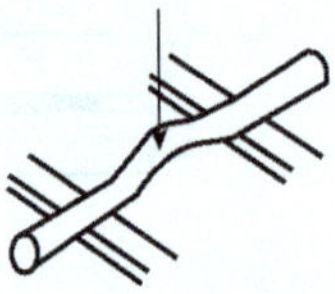	较大直径圆钢、钢管的弯曲矫正
撑直机矫正	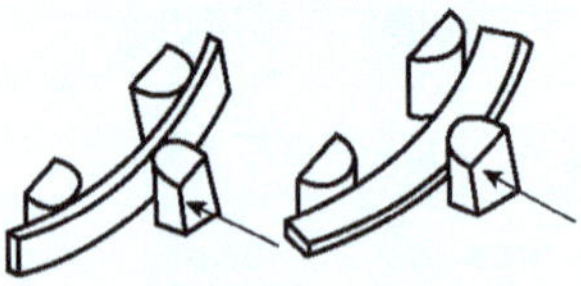	较长面窄的钢板弯曲及旁弯的矫正
	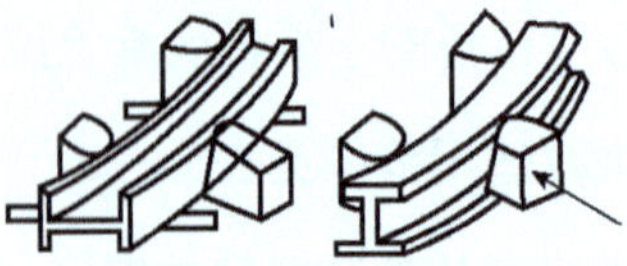	槽钢，工字钢等上拱及旁弯的矫正
	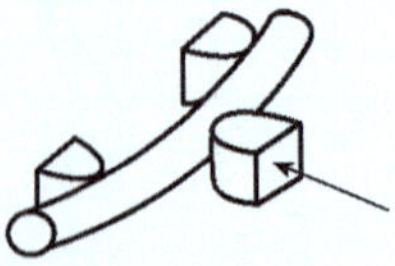	圆钢等较大尺寸圆弧的弯曲矫正

续表

矫正方法	简图	适用范围
卷板机矫正	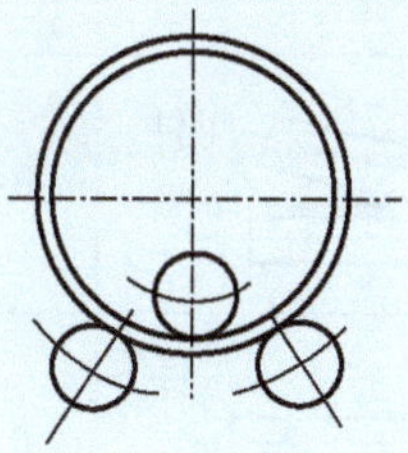	钢板拼接而成的圆筒体在焊缝处产生凹凸、椭圆等缺陷的矫正
型钢矫正机矫正	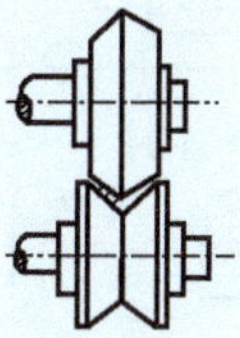	角钢翼边变形及弯曲的矫正
	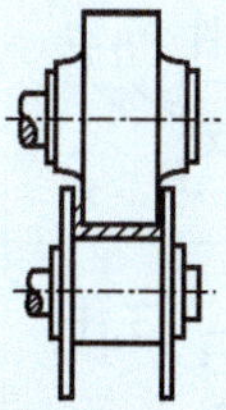	槽钢翼边变形及弯曲的矫正
	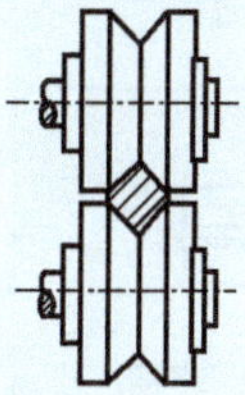	方钢弯曲的矫正
平板机矫正	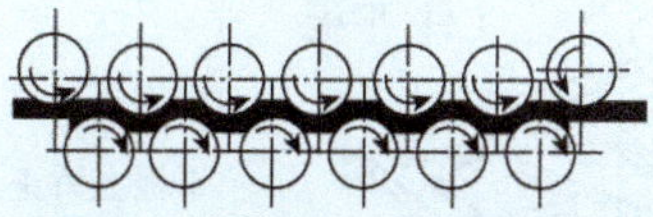	薄板弯曲及波浪形变形的矫正
	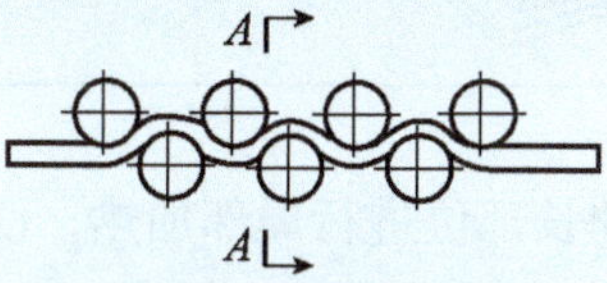	中厚板弯曲的矫正
多辊机正机矫正	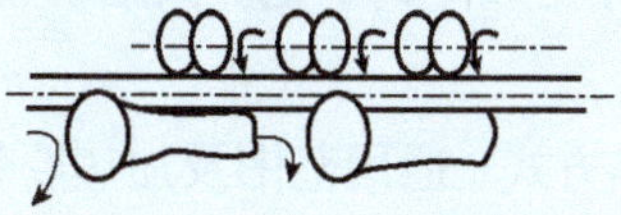	薄壁管和圆钢的矫正
	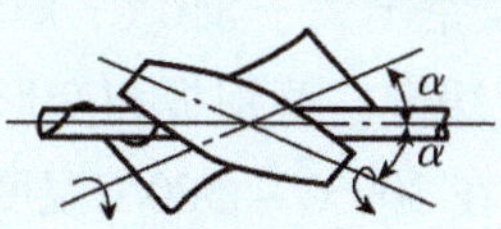	厚壁管和圆钢的矫正

钢板有特殊变形情况时，需采取一定措施才能矫正，钢板特殊变形的矫正方法见表 3–6。

表 3–6 钢板特殊变形的矫正方法

<table>
<tr><th rowspan="2">钢板特征</th><th colspan="2">矫正方法</th></tr>
<tr><th>简　图</th><th>说　明</th></tr>
<tr><td rowspan="2">松边钢板（中部较平，而两侧纵向呈波浪形）</td><td>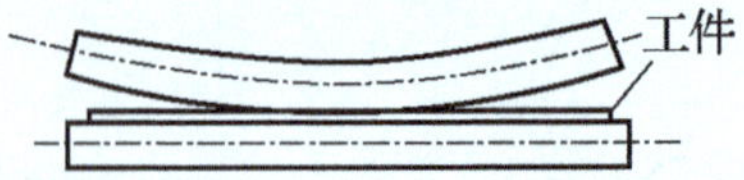</td><td>调整托辊，使上锟向下挠曲</td></tr>
<tr><td>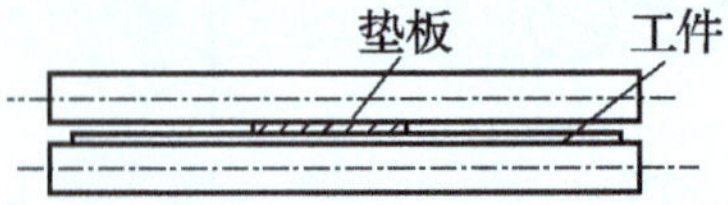</td><td>在钢板的中部加垫板</td></tr>
<tr><td rowspan="2">紧边钢板（中部纵向呈波浪形，而两侧较平）</td><td>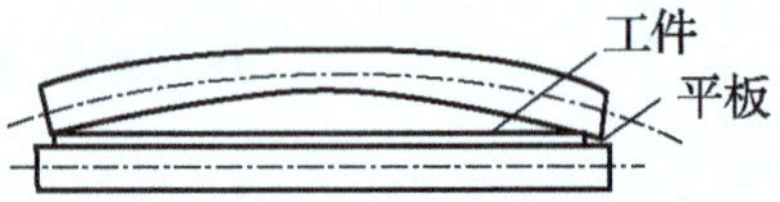</td><td>调整托辊，使上锟向上挠曲</td></tr>
<tr><td>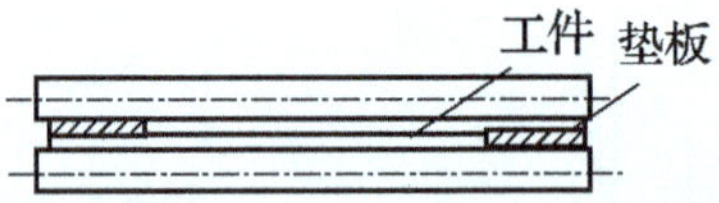</td><td>在钢板两侧加垫板</td></tr>
<tr><td rowspan="2">单边钢板（一侧纵向呈波浪形，而另一侧较平</td><td>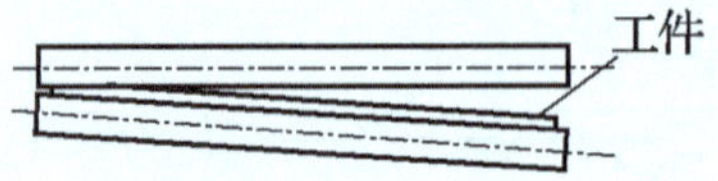</td><td>调整托辊，使上辊倾斜</td></tr>
<tr><td>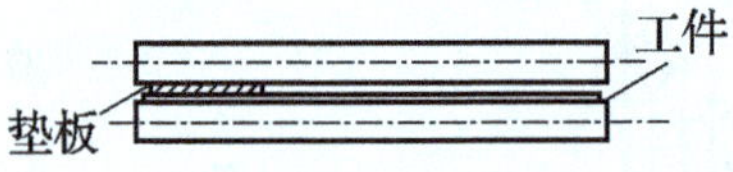</td><td>在紧边一侧加垫板</td></tr>
<tr><td>小块钢板</td><td>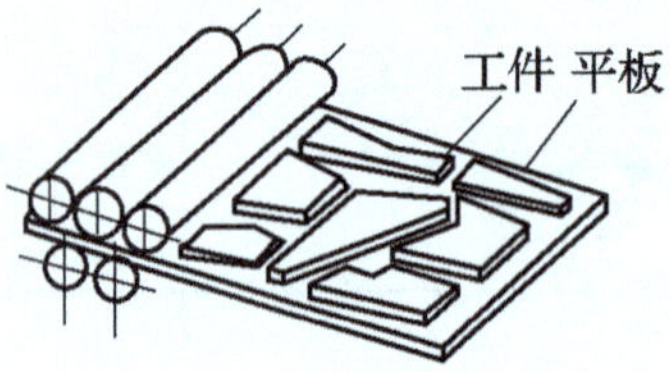</td><td>将许多厚度相同的小块钢板均布于大平板上矫正，然后翻身再矫</td></tr>
</table>

3）火焰矫正

火焰矫正法是利用火焰对钢材的伸长部位进行局部加热，使其在较高温度下发生塑性变形，冷却后收缩而变短，使构件变形得到矫正。火焰矫正操作方便灵活，所以应用比较广泛。

对于钢材变形的火焰矫正，其加热方式、适用范围及加热要领见表 3–7。一般钢材的加热温度应在 600℃ ~ 800℃左右，低碳钢不大于 850℃；厚钢板和变形较大的工件，加热温度在 700℃ ~ 850℃，加热速度要缓慢；薄钢板和变形较小的工件，加热温度在 600℃ ~ 700℃，加热速度要快；严禁在 300℃ ~ 500℃温度时进行矫正，以防钢材脆裂。

表 3–7 火焰矫正的加热方式、适用范围及加热要领

加热方式	适用范围	加热要领
点状加热	薄板凹凸不平、钢管弯曲等矫正	变形量大些，加热点距小些，加热点直径适当大些；反之，则点距大，加热点直径小些。薄板加热温度低些，厚板加热温度高些
线状加热	中厚板的弯曲，T形、工字梁焊后角变形等的矫正	一般加热线宽度约为板厚的 0.5 ~ 2 倍，加热深度为板厚的 1/3 ~ 1/2。变形越大，加热深度越大
三角形加热	变形较严重、刚性较大的构件变形的矫正	一般加热三角形高度约为材料宽度的 0.2 倍，加热三角形底部宽应以变形程度而定，加热区域大，收缩量也较大

为了提高矫正质量和矫正效果，还可施加外力作用或在加热区域用水急冷，提高矫正效率。但对厚板和具有淬硬倾向的钢材（如低合金高强度钢、合金钢等），不能用水急冷，以防止产生裂纹和淬硬。常用钢材和简单焊接结构件变形的火焰矫正要点见表 3–8。

火焰矫正的步骤：

（1）分析变形的原因和钢结构的内在联系。

（2）正确找出变形的部位。

（3）确定加热方式、加热位置和冷却方式。

（4）矫正后检验。

表 3–8 常用钢材和简单焊接结构件变形的火焰矫正要点

名　称	变形情况	简　图	矫正要点
薄钢板	中部凸起	① ② ③ ④ ⑤ 123 3′2′1′3′21	中间凸部较小，将钢板四周固定在平台上，点状加热凸起四周，加热顺序为图中数字的顺序；凸部较大，可用线状加热，从中间凸起的两侧开始，然后向凸起中间围拢
	边缘呈波浪形	12 43 1′2′3′4′	将三条边固定在平台上，使波浪形集中在一边上，用线状加热，从凸起的两侧处开始，然后向凸起中间围拢。加热长度约为板宽的 1/3 ~ 1/2，加热间距视凸起的程度而定。如一次加热不能矫平，则进行第二次矫正，加热位置应与第一次错开。必要时，可用浇水冷却，以提高矫正的效率

续表

名　称	变形情况	简　图	矫正要点
型钢	局部弯曲变形		矫正时，在槽钢的两翼边处同时向一方向线状加热，加热宽度由变形程度的大小确定，变形大，加热宽度大些
	旁弯		在旁翼边凸起处，进行若干三角形加热矫正
	上拱		在垂直立筋凸起处，进行三角形加热矫正
钢管	局部弯曲		在管子凸起处采用点状加热，加热速度要快，每加热一点后迅速移至另一点，一排加热后再加热另一排
焊接梁	角变形		在焊接位置的凸起处，进行线状加热，如板较厚，可对两条焊缝背面同时加热矫正
	上拱		在上拱面板上用线状加热，在立板上部用三角形加热矫正
	旁弯		在上下两侧板的凸起处，采用线状加热，并附加外力矫正

火焰矫正引起的应力与焊接内应力一样都是内应力。不恰当的矫正产生的内应力与焊接内应力和负载应力迭加，会使柱、梁、撑的纵向应力超过允许应力，从而导致承载安全系数的降低。因此在钢结构制造中一定要慎重，尽量采用合理的工艺措施以减小变形，矫正时尽可能采用机械矫正。当不得不采用火焰矫正时应注意以下几点：

（1）烤火位置不得在主梁最大应力截面附近。

（2）矫正处烤火面积在一个截面上不得过大，要多选几个截面。

（3）宜用点状加热方式，以改善加热区的应力状态。

（4）加热温度最好不超过 700℃。

4）高频热点矫正

高频热点矫正是在火焰矫正的基础上发展起来的一种新工艺，它可以矫正任何钢材的变形，尤其对尺寸较大、形状复杂的工件，效果更显著。原理：通入高频交流电的感应圈产生交变磁场，当感应圈靠近钢材时，钢材内部产生感应电流（即涡流），使钢材局部的温度立即升高，从而进行加热矫正。加热的位置与火焰矫正时相同，加热区域的大小取决于感应圈的形状和尺寸。感应圈一般不宜过大，否则加热慢；加热区域大，也会影响加热矫正的效果。一般加热时间为 4 ~ 5s，温度约 800℃。

感应圈采用纯铜管制成，是宽 5 ~ 20mm、长 20 ~ 40mm 的矩形，铜管内通水冷却。高频热点矫正与火焰矫正相比，不但效果显著，生产率高，而且操作简便。

课堂笔记：____

____

____

练习题

一、填空题

1. 对钢材表面进行净化工作，才能进行后续工序的加工，这对保证产品质量、缩短生产周期是相当重要的，常用的净化方法有________和________。

2. 钢材经常采用的矫正方法有________、________、________及________四种。

二、判断题

1. 手工矫正由于矫正力小，劳动强度大，效率低，所以适用于任何钢材。（　　）

2. 机械矫正是利用三点弯曲使构件产生一个与变形方向相反的变形，使结构件恢复平直。（　　）

3. 火焰矫正法是利用热胀冷缩的原理来矫正的。（　　）

4. 火焰加热的位置应选择在金属纤维较长的部位或者凹下部位。（　　）

三、选择题

1. 冲压零件焊前要清理油污，应在 90℃以下________水溶液中冲洗。

A. Na_2CO_3　　B. Na_2SO_4　　C. NaOH　　D. $NaNO_3$

2. 热矫正是将钢材加热至________进行的矫正，主要用于弯曲变形过大、塑性较差的钢材。

A. 800℃ ~ 900℃　　B. 500℃ ~ 700℃　　C. 700℃ ~ 800℃　　D. 700℃ ~ 900℃

四、思考题

1. 什么是喷砂、喷丸处理？

2. 试述铝合金的清理方法。

3. 简述钢材变形的原因。

4. 简述钢材矫正的方法。

5. 简述火焰矫正的原理及其步骤。

第二节　划线与放样

划线和放样是制造冷作产品的第一道工序，产品通过放样以后，才能进行号料、切料、加工成形、装配等工序。放样是保证产品质量、缩短生产周期和节约用料等的重要环节之一。由于放样和号料直接反映了工件的平面图形和真实尺寸，从而减少了一些繁琐的计算工作。

一、划线的基本知识

1. 焊接结构图

图纸是工程的语言，读懂和理解图纸是进行施工的必要条件。焊接结构是以钢板和各种型钢为主体组成的，表达钢结构的图纸有其自身特点，掌握了这些特点就容易读懂焊接结构的施工图，从而正确地进行构件的加工。

1）焊接结构图的特点

焊接结构图具有以下特点：

（1）一般钢板与钢结构的总体尺寸相差悬殊，按正常的比例关系是表达不出来的，但往往需要通过板厚来表达板材的相互位置关系或焊缝结构，因此在绘制板厚、型钢断面等小尺寸图形时，需按不同的比例放大画出来。

（2）为了表达焊缝位置和焊接结构，大量采用了局部剖视图和局部放大视图，要注意剖视图和放大视图的位置和剖视的方向。

（3）为了表达板与板之间的相互关系，除采用剖视图外，还大量采用虚线的表达方式，因此，图面纵横交错的线条非常多。

（4）连接板与板之间的焊缝一般不用画出，只标注焊缝代号。但特殊的接头形式和焊缝尺寸应该用局部放大视图表达清楚，焊缝的断面要涂黑，以区别焊缝和母材。

（5）为了便于读图，同一零件的序号可以同时标注在不同的视图上。

2）焊接结构图的识读方法

焊接结构图的识读一般按以下顺序：首先，阅读标题栏，了解产品名称、材料、质量、设计单位等，核对各个零部件的图号、名称、数量、材料等，确定哪些是外购件（或库领件），哪些为锻件、铸件或机加工件，然后阅读技术要求和工艺文件。正式识图时，要先看总图，后看部件图，最后再看零件图。有剖视图的要结合剖视图，弄清大致结构，按投影规律逐个零件阅读，先看零件明细表，确定是钢板还是型钢，然后弄清每个零件的材料、尺寸及形状，还要看清各零件之间的连接方法、焊缝尺寸、坡口形状，是否有焊后加工的孔洞、平面等。

2. 划线

划线是根据设计图样上的图形和尺寸，准确地按 1:1 的比例在待下料的钢材表面上划出加工界线的过程。划线的作用是确定零件各加工表面的余量和孔的位置，使零件加工时有明确的标识；还可以检查毛坯是否正确；对于有些误差不大，但已不合格的毛坯，可以通过借料得到挽救。划线的精度要求为 0.25 ~ 0.5mm。

1）划线的基本规则

（1）垂线必须用作图法作出。

（2）用划针或石笔划线时，应紧抵直尺或样板的边缘。

（3）用圆规在钢板上划圆、圆弧或分量尺寸时，应先打上样冲眼，以防圆规尖滑动。

（4）平面划线应遵循先画基准线，后按由外向内、从上到下、从左到右的顺序划线的原则。先画基准线，是为了保证加工余量的合理分布，划线之前应该在工件上选择一个或几个面或线作为划线的基准，以此来确定工件其他加工表面的相对位置。一般情况下，以底平面、侧面、轴线为基准。

划线的准确度取决于作图方法的正确性、工具质量、工作条件、作图技巧、经验、视觉的敏锐程度等因素。除此之外，还应考虑到它的工件因素，即工件加工成形时气割、卷圆、热加工等的影响，装配时板料边缘修正和间隙大小的装配公差影响，焊接和火焰矫正的收缩影响等。

2）划线的方法

划线可分为平面划线和立体划线两种。

（1）平面划线与几何作图相似，是在工件的一个平面上划出图样的形状和尺寸。有时也可以采用样板一次划成。

（2）立体划线是在工件的几个表面上划线，亦即在长、宽、高三个方向上划线。

3）划线时应注意的问题

（1）熟悉结构的图样和制造工艺，根据图样检验样板、样杆，核对选用的钢号、规格是否符合规定的要求。

（2）检查钢板表面是否有麻点、裂纹、夹层及厚度不均匀等缺陷。

（3）划线前应将材料垫平、放稳，划线时要尽可能使线条细且清晰，笔尖与样板边缘间不要内倾和外倾。

（4）划线时应标注各道工序用线，并加以适当标记，以免混淆。

（5）在弯曲零件上划线时，应考虑材料的轧制纤维方向。

（6）钢板两边不垂直时，一定要去边。划尺寸较大的矩形时，一定要检查对角线。

（7）划线的毛坯，应注明产品的图号、件号和钢号，以免混淆。

（8）注意合理安排用料，提高材料的利用率。

常用的划线工具有划线平台、划针、划规、角尺、样冲、曲尺、石笔、粉线等，如图 3–4 所示。

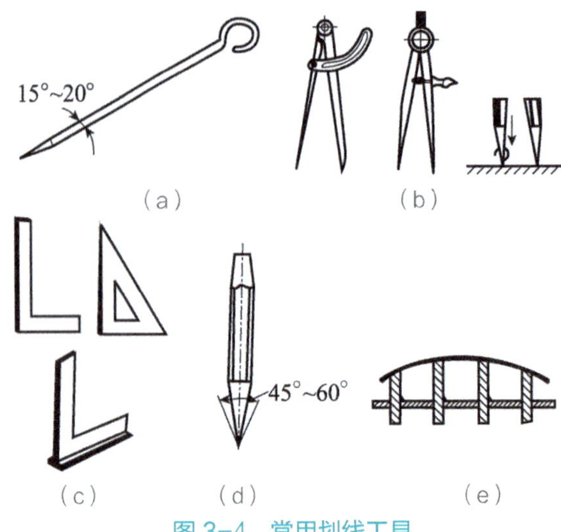

图 3-4 常用划线工具

（a）划针；（b）划规；（c）角尺；（d）样冲；（e）曲尺。

3. 基本线型的划法

1）直线的划法

（1）直线长不超过 1m 可用直尺划线，划针尖或石笔尖紧抵钢直尺，向钢直尺的外侧倾斜 15° ~ 20° 划线，同时向划线方向倾斜。

（2）直线长为 1 ~ 5m 用弹粉法划线，弹粉线时把线两端对准所划直线两端点，拉紧使粉线处于平直状态，然后垂直拿起粉线，再轻放。若是较长线，应弹两次，以两线重合为准，或是在粉线中间位置垂直按下，左右弹两次完成。

（3）直线超过 5m 用拉钢丝的方法划线，钢丝取 ϕ0.5 ~ ϕ1.5mm。操作时，两端拉紧并用两垫块垫托，其高度尽可能低些，然后可用 90° 角尺靠紧钢丝的一侧在 90° 下端定出数点，再用粉线以三点弹成直线。

2）大圆弧的划法

放样或装配有时会碰上划一段直径为十几米甚至几十米的大圆弧的情况，此时不能使用一般的地规和盘尺，只能采用近似几何作图法或计算法作图。

（1）大圆弧的近似几何作图法。已知弦长 *ab* 和弦弧距 *cd*，先作一矩形 *abef*，如图 3-5（a）所示，连接 *ac*，并作 *ag* 垂直于 *ac* 如图 3-5（b）所示，以相同数（图上为 4 等分）等分线段 *ad*、*af*、*cg*，对应各点连线的交点用光滑曲线连接，即为所画的圆弧，如图 3-5（c）所示。

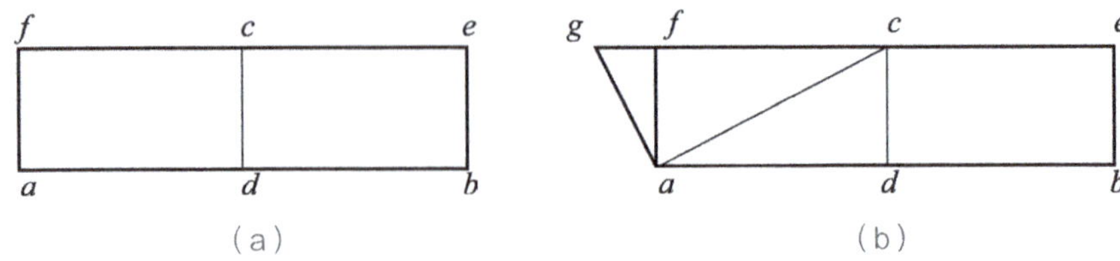

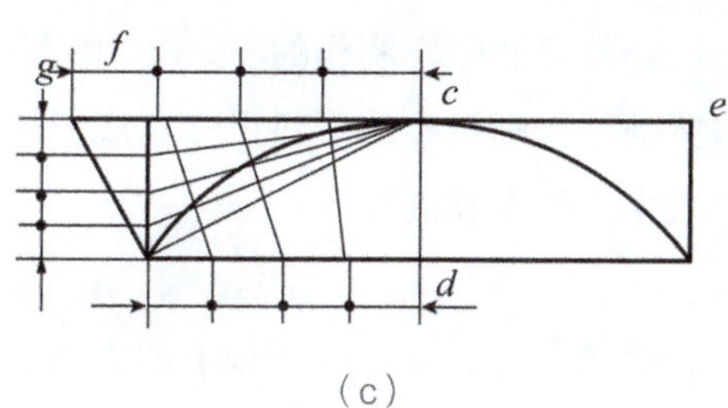

（c）

图 3-5 大圆弧的近似几何作图法

（2）大圆弧的计算法。计算法比作图法要准确得多，一般采用计算法求出准确尺寸后再划大圆弧。

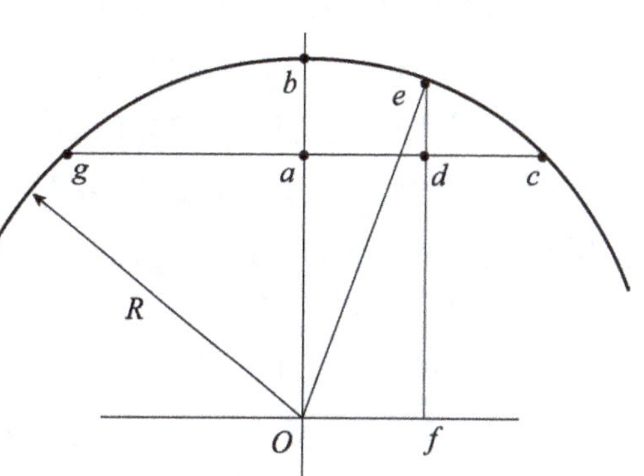

图 3-6 计算法作大圆弧

例 3-1 图 3-6 中已知大圆弧半径为 R，弦弧距为 ab，弦长为 cg，求弧高（d 为 ac 线上任意一点）。

解：作 ed 的延长线至交点 f。

在△ Oef 中，$Oe=R$，$Of=ad$。

所以 $ef=\sqrt{R^2-ad^2}$

因为 $df=aO=R-ab$

所以 $de=ef-df\sqrt{R^2-ad^2}-R+ab$

上式中 R、ab 已知，d 为 ac 线上的任意一点，所以只要设一个 ad 长，即可代入式中求出 de，e 点求出后，则大圆弧 gec 可画出。

二、放样与号料

1. 放样

按构件设计图样的图形与尺寸 1:1 的比例划在划线平台上，以显示图样上的各图形相互关系，从中得到构件的真实图形和实际尺寸，制作成样板或样杆的工序称为放样。对于不同行业，如机械、船舶、车辆、化工、冶金、飞机制造等，其放样工艺各具特色，但就其基本程序而言，却大体相同。放样的目的如下：

（1）检查设计图纸的正确性，包括所有零件、组件、部件尺寸以及它们之间的配合等。

（2）确定零件毛坯的下料尺寸。一方面，许多曲面构件需钣金展开，绘制毛坯下料图；另一方面，考虑到焊接生产加工工艺的特点，如焊接的收缩变形，不同焊接（如纵向焊缝和横向焊缝、电弧焊缝和点渣焊缝）有不同的收缩变形量，下料前要放出变形量，也需要绘出毛坯下料尺寸。曲面构件毛坯用不同方法成形，即使对于同一零件，其下料尺寸也不同。

（3）制作样板。复杂或曲面构件（如圆柱面、圆球面、圆锥面等）制造时，其外形尺寸是用样板来检验的。成批大量生产或虽为小批生产却有多个相同外形的零件时，为减轻划线工作量，使零件外形准确、有互换性，对简单外形零件也可制作样板。

这些样板是按放样平台上已经放好的图样制作的。

放样工作要求高度的精确，否则结构的下料尺寸、成形样板、检验样板都会出现差错，以致产生废品，造成生产失误和混乱。

1）放样方法

放样方法是指将零件的形状最终划到平面钢板上的方法，主要有实尺放样、展开放样和光学放样等。

（1）实尺放样是根据图样的形状和尺寸，用基本的作图方法，按产品的实际大小划到放样平台上，以求得实际零件尺寸、形状、角度的过程。

（2）展开放样是将各种立体的零件表面摊平的几何作图过程。

（3）光学放样是将构件按1∶5或1∶10的比例在平台上画出样板图，再缩小5～10倍摄影，然后通过光学系统将底片放大为构件的实际尺寸在钢板上进行下料划线的过程。

2）简单样板的设计与制作

展开图完成后，就可以为下料制作样板。下料样板又称为号料样板。样板是零件生产和质量检查的重要依据，特别是成批量生产时，利用样板能大大提高划线的效率，避免每次作图的误差，提高零件的尺寸精度。根据样板的作用不同，可分为3种类型：划线样板，用于钢材的下料划线；弯曲样板，用于制作各种压制件及胎模具零件；检查样板，用于对成形零件形状和尺寸的检查。样板制作之前，首先要进行图样分析、确定基准、制订程序的工作。

（1）识读施工图。在识读施工图样过程中，主要解决以下问题：

①弄清产品的用途及一般技术要求。

②了解产品的外部尺寸、质量、材质和加工数量等概况，并与本厂加工能力比较，确定产品制造工艺。

③弄清各部分投影关系和尺寸要求，并确定可变动和不可变动的部位及尺寸。

（2）确定基准。放样基准是焊件上用来确定其他点、线、面位置的依据。一般可根据需要选择以下三种类型之一。

①如图3-7（a）所示，以两个互相垂直的平面（或线）作为基准，焊件上长度方向和高度方向上的尺寸组的标注都以焊件上与该方向垂直的外表面为依据确定，这两个相互垂直的平面就分别是长度方向、宽度方向的放样基准。

②如图3-7（b）所示，以两条中心线为基准，焊件上长度方向和高度方向的尺寸分别和与其垂直的中心线对称，且其他尺寸也从中心线起始标注。所以这两条中心线，就分别是这两个方向的放样基准。

③如图3-7（c）所示，以一个平面和一条中心线为基准，焊件上高度方向的尺寸是以底面为依据，则底面就是高度方向的放样基准；而宽度方向的尺寸对称于垂直底面的中心线，所以中心线就是宽度方向的放样基准。

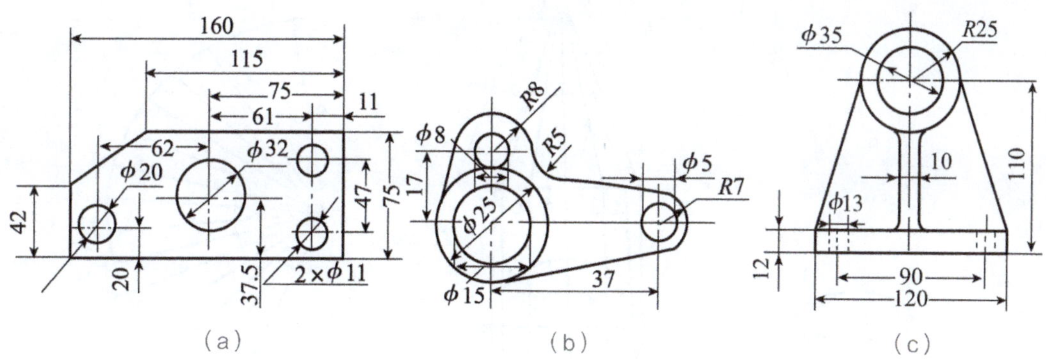

图 3-7 放样基准的选择

（a）以两个互相垂直的平面为基准；（b）以两条中心线为基准；（c）以一个平面和一条中心线为基准。

（3）放样程序。一般包括结构处理、划基本线型和展开三部分。结构处理又称结构放样，它是根据图样进行工艺处理的过程，一般包括确定各连接部位的接头形式、图样计算或量取坯料实际尺寸、制作样板与样杆等。划基本线型是在结构处理的基础上，确定放样基准和划出工件的结构轮廓。展开是对不能直接划线的立体零件进行展开处理，将零件摊开在平面上。

（4）样板制作。展开图完成后，就可以为下料制作样板。下料样板又称为号料样板，不是必须的。如果焊接产品批量较大，每一个零件都去作图展开其效率会太低，而利用样板不仅可以提高划线效率，还可避免每次作图的误差，提高划线精度。

样板要轻便耐用，选择合适材料制造，也是保证样板精度的条件之一。根据样板使用频繁程度、零件精确度及尺寸大小来选择样板的材料。通常钢质样板由 1.0 ~ 1.5mm 的金属板制作，也有用薄铁皮（如镀锌薄铁皮）制作的。若下料数量少、精度要求不高，还可以用松木板、油毡纸板制作。无论用哪一种材料，都要求使用过程中不能伸缩变化，以免影响精度。制作样板时还应考虑工艺余量和放样误差，不同的划线方法和下料方法的工艺余量是不一样的。

2. 号料

划线要恰当排料，使原材料得以充分利用，将边角废料降到最低限度。利用样板进行划线和排料，比较容易做到这一点。采用样板或样杆在待下料的材料上划线的工序称为号料。

三、展开放样

经过弯曲成形制造的零件，在下料前将零件摊平在一个平面上画出几何图形的过程叫展开放样（简称展开）。根据零件表面的展开性质，分为可展表面和不可展表面两种。

1. 展开放样方法

图 3-8（a）所示为圆锥台体，是一种可展开表面。立体的表面如能全部平整地摊平在一个平面上，而不发生撕裂或皱褶，这种表面称为可展开表面。相邻素线位于同一平面上的立体表面都是可展表面，如柱面、锥面等。如果立体的表面不能自然平整地展开摊平在一个平面上，即称为不可展表面，如圆球和螺旋面等。可展开表面的展开方法有平行线展开法、放射线展开法和三角形展开法三种。

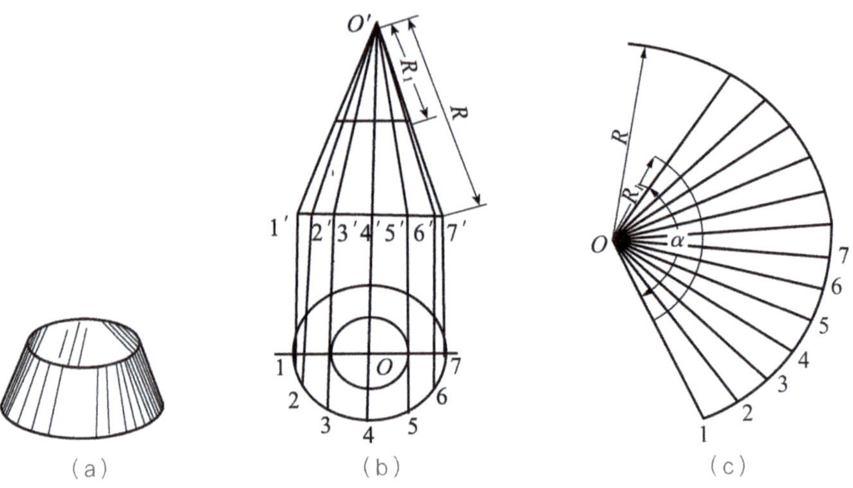

（a）　（b）　（c）

图 3-8 平口正圆锥管的展开

1）平行线展开法

平行线展开法的展开原理是将零件表面看成由无数条相互平行的素线组成，取两相临素线及两端线所围成的微小面积作为基本平面，再将每一个小平面的真实大小，依次画在平面上，就得到了立体表面的展开图。所以只要立体表面素线或棱线是互相平行的几何形体，如各种棱柱体、圆柱体等都可用平行线法展开。

图 3-9 所示为上口斜截四棱柱管件，先作其展开图。按已知尺寸画出主视图和俯视图，在俯视图上标注矩形顶点为 1、2、3、4，由各点向主视图引素线，得到与上口线交点 1′、2′、3′、4′，则相邻两素线组成一个小梯形，每个小梯形称为一个平面。

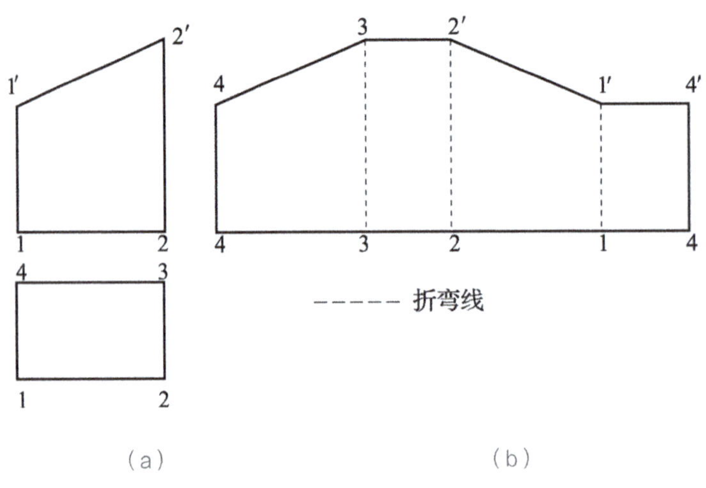

（a）　（b）

图 3-9　上口斜截四棱柱管的展开

（a）投影图；（b）展开图。

延长主视图的下口线作为展开的基准线，将矩形展开在展长线上得 4、3、2、1 四个点。通过各等分点向上作垂线，与由主视图 1′、2′、3′、4′ 上各点向右所引水平线对应点交点连成光滑曲线，即得展开图。

2）放射线展开法

放射线展开法适用于零件表面的素线相交于一点的形体。展开原理是将零件表面从锥顶起作一系列放射线，将锥面分成一系列共顶的小三角形，每个三角形作为一个平面，用放射线形式将各三角形依次展开画在同一平面上，得到所求锥体表面的展开图。

图 3-8（a）所示为一个圆锥台，可采用放射线展开法展开。展开时，首先用已知尺寸画出主视图和锥底断面图（以中性层的尺寸画），并将底断面半圆周分为若干等分，如六等分，如图 3-8（b）所示；然后，过等分点向圆锥底面引垂线，得交点 1 ~ 7，由 1 ~ 7 交点向锥顶 O' 连素线，即将圆锥面分成 12 个三角形小平面，以 O' 为圆心，分别以 R_1 和 R 为半径画圆弧，得到上、下断面圆周长；最后连接 1 ~ O 等即得所求展开图，如图 3-8（c）所示。

3）三角形展开法

三角形展开法是将零件表面分割成一组或多组三角形，然后求出各三角形每边的实长，并把实形依次画在平面上，从而得到整个立体表面的展开图。图 3-10（a）所示为一圆方过渡接头，现作其展开图。

圆方过渡接头由四个全等斜圆锥面和四个等腰三角形平面组合而成[图 3-10（b）]，其展开图具体作法如下：

（1）用已知尺寸 a、d、h 画出主视图和俯视图。三等分俯视图 1/4 圆周，等分点为 1、2、3、4。连接各等分点于 B，则以 B 为顶角的斜圆锥面为三个小三角形，其中 B—1 =B—4，B—2=B—3，并以 b、c 表示各线长度。

（2）由视图可知，平面、曲面分界线 B—1、B—4 和斜圆锥面上的辅助线 B—2、B—3 均不反映实长，故用直角三角形法求出它们的实长。

（3）用三角形法作出展开图，如图 3-10（c）所示。

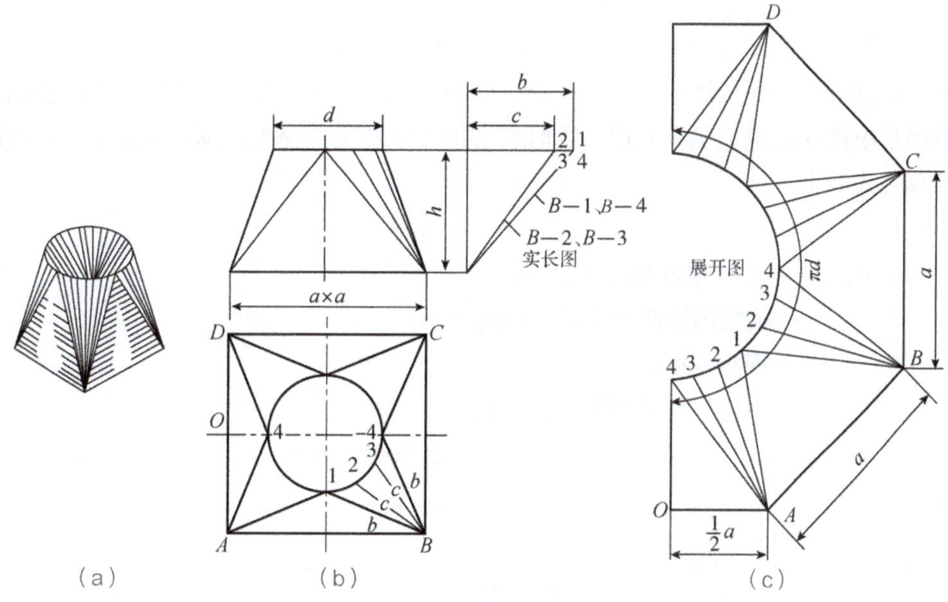

图 3-10　圆方过渡接头展开

2. 展开时的板厚处理

图 3-9 所示为上口斜截四棱柱管件，展开后是一系列矩形，最简单的办法是计算出矩形的长和宽后划出。当弯曲件的板厚较小时，可直接按标注的直径或半径计算展开长，但当板厚大于 1.5mm 时，弯曲内外径相差较大，就必须考虑板厚对展开长度、高度以及相关构件的接口尺寸的影响。板厚越大，对这些尺寸的影响也越大。考虑钢板厚度而改变展开作图的图形处理称为板厚处理。板厚处理的一般原则为：

（1）曲线形展开长度计算，以中性层展开长度为准；

（2）折线形展开长度计算，以里皮尺寸为准；

（3）侧面倾斜的构件高度，以板厚中性层高度为准；

（4）相交构件的展开高度，以接触部分的尺寸为准。

图 3-11 所示为方形管的板厚处理及放样图。通过图可以看出纤维沿厚度方向的变形是不同的，弯曲后内缘的纤维受压而缩短，而外缘的纤维受拉而伸长。在内缘与外缘之间必然存在弯曲时既不伸长也不缩短的一层纤维，该层称为中性层。中性层的长度在弯曲过程中保持不变，因此可作为展开尺寸的依据。

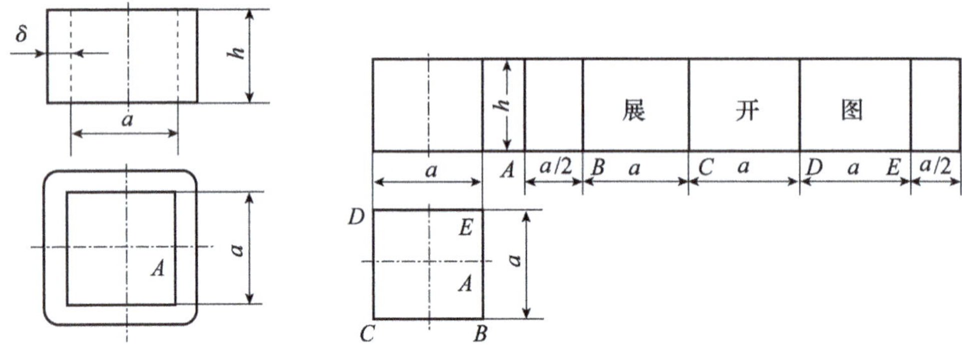

图 3-11 方形管的板厚处理及放样图

一般情况下，可以将板厚中间的中心层作为中性层来计算展开料，但如果弯曲的相对厚度较大，即板厚而弯曲半径小，中心层会被拉长，计算出来的尺寸就会偏大。原因是中性层已偏离了中心层，这时就必须按中性层半径来计算展开长了。中性层的计算公式如下：

$$\rho=r+k\delta$$

式中：ρ——中性层曲率半径，mm；

r——钢板内层曲率半径，mm；

δ——钢板厚度，mm；

k——中性层偏移系数，其值见表 3-9。

表 3-9 中性层偏移系数

系 数	数 值											
r/δ	0.5	0.6	0.7	0.8	1.0	1.2	1.5	2.0	3.0	4.0	5.0	> 5.0
k	0.37	0.38	0.39	0.40	0.42	0.44	0.45	0.46	0.46	0.47	0.48	0.50

弯曲件展开长度为

$$L=\sum L_{直}+L_{弯}，L_{弯}=\frac{\pi\alpha}{180°}(R+k\delta)$$

式中：α——弯管弯曲角度。

课堂笔记：____

____

____

练习题

一、填空题

1. 制造冷作产品的划线可为________和________两种。

2. 放样方法是指将零件的形状最终划到平面钢板上的方法，主要有________、________和________等。

3. 根据零件表面的展开性质，分为________和________两种。可展曲面的展开方法有________、________和________三种。

二、判断题

1. 什么是放样、划线和号料？它们的区别是什么？

2. 简述划线的原则。

3. 简述平行线展开法的展开原理。

4. 什么是展开放样？简述钢材展开时板厚处理的一般原则。

第三节　下料

下料就是用各种方法将毛坯或工件从原材料上分离下来的工序。下料分为手工下料和机械下料。手工下料的方法主要有克切、锯割、砂轮切割、气割等。机械下料的方法有机械切割、热切割等。

一、手工下料

1. 克切

克切所需克子（有柄）如图 3-12 所示。它最大特点是不受工作位置和零件形状的限制，并且操作简单、灵活。

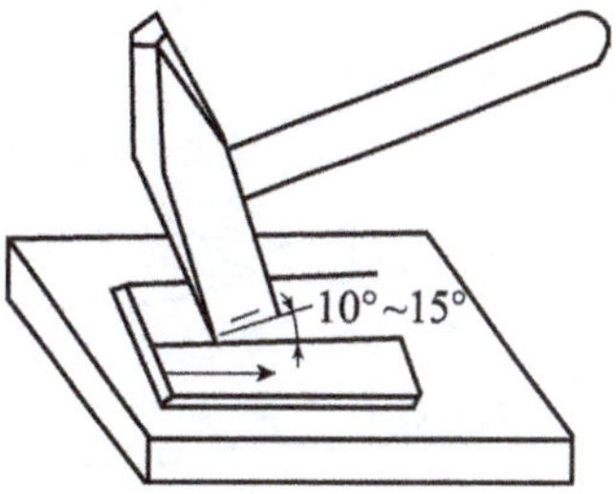

图 3-12　克切

2. 锯割

其所用的工具是锯弓和台虎钳。锯割可以分为手工锯割和机械锯割，手工锯割常用来切断规格较小的型钢或锯成切口。经手工锯割的零件用锉刀简单修整后可以获得表面整齐、精度较高的切断面。机械锯割通常使用弓锯床，如图 3-13 所示。

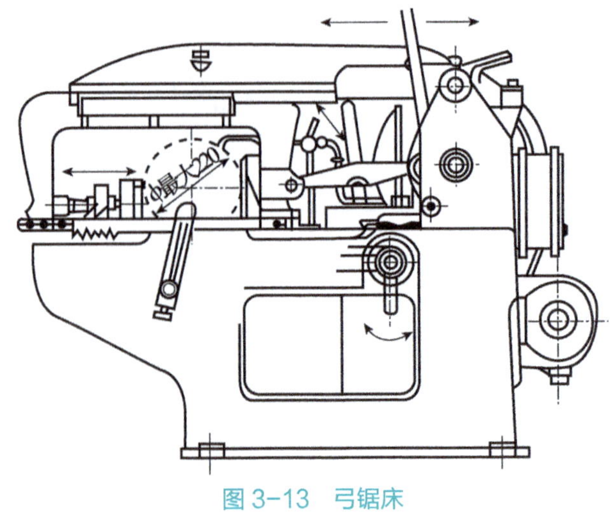

图 3-13 弓锯床

3. 砂轮切割

砂轮切割是利用高速旋转的薄片砂轮与钢材摩擦产生的热量，将切割处的钢材变成“钢花”喷出形成割缝的工艺。砂轮切割可以切割尺寸较小的型钢、不锈钢、轴承钢等型材。切割的速度比锯割快，但切口经加热后性能稍有变化。砂轮片的圆周速度约为 2900r/min，切割速度可达 60m/s。为提高效率和获得较窄的切口，一般砂轮片直径为 300 ~ 400mm，厚度为 3mm。

型钢经剪切后的切口处断面可能发生变形，锯割速度又较慢，所以常用砂轮切割断面尺寸较小的圆钢、钢管、角钢等。但砂轮切割一般是手工操作，粉尘很大，劳动条件很差。

4. 气割

利用气体火焰将金属材料加热到能在氧气中燃烧的温度后，使金属剧烈氧化成氧化物，并从切口中吹掉，从而达到分离金属材料的方法叫做氧气切割，简称气割。它所需要的主要设备及工具为乙炔钢瓶、氧气瓶、减压器、橡皮管、割炬等。

气割的操作过程如下：

（1）首先应点燃割炬，随即调整火焰。预热火焰通常采用中性焰或轻微氧化焰，如图 3-14 所示。

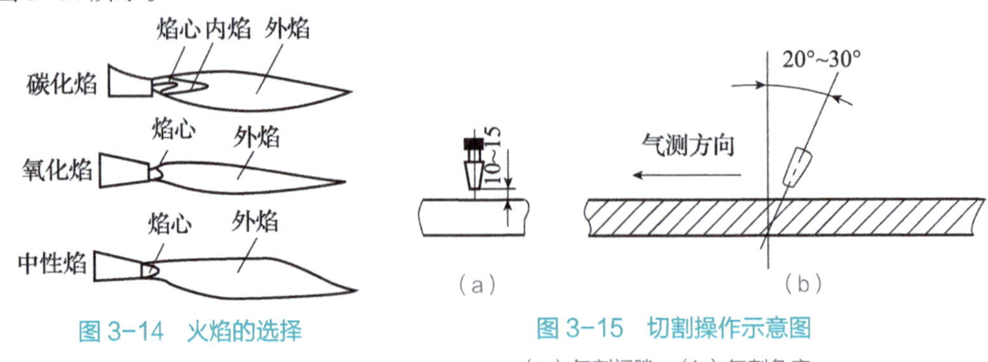

图 3-14 火焰的选择

图 3-15 切割操作示意图

（a）气割间隙；（b）气割角度。

（2）开始气割时，必须用预热火焰将切割处金属加热至燃烧温度（即燃点），一般碳钢在纯氧中的燃点为1100℃～1150℃，使割嘴与工件表面的距离保持10～15mm，如图3-15（a）所示，并使切割角度控制在20°～30°。

（3）把切割氧气喷射至已达到燃点的金属时，金属便开始剧烈的燃烧（即氧化），产生大量的氧化物（焊渣），燃烧时放出大量的热使氧化物呈液体状态。

（4）燃烧时所产生的大量液态焊渣被高压氧气流吹走。

这样由上层金属燃烧时产生的热传至下层金属，使下层金属又预热到燃点，切割过程由表面深入到整个厚度，直到将金属割穿。同时，金属燃烧时产生的热量和预热火焰一起把邻近的金属预热到燃点，将割炬沿切割线以一定的速度移动，即可形成割缝，使金属分离。

金属气割应具备下列条件：

（1）金属的燃点必须低于其熔点，这是保证切割是在燃烧过程中进行的基本条件。否则，切割时便成了金属先熔化后燃烧的熔割过程，使割缝过宽，而且极不整齐。

（2）金属氧化物的熔点低于金属本身的熔点，同时流动性应较好。否则，将在割缝表面形成固态焊渣，阻碍氧气流与下层金属接触，使气割不能进行。

（3）金属燃烧时应放出较多的热。满足这一条件，才能使上层金属燃烧产生的热量对下层金属起预热作用，使切割过程能连续进行。

（4）金属的导热性不应过高。否则，散热太快会使割缝金属温度急剧下降，达不到燃点，使气割中断。如果加大火焰能率，又会使割缝过宽。

纯铁、低碳钢、中碳钢和普通低合金钢能满足上述条件，所以能顺利地进行氧气切割。

二、机械下料

1. 机械切割

机械切割通常是利用剪切的方法进行加工的。剪切就是用上、下剪切刀刃相对运动切断材料的加工方法。它是冷作产品制作过程中下料的主要方法之一。剪切一般在斜口剪床、龙门剪床、圆盘剪床等专用机床上进行。切割厚度最大可达40mm（指一般碳素结构钢，如Q235A等；对于低合金钢，可切最大厚度要薄一些）。

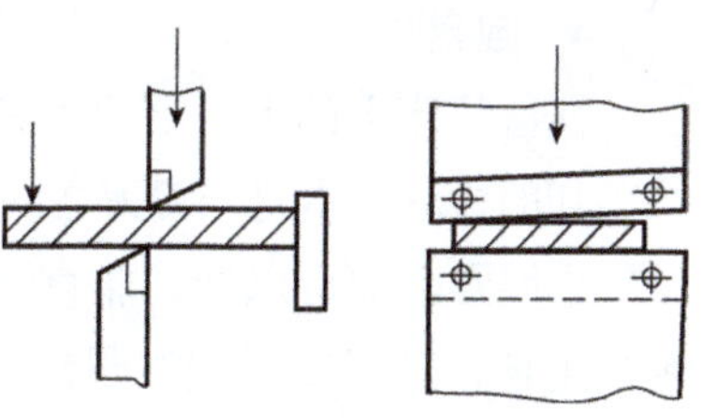
图3-16 斜口剪床示意图

1）斜口剪床

斜口剪床的剪切部分是上、下剪刀刃，刀刃长度一般为300～600mm，下刀片固定在剪床的工作台部分，靠上刀片的上、下运动完成材料的剪切过程（图3-16）。

为了使剪刀片在剪切中具有足够的剪切能力，其上剪刀片沿长度方向还具有一定的斜度，斜度一般为 10° ~ 15°。沿刀片截面也有一定的角度，其角度为 75° ~ 80°，此角度主要是为了避免在剪切时剪刀片和钢板材料之间产生摩擦。除此之外，上、下剪刀刃的刃口部分也具有 5° ~ 7° 的刃口角。

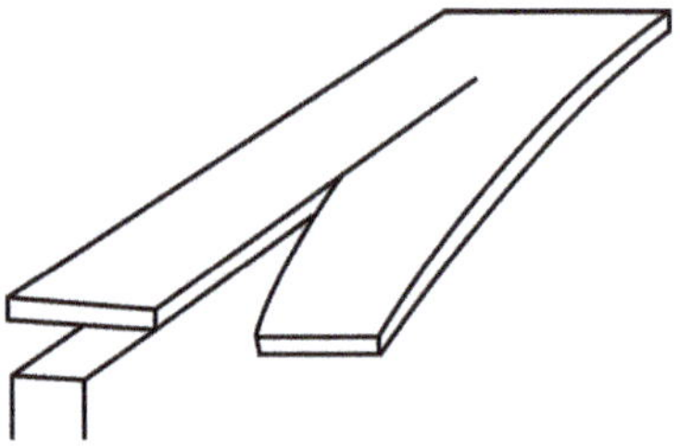

由于上刀刃的下降将拨开已剪部分板料，使其向下弯、向外扭而产生弯扭变形，上刀刃倾斜角度越大，弯扭现象越严重。在大块钢板上剪切窄而长的条料时，变形更突出（图 3–17）。

图 3–17 斜口剪床剪切弯扭现象示意图

2）平口剪床

平口剪床有上、下刀刃，下刀刃固定在剪床的工作台的前沿，上刀刃固定在剪床的滑块上，由上刀刃的运动而将板料分离。因上、下刀刃互相平行，故称为平口剪床。上、下刀刃与被剪切的板料整个宽度方向同时接触，板料的整个宽度同时被剪断，因此所需的剪切力较大（图 3–18）。

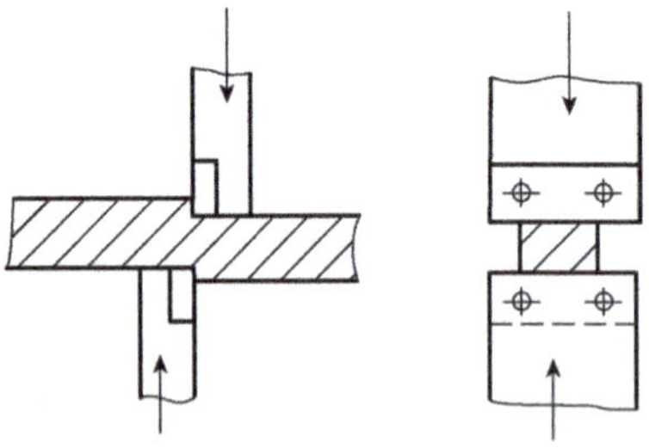

图 3–18 平口剪床剪切示意图

3）龙门剪床

龙门剪床主要用于剪切直线，它的刀刃比其他剪切机的刀刃长，能剪切较宽的板料，因此龙门剪床是加工中应用最广的一种剪切设备。下面以 Q11–13×2500 剪板机为例，说明型号的含义。

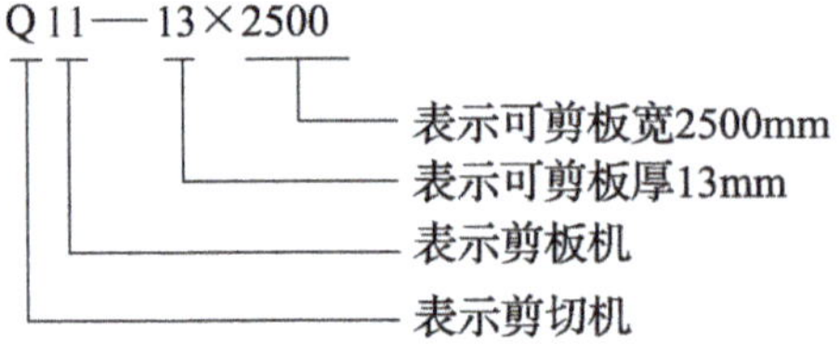

4）圆盘剪床

圆盘剪床上的上、下剪刀皆为圆盘状。剪切时上、下圆盘刀以相同的速度旋转，被剪切的板料靠本身与刀刃之间的磨擦力而进入刀刃中完成剪切工作，如图 3–19 所示。

采用圆盘剪可以剪切非直线切口，切割板厚最大可达 20 ~ 25mm，为剪切规定宽度的毛坯，还可以采用双圆盘剪。圆盘剪床剪切是连续的，生产率较高，能剪切各种曲线轮廓，但所剪板料的弯曲现象严重，边缘有毛刺，一般适合剪切较薄钢板的直线或曲线轮廓。

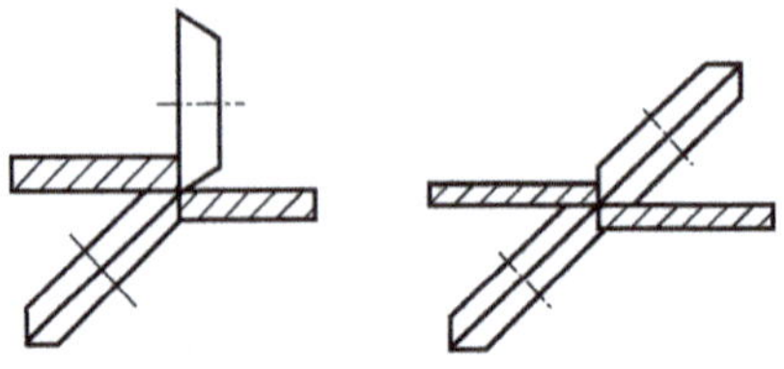

图 3–19 圆盘剪床工作简图

工厂除使用上述剪床之外，还采用联合冲剪机冲剪钢板（剪刀长300 ~ 600mm）、型钢（如角钢、圆钢、方钢、工字钢等）进行零件冲孔，故联合冲剪机又称为万能冲剪机。不规则曲线形状的切断，也可用冲床或联合冲剪机，其冲剪刀口（冲头）也具有不规则曲线形状。此外，还可使用圆盘无齿摩擦锯、工具钢带锯床，或接触电弧火花锯加工型材。

2. 热切割

热切割比剪床等机械切割的生产效率低，而且消耗气体、燃料较多。但热切割可以用在各种不同厚度、各种直线、曲线外形的切割上，具有很高的通用性。热切割包括数控气割、等离子弧切割、光电跟踪气割等。

1）数控气割

数控气割是利用电子计算机控制的自动切割，能准确地切割出直线与曲线组成的平面图形，也能用足够精确的模拟方法切割其他形状的平面图形。数控气割的精度很高，其生产率也比较高，它不仅适用于批量生产，而且适合于自动化的单位生产。数控气割是由数控气割机来实现的，该机主要由两大部分组成：数字程序控制系统（包括稳压电源、光电输入机、运算控制小型电子计算机等）和执行系统（即切割机部分）。

数控气割机的工作原理和程序：首先对切割零件的图样进行分析，查看零件图线是由哪几种线型组成，并分段编出指令；再将这些指令连接起来并确定出它的切割顺序，将顺序排成一个程序，并在纸带上穿孔；再通过光电输入机输入计算机；切割时，计算机将这些纸带孔的含义翻译并显示出编码，同时发出加工信息，由执行系统去完成，即按程序控制气割机进行切割，就可得到预定要求的切割零件。

2）等离子弧切割

等离子弧切割是利用高温高速等离子弧将切口金属及氧化物熔化，并将其吹走而完成切割过程。等离子弧切割属于熔化切割，这与气割在本质上是不同的。由于等离子弧的温度和速度极高，任何高熔点的氧化物都能被熔化并吹走，因此可切割各种金属，目前主要用于切割不锈钢、铝、镍、铜及其合金等金属和非金属材料。

3）光电跟踪气割

光电跟踪气割机是利用光电原理对切割线进行自动跟踪移动的气割机，它适用于复杂形状零件的切割，是一种高效率、多比例的自动化气割设备。

光电跟踪原理有光量感应法和脉冲相位法两种基本形式。光量感应法是将灯光聚焦形成的光点投射到钢板所划线上（要求线粗一些，以便跟踪），并使光点的中心位于所划线的边缘，如图3-20所示。若光点的中心位于线条的中心，白色线条会使反射光减少，光电感应电也相应减少，通过放大器后控制和调节伺服电动机，使光点中心恢复到线条边缘的正常位置。

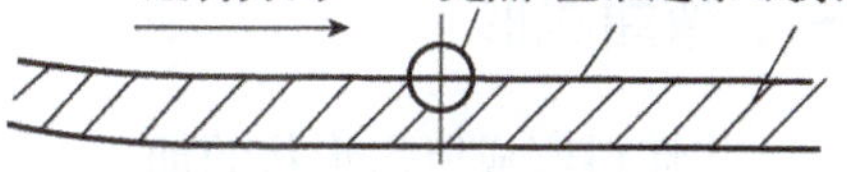

运行方向 光点 基准边缘 线条

图3-20 光电跟踪原理图

在机械切割和热切割都可以完成的工件上，到底选用哪一种切割方法，应通过比较决定。具体包括：①进行经常费用计算。计算被加工零件的直接成本（如切割与校正的工时费用、动力消耗、废料边角料的利用等）和间接成本（如与设备投资费相关的设备折旧费、维修费，辅助设备和车间其他费用）。②加工质量（即切口质量和切割毛坯精度）和生产效率的比较。通过以上比较，一般可得出这样的结论：当被切钢材厚度增加时，机械剪切的缺点较突出。通常，钢板厚度在 20 ~ 25mm 以下用机械剪切较经济（实际上厚度超过 14 ~ 18mm 通常就采用热切割了）。为提高热切割法的生产效率，可将数张乃至十数张钢板叠在一起切割，总厚度可达 100mm。

课堂笔记：____

____

____

练习题

一、填空题

1. 下料分为________和________。手工下料的方法主要有________、________、________等。机械下料的方法有________、________等。

2. 机械切割通常是利用剪切的方法进行加工的。剪切一般在________、________和________等专用机床上进行。

3. 热切割包括________、________、________等。

二、思考题

1. 钢板下料有哪些方法？各适用于什么情况？

2. 金属气割应该具备什么条件？

第四节　弯曲成形

在焊接结构制造中，弯曲与成形加工占有相当大的比重。制造某些焊接结构时，80% ~ 90% 的金属材料需经过弯曲及成形加工，如输送管线，各种石油塔、罐、球形封头及锅炉的锅筒，压力容器和化工设备等都属于这一类。大多数金属材料的弯曲和成形加工是在冷态（常温）下进行的，在一定条件下也可以进行加热弯曲与成形。

一、弯曲成形

将坯料弯成所需形状的加工方法为弯曲成形，简称弯形。弯形根据坯料温度可分为冷弯和热弯，根据弯形的方法分手工弯形和机械弯形。

1. 钢材弯曲变形过程

弯形加工所用坯料通常为钢材等塑性材料，这些材料的变形过程如下：

1）初始阶段

当坯料上作用有外弯曲力矩时，将发生弯曲变形。坯料变形区内，靠近曲率中心的一侧（简称内层）的金属在外弯矩引起的压应力作用下被压缩缩短，远离曲率中心的一侧（简称外层）的金属在外弯矩引起的拉应力作用下被拉伸伸长。在坯料弯曲过程中的初始阶段，外弯矩的数值不大，坯料内应力的数值小于材料的屈服强度，仅使坯料发生弹性变形。

2）塑性变形阶段

当外弯矩的数值继续增大时，坯料的曲率半径也随之缩小，材料内应力的数值开始超过其屈服强度，坯料变形区的内表面和外表面首先由弹性变形状态过渡到塑性变形状态，以后塑性变形由内、外表面逐步向中心扩展。

3）断裂阶段

坯料发生塑性变形后，若继续增大外弯矩，待坯料的弯曲半径小到一定程度，将因变形超过材料自身变形能力的限度，在坯料受拉伸的外层表面，首先出现裂纹，并向内伸展，致使坯料发生断裂破坏。

弯曲过程中，材料的横截面形状也会发生变化，无论宽板还是窄板，在变形区内材料的厚度均有变薄现象。

2. 钢材的变形特点对弯曲成形的影响

钢材的弯曲变形特点对弯曲加工的影响主要有以下三个方面：

1）弯力

弯曲成形是使被弯曲材料发生塑性变形。无论采用何种弯曲成形方法，弯力都必须能使被弯曲材料的内应力超过材料的屈服强度。实际弯力的大小要根据被弯曲材料的力学性能、弯曲方式和性质、弯曲件形状等多方面因素来确定。

2）回弹现象

通常在材料发生塑性变形时，仍有部分弹性变形存在。而弹性变形部分在卸载时（除去外弯矩）要恢复原态，使弯曲件的曲率和角度发生变化，这种现象叫做回弹。回弹现象的存在，直接影响弯曲件的几何精度，因此必须加以控制。

影响回弹的主要因素有：

（1）材料的屈服强度越高，弹性模量越小，加工硬化越激烈，弯曲变形的回弹越大。

（2）材料的相对弯曲半径 r/δ 越大，材料变形程度就越小，则回弹越大。

（3）弯曲半径一定时，弯曲角 α 越大，表示变形区长度越大，回弹也越大。

（4）其他因素，例如零件的形状、模具的构造、弯曲方式及弯曲力的大小等，对弯曲件的回弹也有一定的影响。

减小回弹的主要措施如下：

（1）将凸模角度减去一个回弹角，使板料弯曲程度加大，板料回弹后恰好等于所需要的角度。

（2）采取校正弯曲，在弯曲终了时进行校正，即减小凸模的接触面积或加大弯曲部件的压力。

（3）减小凸模与凹模的间隙。

（4）采用拉弯工艺。

（5）在必要时，如果条件允许可采用加热弯曲。

3）最小弯曲半径

材料在不发生破坏的情况下所能弯曲的最小曲率半径，称为最小弯曲半径。材料的最小弯曲半径，是材料性能对弯曲加工的限制条件。采用适当的工艺措施，可以在一定程度上改变材料的最小弯曲半径。

影响材料最小弯曲半径的因素有：

（1）材料的塑性越好，其允许变形程度越大，则最小弯曲半径可以越小。

（2）在相对于弯曲半径 r/δ 相同的条件下，弯曲角 α 越小，材料外层受拉伸的程度越小而不易弯裂，最小弯曲半径可以取较小值。反之，弯曲角 α 较大，最小弯曲半径也应增大。

（3）材料的方向性。轧制的钢材形成各向异性的纤维组织，钢材平行于纤维方向的塑性指标大于垂直于纤维方向的塑性指标。因此，当弯曲线与纤维方向垂直时，材料不易断裂，弯曲半径可以小些。

（4）材料的表面质量和剪断面质量。当材料剪断面质量和表面质量较差时，弯曲时易造成应力集中使材料过早破坏，这种情况下应采用较大的弯曲半径。

（5）其他因素。材料的厚度和宽度等因素也对最小弯曲半径有影响。薄板可以取较小的弯曲半径，窄板料也可取较小的弯曲半径。

在一般情况下，弯曲半径应大于最小弯曲半径。若由于结构要求等原因，弯曲半径必须小于或等于最小弯曲半径时，则应该分两次或多次弯曲，也可采用热弯或预先退火的方法，以提高材料的塑性。

二、机械压弯成形

在压力机上使用弯曲模进行弯曲成形的加工方法，称为机械压弯成形。

压弯成形时，材料的弯曲变形可以有自由弯曲、接触弯曲和校正弯曲三种方式，如图 3–21 所示。材料弯曲时，板料仅与凸、凹模三条线接触，弯曲圆角半径 r_0 是自然形成的，这种弯曲方式称为自由弯曲，如图 3–21（a）所示；若板料弯曲到直边与凹模表面平行，而且在长度 ab 上互相靠紧时停止弯曲，弯曲件的角度等于模具的角度，

而弯曲圆角半径 r_1、r_2 仍靠自然形成，这种弯曲方式称为接触弯曲，如图 3-21（b）、（c）所示；若将板料弯曲到与凸、凹模完全紧靠，弯曲圆角半径 r_3 等于模具圆角半径 r 时，才结束弯曲，这种弯曲方式称为校正弯曲，如图 3-21（d）所示。

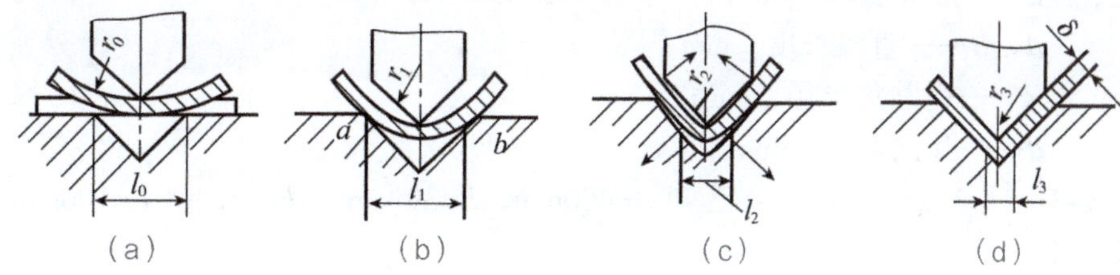

图 3-21 板料弯曲的三种变形方式

（a）自由弯曲；（b）、（c）接触弯曲；（d）校正弯曲。

采用自由弯曲，所需弯力小，但工作时靠调整凹模槽口的宽度和凸模的下死点位置来保证零件的形状，批量生产时弯曲件质量不稳定，所以它多用于小批量生产中大型零件的压弯。

采用接触弯曲或校正弯曲时，由模具保证弯曲件精度，弯曲件质量较高而且稳定，但所需弯曲力较大，并且模具制造周期长、费用高，所以它多用于大批量生产中的中、小型零件的压弯。

三、板材、型材展开长度的计算

1. 板材展开长度计算

例 3-2 计算图 3-22 所示 U 形板材展开长度。已知 r=60mm，δ=20mm，l_1=200mm，l_2=300mm，α=120°，求展开长度 L。

解：因为 $\dfrac{r}{\delta}=\dfrac{60}{20}=3$，查表 3-9 可知 k=0.46。

$$L=l_1+l_2+\frac{\pi\alpha(r+k\delta)}{180°}$$

$$=200+300+\frac{\pi\times120°\times(60+0.46\times20)}{180°}$$

$$\approx 644.93\ (\mathrm{mm})$$

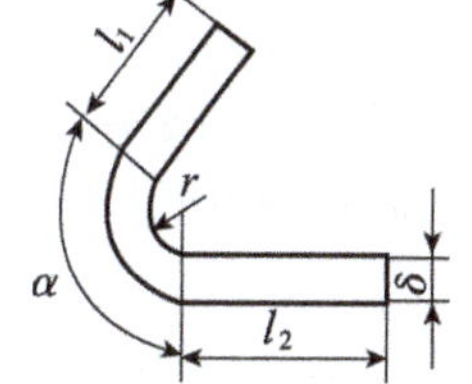

图 3-22 U 形板展开长度计算

实际上板料可以弯曲成各种复杂的形状，求展开料长都是先确定中性层，再通过作图和计算，将断面图中的直线和曲线逐段相加得到展开长度。

2. 圆钢料长计算

圆钢弯曲的中性层一般总是与中心线重合，所以圆钢的料长可按中心线计算。

1）直角形圆钢的展开计算

如图 3-23（a）所示，已知尺寸 A、

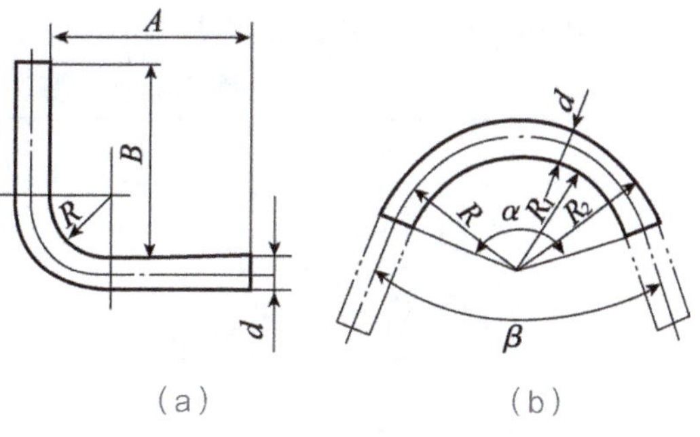

图 3-23 常用圆钢弯曲计算

（a）直角形圆钢；（b）圆弧形圆钢。

B、d、R，则展开长度应是直段长度和圆弧段长度之和。展开长度为：

$$L=A+B-2R+\frac{\pi(R+d/2)}{2}$$

式中：L——展开长度，mm；

A、B——直段长度，mm；

R——内圆角半径，mm；

d——圆钢直径，mm。

例 3-3　图 3-23（a）中，已知 A=400mm，B=300mm，d=20mm，R=100mm，求展开长度 L。

解：展开长度：

$$L=A+B-2R+\frac{\pi(R+d/2)}{2}$$

$$=400+300-2\times100+\frac{\pi\times(100+20\div2)}{2}$$

$$\approx 672.79\ (\text{mm})$$

2）圆弧形圆钢的展开计算

如图 3-23（b）所示，已知尺寸 R_2、d、β，展开长度为：

$$L=\pi R\frac{\alpha}{180°}$$

或

$$L=\pi R\frac{(180°-\beta)}{180°}$$

$$L=\pi\left(R_1+\frac{d}{2}\right)\frac{\alpha}{180°}$$

$$L=\pi\left(R_2-\frac{d}{2}\right)\frac{(180°-\beta)}{180°}$$

例 3-4　图 3-23（b）中，已知 R_2=400mm，d=40mm，β=60°，求圆钢的展开长度。

解：展开长度为：

$$L=\pi(400-20)\times\frac{(180°-60°)}{180°}\approx 795.87\ (\text{mm})$$

3. 角钢展开长度的计算

角钢的断面是不对称的，所以中性层的位置不在断面的中心，而是位于角钢根部的重心处，即中性层与重心重合。设中性层离开角钢根部的距离为 z_0，z_0 值与角钢断面尺寸有关，可从有关表中查得。

等边角钢弯曲料长计算见表 3-10。

表 3-10　等边角钢弯曲料长计算

内　弯	外　弯
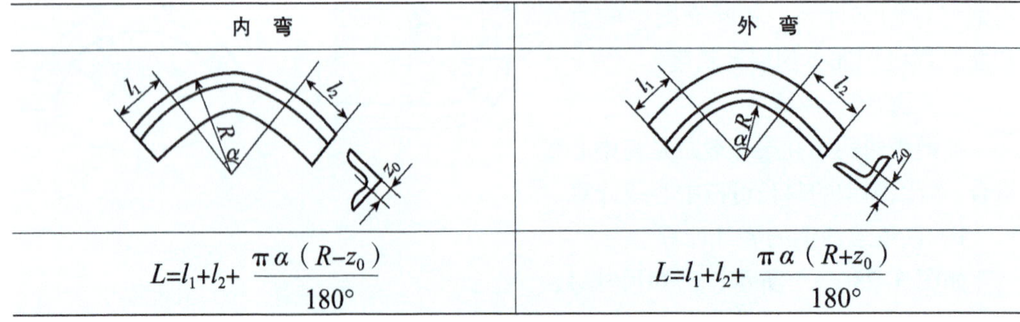	
$L=l_1+l_2+\frac{\pi\alpha(R-z_0)}{180°}$	$L=l_1+l_2+\frac{\pi\alpha(R+z_0)}{180°}$

其中：l_1、l_2——角钢直边长度，mm；

R——角钢外（内）弧半径，mm；

α——弯曲角度，（°）；

z_0——角钢重心距，mm。

例 3-5　已知等边角钢内弯，两直边 l_1=450mm，l_2=350mm，角钢外弧半径 R=120mm，弯曲角度 α=120°，等边角钢为 70mm×70mm×7mm，求展开长度 L。

解：查金属材料手册角钢规格表（见附录）可知 z_0=19.9mm。

$$L=l_1+l_2+\frac{\pi\alpha(R-z_0)}{180°}=450+350+\frac{\pi\times120°\times(120-19.9)}{180°}\approx1009.65\text{mm}$$

例 3-6　已知等边角钢外弯，两直边 l_1=550mm，l_2=450mm，角钢内弧半径 R=80mm，弯曲角 α=150°，等边角钢为 63mm×63mm×6mm，求展开长度 L。

解：查金属资料手册的角钢规格表（见附录）可知 z_0=17.8mm。

$$L=l_1+l_2+\frac{\pi\alpha(R+z_0)}{180°}=550+450+\frac{\pi\times150°\times(80+17.8)}{180°}\approx1126.60\ (\text{mm})$$

四、卷板

通过旋转辊轴使毛料（钢板）弯曲成型的方法称为滚弯，又称卷板。滚弯时，钢板置于卷板机的上、下辊轴之间，当上辊轴下降时，钢板便受到弯矩的作用而发生弯曲变形，如图 3-24 所示。由于上、下辊轴的转动，通过辊轴与钢板间的摩擦力带动钢板移动，使钢板受压位置连续不断地发生变化，从而形成平滑的曲面，完成滚弯成型工作。

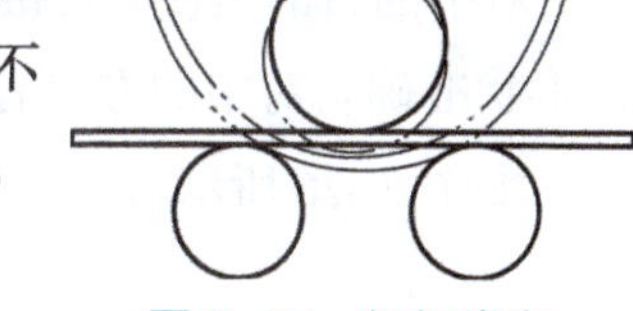
图 3-24　钢板卷弯

钢板滚弯由预弯（压头）、对中、滚弯三个步骤组成。

1. 预弯

卷弯时只有钢板与上辊轴接触的部分才能被弯曲，所以钢板的两端各有一段长度不能发生弯曲，这段长度称为剩余直边。剩余直边的大小与设备的弯曲形式有关，钢板弯曲时的理论剩余直边值见表 3-11。

表 3-11　钢板弯曲时的理论剩余直边值

设备类型		卷板机			压力机
弯曲形式		对称弯曲	不对称弯曲		模具压弯
			三辊	四辊	
剩余直边	冷弯	L/2	（1.5 ~ 2）δ	（1 ~ 2）/δ	1.0δ
	热弯	L/2	（1.3 ~ 1.5）δ	（0.75 ~ 1）δ	0.5δ

其中：L——卷板机侧辊中心距；

δ——钢板厚度。

常用的预弯方法如图 3-25 所示。

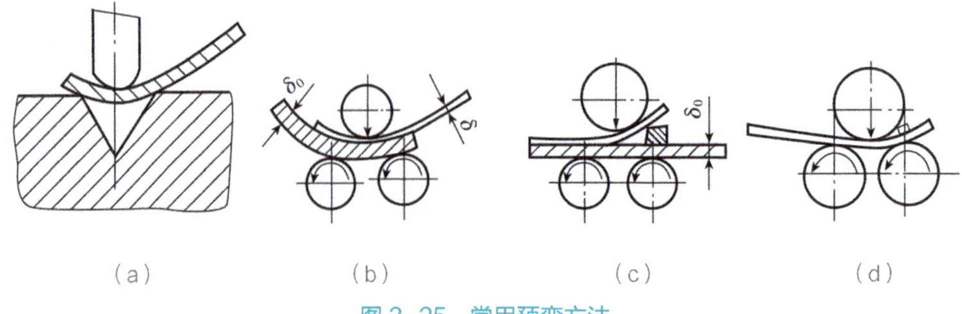

图 3-25 常用预弯方法

（a）通用模预弯；（b）模板预弯；（c）垫板、垫块预弯；（d）垫块预弯。

（1）在压力机上用通用模具进行多次压弯成形，如图 3-25（a）所示。这种方法适用于各种厚度的板预弯。

（2）在三辊卷板机上用模板预弯，如图 3-25（b）所示。这种方法适用于 $\delta \leqslant \delta_0/2$，$\delta \leqslant 24$mm，并不超过设备能力的 60%的场合。

（3）在三辊卷板机上用垫板、垫块预弯，如图 3-25（c）所示。这种方法适用于 $\delta \leqslant \delta_0/2$，$\delta \leqslant 24$mm，并不超过设备能力的 60%的场合。

（4）在三辊卷板机上用垫块预弯，如图 3-25（d）所示。这种方法适用于较薄的钢板，但操作比较复杂，一般较少采用。

2. 对中

对中的目的是使工件的素线与辊轴轴线平行，防止产生扭斜，保证滚弯后工件几何形状准确。对中的方法有侧辊对中、专用挡板对中、倾斜进料对中、侧辊开槽对中等，如图 3-26 所示。

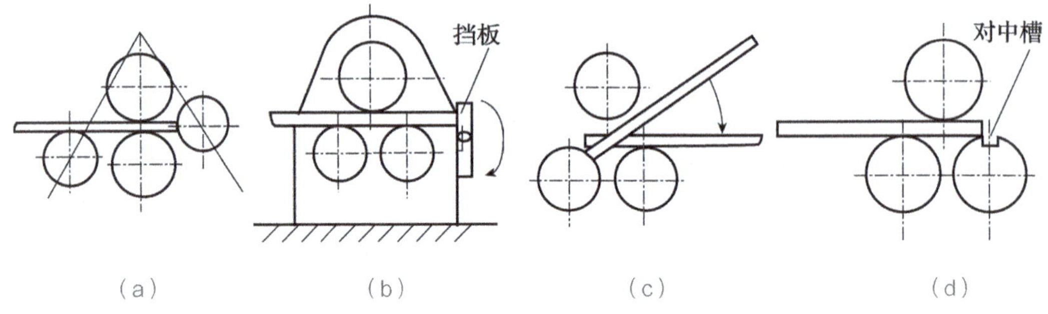

图 3-26 几种对中方法

（a）侧辊对中；（b）专用挡板对中；（c）倾斜进料对中；（d）侧辊开槽对中。

3. 滚弯

图 3-27 所示为各种卷板机的滚弯过程，请读者自行分析。

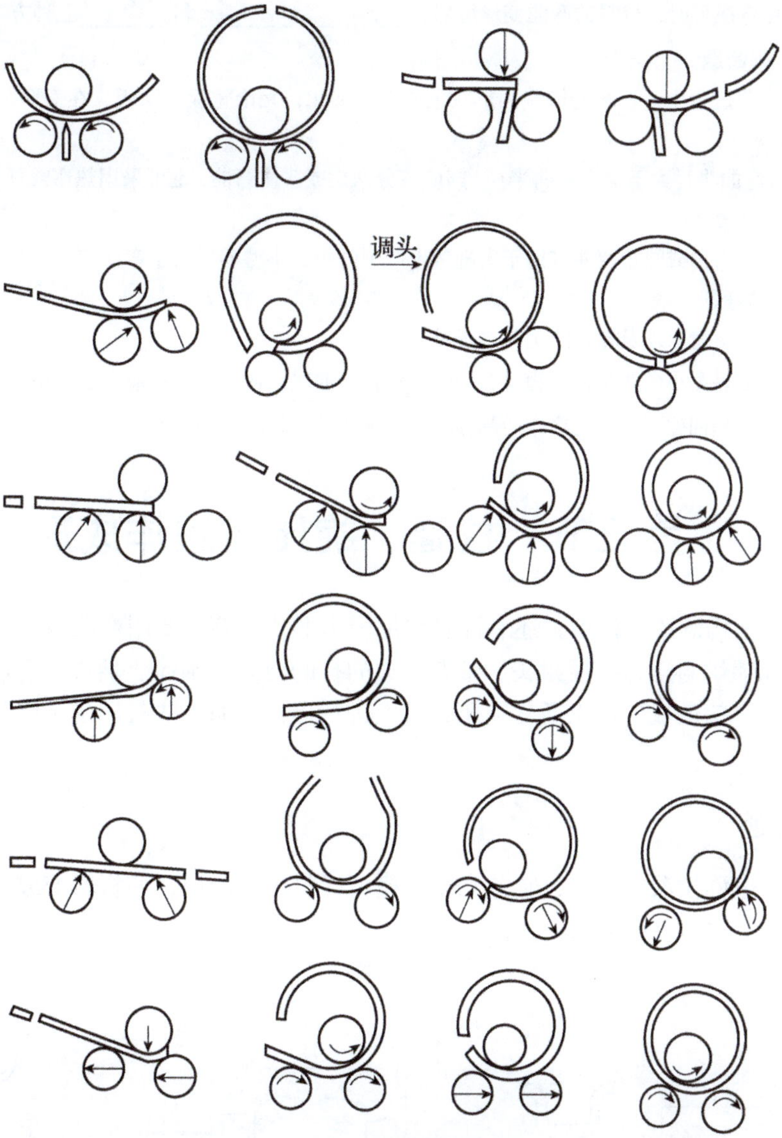

图 3-27 各种卷板机的滚弯过程

（a）带弯边垫板的对称三辊卷板机；（b）不对称三辊卷板机；（c）四辊卷板机；
（d）偏心三辊卷板机；（e）对称下调式三辊卷板机；（f）水平下调式三辊卷板机。

课堂笔记：____

练习题

一、填空题

1. 弯形根据坯料温度可分为________和________，根据弯形的方法分为________和________。

2. 钢材弯曲变形特点对弯曲加工的影响主要有________、________和________。

3. 压弯成形时，材料的弯曲变形可以有________、________和________三种方式。

二、判断题

1. 弯曲过程中，材料的横截面形状也要发生变化，无论宽板、窄板，在变形区内材料的厚度均有变薄现象。 （ ）

2. 若弯曲半径大于最小弯曲半径，则应该分两次或多次弯曲，也可采用热弯或预先退火的方法，以提高材料的塑性。 （ ）

3. 接触弯曲或校正弯曲多用于大批量生产中的中、小型零件的压弯。 （ ）

三、思考题

1. 钢板滚弯原理及卷板的工艺过程是什么？

2. 什么是最小弯曲半径？为什么型钢、钢板弯曲时，弯曲半径都应大于最小弯曲半径？

3. 什么是回弹？钢材在冷弯后都会产生回弹吗？怎样减小回弹？

第五节 拉延、旋压与爆炸成形

焊接结构制造过程中，还有许多零件因为形状复杂，要用弯曲成形以外的方法加工，例如锅炉与压力容器封头、带有翻边的孔的筒体、锥体、翻边的管接头等。这些复杂曲面开头的成形加工通常在压力机上进行，常用的方法有压延、旋压和爆炸成形等工艺。

一、拉延

拉延也称拉深或压延，它是利用凸模把板料压入凹模，使板料变成中空形状零件的工序，如图 3–28 所示。

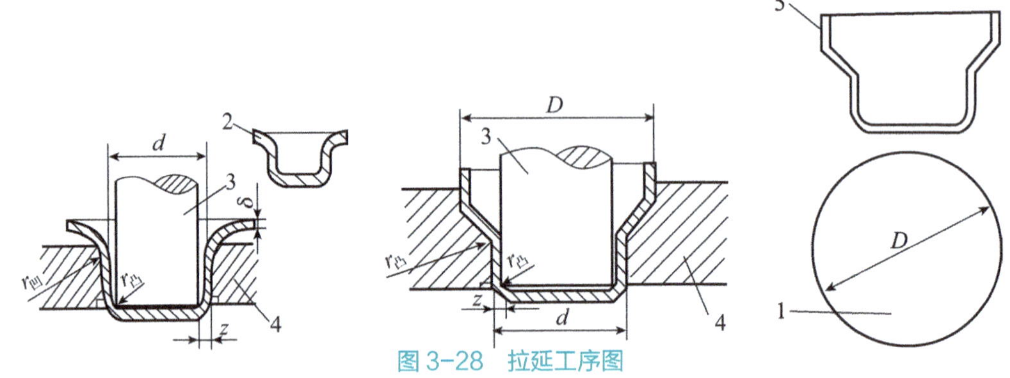

图 3–28 拉延工序图

1– 坯料；2– 第一次拉延的产品；3– 凸模；4– 凹模；5– 成品。

为了防止坯料被拉裂，凸模和凹模边缘均做成圆角，且 $r_{凹} \leqslant r_{凸} = (5 \sim 15)\delta$；凸模和凹模之间的间隙 $z=(1.1 \sim 1.2)\delta$；拉延件直径 d 与坯料直径 D 的比例 $d/D=m$（拉深系数），一般 $m=0.5 \sim 0.8$。拉深系数 m 越小，则坯料被拉入凹模越困难，从底部到边缘过渡部分的应力也越大。如果拉应力超过金属的抗拉强度极限，拉延件底部就会被拉穿，如图 3–29（a）所示。对于塑性好的金属材料，m 可取较小值。如果拉延系数过小，不能一次拉制成高度和直径合乎成品要求时，则可进行多次拉延。这种多次拉延操作往往需要进行中间退火处理，以消除前几次拉延变形中所产生的硬化现象，使以后的拉延能顺利进行。在进行多次拉延时，其拉延系数 m 应一次比一次略大。

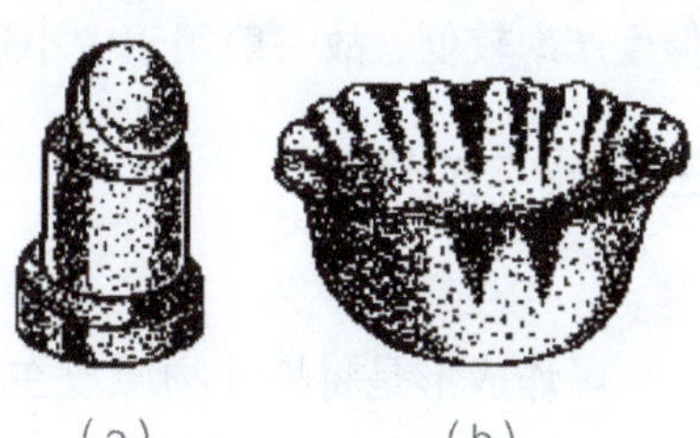

图 3-29　拉延废品

（a）拉穿；（b）折皱。

在拉延过程中，由于坯料边缘在切线方向受到压缩，因而可能产生波浪形，最后形成折皱，如图 3-29（b）所示。拉延所用坯料的厚度越小，拉延的深度越大，越容易产生折皱。为了预防折皱的产生，可用压板把坯料压紧。为了减小由于摩擦使拉延件壁部的拉应力增大程度并减少模具的磨损，拉延时通常加润滑剂。

对拉延件的基本要求是：

（1）拉延件外形应简单、对称，且不要太高，以便使拉延次数尽量少。

（2）拉延件的圆角半径在不增加工艺程序的情况下，最小许可半径如图 3-30 所示。超出最小许可半径，将增加拉延次数及整形工作。

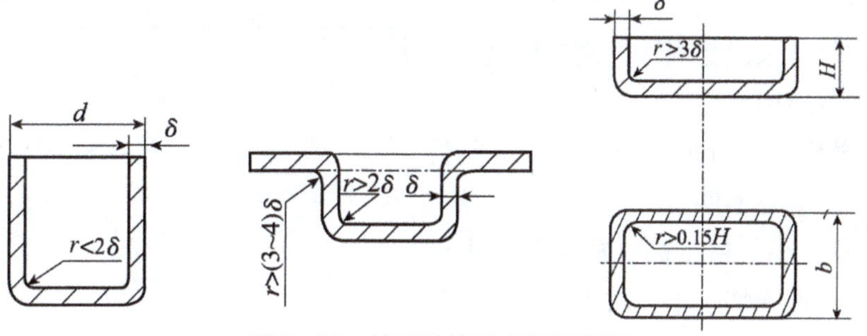

图 3-30　拉延件的最小许可半径

二、旋压

拉延也可以用旋压法来完成。旋压是在专用的旋压机上进行。图 3-31 为旋压工作简图。毛坯 3 用尾顶针 4 上的压块 5 紧紧地压在模胎 2 上，当主轴 1 旋转时，毛坯和模胎一起旋转，操作旋棒 6 对毛坯施加压力，同时旋棒又做纵向运动，开始旋棒与毛坯是一点接触，由于主轴旋转和旋棒向前运动，毛坯在旋棒的压力作用下产生由点到线及由线到面的变形，逐渐地被赶向模胎，直到最后与模胎贴合为止，完成旋压成形。这种方法的优点是不需要复杂的冲模，变形力较小，

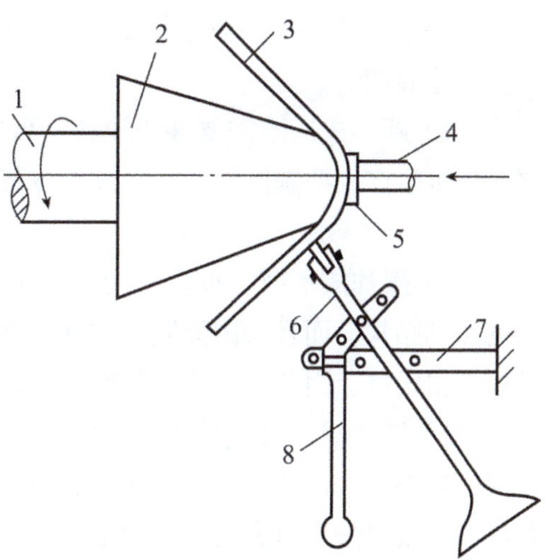

图 3-31　旋压工作简图

1- 主轴；2- 模胎；3- 毛坯；4- 尾顶针；5- 压块；6- 旋棒；7- 支架；8- 助力臂。

但生产率较低，故一般用于中小批生产。

三、爆炸成形

1. 爆炸成形的基本原理

爆炸成形是将爆炸物质放在一特制的装置中，点燃爆炸后，利用所产生的化学能在极短的时间内转化为周围介质（空气或水）中的高压冲击波，使坏料在很高的速度下变形和贴模，从而达到成形的目的。图 3-32 为爆炸成形装置。爆炸成形可以对板料进行多种工序的冲压加工，例如拉延、冲孔、剪切、翻边、胀形、校形、弯曲、压花纹等。

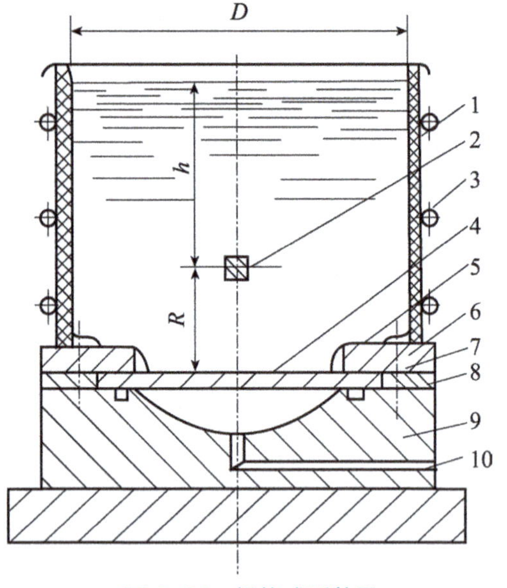

图 3-32 爆炸成形装置

1 －纤维板；2 －炸药；3 －绳；4 －坯料；5 －密封袋；6 －压边圈；7 －密封圈；8 －定位圈；9 －凹板；10 －抽气孔。

2. 爆炸成形的主要特点

（1）爆炸成形不需要成对的刚性凸、凹模同时对坯料施加外力，而是通过传压介质（水或空气）来代替刚性凸模的作用。因此，可使模具结构简化。

（2）爆炸成形可加工形状复杂、刚性模难以加工的空心零件。

（3）回弹小、精度高、质量好。由于高速成形零件回弹特别小，贴模性能好，只要模具尺寸准确、表面光洁，则零件的精度高，表面粗糙度好。

（4）爆炸成形属于高速成形的一种。加工成形速度快（只需 1s），操作方便，成本低，产品制造周期短。

（5）爆炸成形不需要冲压设备。可成形零件的尺寸不受设备能力限制，在试制或小批量生产大型制件时，经济效果显著。

3. 爆炸成形应注意的事项

（1）爆炸成形时，模具里的空气必须适当排除，因为空气的存在不但会阻止坯料的顺利贴模，而且会因模腔内空气的高度压缩而造成零件表面的烧伤，因而影响零件表面粗糙度。因此，爆炸成形前，模腔内应保持一定的真空度。

（2）爆炸成形必须采用合理的密封装置，如果密封装置不好，会使模腔的真度下降，影响零件的表面质量。单件及小批量生产时，可用黏土与油脂的混合物作为密封材料，批量较多时宜用密封圈结构。

（3）爆炸成形在操作中有一定危险性，因此，必须熟悉炸药的特性，并严格遵守安全操作规程。

课堂笔记：____

____

练习题

一、填空题

1. 拉延也称________或________，它是将平板毛坯或空心半成品，利用拉延模拉延成________零件。拉延具有生产率高，成本低，成形美观等特点。

2. 拉延中容易出现的问题有________、________、________。

3. 旋压的优点是不需要复杂的冲模，变形力较小，但生产效率低，故一般用于________。

二、思考题

1. 拉延时，对拉延件的基本要求有哪些？

2. 爆炸成形的基本原理是什么？

单元4 焊接结构的装配

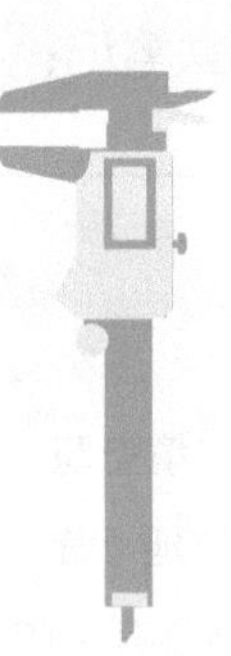

学习目标

1. 掌握同一种焊接结构在不同的生产批量、生产条件下的装配方式、焊接工艺、装配—焊接顺序。
2. 掌握焊接工艺的制订方法。

第一节 装配基础知识

焊接结构中的装配就是利用定位器、定位焊或夹紧装置（如螺栓、铁楔等），将加工好的零件、部件，按图纸要求和技术要求，连接成部件或整个产品的工艺过程。装配是制造焊接金属结构中的重要工序，同时又是一项繁重的工作，约占整体产品制造工作量的30%～40%。装配质量会直接影响焊接工艺和产品质量。随着焊接工艺趋向高度机械化与自动化，对装配质量的要求也愈来愈高。为提高装配工作的质量和生产效率，首先应提高零件的加工精度；其次是必须加强生产管理工作，制订合理的装配工艺，并严格工序间的检验制度和零件的保管、交接工作等。

一、装配的基本条件

焊接结构不论用什么方式装配，都需要对制品的零部件进行定位、夹紧和测量，这便是装配的三个基本条件。

1. 定位

定位就是确定零件在空间的位置或零件间的相对位置，也就是工件得到确定位置的过程。使工件获得正确装配位置的零件或部件称为定位器（如挡铁等）。

2. 夹紧

夹紧就是借助通用或专用夹具的外力将已定位的零件加以固定的过程，也就是在装焊作业中把工件一直保持在确定位置上的过程。使工件保持在确定位置的各种机构称为夹紧机构（如楔条等）。

3. 测量

测量是指在装配过程中，对零件间的相对位置和各部件尺寸进行一系列的技术测量，从而鉴定定位的准确性和夹紧的效果，以便进行调整。

焊接结构装配时，不仅要注意定位，而且要考虑用什么方式夹紧。定位与夹紧两者有着密切的关系，不能截然分开，夹紧的效果会直接影响到产品质量的好坏。测量是为了保证装配的质量，但在有些情况下可以不进行测量（如一些胎夹具装配、定位元件定位装配等）。

图4–1所示为下翼板装配的例子。装配时先在下翼板上划出腹板的位置线，将Π形梁吊装在下翼板上，两端用双头螺杆将其压紧固定，然后用水平仪和线锤检验梁中部和两端的水平度、垂直度及拱度，如有倾斜或扭曲，用双头螺杆单边拉紧。

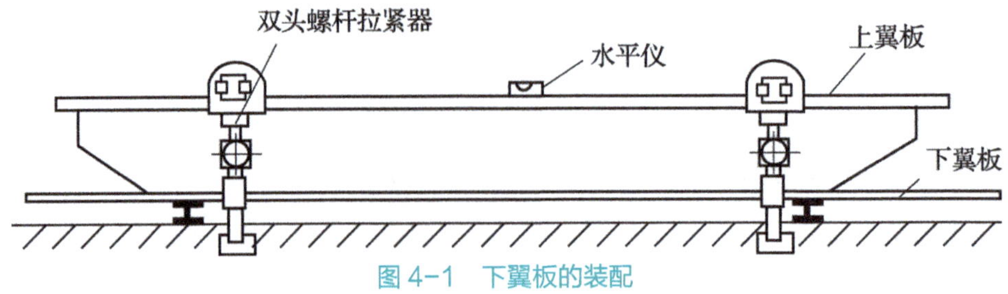

图 4-1　下翼板的装配

二、零件的定位

1. 零件的定位原理

零件在空间的定位是利用六点定位法则进行的，即限制每个零件在空间的 6 个自由度，使零件在空间有确定的位置，这些限制自由度的点就是定位点。

2. 定位基准

基准又叫基面或基准面，它是一些点、线、面的组合，用它来确定同一零件的另外一些点、线、面的位置或其他零件的位置。零件在定位时所依据的点、线、面则为定位基准。

在选择定位基准时，须遵循以下几个基本原则：

（1）装配定位基准应尽量与设计基准重合，这样可以减少基准数量，同时也避免了两者不重合所引起的定位误差。比如，各种支承面往往是设计基准，宜将其作为定位基准；各种有公差要求的尺寸，如孔心距等也可作为定位基准。

（2）同一构件上与其他构件有连接或配合关系的各个零件，应尽量采用同一定位基准，这样能保证构件安装时与其他构件的正确连接和配合。

（3）应选择表面粗糙度较低，又不易变形的零件表面或边棱作定位基准，这样能够避免由于基准面、线的变形造成的定位误差。

（4）所选择的定位基准应便于装配中的零件定位与测量。

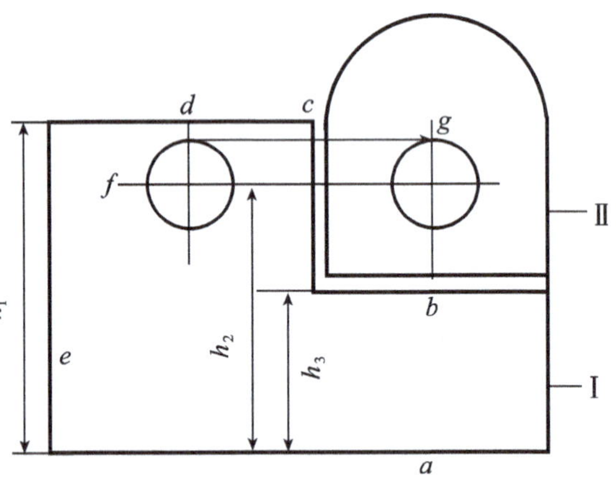

图 4-2　零件的装配基准

例如，图 4-2 中零件Ⅰ的表面 *a* 是决定面 *b*、面 *d* 及孔 *f* 的设计基准。零件Ⅰ的 *a* 平面和 *e* 平面即是定位基准面。轴的定位基准面是其外圆。零件Ⅰ的 *b* 面和 *c* 面或者 *b* 面和孔 *g* 的中心点即是零件Ⅱ的装配基准。

三、装配中的测量

1. 测量基准

在加工装配进程中检查零件位置或工艺尺寸所依据的点、线、面，称为测量基准。例如，图 4–2 中的 a 面是测量孔 f 的测量基准，孔 f 又是测量零件Ⅱ孔 g 的测量基准。这样设计基准、定位基准、测量基准三者合一，可以有效地减小装配误差。

2. 测量项目

1）线性尺寸的测量

线性尺寸的测量主要是利用刻度尺（如卷尺、盘尺、直尺等）来完成，特殊场合利用激光测距仪来进行。

2）平行度的测量

平行度包括相对平行度和水平度。

（1）相对平行度的测量。其基本原理是测量工件上线的两点（或面上的三点）到基准的距离，若相等就平行，否则就不平行。图 4–3 所示为相对平行度测量的例子。图 4–3（a）所示为测量线的平行度，测量 3 个点以上；图 4–3（b）所示为测量面的平行度，测量两个以上位置。

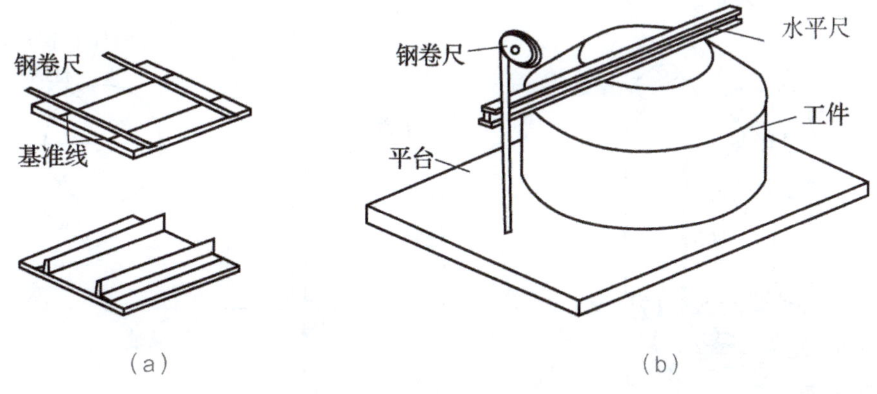

图 4–3　相对平行度的测量

（a）测量角钢间的相对平行度；（b）测量面的相对平行度。

（2）水平度的测量。装配中常用水平尺、软管水平仪、水准仪、经纬仪等量具或仪器来测量零件的水平度。图 4–4 所示为用软管水平仪测量水平度的例子，图 4–5 所示为用水准仪测量水平度的例子。

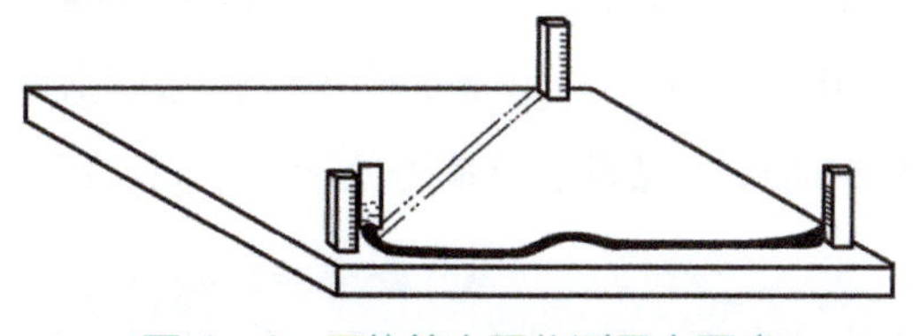

图 4 –4　用软管水平仪测量水平度

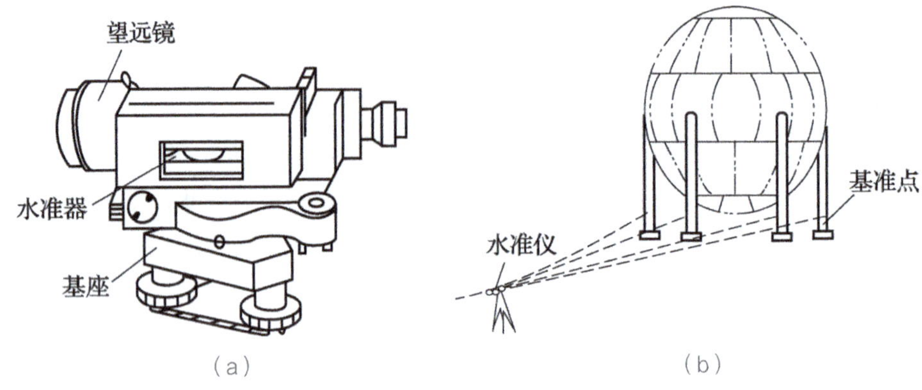

图 4-5 用水准仪测量球罐柱脚的水平度

3）垂直度的测量

垂直度包括相对垂直度和铅垂度。

（1）相对垂直度的测量。尺寸较小的工件可以利用 90° 角尺直接测量；当工件尺寸很大时，可以采用辅助线测量法，即用刻度尺作为辅助线测量直角三角形的斜边长。

（2）铅垂度的测量。测量铅垂度常用吊线锤或经纬仪测量。图 4-6 所示为用经纬仪测量球罐柱脚铅垂度的实例。

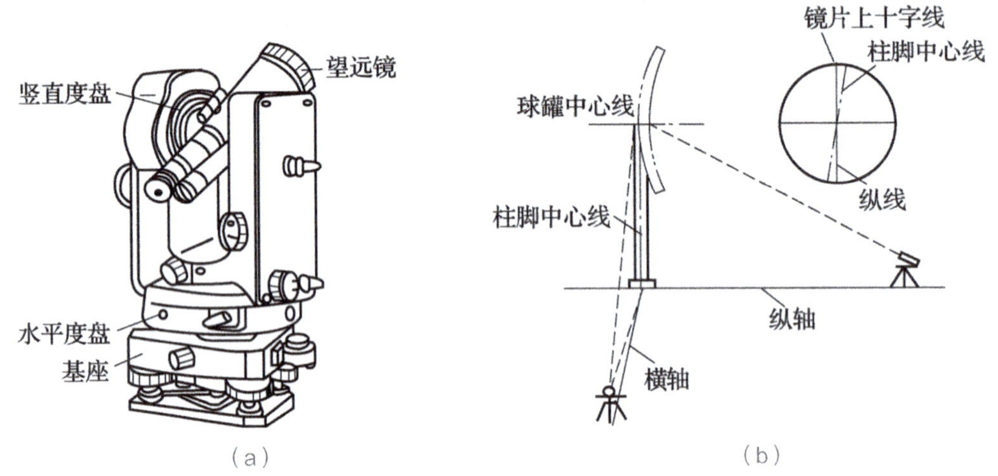

图 4-6 用经纬仪测量球罐柱脚的铅垂度

4）同轴度的测量

同轴度常用的测量方法如图 4-7 所示。在各节圆筒的端面安上临时支撑，在支撑中间找出圆心位置并钻出直径为 20 ~ 30mm 的小孔，然后由两外端面中心拉一根细钢丝，使其从各支撑孔中通过，观测钢丝是否处于孔中间，以测量其同轴度。

5）角度的测量

测量角度通常利用各种角度样板。图 4-8 所示为利用角度样板测量角度的实例。

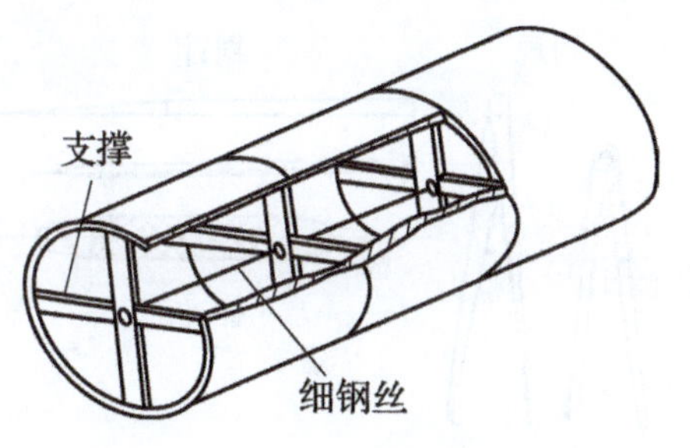

图 4-7 圆筒内拉钢丝测同轴度

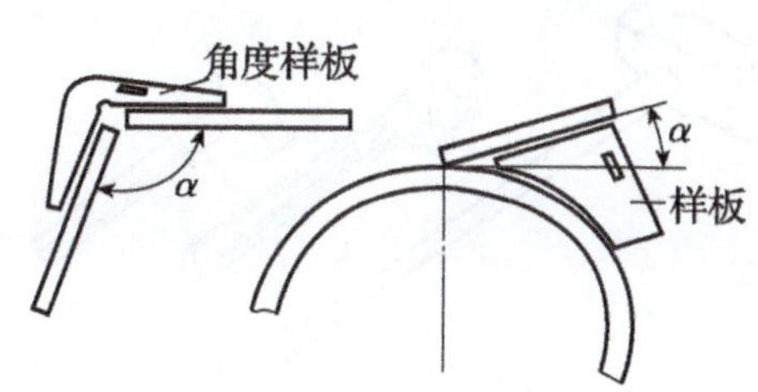

图 4-8 用角度样板测量角度

课堂笔记：____

____

____

练习题

一、填空题

1. 装配的基本条件是________、________和________。

2. 将定位后的零件固定，使其在加工过程中保持位置不变的过程叫________。

3. 测量的项目通常有________、________、________、________和________。

4. 铅垂度常用________或________测量。

二、判断题

1. 装配基准面应根据零件的用途选择，通常以不重要的面作为基准面。 ( )

2. 装配质量会直接影响焊接工艺和产品质量。 ( )

3. 为提高装配工作质量和生产效率，首先应提高零件的加工精度。 ( )

4. 任何刚性物体相对于 3 个相互垂直的平面有 3 个自由度。 ( )

三、思考题

1. 什么是装配中的定位基准？应如何选择？

2. 什么是定位和定位器？

第二节 装配工具、夹具及设备

一、装配工具

常用的装配工具有线锤、大锤、小锤、錾子、撬杠、扳手、千斤顶、钢卷尺、钢直尺、水平尺、90° 角尺及各种检验零件定位情况的样板和各种划线用的工具等。图 4-9 所示为常见的装配工具。

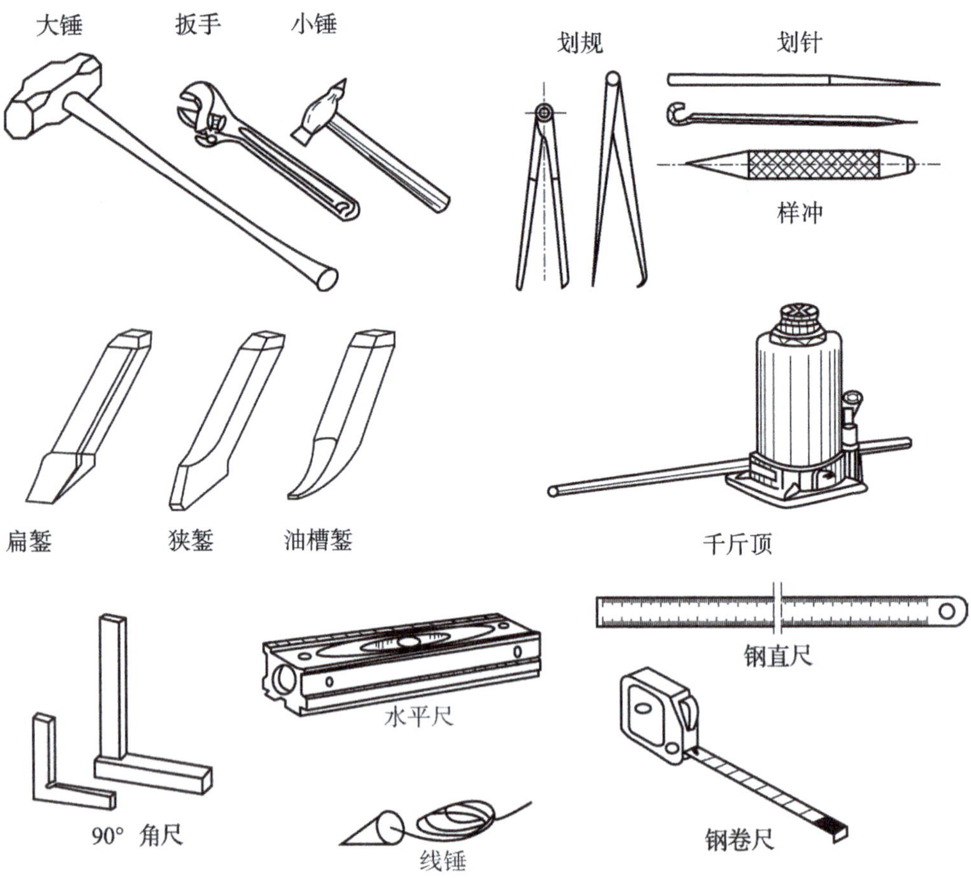

图 4-9 常用装配工具

二、装配夹具

装配夹具是指在装配中用来对零件施加外力，使其获得可靠定位的工艺装备，其主要任务是保证部件具有要求的几何形状和尺寸精度。装配夹具按其动力来源可分为手动、气动、液压、磁力夹具等。加工小型制品时，最好用快速的气动夹具；重型的制品用液压夹具；薄板型制品最好用电磁夹具；产量不大的中厚板零件用螺旋夹具；夹紧位置不固定的大型制品，例如船体容器等，常用楔形夹具。

装配夹具对零件的紧固方式有夹紧、压紧、拉紧、顶紧（或撑开）四种，如图 4-10 所示。夹具的夹紧力方向一般应垂直于主要定位基面，这样它与定位器接触最好也最稳定，可减小接触点的单位面积压力，又有利于减小因夹紧所产生的变形。

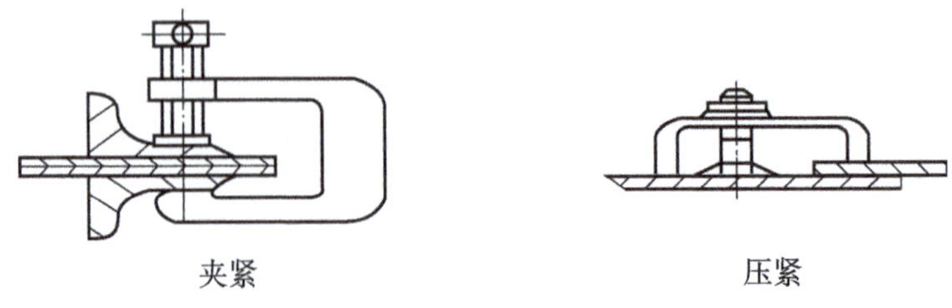

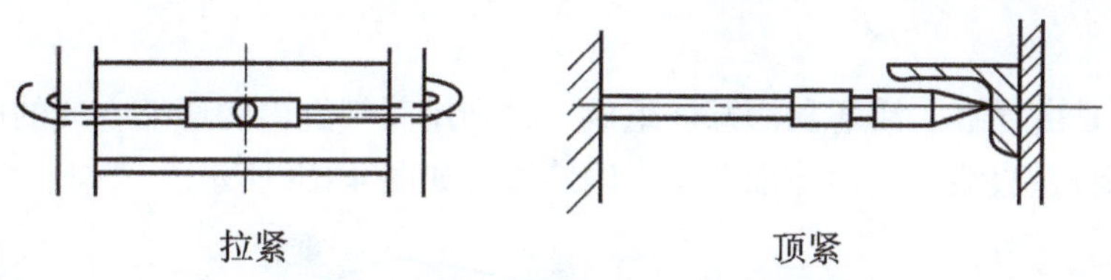

图 4-10　装配夹具的 4 种紧固方式

1. 手动夹具

1）楔条夹具

如图 4-11 所示，用锤击或用其他机械方法获得外力，利用楔条的斜面将外力转变为夹紧力，从而达到对工件的夹紧。为了保证压紧工件，楔条应自锁，它最适合板结构的装配，也可与其他夹具联合使用，但一般靠手工敲打。

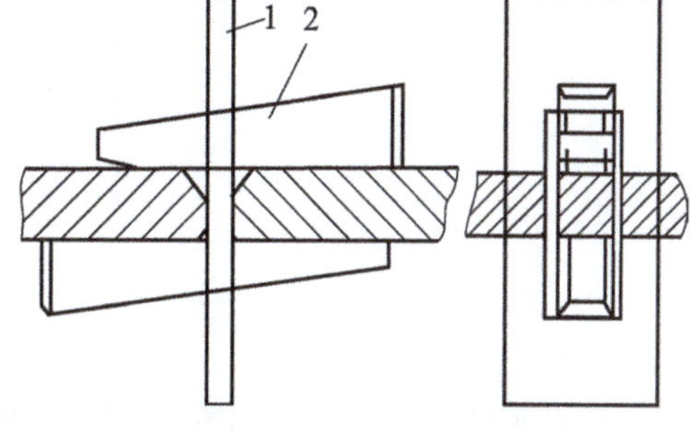

图 4-11　楔形夹具

1-挡板；2-楔条。

2）螺旋夹具

如图 4-12 所示，螺旋夹具是通过丝杆与螺母间的相对运动来传递外力，以紧固零件。其制造方便，行程大，作用力大，但施力过程较慢。它可以与其他夹具联合作用组成多种形式的组合夹具。

3）杠杆夹具

如图 4-13 所示，它是利用杠杆原理将工件夹紧的。其作用速度快，杠杆可起增力作用，压力较大，适用于大批量生产中。它多与其他夹具组成组合夹具，形式很多。

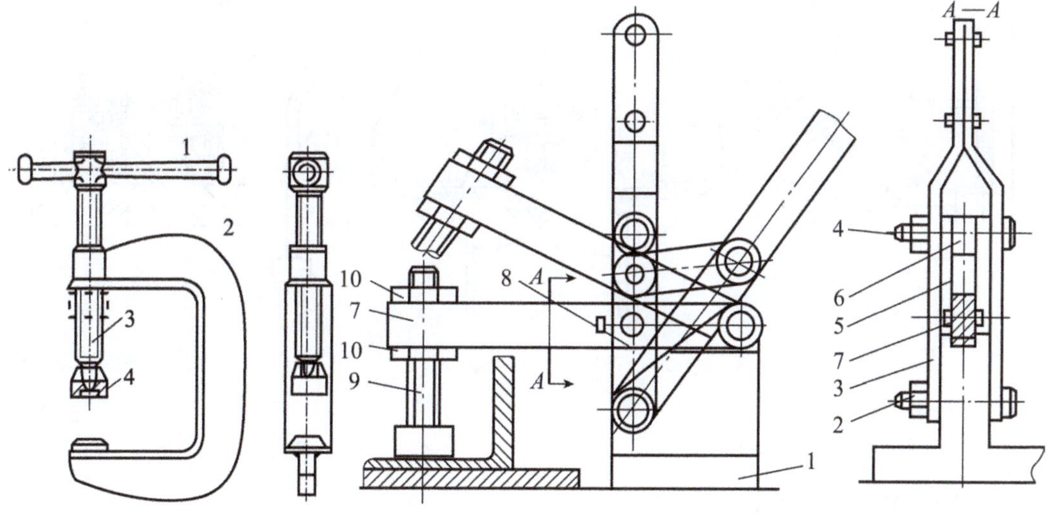

图 4-12　螺旋夹具

1-手柄；2-主体；3-螺杆；4-底靴。

图 4-13　杠杆夹具

1-底板；2-铰接支点；3-手柄本体；4-铰接施力点；5-连接板；6-压力杆；8-铰接点；9-可调螺杆；10-固定螺母

2. 气动夹具

它主要是由气缸、活塞和活塞杆组成，是利用其气缸内的压缩空气的压力推动活塞，使活塞杆做直线运动而施加夹紧力的装置，如图 4-14 所示。

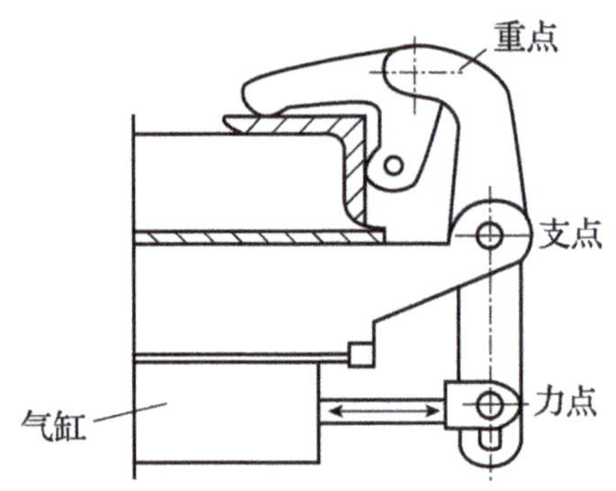

图 4-14 气动夹具的工作方式

3. 液压夹具

液压夹具的工作原理与气动夹具相似，如图 4-15 所示。其优点是比气动夹具有更大的夹紧力，夹紧可靠，工作平稳；缺点是液体易泄露，辅助装置多，维修不方便。

4. 磁力夹具

它主要靠磁力吸紧工件，可分为永磁式和电磁式两种类型，应用较多的是电磁式磁力夹具，如图 4-16 所示。磁力夹具操作简便，而且对工件表面质量无影响，但其夹紧力通常不是很大。

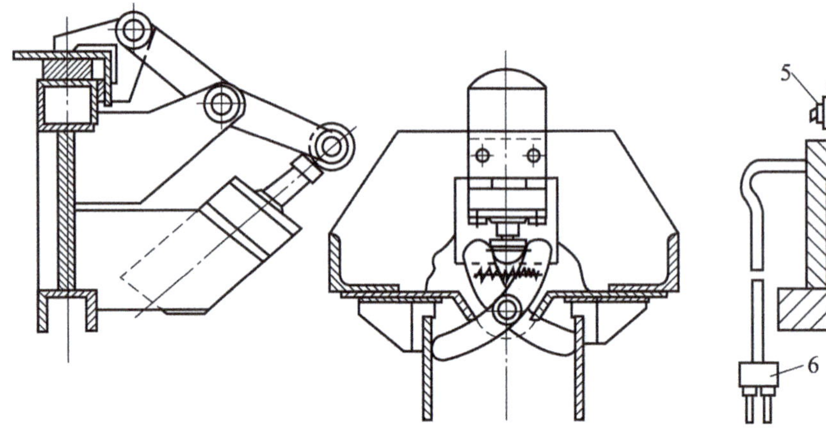

图 4-15 液压夹具

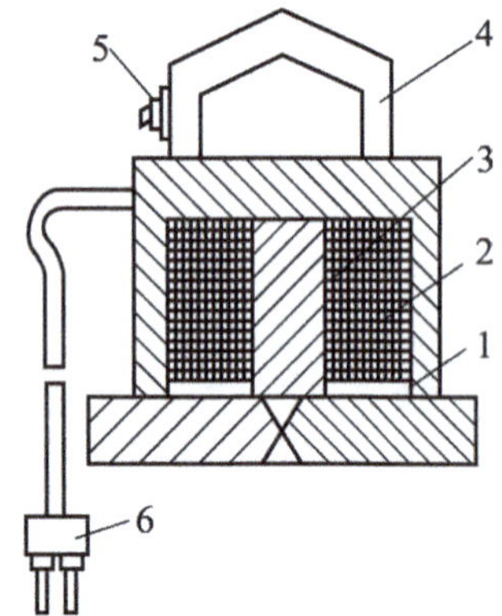

图 4-16 电磁式磁力夹具

1－壳体；2－线圈；3－铁心；4－手把；5－开关；6－插头。

三、装配设备

装配设备主要有平台（即工作平台）、专用胎架等。平台用于装配或焊接时支承工件，通常也是夹具的支承体。采用平台可以使工件有良好的定位基面，并可使工人处于有利位置从事工作。平台的主要类型有铸铁平台、钢结构平台、导轨平台、水泥平台、电磁平台。图 4-17 所示为型钢平台；图 4-18 所示为铸铁平台。

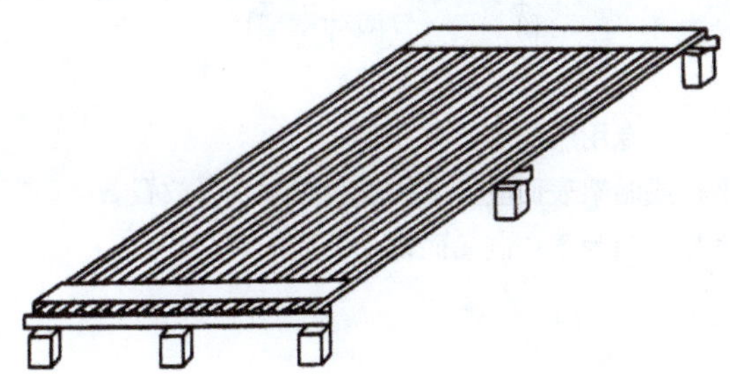

图 4-17 型钢平台

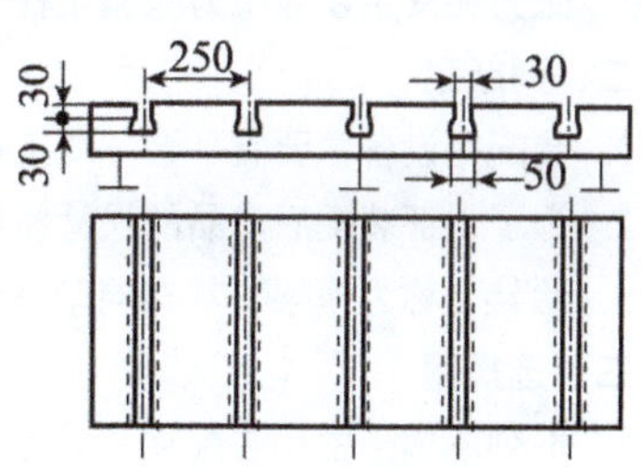

图 4-18 铸铁平台

在工件结构不适于以装配平台作支承（如船舶、机车车辆底架、飞机和各种容器结构等）时，就需要制造装焊胎架来支承工件进行装配。胎架又称为模架，它不同于上述的平台，是专门为某一制品而设计制造的。胎架常用于某些形状比较复杂，要求精度较高的结构件。有些胎架还可以设计成能够翻转的，可把工件翻转到适合于焊接的位置。利用胎架进行装配，既可以提高装配精度，又可以提高装配速度。但由于投资较大，故多为某种批量较大的专用产品设计制造，适用于流水线或批量生产。图 4-19 所示为一种装载机动臂的装配胎架。

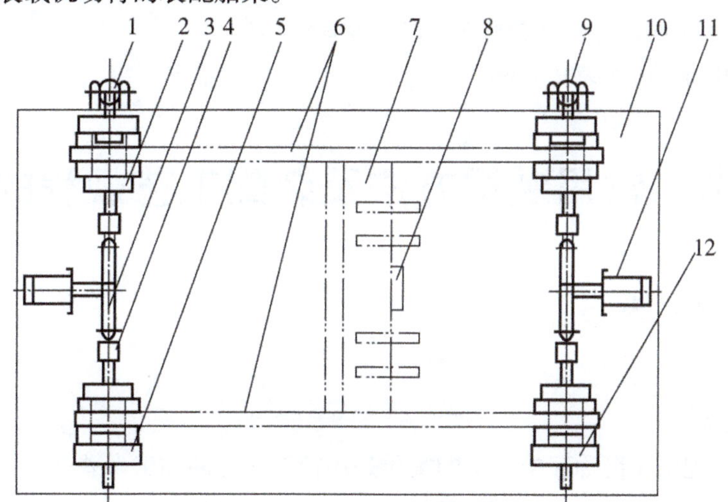

图 4-19 装载机动臂装配胎架

1、9 －铰接式定位器；2 －压头；3 －连杆；4 －导向块；5、12 －固定式定位器；6 －左、右动臂板；7 －动臂横梁；8 －横梁定位块；10 －平台；11 －气缸。

课堂笔记：____

____

练习题

一、填空题

1. 装配夹具按其动力来源可分为________、________、________、________夹具等。

2. 装配夹具对零件的紧固方式有________、________、________、________四种。

3. 磁力夹具主要靠磁力吸紧工件，可分为________和________两种类型。

二、判断题

1. 装配用设备主要有平台（既工作平台）、专用胎架等。（ ）

2. 为了保证装配后产品的尺寸精度，平台或胎架表面应光滑平整，要求水平放置。（ ）

3. 胎架又称为模架，其类同于平台，不是专门为某一制品而设计制造的。（ ）

三、选择题

1. 下列不属于常用装配夹具的是________。

A. 定位器　B. 夹紧工具　C. 拉紧和推撑夹具　D. 翻转机

2. 夹具的夹紧力方向一般应________于主要定位基面。

A. 垂直　B. 平行　C. 倾斜　D. 成45° 夹角

3. 气动夹具的特点是________。

A. 夹紧动作迅速，夹紧力比较稳定，结构简单，操作方便，不污染环境

B. 用锤击或用其他机械方法获得外力

C. 夹紧力大，有较好的过载能力

D. 结构复杂，制造精度要求高，成本高，控制部分复杂

四、思考题

1. 什么是装配胎架？用装配胎架装配有什么特点？

2. 装配用平台的主要类型有哪些？

第三节　常用装配方法及装配工艺规程的制订

一、常用装配方法

1. 按安装精度分类

1）互换法

互换性装配法（简称互换法）的实质是用控制零件的加工误差来保证装配精度。其主要用于批量及大量生产，同一种焊件的尺寸公差极接近，可任意调换而不影响装配和产品质量。

2）选配法

选配法是在零件加工时为降低成本而放宽零件加工的公差带，故零件精度不是很高。装配时需挑选合适的零件进行装配，以保证规定的装配精度要求。其主要用于成批量生产。

3）修配法

修配法是指零件预留修配余量，在装配过程中修去部分多余的材料，使装配精度满足技术要求。其主要用于单件小批量生产，生产率低，劳动强度大，且要求员工有较高的技术水平。

2. 按所使用的装配工具（或定位方式）分类

1）划线定位装配法

零件按线印装配之后点固，用于单件小批量生产。划线定位装配法工作较繁重，要获得较高的装配质量，必须有熟练的操作技术，如图 4–20 所示。

2）定位器定位装配法（也称定位元件定位装配法）

用一些特定的定位元件（如挡铁、样板、销钉等）构成空间定位点，来确定零件位置，并用装配夹具夹紧装配。用于大批量生产，免除划线，生产率高。图 4–21 、图 4–22 和图 4–23 所示分别为利用挡铁、销钉和样板进行定位装配的例子。

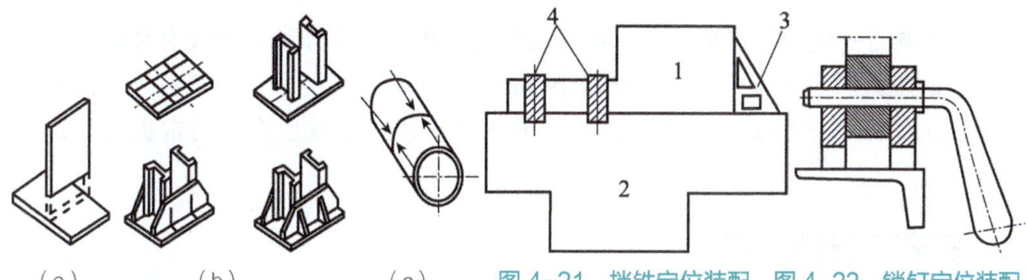

图 4–20　划线定位装配示例

图 4–21　挡铁定位装配　图 4–22　销钉定位装配

1、2– 零件；3– 挡铁；4– 销钉。

3）胎夹具定位装配法

用于成批或大量生产。后装零件的定位常以先装零件作为定位基准并同时使用机械化、自动化定位器和夹紧器，故生产率大为提高。图 4–24 所示为用胎夹具装配 T 形梁的例子。

4）利用安装孔定位装配

适用于带孔零件和结构预装或工地安装。

3. 按工艺过程（或装配焊接次序）分类

1）由单独零件逐步组装成结构（零件组装法）

对于结构简单的产品可以一次装配完毕，然后进行焊接（即整装整焊）；当装配复杂结构时，大多数是装配与焊接工作相互交替进行（即随装随焊）。

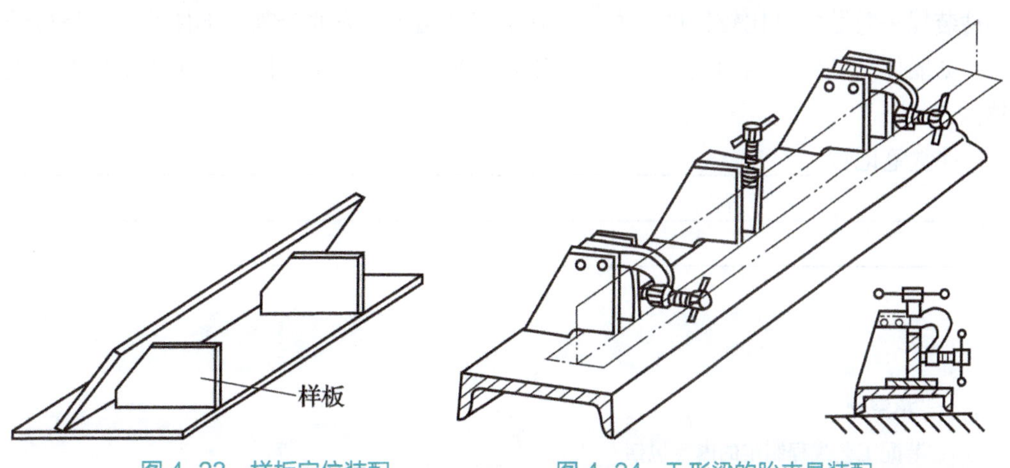

图 4–23　样板定位装配　　图 4–24　T 形梁的胎夹具装配

2）由部件组装成结构

装配工作先由零件组装成部件，然后再由部件组装成整个结构，并进行焊接。在成批、大批生产的复杂结构中大多采用这种装配方式。

4. 按装配工作地点分类

1）固定式装配

装配工作在一处固定的工作位置上进行。这种装配方法一般用在重型焊接结构产品或产量不大的场合中。

2）移动式装配

焊件顺着一定的工作地点按工序流程进行装配。在工作地点上设有装配的胎位和相应的工人。这种方式不仅用在轻小型的产品上，有时为了使用某些固定的专用设备，也常采用这种方式。在产量较大的生产中或流水线生产中通常也采用这种方式。

二、装配工艺规程制订

1. 装配工艺规程制订的内容

装配工艺规程制订的内容包括：零件、组件、部件的装配顺序；在各装配工艺工序上采用的装配方法；选用何种提高装配质量和生产率的装备、胎夹具和工具。

2. 装配顺序的确定

焊接结构生产时，装配与焊接的关系十分密切。在绝大多数情况下，装配与焊接是交替进行的。在确定部件或结构的装配次序时，不能单纯孤立地只从装配工艺的角度去考虑，必须与焊接工艺一起全面分析。决定装配顺序，首先要考虑对装配工作是否方便、焊接时的可焊到性及方法；其次要考虑对焊接应力与变形的控制是否有利以及其他一系列生产问题。恰当地选择装配—焊接顺序是控制焊接结构的应力与变形的有效措施之一。

装配—焊接顺序基本上有三种类型：整装整焊、部件装焊—总装焊和随装随焊。部件装焊—总装焊是比较先进的方法，它不仅适用于预先要分割成部件的各种焊接结构（如船体、铁路车辆的底架等），对于某些较复杂的结构，同样显示出了较大的优越性。

课堂笔记：____

____

____

练习题

一、填空题

1. 装配工艺规程制定的内容包括________、________、________等。

2. 装配—焊接顺序基本上有三种类型，分别是________、________、________。

3. 按所使用的装配工具（或定位方式）分类，装配方法可分为________、________、________和________等四种方法。

二、判断题

1. 修配法增加了手工装配的工作量，装配质量取决于工人的技术水平。（　）

2. 决定装配顺序，首先要考虑对焊接应力与变形的控制是否有利。（　）

3. 在确定部件或结构的装配顺序时，不能单纯孤立地只从装配工艺的角度去考虑，必须与焊接工艺一起全面分析。（　）

三、选择题

1. 装配方法按工艺规程可分为________。

A. 由单独零件逐步组装成结构和由部件组装成结构

B. 焊件固定式装配和焊件移动式装配

C. 选配法和修配法

D. 零件组装法和整装整焊法

2. 定位元件定位装配法的特点是________。

A. 不需要划线，装配效率低

B. 不需要划线，装配效率高，质量好，适用于批量生产

C. 需要划线，装配效率高，质量好，适用于单件小批量生产

D. 不需要划线，装配效率高，质量好，适用于较小零件的装配

四、思考题

1. 划分部件的原则是什么？

2. 什么是焊件固定式装配和焊件移动式装配？

第四节　典型焊接结构的装配

一、球形储罐的现场组装

1. 球形储罐（球罐）的结构形式

球罐按球壳板组合的不同，有三种结构形式。

1）足球瓣式

其球壳板的划分和足球的球壳类似，采用均分法，即各球壳板大小相同，如图 4-25 所示 。公称容积小于 120m^3，直径小于 6100mm 的球罐可采用此种形式，球壳板分上极、赤道带、下极三带。

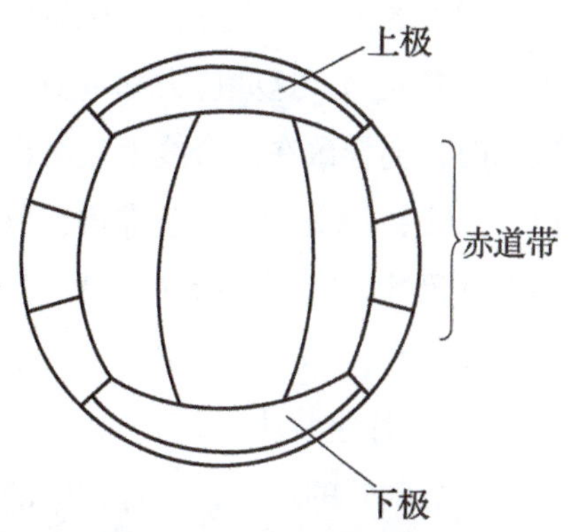

图 4-25　足球瓣式球罐

2）橘瓣式

其球壳板的划分和橘子瓣相似，按容积大小可分成三带、四带直至七带球罐，如图 4–26 所示。

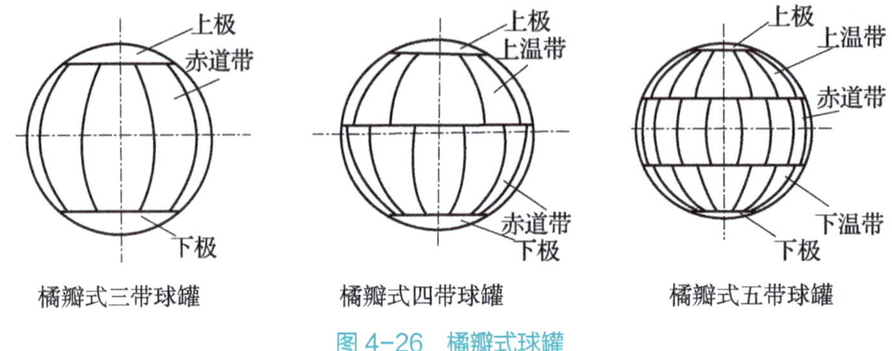

图 4–26 橘瓣式球罐

3）混合式

其球壳板的划分是上述两种形式的组合，即上极和下极是足球瓣式，温带和赤道带是橘瓣式。按容积大小可分成三带、四带和五带球罐，如图 4–27 所示。

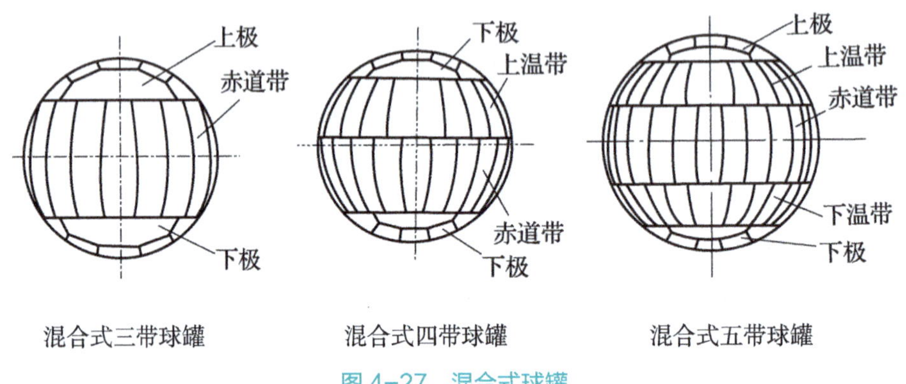

图 4–27 混合式球罐

2. 球罐组装前的准备工作

球罐组装的顺序和方法不合适，会导致其局部变形的增加，角变形也会变大。这些变形大的地方，在进行水压试验或实际使用中不但存在着拉伸应力，而且附加着一定的弯曲应力，这些应力和本身固有的焊接残余应力叠加后一旦达到产生裂纹的临界应力时，会导致在熔合线上连续出现平行于焊缝的纵向裂纹。所以球罐组装前应做好以下工作：一是对组装基准进行复验；二是对每块球瓣要进行几何尺寸复验；三是球瓣厚度尺寸、表面及内在质量，都要进行检查。

3. 球罐现场组装方法

1）大片组装法

在基础外的现场，将各带中的球壳板，由相邻的两块、三块或四块（取决于起重能力）单张球片拼焊成较大球片，然后在此基础上将拼成的大片组装成球。

2）分带组装法

在平台上按上下极板、温带、赤道带等分别组焊成带，然后将各带组装成球。

3）半球组装法

先在平台上将球壳板组装成两个半球，然后在此基础上把两个半球合成为整球。

4）整球组装法

先在平台上将下段支柱与带上段支柱的赤道板组焊好，然后在此基础上装赤道带。赤道带组装完成后，分别依次组装温带和上、下极板，这样就组装成一个整球。这种方法具有技术先进、经济合理、安全适用和组装质量有保证等优点，是目前球罐现场组焊中广泛采用的方法。

二、钢制焊接立式圆筒形储罐的现场组装

钢制焊接立式圆筒形储罐装配的要点，在于保证对接环缝和两节圆筒的同轴度误差符合技术要求。为使两节圆筒易于获得同轴度和便于装配中翻转，装配前两圆筒节应分别进行矫正，使其圆度符合技术要求。对于大直径薄壁圆筒体的装配，为防止筒体椭圆变形，可以在筒体内使用径向推撑器撑圆，如图 4-28 所示。

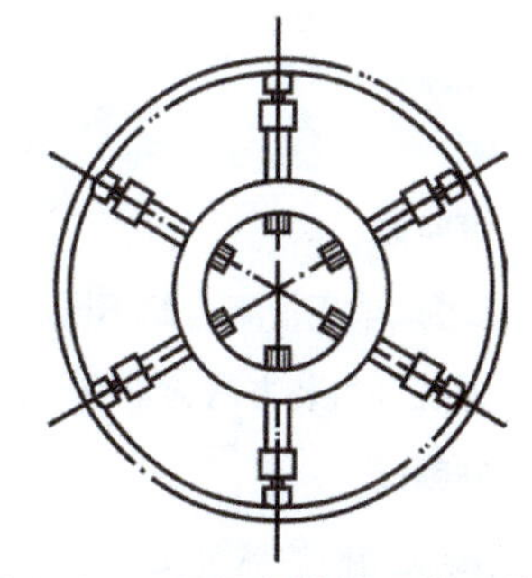

图 4-28　用径向推撑器装配筒体

钢制焊接立式圆筒形储罐装配时，先将一节圆筒放在装配平台（或车间地面）上，并找好水平，然后将另一节圆筒吊装其上，如图 4-29（a）所示。当调整好间隙后，即可沿四周进行定位焊（也可焊接定位板固定）。其余各筒节组装完全相同，如图 4-29（b）所示。立式装配时，除将筒节的端口调整至水平外，还应在距离端口 50 ~ 100mm 处用水平仪标定一条环向基准线，用作以后各筒节组装的测量基准。

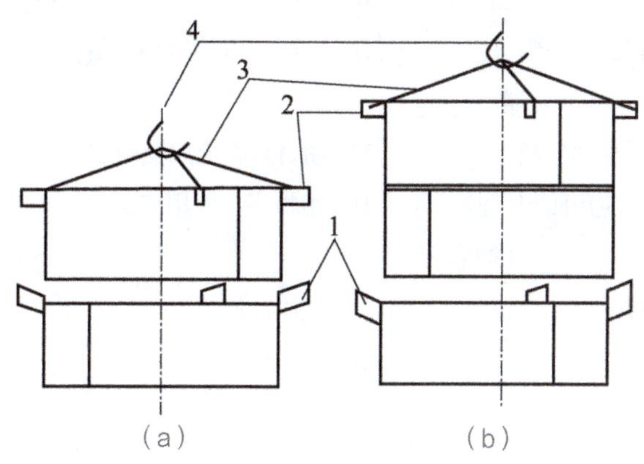

图 4-29　钢制焊接立式圆筒形储罐装配

1- 定位板；2- 吊耳；3- 钢丝绳；4- 吊钩。

立装倒装法也是比较常用的装配方法。倒装法的筒体环缝焊接位置始终在最底一

节筒体上，比正装法省去搭脚手架的麻烦；同时，筒体的提升也是从最底下一节挂钩起吊，又可省去使用高大的起重设备。倒装法首先是把罐顶与第一节筒体进行装配，并全部焊完。然后，用起重机械将第一节圆筒体提升一定高度。接着把第二节圆筒体平移到第一节圆筒体下面，再用前面所述的立装方法，把第一节筒体缓缓地落在第二节筒体上面，接口处进行定位，并用若干螺旋拉紧器拉紧，调整筒体同轴度和接口情况，合格后定位焊，最后将该节全部焊缝焊完。再用起重机械将第二节筒体提升一定高度，用同样的方法装配第三节筒体。以此类推，直到装完最后一节筒体，最后一节筒体尚须与罐底板连接并焊成一体。

课堂笔记：____

____

____

练习题

一、填空题

1. 球罐按球壳板组合的不同，有三种结构形式，分别是________、________和________。

2. 球罐现场组装方法通常有：________、________、________和________。

二、判断题

1. 橘瓣式结构的球罐是指球壳板的划分和足球的球壳一样，采用均分法，即各球壳板大小相同。（　　）

2. 球形储罐组装的顺序和方法不合适，会导致球形储罐局部变形的增加。（　　）

3. 为了避免球罐错边与强力装配，关键问题在于备料精度和准确装配。（　　）

三、选择题

1. 在容积相同的条件下，球形容器的表面积________。

A. 最大　　B. 最小

C. 比圆柱形容器大一倍　　D. 比圆柱形容器小一倍

2. 球形容器比其他形式的容器________。

A. 节省材料，应用广泛　　B. 用材多，应用受限制

C. 节省材料，应用面窄　　D. 用材多，应用广泛

3. 球罐通常是作为________的储罐。

A. 固体或液体　　B. 气体或液体

C. 黏稠物质　　D. 有机物质

四、思考题

1. 球形储罐组装前应做哪些准备工作？

2. 钢制焊接立式圆筒形储罐装配的要点是什么？

5 焊接结构生产工艺规程的编制

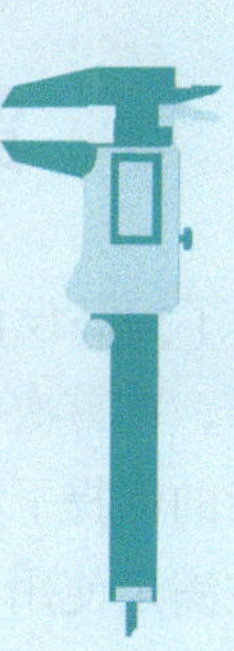

学习目标

1. 明确焊接结构的工艺性审查。
2. 熟悉焊接结构制造工艺规程的编制。
3. 了解焊接工艺制订的内容和原则。
4. 掌握焊接工艺评定。
5. 学会焊接结构生产工艺过程分析的方法。

第一节　焊接结构的工艺性审查

为了提高设计产品的工艺性，对所有新设计的产品和改进设计的产品以及外来产品图样，在首次生产前均需进行结构工艺性审查。焊接结构的工艺性，是指在满足使用性能的前提下，是否能以较高的生产率和最低的成本方便地制造出来的特性，亦即结构在满足使用要求的前提下所具有的制造可行性和加工经济性。为了多快好省地把所设计的结构制造出来，就必须对结构工艺性进行详细的分析。

一、焊接结构工艺性审查的目的

焊接结构工艺性审查，是在满足产品设计使用要求的前提下分析其结构形式能否适应具体的生产工艺。可见，对焊接结构进行工艺性审查的目的是使设计的产品满足技术要求、使用功能的前提下，符合一定的工艺性指标（主要有制造产品的劳动量、材料用量、材料利用系数、产品工艺成本、产品的维修劳动量、结构标准化系数等），以便在现有的生产条件下，能用比较经济、合理的方法将其制造出来，而且便于使用和维修。

二、焊接结构工艺性审查的步骤

1. 产品结构图样审查

对图样的基本要求：绘制的焊接结构图样应符合机械制图国家标准中的有关规定。图样应当齐全，除焊接结构的装配图外，还应有必要的部件图和零件图。由于焊接结构一般都比较大，结构复杂，所以图样应选用适当的比例，也可在同一图中采用不同的比例绘出。当产品结构较简单时，可在装配图上直接把零件的尺寸标注出来。图样上的技术要求应该齐全合理，不能用图形、符号表示时，应在技术要求中加以说明。

2. 产品结构技术要求审查

焊接结构的技术要求一般包括使用要求和工艺要求。使用要求是指结构的强度、刚度、耐久性以及在环境介质和温度的相对条件下的几何尺寸与力学性能、物理性能、致密性要求等；工艺要求是指组成产品结构材料的焊接性及结构合理性、生产的方便性和经济性。

初步设计和技术设计阶段的工艺性审查一般采用各方（如设计、工艺、制造部门的技术人员和主管）参加的会审方式。对产品工作图的工艺性审查由产品主管工艺师和各专业工艺师（员）对有设计、审核人员签字的图样分头进行审查。

全套图样审查完毕，无大的修改意见的，审查者应在“工艺”栏内签字；有较大修改意见的，暂不签字。审查者应填写“产品结构工艺性审查记录”，与图样一并交给设计部门。

设计者根据工艺性审查记录上的意见和建议进行修改设计，修改后工艺未签字的图样返回工艺部门复查签字。若设计者与工艺员意见不一，由双方协商解决。若协商不成，由厂技术负责人进行协调或裁决。

三、焊接结构工艺性审查的内容

在进行焊接结构工艺性审查前，除了要熟悉该结构的工艺特点和技术要求以外，还必须了解被审查产品的用途、工作条件、受力情况及产量等有关方面的问题。在进行焊接结构的工艺性审查时，审查的内容见表 5–1。

表 5–1　焊接结构工艺性审查的内容

序号	审查内容
1	新结构采用的通用件或借用件（从老结构借用）的多寡
2	产品组成是否能合理分割为各大构件、部件或零件
3	各大构件、部件或零件是否便于装配—焊接、调整和维修，能否进行平行的装配和检查
4	各大构件、部件等进行总装配的可行性，是否将其装配—焊接工作量减至最小
5	主要构件以及特殊结构或零件在本企业或外协加工的可行性
6	主要材料选用是否合理
7	主要技术条件与参数的合理性与可检查性
8	结构标准化和系列化的程度等
9	各部件是否具有装配基准，是否便于拆装
10	大部件拆成平行装配的小部件的可行性
11	审查零件的装配焊接工艺性等（如：避免采用复杂的装配—焊接工艺装备；结构材料应具有良好的焊接性；结构焊缝的布置有良好的可达性；有利于控制焊接应力与变形；焊接接头形式、位置和尺寸应能满足焊接质量的要求；焊件的技术要求合理等）

四、焊接结构工艺性审查举例

1. 辊子和滚筒的结构工艺性审查

在工业中辊子或滚筒是用来碾压、磨碎、传送印染物料的圆柱形构件，很适于用焊接方法制造。辊子的基本结构如图 5–1 所示。设计焊接的辊子或滚筒，必须处理好筒体、端盖和轴颈之间的连接结构。

对于小直径辊子，当长度短时，可试着采用图 5–2 所示的结构。从受力角度看，并不需用长轴，简化了装配和焊接工艺；当长度大时，可以采用图 5–3 所示的结构。轴颈和端盖一起铸造或锻造，筒体用无缝钢管，最后用两条环焊缝连接成整体。

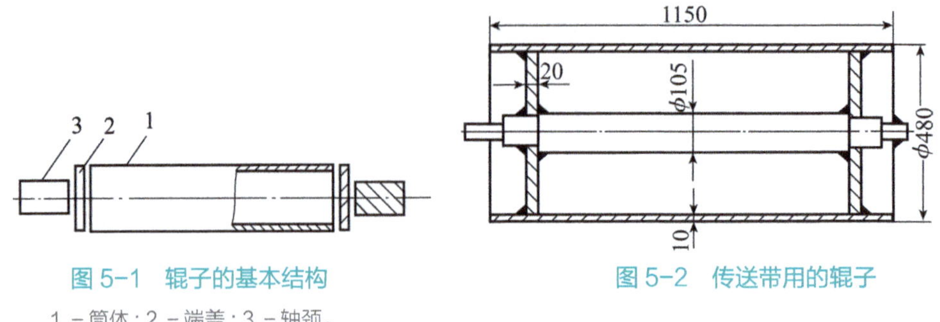

图 5-1 辊子的基本结构

1 －筒体；2 －端盖；3 －轴颈。

图 5-2 传送带用的辊子

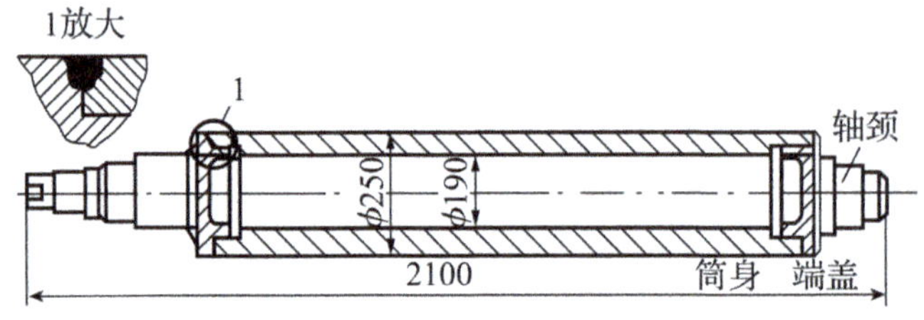

图 5-3 上料辊道焊接结构

对于大直径的滚筒，为了减轻结构重量，一般采用较薄的钢板卷成筒体，但需在内部用环状筋加强，如图 5-4 所示。轴颈与端盖的连接，通常用 T 形接头，如果筒体端部刚性不足，可采用图 5-5 所示的几种结构：图（a）是在端盖外侧用筋板呈放射状分布；图（b）是在内侧用筋板加强，显得外形平整美观；图（c）是采用双层端盖的结构，刚性好，传递载荷能力强，而且焊接工艺简单。

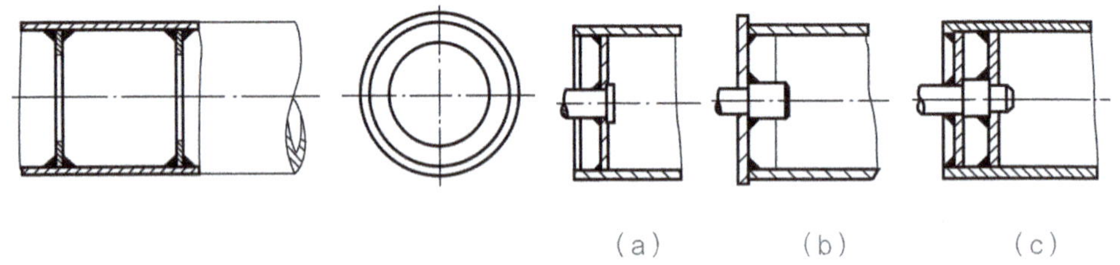

图 5-4 薄壁滚筒内部加环状筋结构

图 5-5 滚筒端盖处的加强结构

2. 连杆的结构工艺性审查

连杆是机器连杆构件中两端分别与主动的和从动的构件铰接，以传递运动和力的构件。通过连杆可以实现转动和往复直线运动的变换。作用在连杆上的是动载荷，其中以轴向力为主，有时也有弯曲。设计时，主要考虑其疲劳强度和刚性。

连杆的焊接，主要是解决杆体与杆头之间的连接结构问题。要求在满足强度和刚度的前提下，具有好的焊接性能和机械加工性能。

图 5-6 是各种双头叉连杆头部的焊接结构。图 5-6（a）是装配和焊接都不方便的结构，一般不采用。若改成图 5-6（b）所示的结构，采用正面和侧面角焊缝连接，接头的装配和焊接方便了，但由于搭接，疲劳强度又会较低。图 5-6（c）是轻型连杆，

用两扁钢在端部冲压成半叉形，再对称地装焊成叉形。图 5-6（d）、（e）、（f）和（g）均为事先加工出叉形头，再与杆体焊接。其中图 5-6（e）为冲压件，图 5-6（g）为锻件。锻件容易实现与杆件对接，重要的连杆宜采用这种结构。

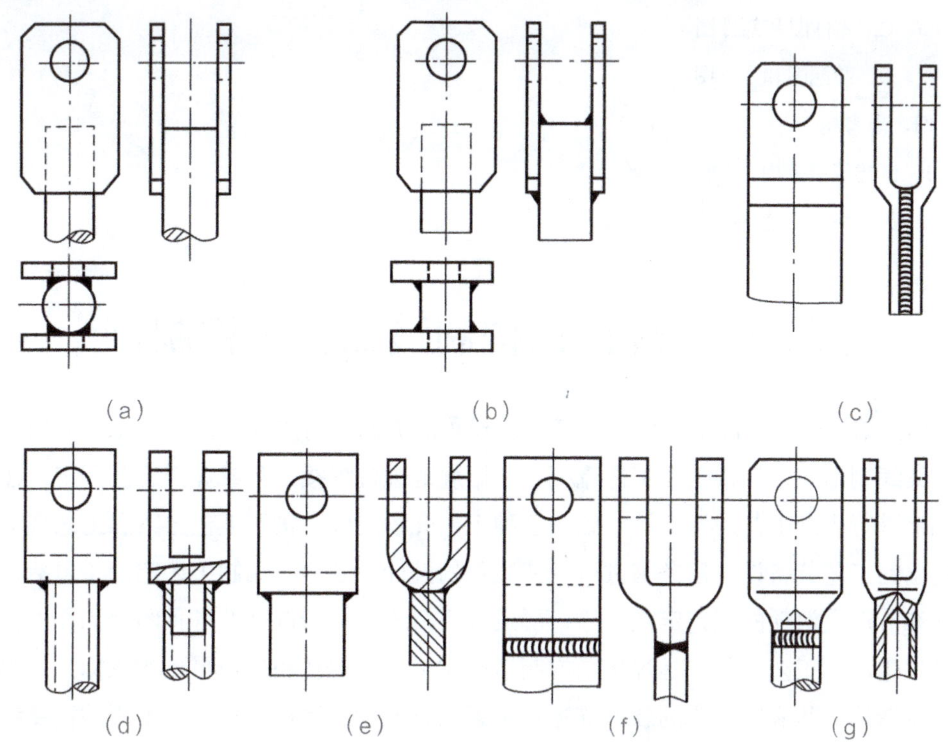

图 5-6　双孔叉连杆头部的焊接结构

课堂笔记：________________

____

____

练习题

一、填空题

1. 焊接结构的工艺性是指________________。
2. 焊接结构技术要求主要包括________和________。

二、判断题

1. 焊接结构是否经济合理，不能脱离产品的数量和生产条件。（　　）
2. 结构工艺性的好坏，是相对某一具体条件而言的。（　　）
3. 使用要求一般是指组成产品结构材料的焊接性及结构的合理性。（　　）
4. 一个结构的工艺性的好坏，也是这个结构设计好坏的重要标志之一。（　　）

三、选择题

1. 对同一种结构，如果用型钢来制造，其焊接工作量会比用钢板制造要________。

A. 多很多　　B. 少　　C. 不变　　D. 多一半

2. 制造焊接结构的图样主要包括________。

A. 新产品设计图样和零件图

B. 新产品设计图样、继承性设计图样和按照实物测绘的图样等

C. 零件图和部件图

D. 装配图和零件图

四、思考题

1. 试述焊接结构工艺性审查的步骤。

2. 焊接结构工艺性审查的内容是什么？

第二节　焊接结构制造工艺规程制订

焊接结构生产的准备工作中生产工艺规程的编制占有重要地位。由工艺分析、工艺方案编制形成了焊接生产工艺流程，根据规范进行焊接试验或焊接工艺评定，在此基础上进行生产工艺规程设计，编制各种工艺规程文件。按照工艺方案和工艺规程设计提出的工艺装备设计任务书进行工艺装备的设计和制造、编制工艺定额（包括材料消耗和劳动量消耗的工艺定额）等，形成日后组织生产所依据的各种图表和文件。焊接结构生产的工艺文件，是焊接结构制造厂质量体系运转和法规贯彻的依据；是焊接结构制造质量和实物质量的软件描述；是第三方监检和制造资格认证审查的重要考核依据之一。它应该是科学、实用、真实和有效的。

一、焊接结构制造工艺规程的基本知识

1. 焊接结构制造

焊接结构制造（即焊接结构生产，简称焊接生产）是从焊接生产的准备工作开始的，其他包括结构的工艺性审查、工艺方案和工艺规程设计、工艺评定、编制工艺文件（含定额编制）和质量保证文件、定购原材料和辅助材料、外购和自行设计制造装配—焊接设备和装备；然后从材料入库真正开始焊接结构制造工艺过程，包括材料复验入库、备料加工、装配—焊接、质量检验、成品验收，其中还穿插返修、涂饰和喷漆；最后合格产品入库。

2. 工艺规程的概念

工艺规程是规定产品或零件、部件制造工艺过程和操作方法等的重要工艺文件。它反映了工艺设计的基本内容，是用以指导产品加工的技术规范，是企业安排生产计划、进行生产调度、技术检验、劳动组织和材料供应等工作的主要技术依据。编写工艺规程是工艺人员的主要工作内容之一。

3. 工艺规程编制的主要内容

（1）编制外购、外协件和毛坯明细表。

（2）确定零件工艺路线，制订车间零件明细表。

（3）制订加工、装配的过程卡、工艺卡或工序卡。

（4）编制主要工艺装配设计任务书。

（5）编制自制专用工装（工具）明细表。

（6）给出产品的材料、劳动和动力消耗定额。

（7）确定工人的数量及其技术等级等。

4. 工艺规程的文件形式

为了便于生产和管理，工艺规程有各种文件形式，见表 5-2，可按生产类型、产品复杂程度和企业条件等选用。

表 5-2　工艺规程常用文件形式

文件形式	特　点	适用范围
工艺过程卡片	以工序为单位，简要说明产品或零件、部件的加工或装配过程	单件小批量生产的产品
工艺卡片	按产品或零件、部件的某一工艺阶段编制，以工序为单元详细说明各工序名称、内容、工艺参数、操作要求及所用设备与工装	各种批量生产的产品
工序卡片	在工艺卡片基础上，针对某一工序而编制，比工艺卡片更详尽，规定了操作步骤、每一工步内容、设备、工艺参数、工艺定额等，常有工序简图	大批量生产的产品和单件小批量生产的关键工序
工艺守则	按某一专业工种而编制的基本操作规程，具有通用性	单件、小批量、多品种生产

5. 工艺规程的文件格式

为了标准化，便于企业管理和便于工人适用，文件应有统一的格式，机械行业颁布的《工艺规程格式》（JB/T　9165.2—1998）规定了 30 多种文件的格式，无特殊要求的都应采用。有一些行业因产品制造工艺复杂或有特殊要求，统一格式难以表达时，可以在行业范围内或本企业内部建立统一格式，在本行业内或本企业内使用。

二、焊接结构制造工艺规程的编制

1. 工艺规程编写的基本要求

编制工艺规程时，除必须考虑设计原则外，还应达到下列要求：

（1）工艺规程应做到正确、完整、统一和清晰。

（2）在充分利用现有生产条件基础上，尽可能采用国内外先进工艺技术和经验。

（3）在保证产品质量基础上，尽可能提高生产率和降低消耗。

（4）必须考虑生产安全和工艺卫生（环境保护），采取相应的措施。

（5）规程的格式、填写方法、使用的名词术语和符号均应按有关标准规定，计量单位全部采用法定计量单位。

（6）同一产品的各种工艺规程应协调一致，不得相互矛盾，结构特征和工艺特征相似的零件、部件，尽量设计具有通用性的典型工艺规程。

（7）每一栏目中填写的内容应简要、明确，文字规范化，字体端正，笔画清楚，排列整齐。难以用文字说明的工序或工步内容，应绘制示意图，并标明加工要求。

2. 编制工艺规程的步骤

（1）熟悉与掌握编写工艺规程所需的资料。除设计依据、工艺方案和工艺流程图外，还应汇集有关工艺标准、加工设备和工艺装备的资料以及国内外同类产品的相关工艺资料。

（2）选择毛坯形式及其制造方法。关键零件的毛坯制造方法，在工艺方案中已确定，一般的要在这里确定。焊接结构件多用型材和板材，要确定其下料方法（如剪切、气割、冲裁等）。用到铸件、锻件或冲压件时，要确定相应的铸造或锻压的方法。

（3）确定工艺过程。根据加工方法确定各工序中工步的操作内容和顺序，提出工序的技术要求或验收标准。

（4）选择工艺材料、设备和工艺参数。包括选择焊接材料和辅助材料，标明它们的牌号和规格等；选择加工或检验用的设备、工具或工艺装备，注明其型号、规格或代号；选择或确定各工艺条件和参数（弧焊时的工艺条件如预热、层间温度、单道焊或多道焊等，工艺参数如焊接电流、电弧电压、焊接速度、焊丝直径等）；计算与确定工艺定额，包括材料的消耗定额、劳动定额（工时定额或产量定额）和动力（电、水、压缩空气等）消耗定额。

（5）编写工艺规程。完成上述工作后就可以把结果按文件格式填入相应栏目的空格内。

三、典型焊接结构工艺规程举例

表 5-3 列举了接管法兰的焊接工艺规程。

表 5-3 接管法兰焊接工艺规程

<table>
<tr><td>产品图号</td><td rowspan="2">产品焊接工艺规程</td><td colspan="2">第 1 页</td></tr>
<tr><td>C03.00G</td><td colspan="2">共 2 页</td></tr>
<tr><td colspan="4">部件名称：法兰 /C03.01.02.G + 短管 /C03.01.01G</td></tr>
<tr><td>WPS 编号</td><td></td><td>焊工资格代号</td><td></td></tr>
<tr><td>PQR 编号</td><td></td><td>焊接方法</td><td>手工氩弧焊</td></tr>
<tr><td>基本金属</td><td>BFe10-1-1+BFe10-1-1</td><td>焊接位置</td><td>1G</td></tr>
<tr><td>坡口形式</td><td>见图</td><td>焊接材料</td><td>BFe30-1-1</td></tr>
<tr><td colspan="4">工艺要求</td></tr>
<tr><td>预热处理</td><td></td><td>坡口加工及清理</td><td>机械清理油、锈</td></tr>
<tr><td>层间温度</td><td></td><td>清根方式</td><td>不清根</td></tr>
<tr><td>后热温度及时间</td><td></td><td>焊缝外形要求</td><td>√</td></tr>
</table>

<table>
<tr><td colspan="6">焊后热处理及无损探伤检查</td></tr>
<tr><td rowspan="4">焊后热处理类别</td><td>不作热处理</td><td>√</td><td rowspan="4">无损探伤检测</td><td>UT</td><td></td></tr>
<tr><td>SR</td><td></td><td>RT</td><td></td></tr>
<tr><td>NT</td><td></td><td>PT</td><td>√</td></tr>
<tr><td>NT+SR</td><td></td><td>MT</td><td></td></tr>
<tr><td colspan="3">焊接接头简图</td><td colspan="3">有关工艺顺序</td></tr>
<tr><td colspan="3"> 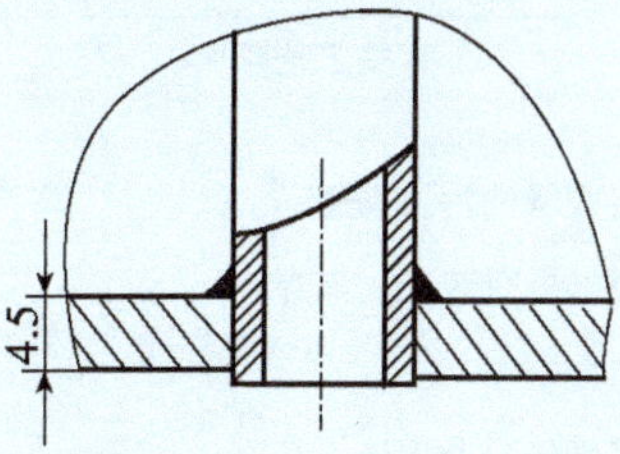4.5
未注焊角高度 4mm</td><td colspan="3">1. 清理焊接区域油污及锈迹；
2. 按图纸要求进行装配、点焊；
3. 焊接；
4. 清理焊接区飞溅及焊渣等杂物；
5.PT</td></tr>
</table>

续表

焊接规范								
	层次	焊接方法	焊材牌号	直径 (mm)	电源种类及极性	焊接电流 (A)	焊接电压 (V)	焊接速度 (mm/min)
正 面	1	手工氩弧焊	BFe30-1-1	ϕ2.0	直反	130 ~ 160	10 ~ 14	≥ 80
反 面	1	手工氩弧焊	BFe30-1-1	ϕ2.0	直反	130 ~ 160	10 ~ 14	≥ 80
焊接质量检查点	焊前检查		要求	焊中检查		要求	焊后检查	要求
	焊工资格		√	层间温度			后热温度及时间	√
	焊材牌号及规格		√	焊接规范		√	焊缝表面质量	
	焊材烘干及清理		√	反面清根后检查			MT 或 PT	PT
	装配尺寸		√				UT 或 RT	
	坡口处理		√				焊接记录	√
	坡口处 MT 或 PT						焊工钢印	
	预热温度范围							
附加说明	焊接周边 50~100mm 范围内清理干净							
编制		张三 8/5 — 2009					审核	李四

产品图号	产品焊接工艺规程				第 2 页
C03.00G					共 2 页
部件名称：短管 / C03.02.01G+ 接头					
WPS 编号			焊工资格代号		
PQR 编号			焊接方法		手工氩弧焊
基本金属	BFe10-1-1+BFe10-1-1		焊接位置		1G
坡口形式	见图		焊接材料		BFe30-1-1
工艺要求					
预热处理			坡口加工及清理		机械清理油、锈
层间温度			清根方式		不清根
后热温度及时间			焊缝外形要求		√
焊 后 热 处 理 及 无 损 探 伤 检 查					
焊后热处理类别	不作热处理	√	无损探伤检测	UT	
	SR			RT	
	NT			PT	√
	NT+SR			MT	
焊后接头简图			有关工艺顺序		
4.5 未注焊角高度 4mm			1. 清理焊接区域油污及锈迹； 2. 按图纸要求进行装配、点焊； 3. 焊接； 4. 清理焊接区飞溅及焊渣等杂物； 5. PT		

续表

焊接规范								
	层次	焊接方法	焊材牌号	直径 (mm)	电源种类及极性	焊接电流 (A)	焊接电压 (V)	焊接速度 (mm/min)
正面	1	手工氩弧焊	BFe30-1-1	ϕ2.0	直反	130 ~ 160	10 ~ 14	≥ 100
反面								
焊接质量检查点	焊前检查		要求	焊中检查		要求	焊后检查	要求
	焊工资格		√	层间温带			后热温度及时间	√
	焊材牌号及规格		√	焊接规范		√	焊缝表面质量	
	焊材烘干及清理		√	反面清根后检查			MT 或 PT	PT
	装配尺寸		√				UT 或 RT	
	坡口处理		√				焊接记录	√
	坡口处 MT 或 PT						焊工钢印	
	预热温度范围							
附加说明	焊接周边 50~100mm 范围内清理干净							
编制		××× 8/5 — 2009			审核		×××	

课堂笔记：________________________________

____

____

练习题

一、填空题

1. 工艺规程是指________________________________。

2. 工艺规程有各种文件形式，常见的有________、________、________和________。

二、判断题

1. 编写工艺规程是工艺人员的主要工作内容之一。　（　　）

2. 焊接结构制造也叫焊接结构生产，它是从焊接生产的准备工作开始的。　（　　）

3. 工艺规程有各种文件形式，可按生产类型、产品复杂程度和企业条件等选用。　（　　）

4. 工艺卡片适用于单件小批量生产的产品。　（　　）

三、选择题

1．下例说法正确的是________。

A．工艺规程就是工艺方案

B．未经评定的工艺可以编入工艺规程中

C．编写工艺规程并不是简单地填写表格，而是一种创造性的设计过程

D．工艺规程中所用的术语、符号、代号不一定要符合相应标准的规定

2．关于工艺规程，下例说法不正确的是________。

A．工艺规程编好后，还要经过审核、标准化审查、会签等

B．在编制工艺规程，填写工艺文件时，必须规定产品生产材料消耗定额和劳动消耗定额

C．工艺规程是直接指导现场生产操作的重要技术文件

D．编写工艺规程时，无须考虑生产安全和工艺卫生（环境保护）

四、思考题

1．工艺规程编写的基本要求是什么？

2．编写工艺规程时应包括哪些内容？

第三节　焊接结构的焊接工艺

金属结构的焊接工作量占全部制造工作量的 20% ~ 30%，而工作质量的好坏则影响整个结构的工作性能，因而在构件焊接时应慎重考虑焊接工艺问题。

一、焊接工艺制订的内容和原则

1．焊接工艺制订的内容

（1）确定焊接结构制造过程中采用何种焊接方法和焊接材料。

（2）选定合理的焊接工艺参数和焊接顺序、方向、施焊组织（如人数、等级等）。

（3）决定热参数（如预热、缓冷、后热、中间加热和焊后热处理的要求及参数）。

（4）选择适用的焊接夹具和工艺装备。

2．焊接工艺制订的原则

1）保证质量

获得外观和内在质量满意的焊接接头，焊接变形在允许范围之内，焊接应力尽量小。

2）较高的生产率

便于施焊，可达性好，翻转次数少，可利用焊接工装夹具及焊接变位机械使工件在最方便的位置施焊，或实现机械化、自动化焊接，达到较高的经济效益。

二、焊接方法及焊接工艺参数的选择

具体进行焊接工艺选择时，一般是先选定焊接方法，再选择焊接设备（主要是电源类型），最后确定焊接工艺参数。选定焊接方法是关键，必须综合考虑焊接结构特点、母材性质、工作量等因素。

1. 焊接方法的选择

选择焊接方法时，必须符合以下要求：能保证焊接产品的质量优良可靠，生产率高；生产费用低，能获得较好的经济效益。表 5–4 列出了常用焊接方法的适用材料、厚度及焊缝位置，表 5–5 列出了常用焊接方法的生产特点。

表 5–4 常用焊接方法适用材料、厚度及焊缝位置

<table>
<tr><th rowspan="2">焊接方法</th><th colspan="10">适用材料及适用厚度</th><th rowspan="2">适用焊缝位置</th></tr>
<tr><th>低碳钢</th><th>低合金钢</th><th>不锈钢</th><th>耐热钢</th><th>高强钢</th><th>铝及铝合金</th><th>镁及镁合金</th><th>钛及钛合金</th><th>镍及镍合金</th><th>铜及铜合金</th></tr>
<tr><td>焊条电弧焊</td><td colspan="5">各种厚度及难于施焊位置</td><td colspan="3">很少用</td><td>各种厚度</td><td>很少用</td><td>全位置</td></tr>
<tr><td>埋弧焊</td><td colspan="5">厚度＞ 4mm</td><td colspan="2">很少用</td><td colspan="2">厚度＞ 4mm</td><td>很少用</td><td>平焊</td></tr>
<tr><td>CO_2 气体保护焊</td><td colspan="6">厚度＞ 1mm</td><td colspan="4">厚度＞ 3mm</td><td rowspan="7">全位置</td></tr>
<tr><td>TIG 焊</td><td>少用</td><td colspan="4">＜ 4mm 打底焊</td><td colspan="2">各种厚度</td><td>≥ 4mm</td><td>≥ 6mm</td><td>≥ 3mm</td></tr>
<tr><td>MIG 焊</td><td colspan="2">很少用</td><td colspan="2">中等厚度以上</td><td>很少用</td><td colspan="5">中等厚度以上</td></tr>
<tr><td>Ar+CO_2 混合气体保护焊</td><td colspan="3">各种厚度</td><td>很少用</td><td>各种厚度</td><td colspan="5">国内很少应用</td></tr>
<tr><td>Ar+He 混合气体保护焊</td><td colspan="5">很少用</td><td colspan="3">各种厚度</td><td>国内未见应用</td><td>各种厚度</td></tr>
<tr><td>熔化极脉冲氩弧焊</td><td>很少用</td><td colspan="9">用于薄板</td></tr>
<tr><td>药芯焊丝气体保护焊</td><td colspan="5">厚度＞ 3mm</td><td colspan="2">不用</td><td>厚度＞ 3mm</td><td colspan="2">不用</td></tr>
<tr><td>等离子弧焊</td><td colspan="2">很少用</td><td colspan="2">厚度＜ 20mm</td><td colspan="3">很少用</td><td colspan="2">厚度＜ 20mm</td><td>很少用</td><td>平焊</td></tr>
<tr><td>电渣焊</td><td colspan="4">50 ~ 60mm</td><td colspan="3">很少用</td><td colspan="2">厚度＞ 50mm</td><td>很少用</td><td>立焊</td></tr>
<tr><td>气焊</td><td colspan="2">薄板</td><td colspan="8">很少用</td><td>全位置</td></tr>
</table>

2. 焊接工艺参数的选择

保证获得无缺陷的符合设计要求的焊缝，是选择焊接工艺参数的重要依据；同时还应考虑焊接热循环对母材和焊缝的热作用，也是保证获得合格产品的另一个重要依据。

表 5–5 常用焊接方法的生产特点

<table>
<tr><th rowspan="2">焊接方法</th><th colspan="5">生产特点</th></tr>
<tr><th>适用的焊缝长度及形状</th><th>坡口准备及焊前清理</th><th>对焊接夹具的要求</th><th>对焊前焊后热处理的要求</th><th>生产效率、设备投资、产品质量</th></tr>
<tr><td>焊条电弧焊</td><td>长、短及曲线焊缝</td><td>不严格</td><td>一般不要求</td><td>根据材料性能及厚度选择</td><td>效率低，设备廉，质量人为影响大</td></tr>
<tr><td>埋弧焊</td><td>长和规则的焊缝</td><td>严格并清理光洁</td><td>根据条件必须配备</td><td rowspan="2">根据材料性能及厚度选择</td><td>效率高、质量高，设备投资较大</td></tr>
<tr><td>CO_2 气体保护焊</td><td>长、短及曲线焊缝，自动焊要规则焊缝</td><td>不严格，自动焊要严格焊</td><td>不要求，自动焊则要求</td><td>效率高，不用清渣，设备投资低于埋弧焊</td></tr>
<tr><td>TIG 焊</td><td>短及曲线焊缝</td><td>不严格，自动焊要严格焊</td><td>不要求，自动焊则要求</td><td rowspan="3">一般不要求</td><td>质量高，设备投资高于埋弧焊</td></tr>
<tr><td>MIG 焊</td><td>长焊缝及规则焊缝</td><td>严格并清理光洁</td><td>根据条件必须配备</td><td>效率高、质量高，设备投资高于埋弧焊</td></tr>
<tr><td>Ar+CO_2 混合气体保护焊</td><td>长、短及曲线焊缝，自动焊要规则焊缝</td><td>不严格，自动焊要严格焊</td><td>不要求，自动焊则要求</td><td>比 CO_2 气体保护焊质量高，其他同 CO_2 气体保护焊</td></tr>
<tr><td>Ar+He 混合气体保护焊</td><td>长、短及曲线焊缝，自动焊要规则焊缝</td><td>不严格，自动焊要严格焊</td><td>不要求，自动焊则要求</td><td rowspan="2">一般不要求</td><td>更高质量，其他同氩弧焊</td></tr>
<tr><td>熔化极脉冲氩弧焊</td><td>长、短焊缝，规则形状</td><td>极严格</td><td></td><td>高质量，设备投资大</td></tr>
<tr><td>药芯焊丝气体保护焊</td><td colspan="4">同 CO_2 气体保护焊</td><td>基本同 CO_2 气体保护焊（飞溅小，质量较高）</td></tr>
<tr><td>等离子弧焊</td><td rowspan="2">长、短焊缝，规则形状</td><td>极严格</td><td>有要求</td><td>一般不要求</td><td>同熔化极氩弧焊</td></tr>
<tr><td>电渣焊</td><td>不开坡口，留间隙</td><td>有要求</td><td>要求焊后正火＋回火处理</td><td>高效率，因晶粒粗大、韧性差，要求热处理后质量高，设备投资大</td></tr>
<tr><td>气焊</td><td>短焊缝，修补</td><td>小或无间隙清理，要求不严</td><td colspan="2">无要求</td><td>投资少，但焊缝质量差</td></tr>
</table>

选择焊接工艺参数的具体做法是根据产品的材料、焊件厚度、焊接接头形式、焊缝的空间位置、接缝装配间隙等，查阅有关手册、资料同时根据工作者本人的经验，确定焊接工艺参数。

3. 焊接结构生产中的热处理工艺

为保证满足焊接结构技术条件，防止裂纹和某些其他焊接缺陷产生，改善焊接接头的韧性，消除焊接应力，一些结构需要进行热处理。热处理的工序可在焊前、焊后进行，故分为预热、后热及焊后热处理等。

1）预热

除依据母材成分、焊接性能、板厚考虑预热外，焊接接头的拘束程度、焊接方法和焊接环境等都应综合考虑，必要时通过试验决定。不同钢号（或不同工件，如管座与主管、非承压件与承压件）相焊时，按预热温度要求较高的钢号与工件选取。采用局部预热时，应防止局部应力过大，预热范围为焊缝两侧各不小于焊件厚度的3倍，且不小于100mm，较厚工件（大于35mm）的焊接接头预热时升温速度应符合热处理升温规定。需要预热的焊件在整个焊接过程中应不低于预热温度，层间温度不低于规定的预热温度下限，且不高于400℃。

2）后热

后热是指焊后立即将焊件加热到一定温度，保温后空冷（即空气冷却）的工艺措施，其目的是防止焊接区扩散氢的聚集，避免延迟裂纹的产生。

后热温度以300℃～350℃为宜，恒温时间不小于2h；也可以采用300℃～500℃，保温1h。

3）焊后热处理

焊后热处理是将焊件整体或局部加热保温，然后炉冷或空冷的一种处理方法。焊后热处理可以降低焊接残余应力，软化淬硬部位，改善焊缝和热影响区的组织和性能，提高接头的塑性和韧性，稳定结构的尺寸，其工艺如下：

（1）焊件进炉时炉内温度不得高于400℃。

（2）焊件升温到400℃后，升温速度不得超过5000δ（℃/h），δ是厚度（mm），且不超过200℃/h，最小可为50℃/h，整体炉外热处理宜控制在80℃/h以下。

（3）焊件保温期间，加热区内最高与最低温度之差不宜大于65℃，整体炉外热处理在规定的有效加热范围内，焊件温差不超过80℃。

（4）焊件高于400℃，降温速度不得超过6500δ（℃/h），且不超过260℃/h，最小可为50℃/h，整体炉外热处理，冷却速度宜为30～50℃/h。

（5）炉温不得高于400℃，出炉后在静止的空气中冷却。

三、焊接工艺评定

焊接工艺评定就是对事前拟定的焊接工艺能否焊出合乎质量要求的焊接接头进行评价。基本做法是利用所拟定的焊接工艺对试件进行焊接，然后检验所焊接头的质量。凡符合要求的，评为合格，该焊接工艺可用于生产。否则为不合格，须重新拟定焊接工艺，再次评定，直至符合要求为止。

1. 焊接工艺评定的目的

通过焊接工艺评定可以表明施焊单位是否有能力制造出符合有关法规标准和产品技术要求的焊接接头；通过评定试验，施焊单位获得了符合产品质量要求的可靠焊接工艺，并以此为依据编制直接指导生产的焊接工艺规程，最终达到确保产品焊接质量的目的。

2. 焊接工艺评定的一般程序

（1）了解应进行焊接工艺评定的结构特点和有关数据，确定出应进行焊接工艺评定的若干典型接头，避免重复评定或漏评。

（2）编制焊接工艺评定任务书。其内容包括：产品订货号、接头形式、母材的钢号、分类号与规格、对接头力学性能要求、检验项目和合格标准等。

（3）编制焊接工艺指导书。由焊接工艺工程师按照工艺评定任务书提出的条件和技术要求进行编制。

（4）试件的准备和焊接。按标准规定的图样，选用材料并加工成待焊试件。试件的焊接应由考试合格的熟练焊工，按焊接工艺指导书规定的各种工艺参数焊接，同时由专人做好实焊记录。实焊记录是现场焊接的原始资料，是焊接工艺评定报告的重要依据。

（5）由焊好的试件加工试样，并进行试样的性能试验。先进行外观检查，后进行无损探伤，最后进行接头的力学性能试验。如检验不合格，则分析原因，重新编制焊接工艺指导书，重焊试件。

（6）编写焊接工艺评定报告。报告内容大体分成两大部分：第一部分是记录焊接工艺评定试验的条件，包括试件材料牌号与类别号、接头形式、焊接位置、焊接材料、保护气体、预热温度、焊后热处理制度、焊接能量参数等；第二部分是记录各项检验结果，其中包括拉伸、弯曲、冲击、硬度、宏观金相、无损检验和化学成分分析结果等。其推荐格式见表 5-6。报告由完成该项评定试验的焊接工程师填写并签字，内容必须真实完整。

表 5–6 焊接工艺评定报告推荐格式

<table>
<tr><td>编号</td><td colspan="5"></td><td colspan="3">日期</td><td colspan="2">年 月 日</td></tr>
<tr><td colspan="9">相应的焊接工艺指导书编号</td><td colspan="2"></td></tr>
<tr><td>焊接方法</td><td colspan="5"></td><td colspan="3">接头形式</td><td colspan="2"></td></tr>
<tr><td rowspan="3">工艺评定试件母材</td><td rowspan="3">钢板</td><td colspan="2">材质</td><td colspan="2"></td><td rowspan="3">管子</td><td colspan="2">材质</td><td colspan="2"></td></tr>
<tr><td colspan="2">分类号</td><td colspan="2"></td><td colspan="2">分类号</td><td colspan="2"></td></tr>
<tr><td colspan="2">规格</td><td colspan="2"></td><td colspan="2">规格</td><td colspan="2"></td></tr>
<tr><td>质量证明书</td><td colspan="5"></td><td colspan="3">复检报告编号</td><td colspan="2"></td></tr>
<tr><td>焊条型号</td><td colspan="5"></td><td colspan="3">焊条规格</td><td colspan="2"></td></tr>
<tr><td>焊接位置</td><td colspan="5"></td><td colspan="3">焊条烘干</td><td colspan="2"></td></tr>
<tr><td rowspan="2">焊接参数</td><td colspan="3">电弧电压（V）</td><td colspan="2">焊接电流（A）</td><td colspan="3">焊接速度（cm/min）</td><td>焊工姓名</td><td></td></tr>
<tr><td colspan="3"></td><td colspan="2"></td><td colspan="3"></td><td>焊工钢印号</td><td></td></tr>
<tr><td rowspan="3">试验结果</td><td colspan="2" rowspan="2">外观检验</td><td rowspan="2">射线探伤</td><td colspan="2">拉伸试验</td><td colspan="3">弯曲试验 a=</td><td rowspan="2">宏观金相检验</td><td rowspan="2">冲击韧度试验</td></tr>
<tr><td>σ_s</td><td>σ_b</td><td colspan="2">面弯</td><td>背弯</td></tr>
<tr><td colspan="2"></td><td></td><td></td><td></td><td colspan="2"></td><td></td><td></td><td></td></tr>
<tr><td>报告号</td><td colspan="2"></td><td></td><td colspan="2"></td><td colspan="3"></td><td></td><td></td></tr>
<tr><td colspan="4">焊接工艺评定结论</td><td colspan="7"></td></tr>
<tr><td colspan="3">审批</td><td colspan="3"></td><td colspan="3">报告编制</td><td colspan="2"></td></tr>
</table>

3. 焊接工艺评定的规则

（1）改变焊接方法，需重新评定。

（2）当同一条焊缝使用两种或两种以上焊接方法（或焊接工艺）时，可按每种焊接方法（或焊接工艺）分别进行评定；亦可使用两种或两种以上焊接方法（或焊接工艺）焊接试件，进行组合评定。组合评定合格后用于焊件时，可以采用其中一种或几种焊接方法（或焊接工艺），但要保证每一种焊接方法（或焊接工艺）所熔敷的焊缝金属厚度都在已评定的有效范围内。

（3）为了减少焊接工艺评定数量，根据母材的化学成分、力学性能和焊接性能进行分类、分组，评定时参照标准执行。

（4）试件的焊后热处理应与焊件在制造过程中的焊后热处理基本相同。在消除应力热处理时，试件保温时间不得少于焊件在制造过程中累计保温时间的 80%。改变焊后热处理类别，需重新评定。

（5）板材对接焊缝试件评定合格的焊接工艺适用于管材的对接焊缝，反之亦可。

（6）板材角焊缝试件评定合格的焊接工艺适用于管与板的角焊缝，反之亦可。

（7）当组合焊缝（角焊缝 + 对接焊缝）焊件为全焊透时，可采用与焊件接头的坡口形式和尺寸相同的对接焊缝试件进行评定；也可采用组合焊缝试件 + 对接焊缝试件（后者的坡口形式和尺寸不限定）进行评定。当组合焊缝焊件不要求全焊透时，若坡口深度大于焊件中较薄母材厚度的一半，则按对接焊缝对待；若坡口深度小于或等于焊件中较薄母材厚度的一半，则按角焊缝对待。

（8）当变更任何一个重要因素时，都需要重新评定焊接工艺。

四、典型焊接结构焊接工艺举例

1. 工字断面的梁和柱

工字断面的梁和柱，其基本形状都是腹板和上、下翼板互相垂直构成，仅仅是在相互位置、厚与薄、宽与窄、有无筋板等方面有区别。应用最多的是腹板居中、左右和上下对称的工字断面梁和柱，一般有四条纵向焊缝连接。制造这种对称的工字梁和柱，需要控制的主要是翼板的角变形和挠曲变形。挠曲变形中有上拱或下挠以及左（或右）旁弯，腹板的凸凹度处理不当还可能产生扭曲变形。

目前中厚板的工字断面的梁和柱有四种常见的焊接方案，见表5–7。

表5–7 工字断面的梁和柱焊接的基本方案

序号	焊接方法	示意图	特点
1	焊条电弧焊或 CO_2 焊或埋弧焊		船形位置单头焊，焊缝成形好。变形控制难度大，工件翻转次数多，生产效率低
2	CO_2 自动焊或埋弧焊		卧放位置，双头在同侧、同步、同向施焊，翼板有角变形。左右两侧不对称。有旁弯，工件至少翻转一次
3			立放位置，双头两侧对称，同步、同向施焊，翼板的角变形左右对称，有上拱或下挠变形，工件至少翻转一次
4	电阻焊		立放位置，上下翼板同时和腹板边装配边通过高频电流并加压完成施焊。不需工件翻转，生产效率高，需要辅助设备

2. 载货汽车车厢左、右边板的焊接

典型车种如CA141或EQ140型载货汽车车厢，均由车厢底板、左边板、右边板、前板和后板五大总成（部件）组成，如图5–7所示。这五大总成分别在各自的

装配焊接生产线上装配焊接，然后再总装成车厢总成。车厢为薄板结构，其上焊缝多而短。

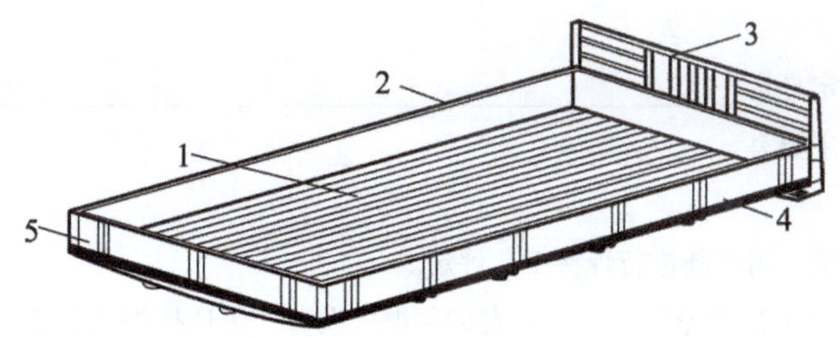

图 5-7 CA141 载货汽车车厢

1- 底板；2- 左边板；3- 前板；4- 右边板；5- 后板。

车厢左、右边板及后板总成的结构形状基本相同，差别仅在于后板总成的长度较短，仅为 2284mm。EQ140 型汽车边板结构形状尺寸如图 5-8 所示，它是由一块 1.2mm 厚的整体冷弯成形的瓦楞板、6 个 2.5mm 厚的冲制而成的栓钩所组成。焊接接头为搭接形式，焊缝总长约为 3800mm。

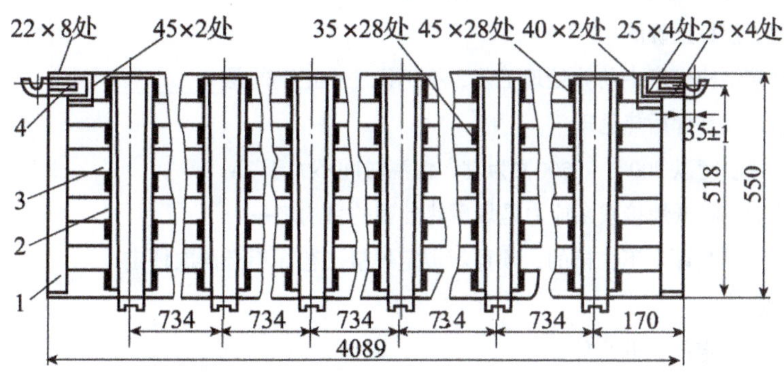

图 5-8 EQ140 型汽车边板

1- 端包铁；2- 上页板；3- 瓦楞板；4- 栓钩。

车厢的边、后板总成的装配和焊接均在生产线中完成。根据装配工作量的大小和生产节拍的长短，将流水生产线分为若干个工位，每个工位工件均为气动夹紧并实施半自动 CO_2 焊。由于瓦楞板很薄，所以采用细丝短路过渡形式焊接。常用的焊接工艺参数：电弧电压 18 ~ 20V，焊接电流 110 ~ 130A，焊丝干伸长 10mm，气体流量 500L/h。

课堂笔记：

练习题

一、填空题

1．焊接工艺评定是指____。

2．焊接热参数主要有________、________和________。

二、判断题

1．改变焊接方法，需重新进行焊接工艺评定。 （ ）

2．具体进行焊接工艺选择时，一般是先选定焊接设备，再选择焊接方法，最后确定焊接工艺参数。 （ ）

3．板材角焊缝试件评定合格的焊接工艺适用于管与板的角焊缝。 （ ）

4．保证获得无缺陷的符合设计要求的焊缝，是选择焊接工艺参数的重要依据。 （ ）

三、选择题

1．焊接工艺制订的原则是________。

A．获得外观和内在质量满意的焊接接头

B．有高的生产率

C．焊接变形在允许范围之内，焊接应力尽量小

D．上述都是正确的

2．关于焊接结构生产中的热处理工艺，下例说法中正确的是________。

A．后热就是焊后热处理

B．后热温度以 800℃ ~ 500℃为宜，恒温时间不大于 2h

C．消除或降低焊接残余应力是焊后热处理的目的之一

D．焊接工艺评定不合格的，须重新拟定焊接工艺，不必再次评定

四、思考题

1．焊接工艺评定的目的是什么？

2．焊接工艺制订的内容包括哪些？

第四节 焊接结构生产工艺过程分析

焊接结构生产工艺过程分析是焊接工艺过程设计的核心内容，是形成产品生产工艺方案必须经过的重要环节，它决定着焊接生产设计的成败。分析的目的是寻找一种既能保证产品质量，又能取得最好经济效果的制造程序和方法。

一、生产纲领对工艺过程分析的影响

1．生产纲领

生产纲领是指包括备品、废品在内的该产品的年产量。按照生产纲领的大小，焊接生产可分为三种类型：单件生产、成批生产、大量生产，见表 5-8。

表 5-8　生产类型的划分

生产类型		同类零件的年产量（件）		
		重型零件	中型零件	小型零件
单件生产		5 以下	10 以下	100 以下
成批生产	小批量	5 ~ 100	10 ~ 200	100 ~ 500
	中批量	100 ~ 300	200 ~ 500	500 ~ 5000
	大批量	300 ~ 1000	500 ~ 5000	5000 ~ 50 000
大量生产		1000 以上	5000 以上	50 000 以上

2. 生产纲领对工艺过程分析的影响

不同的生产类型，其特点是不一样的，这关系到采用的生产工艺、生产组织、设备和装备。

1）单件生产

当产品的种类繁多，数量较少，产品结构经常变化，其生产性质可认为是单件生产。这种单件生产多采用通用的设备和装备，以适应各种不同的零件、构件的要求。除满足技术条件要求外，不采用专用的夹具、工具和设备；基本上没有流水生产，设备负荷不均匀；要占用许多场地储存零部件或半成品；生产的互换性和机械化程度低；工人专业化程度低却要求技术水平高。

2）大量生产

当产品的种类单一、数量很多，即重复生产数量较大，其生产的规模属于大量生产。此时的生产工艺应拟定得极为详细，甚至每一工序都有工艺卡；尽可能组织流水生产，每道工序都由专门的机械和工装完成，加工同步进行，生产设备负荷越大越好。对多数工人技术水平要求较低而专业化程度高，工作地点完全固定。虽然采用先进工艺和设备，投入相对高一些，但由于高负荷、高效率，摊到每件上的设备投入也并不高。

3）成批生产

成批生产的产品具有周期性重复加工的特点，机械化程度介于单件生产和大量生产之间。应部分采用流水线作业，但加工节奏不同步；应有较详细的工艺规程。

二、结构生产的要求对工艺过程分析的影响

焊接结构生产的要求，包括产品的技术要求、产品的经济要求和安全生产与环境保护。这些均影响到生产工艺规程的制订。

1. 对产品技术要求进行分析

焊接结构的技术要求，一般可归纳为获得优质的焊接接头和获得准确的外形尺寸两个方面。

1）从获得优质的焊接接头角度分析

焊接接头的质量主要表现在焊接接头的性能应符合设计要求和焊接缺陷应控制在规定范围之内两个方面。为保证质量，一般来说首先要分析母材的焊接性，再结合产品结构特点、材料成分和性能，分析选择焊接方法。然后根据所选定的焊接方法，通过调整焊接工艺参数解决缺陷等可能产生的问题。最后，还要估计所焊成的接头的使用性能（如强度、刚度、韧性 、物理、化学、耐低温、耐高温、耐磨、耐蚀性能、结构的致密性、耐压力等）是否符合设计要求，不能达到要求的，须提出解决办法。

2）从获得准确的外形尺寸角度分析

在焊接工艺分析时应结合产品结构、生产性质和生产条件，提出控制变形的措施，确保技术条件的要求，重点是对产品焊后可能产生的变形作出分析和估计。要做到这一点，必须考虑以下两个方面：

（1）结构因素的影响。根据结构的刚性大小和焊缝分布，分析焊后每条焊缝可能引起焊接变形的方向及大小程度，以便寻找对策。

（2）工艺措施的影响。考虑如何安排装配—焊接顺序，才能防止和减小焊接应力与变形。在此基础上考虑焊接方法、焊接工艺参数、焊接方向的影响。针对产品结构特点，合理地利用和控制这些因素，一般都能把变形控制在允许范围之内。

2. 对产品的经济要求进行分析

分析根据技术要求选用的焊接结构中材料品种、规格、价格是否合理，能否用其他材料代替以及如何提高材料的利用率；生产厂现有的工艺装备、设备条件、工人操作者等级能否满足焊接结构加工；若实现机械化、自动化生产，需增加多少设备，如何提高车间的生产条件等；产品的技术要求是否过高。

3. 对安全生产与环境保护方面进行分析

确定工艺方案时，在保证结构质量的同时，要采取各种安全技术措施，做到文明生产，保证环境卫生和生态平衡，把人身和设备事故率降到最低点，这就需要在生产管理与组织方面实现科学化和现代化。例如提高焊接机械化、自动化程度；采用单面焊双面成形工艺；选用低尘、低毒电焊条等。

三、工艺过程分析的方法和内容

1. 工艺过程分析的方法

工艺过程分析的方法是在焊接结构生产的要求和可能实施的生产工艺过程之间，找出可能出现的问题，然后针对问题提出解决的办法。分析首先应从影响产品质量方面入手，因为保证产品质量是一切工作的前提；其次从采用先进工艺技术的可能性方面、采用先进生产组织形式方面去分析；最后综合分析结果，形成制造该产品的工艺方案。

2. 工艺过程分析的内容

焊接结构生产工艺过程分析的重点是装配—焊接工艺过程分析。工艺过程分析的内容包括：结构与部件、零件的划分；结构采用何种焊接工艺；装配—焊接顺序的确定；各工序的划分等。此处，还包括生产工艺装备的选择、检验方法的选择、劳动生产的确定、生产组织与技术管理等。

四、典型焊接结构工艺过程分析举例

1. 锅炉汽包筒体纵焊缝焊接工艺分析

图 5-9 为锅炉汽包结构示意图，筒体材料为 20G 钢，壁厚为 90mm。筒身的纵焊缝需要焊接，根据汽包的结构及材料情况，可以采用多种焊接方法，一般采用埋弧自动焊与电渣焊。这两种焊接方法所要求的制造工艺相差很大，见表 5-9。

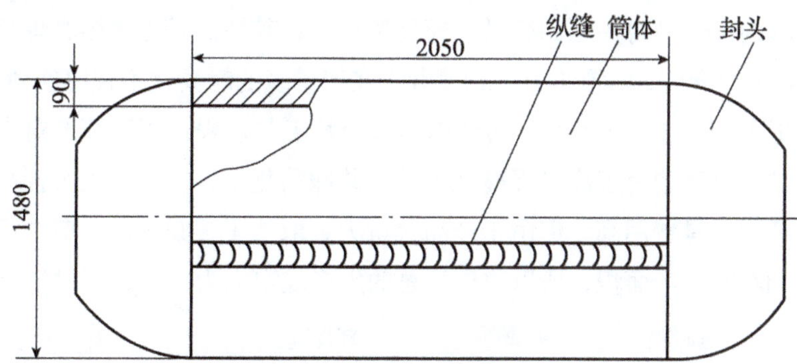

图 5-9　锅炉汽包结构简图

表 5-9　锅炉汽包筒体纵焊缝两种工艺方法比较

方法		多层埋弧自动焊	电渣焊
工序	1	划线，下料，拼接板坯	划线，下料，拼接板坯
	2	板坯加热（1050°C）	板坯加热（1050°C）
	3	初次滚圆（对口处留出 300 ~ 350mm）	初次滚圆
	4	机械加工刨口	气割坡口
	5	再次加热	
	6	再次滚圆	
	7	装配筒体（装上卡板、引出板）	装配筒体（焊接引出板）
	8	预热（200°C ~ 300°C）	
	9	手工打底焊缝（从内部焊 2 ~ 3 层）	
	10	除去外面卡板和清理焊根	
	11	预热（200°C ~ 300°C）	
	12	外部焊缝（18 ~ 20 层）焊接	电渣焊
	13	回火（焊后立即进行）	正火，随后滚圆焊缝表面加工
	14	内部焊缝（10 ~ 12 层）焊接	
	15	焊缝表面加工（除去内外增厚高）	

研究表明：

（1）用电渣焊代替多层埋弧自动焊以后，大约 50% 的工序得到简化，在生产过程中取消了机械加工和预热工序。

（2）采用电渣焊可使生产率提高 50% 左右，如果设多层埋弧自动焊焊接一条纵焊缝的有效工作时间为 100%，那么电渣焊焊完同样长度焊缝的有效工作时间则为 44%。

（3）采用电渣焊时，焊缝质量稳定可靠，返修率仅为 5%；而采用多层埋弧自动焊时，其返修率却为 15% ~ 20%。

2. 液化石油气瓶的工艺过程分析

液化石油气瓶由两个压制的碟形封头和一个圆筒节组成，它用一条纵焊缝和两条环焊缝焊成。其工艺过程：压制封头→滚圆筒身→焊接纵焊缝→装配→焊接两端环缝。这种工艺过程的优点是封头压制容易、模具费用低；其缺点是工序多、焊缝多，需要滚圆设备，装配也麻烦，如图 5-10（a）所示。在产量多的时候就不宜用这种工艺过程，可将容器改成如图 5-10（b）所示的结构形式，其工艺过程：压制杯形封头→装配→焊接环缝。结构改革使得工序和焊缝减少了，装配简化了，生产率大大提高了。改进后的缺点是杯形模具费用高，但由于产品批量大，取消了滚圆工序，节约了购置滚圆设备的费用和车间生产面积，所以改进后总的生产成本大为降低，原材料有所节约。

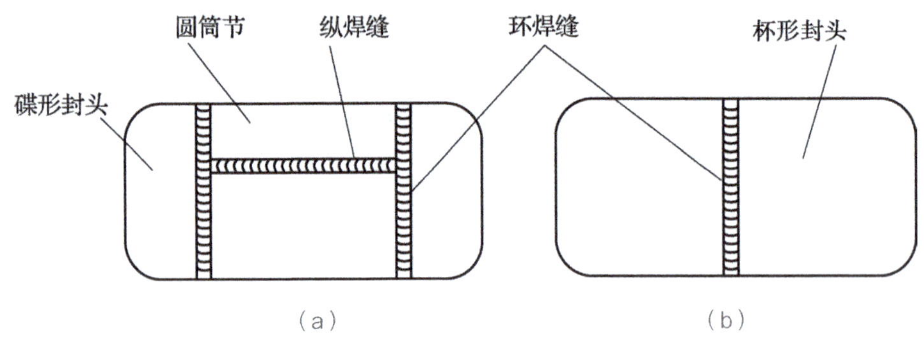

图 5-10 液化石油气瓶工艺简图

（a）改进前；（b）改进后。

需要说明的是：液化石油气瓶是具有爆炸危险的结构产品，为了保证使用的安全，国家有关部门规定采用图 5-10（b）的结构形式，无条件地淘汰图 5-10（a）的结构形式。

课堂笔记：

练习题

一、填空题

1. 生产纲领是指____。

2. 焊接结构的技术要求，一般可归纳为________和________。

二、判断题

1. 焊接结构的技术要求，一般可归纳为获得优质的焊接接头和获得准确的外形尺寸两个方面。（　　）

2. 当产品的种类繁多，数量较少，产品结构经常变化时，其生产性质可认为是单件生产。（　　）

3. 焊接结构工艺分析总是优先考虑降低产品成本。（　　）

4. 工艺过程分析的方法是在焊接结构生产的要求和可能实施的生产工艺过程之间，找出问题并解决问题。（　　）

三、选择题

1. 按照生产纲领的大小，焊接生产可分为三种类型，分别是________。

A. 单件生产、成批生产、大量生产

B. 单件生产、成批生产、小批量生产

C. 大批生产、成批生产、大量生产

D. 单件生产、大批生产、小批生产

2. 关于工艺过程分析的方法和内容，下例说法中不正确的是________。

A. 产品的工艺过程分析，应从保证技术条件的要求和采用先进工艺的可能性两个方面着手

B. 焊接结构生产工艺过程分析的重点是装配—焊接工艺过程分析

C. 采用先进技术，可大大简化工序，缩短生产周期，提高经济效益

D. 在保证产品技术条件和质量的前提下，千方百计降低产品成本和改善劳动条件，两者总是矛盾的

四、简答题

1. 工艺过程分析的内容包括哪些？

2. 生产纲领对工艺过程分析有何影响？

3. 锅炉制造中膜式水冷壁的生产，在实际生产中，有两种方案，如图 5-11 所示。试从采用先进焊接工艺、提高生产率方面分析，哪一种方案更有利于实现机械化和自动化？

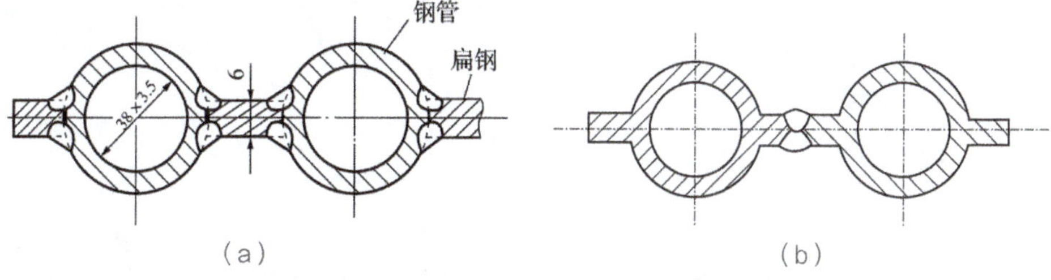

图 5-11　锅炉膜式水冷壁的两种生产方案

单元6 典型焊接结构的生产工艺

学习目标

1. 了解起重机桥架、压力容器和船舶等典型焊接产品的结构。
2. 掌握典型焊接产品的制造难点、技术关键及其生产工艺。

第一节　桥式起重机桥架的生产工艺

起重机作为运输机械在国民生产各个部门的应用十分广泛，其结构形式多样，如桥式起重机、门式起重机、塔式起重机、汽车起重机等。其中，以桥式起重机应用最广，其结构的制造技术具有典型性，掌握了它的制造技术，有利于掌握其他起重机结构的制造。

一、桥式起重机的组成、主要部件的结构特点及技术要求

1. 桥式起重机的结构

桥式起重机由桥架、运移机构和载重机构等组成，如图 6–1 所示。

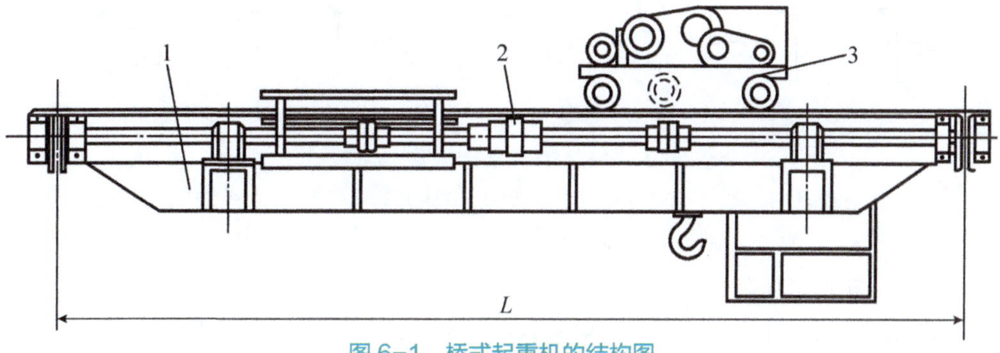

图 6–1　桥式起重机的结构图

1– 桥架；2– 运移机构；3– 载重机构。

可移动的桥架由主梁和两个端梁组成，端梁的两端装有车轮，由车间两旁立柱悬臂上铺设的轨道支承；桥架的移动机构用来驱动端梁上的车轮，使其沿着车间长度方向的轨道移动；桥架上的载重小车装有起升机构和小车的移动机构，能沿铺设在桥架主梁上的轨道移动。

2. 桥式起重机桥架的组成

桥式起重机的桥架结构如图 6–2 所示，主要由主梁（或桁梁）、栏杆（或辅助桁架）、端梁、走台（或水平桁架）、轨道及操纵室等组成。桥架的外形尺寸取决于起重量、跨度、起升高度及主梁结构形式。桥式起重机桥梁架常见的结构形式如图 6–3 所示。

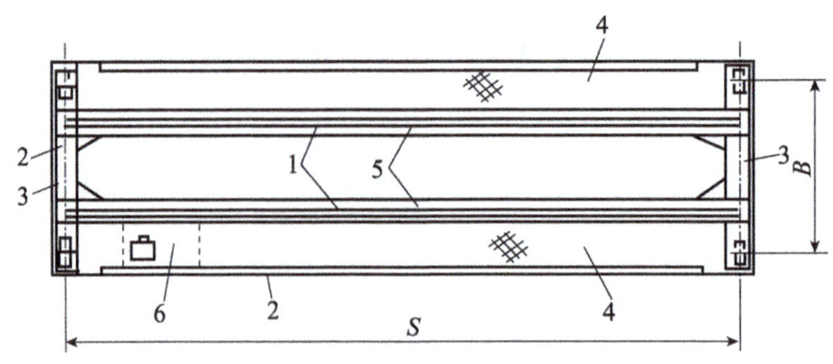

图 6-2 桥式起重机桥架结构

1—主梁；2—栏杆；3—端梁；4—走台；5—轨道；6—操纵室。

1）中轨箱形梁桥架

如图 6-3（a）所示，该桥架由两根主梁和两根端梁组成。主梁外侧分别设有走台，轨道放在箱形梁的中心线上，小车载荷依靠主梁上翼板和筋板来传递。该结构工艺性好，主梁、端梁等部件可采用自动焊接，生产率高；制造过程中主梁的变形量较大。

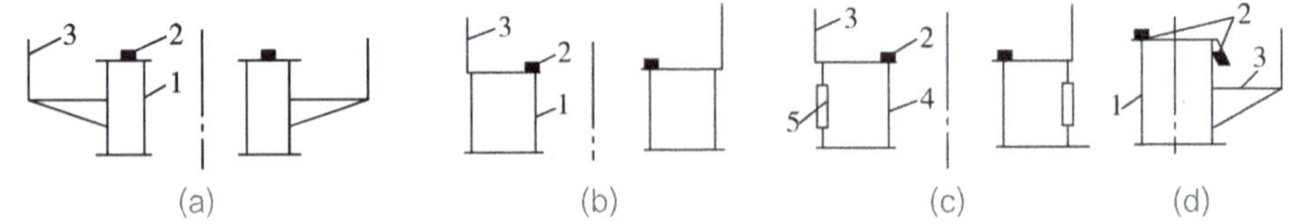

图 6-3 桥式起重机桥架常见的结构形式

（a）中轨箱形梁桥架；（b）偏轨箱形梁桥架；（c）偏轨空腹箱形梁桥架；（d）箱形单主梁桥架。

1—箱形主梁；2—轨道；3—走台；4—工字形主梁；5—空腹梁。

2）偏轨箱形梁桥架

如图 6-3（b）所示，桥架由两根偏轨箱形梁和两根端梁组成。小车轨道是安装在上翼板边缘主腹板处，载荷直接作用在主腹板上。主梁多为宽主梁形式，依靠加宽主梁来增加桥架水平刚性，同时可省掉走台，主梁制造变形较小。

3）偏轨空腹箱形梁桥架

如图 6-3（c）所示，该桥架与偏轨箱形梁桥架基本相似，只是副腹板上开有许多矩形孔洞，自重减轻，又能使梁内通风散热，为梁内放置运行机构和电器设备提供了有利条件，同时便于内部维修，但制造比偏轨箱形梁麻烦。

4）箱形单主梁桥架

如图 6-3（d）所示，桥架由一根宽翼缘偏轨箱形主梁与端梁不在对称中心连接，以增大桥架的抗倾翻力矩能力。小车偏跨在主梁一侧使主梁受偏心载荷，最大轮压作用在主腹板顶面轨道上，主梁上要设置 1 ~ 2 根支承小车反滚轮的轨道。该桥架制造成本低，主要用于起重量较大、跨度较大的门式起重机。

上述几种桥架形式中，以中轨箱形梁桥架最为典型，应用最为广泛，本节所涉及的内容均为该结构。

3. 主要部件结构特点及技术要求

1）主梁

主梁是桥式起重机桥架中主要受力部件，箱形主梁的一般结构如图 6-4 所示，由左、右两块腹板，上、下两块翼板以及若干长、短筋板组成。当腹板较高时，尚需加水平筋板，以提高腹板的稳定性，减小腹板的波浪变形；长、短筋板主要是提高梁的稳定性及上翼板承受载荷的能力。

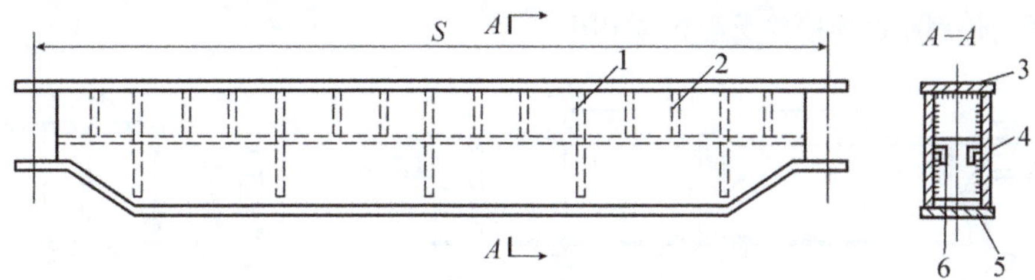

图 6-4　厢形主梁结构

1 －长筋板；2 －短筋板；3 －上翼板；4 －腹板；5 －下翼板；6 －水平筋板。

为保证起重机的使用性能，主梁在制造中应遵循一些主要技术要求，如图 6-5 所示。由于主梁在工作中不允许有下挠，所以主梁应满足一定的上拱要求，其上拱度 $f_k=L/700 \sim L/1000$（L 主为梁的跨度）；为了补偿焊接走台时的变形，主梁向走台一侧应有一定的旁弯 $f_b=L/1500 \sim L/2000$；主梁腹板的波浪变形除对刚度、强度和稳定性有影响外，也影响表面质量，所以对波浪变形要加以限制，以测量长度 1m 计，腹板波浪变形 e，在受压区 $e < 1.2\delta_f$；主梁翼板和腹板的倾斜会使梁产生扭曲变形，影响小车的运行和梁的承载能力，因此一般要求上翼板水平度 $C \leqslant B/250$，腹板垂直度 $a \leqslant H/200$；另外，各筋板之间距离公差应在 ±5mm 范围之内。

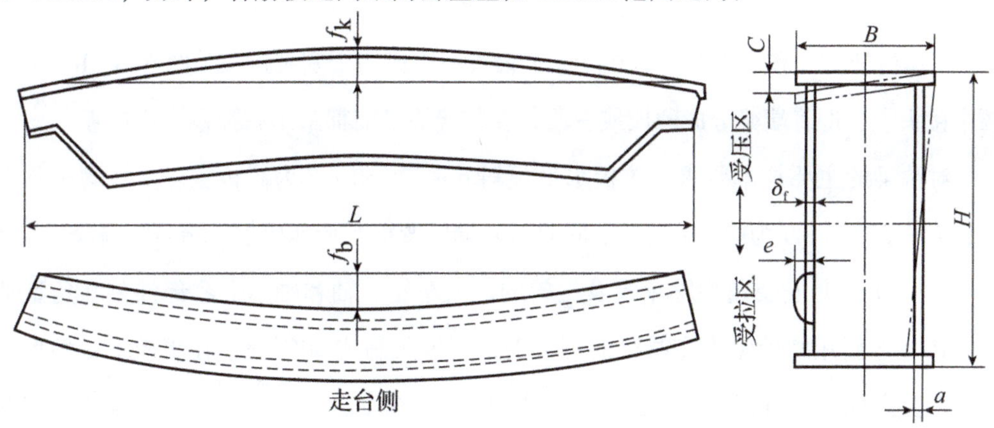

图 6-5　箱形主梁主要技术要求

2）端梁

端梁是桥式起重机桥架组成部分之一，一般采用箱形结构，并在水平面内与主梁刚性连接，端梁按受载情况可分为下述两类：

（1）端梁受主梁的最大支承压力，即端梁上作用有垂直载荷。结构特点是大车车轮安装在端梁的两端部，如图 6–6（a）所示。此类端梁应计算弯矩，弯矩的最大截面是在与主梁连接处 *A*—*A*、支承截面 *B*—*B* 和安装接头螺孔削弱的截面。

（2）端梁没有垂直载荷，结构特点是车轮或车轮的平衡体直接安装在主梁端部，如图 6–6（b）所示。此类端梁只起联系主梁的作用，它在垂直平面几乎不受力，在水平面内仍属刚性连接并受弯矩的作用。

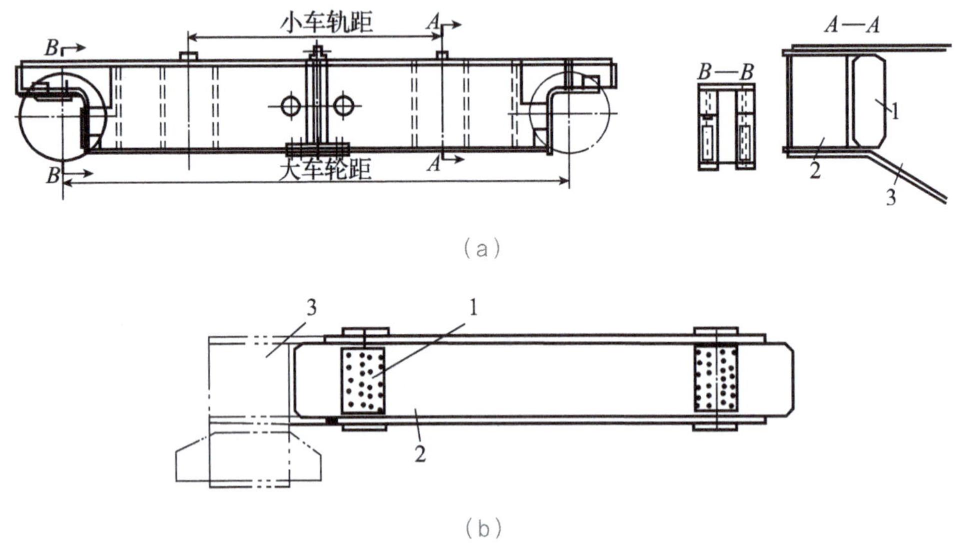

图 6–6 端梁的两种结构形式

1—连接板；2—端梁；3—主梁。

依据桥架宽度和运输条件，在端梁上设置一个或两个安装接头［图 6–6（b）中为两个接头］，即将端梁分成两段或三段，安装接头目前都采用高强螺栓连接板。

对端梁的主要技术要求：翼板水平倾斜 $b \leqslant B/250$（B 为翼板宽度），腹板垂直偏斜 $h \leqslant H/250$（H 为腹板高度），同时对两端的弯板有特殊要求。端梁两端弯板［见图 6–7（a）］是安装角型轴承箱及走轮的，大车轮、轴和轴承等零部件装在角型轴承箱内，然后用螺栓紧固在端梁的弯板上，弯板压制成 90° 焊接在腹板上。角型轴承箱两直角面及止口板均经过机械加工，而弯板是非加工面。如弯板直角偏大，则安装角型轴承箱止口板与弯板的间隙大，需加垫片调整，这样既费事，又难以保证质量，因而通常要求弯板直角偏差，折合最外端间隙不大于 1.5mm。同时，为保证桥架受力均匀和行走平稳，应控制同一端梁两端弯板高低差不大于 5mm，并且要求同一车轮两弯板高低差 g 不大于 2mm，如图 6–7（b）所示。

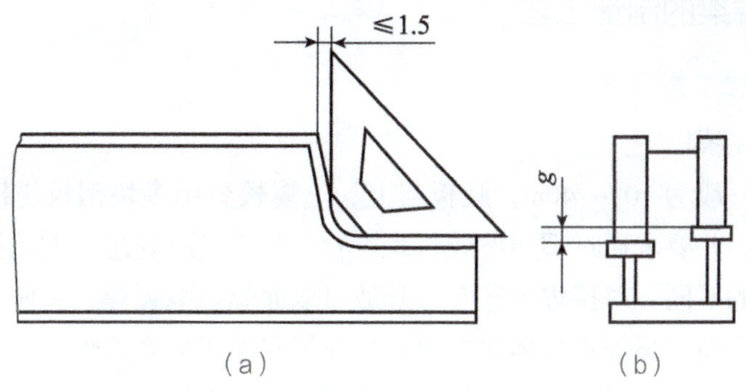

图 6-7　对端梁弯板的技术要求

（a）弯板直角偏差；（b）同一车轮两弯板高低差。

3）小车轨道

起重机轨道有四种：方钢、铁路钢轨、重型钢轨和特殊钢轨。中小型起重机采用方钢和轻型铁路钢轨；重型起重机采用重轨和特殊钢轨。中轨箱形梁桥架的小车轨道安放在主梁上翼板的中部。轨道多采用压板固定在桥架上，如图 6-8 所示。

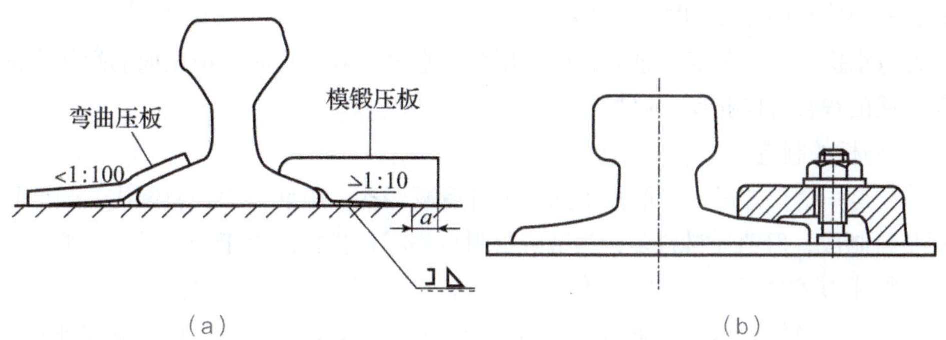

图 6-8　轨道压板形式（a=10mm，无斜度）

（a）焊接压板；（b）螺栓压板。

为保证小车正常运行和桥架承载的需要，小车轨道安装时应满足以下要求：对同截面小车两轨道的高低差 c 有一定限制，一般当轨距 $T \leqslant 2.5$m 时，c=3；轨距 $T > 2.5$m 时，$c \leqslant 5$mm，如图 6-9 所示。同时，两轨道应相互平行，轨距偏差为 ±5mm。小车轨道的局部弯曲也有限制，一般在任意 2m 范围内不大于 1mm。

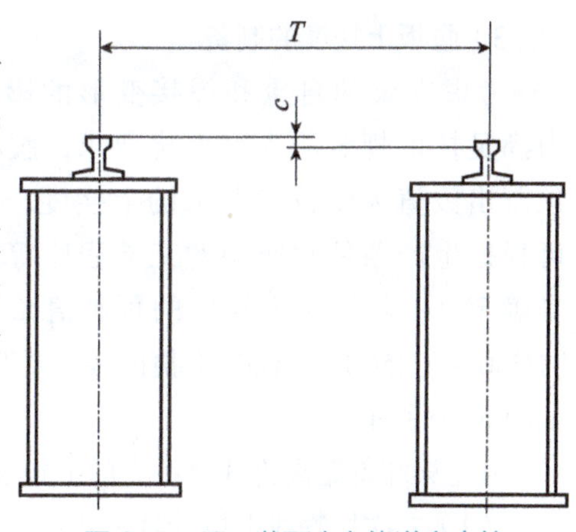

图 6-9　同一截面小车轨道高度差

二、主梁及端梁的制造工艺

1. 主梁制造工艺要点

1）拼板对接焊工艺

主梁长度一般为 10 ~ 40m，腹板与上、下翼板要用多块钢板拼接而成，所有拼缝均要求焊透，并要求通过超声波或射线检验，其质量应满足起重机技术条件中的规定。根据板厚的不同，对接焊工艺有：开坡口双面焊条电弧焊；一面焊条电弧焊，另一面埋弧焊；双面埋弧焊；气体保护焊；单面焊双面成形埋弧焊。采用前四种工艺拼接时，当一面拼焊好后，必须把焊件翻转进行清根等工序。如拼板较长，翻转操作不当，会引起翘曲变形。若采用单面焊双面成形埋弧焊，具有焊缝一次成形、不需翻转清根、对装配间隙和焊接参数要求不十分严格等优点，钢板厚度在 5 ~ 12mm 之间时，此法应用十分广泛。考虑到焊接时的收缩，拼板时应留有一定的余量。

为避免应力集中，保证梁的承载能力，翼板与腹板的拼接接头不应布置在同一截面上，错开距离不得小于 200mm；同时，翼板及腹板的拼板接头不应安排在梁的中心附近，一般应离中心 2m 以上。

为防止拼接板时角变形过大，可采用反变形法。双面焊时，第二面的焊接方向要与第一面的焊接方向相反，以控制变形。

2）筋板的制造

筋板是一个长方形，长筋板中间一般开有减轻孔。短筋板用整料制成，长筋板也可用整料制成，但消耗材料多，为节省材料可用零料拼接。由于筋板尺寸影响到装配质量，要求其宽度差不能大，只能小 1mm 左右；长度尺寸允许有稍大一些的误差。筋板的 4 个角应保证 90°，尤其是筋板与上盖板接触处的两个角更应严格保证直角，这样才能保证箱形梁在装配后腹板与上盖板垂直，并且使箱形梁在长度方向不会产生扭曲变形。

3）腹板上挠度的制备

考虑支梁的自重和焊接变形的影响，为满足技术规定的主梁上挠要求，腹板应预制出数值大于技术要求的上挠度，具体可根据生产条件和所用的工艺程序等因素来确定，一般跨中上挠度的预制值 f_m 可取（1/350 ~ 1/450）L。目前，上挠曲线主要有二次抛物线、正弦曲线以及四次函数曲线等，如图 6–10 所示。

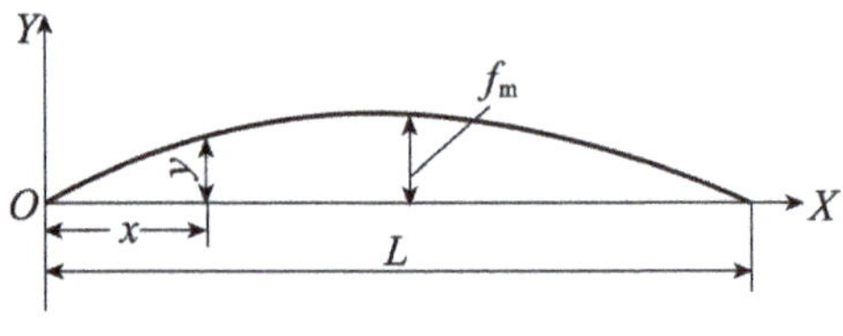

图 6–10 预制腹板上挠曲线

到主梁端部距离为任意一点的上挠度值：

（1）二次抛物线上挠计算公式：

$$y=4f_m x\,(L-x)\,/L^2 \tag{6-1}$$

（2）正弦曲线上挠计算公式：

$$y=f_m\sin180°\ x/L \tag{6-2}$$

（3）四次函数曲线上挠计算公式：

$$y=16f_m\left[x(L-x)/L^2\right]^2 \tag{6-3}$$

国内起重机制造一般采用二次抛物线上挠计算法，此法与正弦曲线上拱计算法的共同问题是端头起挠太快。生产中，开始几点的上拱计算值必须加以修整，以减缓拱度。采用四次函数作上挠曲线，是取在移动载荷与自重载荷作用下梁下挠曲线的相反值，端头起挠较为平缓，故称为理想挠度曲线。

腹板上挠度的制备方法多采用先划线后气割，切出具有相应的曲线形状。在专业生产时，也可采用靠模气割。图6-11为腹效靠模气割示意图，气割小车1由电动机驱动，4个滚轮4沿小车导轨3做直线运动，运动速度为气割速度且可调节。小车上装有可做横向自由移动的横向导杆7，导杆的一端装有靠模滚轮6沿着靠模5移动。靠模制成与腹板上挠曲线相同形状的导轨。导杆上装有两个可调节的割嘴2，割嘴间的距离应等于腹板的高度加割缝宽度。当小车沿导轨运动时，就能割出与靠模上挠曲线一致的腹板。

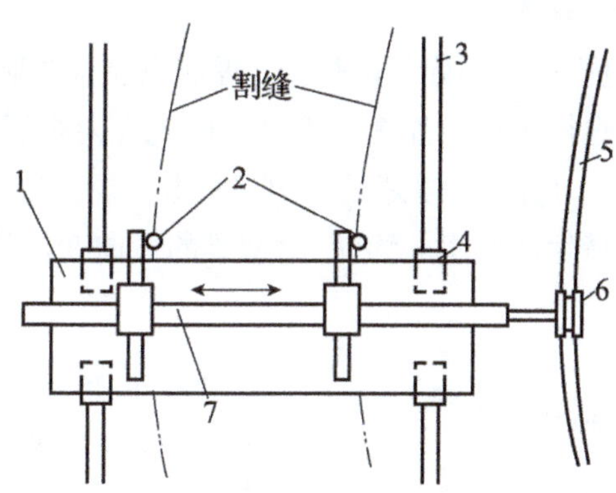

图6-11　腹板靠模气割示意图

1—气割小车；2—气割嘴；3—小车导轨；4—滚轮；5—靠模；6—靠模滚轮；7—横向导杆。

4）装焊 π 形梁

π 形梁由上翼板、腹板和筋板组成。该梁的组装定位焊分为机械夹具组装和平台组装两种，目前应用较广的是采用平台组装工艺，又以上翼板为基准的平台组装居多。装配时，先在上翼板上的划线定位的方式装配筋板，用90° 角尺检验垂直度后进行点固，为减小梁的下挠变形，装好筋板后应进行筋板与上翼板焊缝的焊接。如翼板未预制旁弯，焊接方向应由内侧向外侧［图6-12（a）］，以满足一定旁弯的要求；如翼板预制有旁弯，则方向应如图6-12（b）所示，以控制变形。

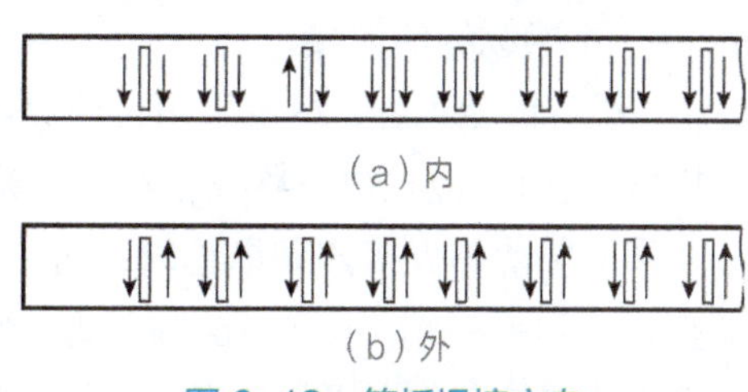

图6-12　筋板焊接方向

组装腹板时，首先要求在上翼板和腹板上

分别划出跨度中心线，然后用吊车将腹板吊起与翼板、筋板组装，使腹板的跨度中心线对准上翼板的跨度中心线，然后在跨中点定位焊。腹板上边用安全卡 1（图 6–13）将腹板临时紧固到长筋板上，可在翼板底下打楔子使上翼板与腹板靠紧，通过平台孔安放沟槽限位板 3，斜放压杆 2，并注意压杆要放在筋板处。当压下压杆时，压杆产生的水平力使下部腹板靠严筋板。为了使上部腹板与筋板靠紧，可用专用夹具式腹板装配胎夹紧。由跨中组装后，定位焊至腹板一端，然后用垫块垫好（图 6–14），再装配定位焊另一端腹板。

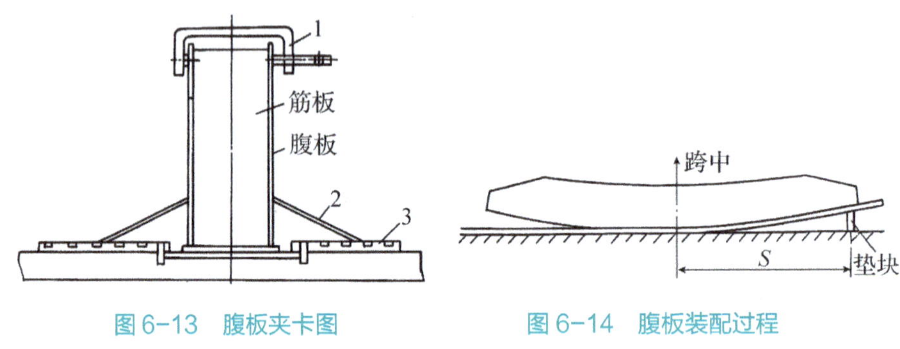

图 6–13　腹板夹卡图

1—安全卡；2—压杆；3—沟槽限位板。

图 6–14　腹板装配过程

腹板装好后，即应进行筋板与腹板的焊接。焊前应检查变形情况以确定焊接顺序。如旁弯过大，应先焊外腹板焊缝；如旁弯不足，应先焊内腹板焊缝隙。对 π 形梁内壁所有焊缝，就国内生产而言，大多还是采用焊条电弧焊。较理想的是用 CO_2 气体保护焊，以减小变形，提高生产效率。为使 π 型梁的弯曲变形均匀，应沿梁的长度由偶数焊工对称施焊。

5）下翼板的装配

下翼板的装配关系到主梁最后成形质量。装配时先在下翼板上划出腹板的位置线，将 π 型梁吊装在下翼板上，两端用双头螺杆将其压紧固定（图 6–15）；然后用水平仪和线锤检验梁中部和两端的水平和垂直度及拱度，如有倾斜或扭曲时，用双头螺杆单边拉紧。下翼板与腹板的间隙应不大于 1mm，点焊时应从中间向两端同时进行。主梁两端弯头处的下翼板可借助起重机的拉力进行装配定位焊。

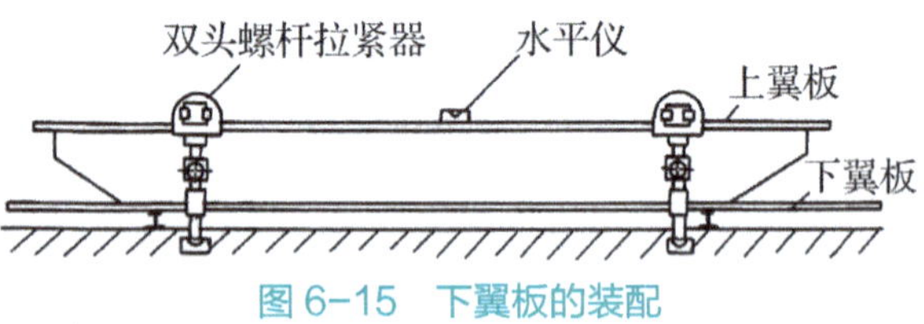

图 6–15　下翼板的装配

6）主梁纵缝的焊接

主梁有四条纵缝，尽量采用自动焊焊接。焊接顺序视梁的拱度和旁弯的情况而定。当拱度不够时，应先焊下翼板左右两条纵缝；挠度过大时，应先焊上翼板左右两条纵缝。

采用自动焊焊接四条纵缝时，可采用图 6–16 所示的焊接方式，焊接时从梁的一端直通焊到另一端。图 6–16（a）为“船形”位置单机头焊，主梁不动，靠焊接小车移动完成焊接工作。平焊位置可采用双机头焊［图 6–16（b）、（c）］，其中图（b）

为靠移动工件完成焊接，图（c）为通过机头移动来完成焊接操作。

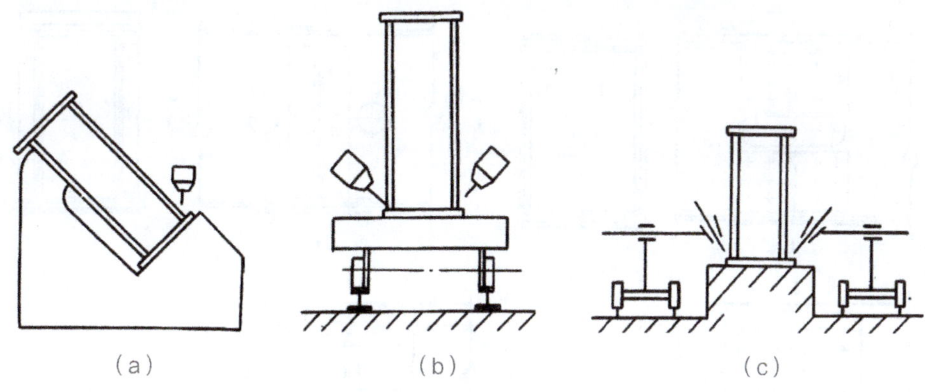

图 6–16 主梁纵缝自动焊

当采用焊条电弧焊时，应采用对称的焊接方法，即把箱形梁平放在支架上，由四名焊工同时从两侧的中间分别向梁的两端对称焊接，焊完后翻身，以同样的方式焊接另外一边的两条纵缝。

7）主梁的矫正

箱形主梁装焊完毕后应进行检查，每根箱形梁在制造时均应达到技术条件的要求，如果变形超过了规定值，应进行矫正。矫正时，应根据变形情况采用火焰矫正法，选择好加热的部位与加热方式进行矫正。

2. 端梁的制造工艺要点

箱形双梁桥架的端梁都采用钢板焊成的箱形结构，并在水平面内与主梁刚性连接。将主梁和端梁焊接成整体，这对运输造成一定的困难，因此尚需在端梁中设置 1 ~ 2 个运输安装接头，即把端梁分成 2 ~ 3 段，通过螺栓连接。安装接头有两种形式：一种是连接板连接；另一种是角钢连接，如图 6–17 所示。

考虑到端梁与主梁连接焊缝均在端梁内侧，因此在组装焊接端梁时应注意各焊缝的方向与顺序，使端梁与主梁装焊前有一定的外弯量。端梁制造的大致工艺过程如下：

1）备料

主要包括上、下翼板、腹板、筋板及两端的弯板。弯板采用压制成形，各零件应满足技术规定。

2）装焊

首先装配并焊接筋板与上翼板，再装配两腹板并定位，然后装弯板（弯板是整个端梁的关键，装焊中必须严格保证弯板的角度）。为保证一端的一组弯板能在同一平面内，可预先在平台上用定位胎将其连成一体。组装弯板后，要用水平尺检查弯板水平度并调节两端弯板的高度公差在规定范围内。接着进行端梁内壁焊缝的焊接，先焊外腹板与筋板、弯板的焊缝，再焊内腹板与筋板、弯板的焊缝，然后装配下翼板并定位。最后焊接端梁四条纵焊缝，并且下翼板与腹板纵缝应先焊。端梁制好后同样应对主要技术要求进行检查，不符合规定的应进行矫正。

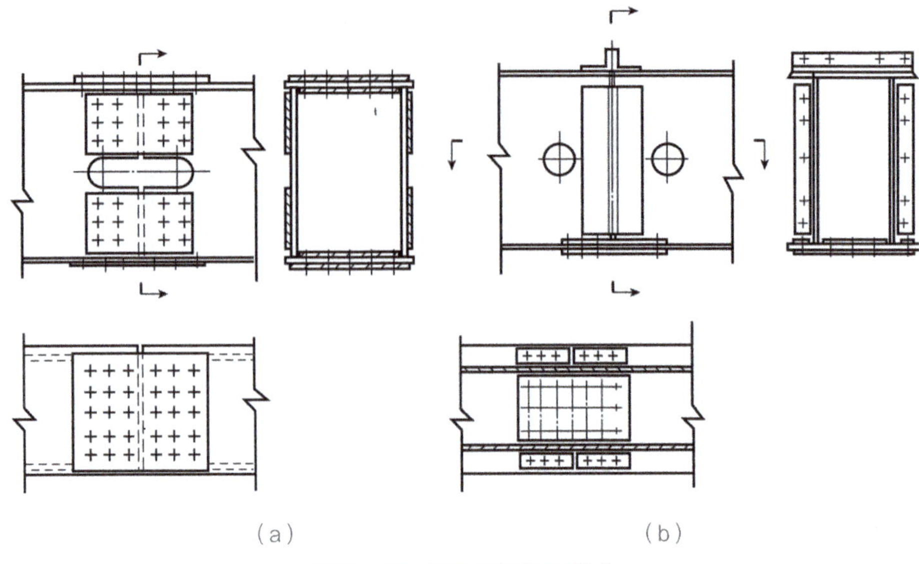

图 6-17 端梁安装接头形式

(a)连接板连接;(b)角钢连接。

三、桥架的装配与焊接工艺

桥架组装焊接工艺包括主梁与端梁组装焊接、组装焊接走台、组装焊接小车轨道与焊接轨道压板等。主梁的外侧焊有走台，主梁腹板上焊有纵向角钢，与走台相连。

1. 桥架装焊工艺选择

1)作业场地的选择

由于户外环境易造成桥架外形尺寸的变化，所以组装应尽量选择在厂房内进行。必须在露天条件下作业时应随时进行测量，以便对尺寸进行修正。

2)垫架位置的选择

由于自重对主梁挠度有影响，主梁垫架位置应选择在主梁的跨端或接近跨端的位置。起重量较小的桥架在最后测量调整时应尽量垫到端梁处。

3)桥架组装基准

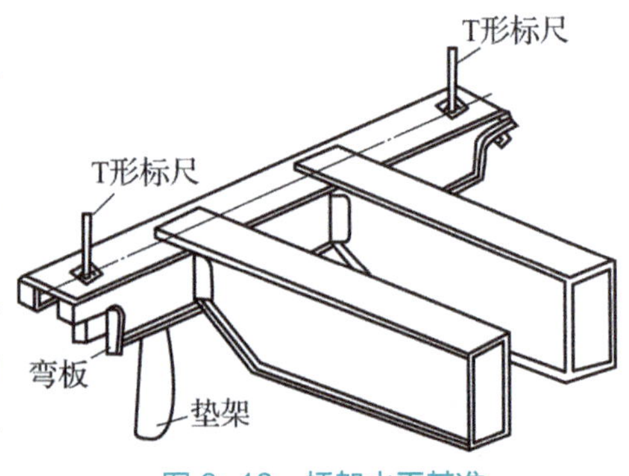

图 6-18 桥架水平基准

为使桥架安装车轮后能正常运行，两个端梁上的4组弯板组装时应在同一水平面内，以该水平面为组装调整桥架各部的基准。为此，可穿过端梁上翼板的吊装孔立 T 形标尺，(图 6-18 为一个端梁上的两组弯板)，4 个 T 形标尺的下部分别固定到 4 组弯板上，用水平仪依次测量 4 个 T 形标尺上的测量点并作调整，如果 4 个 T 形标尺的测量点在同一水平面上，则4组弯板即在同一水平面内。

4）桥架装焊顺序

为减小桥架整体焊接变形，在桥架组装前应焊完所有部件本身的焊缝，不要等到整体组装后再补焊。因为部件焊接变形容易控制，便于翻转，容易施焊，可提高焊缝质量。

2. 桥架组装焊接工艺要点

1）主、端梁组装焊接

将分别经过阶段验收的两根主梁摆放到垫架上，通过调整，使两主梁中心线距离、对角线差及水平高低差等均在相应的规定之内。然后，在端梁上翼板划出纵向中心线，用直尺将弯板垂直面的位置引到上翼板，与端梁纵向中心线相交得基准点，以基准点为依据划出主梁装配时的纵向中心线，而后将端梁吊起划线部位与主梁装配，用夹具将端梁固定于主梁上翼板上，调整端梁应使端梁上翼板两端的 A' 、C' 、B' 、D' 四点水平度差及对角线 $A'D'$ 与 $B'C'$ 之差在规定的数值内，如图6-19所示。同时，穿过吊装孔立T形标尺，用水准仪测量调整，保证同一端梁弯板水平面的标高差及跨度方向标高差不超过规定数值，所有这些项目检查合格后，再进行定位焊。

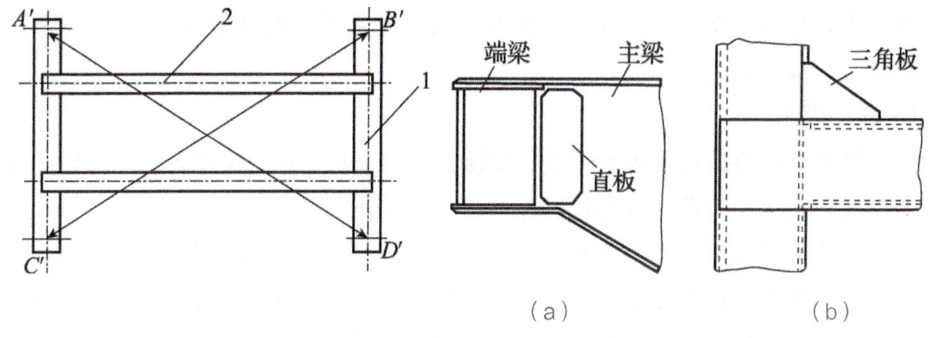

图6-19　主梁与端梁组装图

1—端梁；2—主梁。

图6-20　主梁与端梁焊接连接

（a）直板连接；（b）三角板连接。

主梁与端梁采用的焊接连接方式有直板连接和三角板连接两种，如图6-20所示。主要焊缝有主梁与端梁上、下翼板焊缝，直板焊缝或三角板焊缝。为减小变形与应力，应先焊上翼板焊缝，然后焊下翼板焊缝，再焊直板或三角板焊缝。先焊外侧焊缝，后焊内侧焊缝。

2）组装焊接走台

为减小桥架的整体变形，走台的斜撑与连接板要按图样尺寸预先装配焊接成组件（图6-21），再进行桥架组装焊接。组装时，按图样尺寸划走台的定位线，走台应与主梁上翼板平行，即具有与主梁一致的上挠曲线。装配横

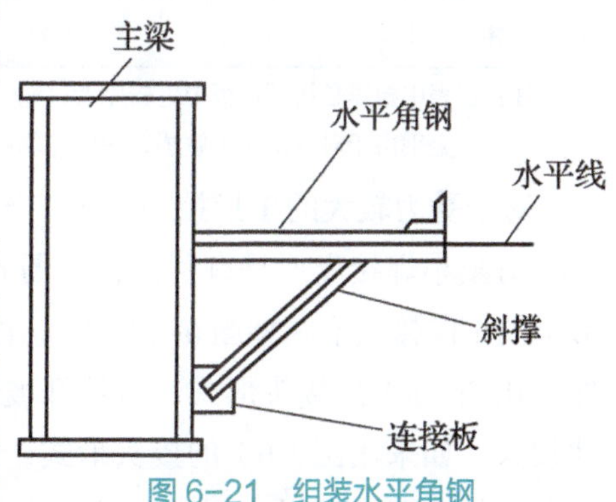

图6-21　组装水平角钢

向水平角钢时，用水平尺找正，使外端略高于水平线定位焊于主梁腹板上，然后组装定位焊斜撑组件，再组装定位焊走台边角钢。走台边角钢应具有与走台相同的上挠度。走台板应在接宽的纵向焊缝完成后进行矫平，然后组装定位焊在走台上。整个走台的焊缝焊接时，为减小应力变形，应选择好焊接顺序，水平外弯大的一侧走台应先焊，走台下部焊缝应先焊。

3）组装焊接小车轨道

小车轨道用电弧焊方法焊接成整体，焊后磨平焊缝。小车轨道应平直，不得扭曲和有显著的局部弯曲。轨道与桥架组装时，应预先在主梁的上翼板划出轨道位置线，然后装配，再定位焊轨道压板。为使主梁受热均匀，从而使下挠曲线对称，可由多名焊工沿跨度均匀分布，同时焊接。

桥式起重机桥架组装焊接后应全面检测，符合技术要求。

四、梁焊接后的变形及防止措施

1. 焊后的变形

梁通常是由低碳钢板制成，而且厚度也不大，加之梁的长度与高度之比较大，焊后的变形主要是弯曲变形，当焊接方向不正确时也会产生扭曲变形。

2. 减小变形的方法

1）减小焊缝尺寸

焊缝尺寸直接关系到焊接工作量和焊接变形的大小。焊缝尺寸大，不但焊接量大，而且焊接变形也大。因此，在保证梁的承载能力的前提下，应采用较小的焊缝尺寸。不合理地加大焊缝尺寸，主要表现在角焊缝上。角焊缝在许多情况下受力并不大，例如梁的筋板和腹板之间的角焊缝，并不承受很大的应力，因此没有必要采用大尺寸的焊缝。表 6–1 是不同厚度低碳钢板的最小角焊缝尺寸，供参考。

表 6–1 不同厚度低碳钢板的最小角焊缝尺寸

项 目	数 值				
板厚（mm）	≤ 6	7 ~ 18	19 ~ 30	31 ~ 50	51 ~ 100
最小焊角（°）	3	4	6	8	10

注：1. 表中板厚是指两焊板中之较厚者；

2. 低合金钢由于对冷却速度敏感，在同样厚度条件下，最小焊角尺寸应比表中的数值要大些。

对于受力较大的 T 形接头和十字接头，在保证相同的强度条件下，采用开坡口的焊缝对减小焊接变形是有利的，如图 6–22 所示。但应根据具体情况来安排，例如箱形梁的不同接头形式如图 6–23 所示。由于箱形梁的上下盖板较厚，而两块腹板较薄，如采用图（a）的接头形式，虽然开坡口，但由于坡口开在较厚的盖板上，则焊缝尺寸较大；如采用图（b）的接头形式，虽然是不开坡口的角焊缝，但焊缝尺寸却可减少；又如采用（c）中的接头形式，在腹板上开坡口，则焊缝尺寸最小。

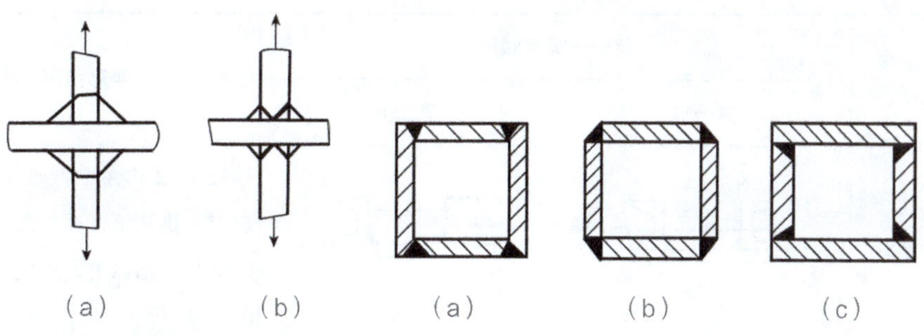

图 6-22 相同承载能力的十字接头

（a）不开坡口；（b）开坡口。

图 6-23 箱形梁的不同接头形式

2）正确的焊接方向

如前所述桥式起重机的主梁上盖板与大小筋板焊接时，每块筋板与上盖板形成一个 T 形接头。若采用图 6-24 所示的“直通”方向焊接，由于每道焊缝都是始焊端的横向收缩大于终焊端，结果整个上盖板就出现终焊端向外凸出的旁弯变形，若采用前面图 6-12 的焊接方向，旁弯变形就能得以克服。

3）正确的装配—焊接顺序

同样一个焊接梁，不同的装配—焊接顺序，焊后产生的变形完全不同。例如一箱形梁由两根槽钢、若干隔板和一块盖板组成，如图 6-25 所示。该焊接梁可用三种不同的装配—焊接顺序进行生产，见表 6-2。

将上述三个方案作比较，可见第一个方案的弯曲变形最大，第三个方案最小，第二个方案介于两者之间。

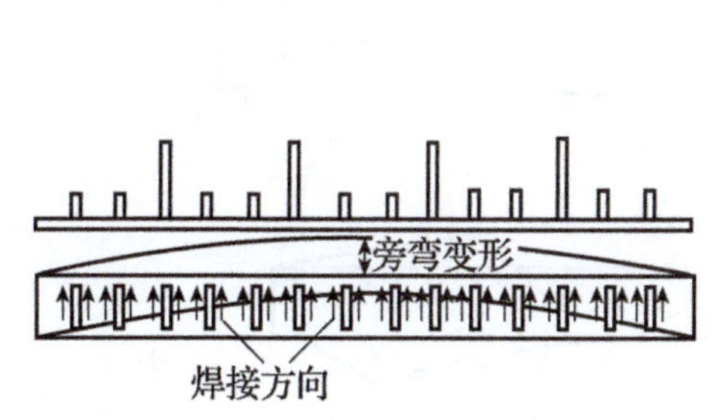

图 6-24　桥式起重机的主梁上盖板与大小筋板“直通”方向焊接

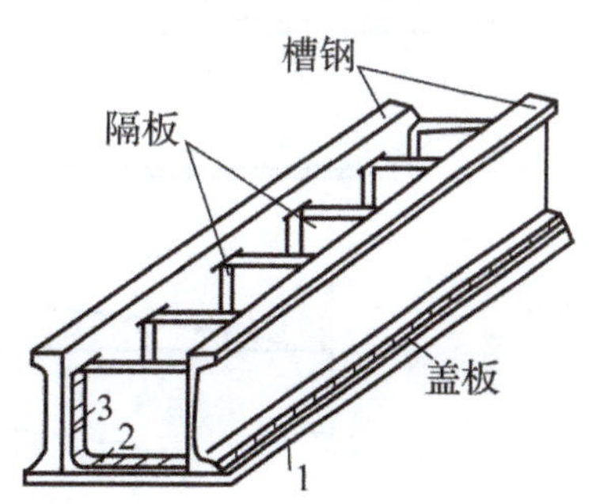

图 6-25　箱形焊接梁的组成

表 6-2　焊接梁的不同装配—焊接顺序

顺序 方案	装配—焊接顺序		变形情况
	第一步	第二步	
第一个方案	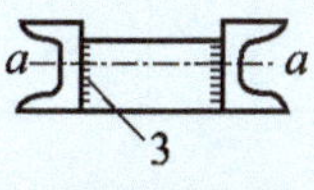 a a 3	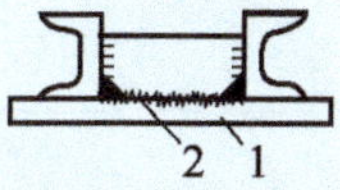 2 1	焊接 3、2、1 均在中性轴 a—a 以下，造成上拱挠度 $f_1\uparrow+f_2\uparrow+f_3\uparrow$

续表

方案 \ 顺序	装配—焊接顺序		变形情况
	第一步	第二步	
第二个方案	b b 1	3 2	焊接 1、2 均在中性轴 *b*—*b* 以下造成上拱挠度，而焊缝 3 大部处于中性心轴以上，造成下弯挠度 $f_1\uparrow+f_2\uparrow-f_3\downarrow$
第三个方案	c c 2	3 1	焊接 2 不造成挠度，即 $f_2=0$，焊缝 3 大部处于中性轴 *c*—*c* 以上，造成下弯挠度 $f_1\uparrow-f_3\downarrow$

3. 预防变形的措施

根据桥式起重机主梁的结构特点，可以预先防止梁焊后残余变形的主要方法是反变形法。反变形法可以用来克服梁的角变形和弯曲变形。

为了提高刚度，桥式起重机主梁内设有大小筋板，由于焊缝大部分集中在梁的上部，焊后会引起下挠的变形，但使用技术要求是焊后引起的变形是上拱。为解决这一矛盾，最简单的方法是采用“腹板预制上拱度”方法，如图 6–26 所示。腹板预制上拱度值的大小，不仅与梁的结构形状和尺寸有关，而且与装配顺序和焊接方法有关。桥式起重机主梁制造时腹板预制上拱度值见表 6–3。

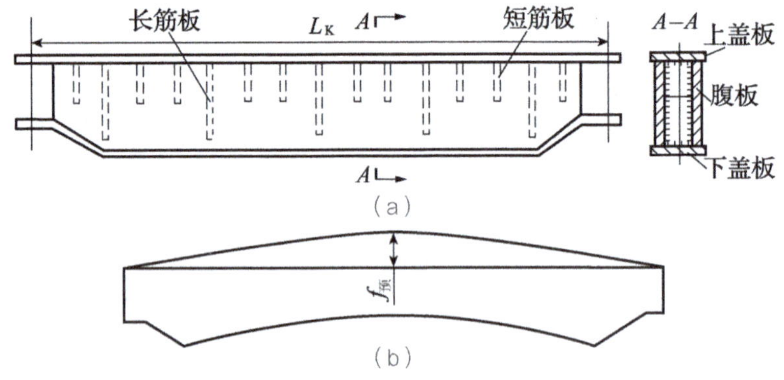

图 6–26 桥式起重机的主梁

（a）主梁结构；（b）主梁腹板预制上拱。

表 6–3 桥式起重机主梁制造时腹板预制上拱度值

项　目	数　值							
跨度 L_K（m）	10.5	13.5	16.5	19.5	22.5	25.5	28.5	31.5
预制上拱度值 $f_{预}$（mm）	21	30	45	53	60	85	100	125

4. 箱形梁的矫正

当箱形梁上拱度不足时，可用气体火焰在下盖板的长筋板处进行横向线状加热，并且在腹板下部的长筋板处进行三角形加热（图 6–27），使箱形梁的下部产生收缩变形，增加梁的上拱度。当上拱度过大时，则应加热上盖板的长筋板处和腹板上部的长筋板处。矫正旁弯应在外侧腹板上，沿着上筋板的方向进行线状加热。

当箱形梁出现扭曲变形时，先把梁放在平台上并用螺旋拉紧器拉紧，再在梁的中部对上盖板进行加热（图 6–28）。加热宽度 30 ~ 40mm，加热温度和速度应根据扭曲程度不同适当掌握。若扭曲变形很大，对中部腹板进行同样加热，加热后立即扭紧螺旋拉紧器。若这样加热校正后仍有扭曲变形，则要再加热箱形梁两端的腹板，在 A 端加热左腹板，B 端加热右腹板，加热线倾斜约 40° 。在加热后要同时拧紧两个螺旋拉紧器，待冷却后若梁还存在扭曲变形则应重复上述过程，但加热位置尽可能不与已加热的部位重合。

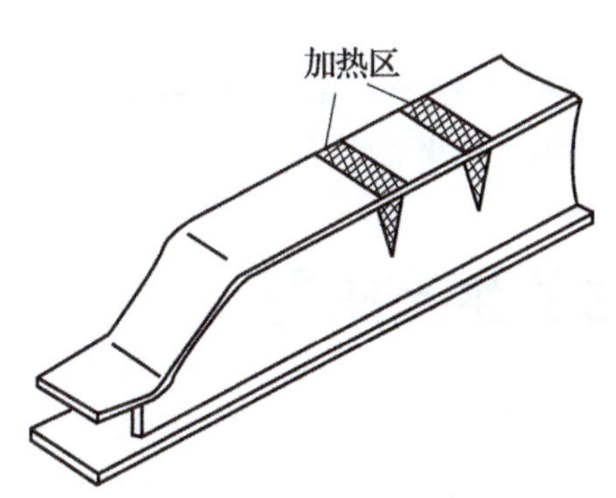

图 6–27 箱形梁扭曲变形的矫正

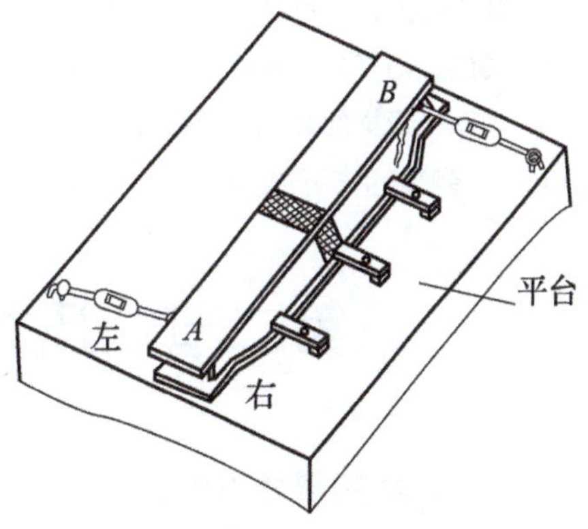

图 6–28 箱形梁的气体火焰矫正

课堂笔记：________

练习题

一、填空题

1. 桥式起重机由________、________、________等组成。

2. 桥式起重机主梁内的长短筋板可以提高梁的________和________承受载荷的能力。

3. 梁焊后的变形主要是________，当焊接方向不正确时也会产生________。

4. 等断面梁结构简单，易于实现自动化焊接，但________较大。为了合理使用金属，可按受力情况设计成不同形式的________。

二、判断题

1. 箱形梁的断面形状为封闭形，因此整体结构刚性大，可以承受较大的外力。（ ）

2. 为了提高腹板的稳定性，减少腹板的波浪变形，箱形梁内可焊接长短筋板。（ ）

3. 桥式起重机主梁焊后会引起下挠的变形，为解决这一矛盾，可采用“腹板预制上拱度”的方法。（ ）

4. 梁的筋板和腹板之间的角焊缝，承受很大的应力，因此有必要采用大尺寸的焊缝。（ ）

5. 箱形梁的上、下盖板较厚，而两块腹板较薄，若在腹板上开坡口，则焊缝尺寸最小，故可

有效地减小焊接变形。 （ ）

三、选择题

1．工作时承受弯曲的杆件称为________。

A．梁　　B．柱　　C．轴

2．箱形梁内的长、短筋板可以提高梁的________。

A．韧性　　B．刚度　　C．强度　　D．硬度

3．为解决桥式起重机主梁焊后产生旁弯变形这一问题，最简单的方法是采用________方法。

A．腹板预制下拱度　　B．腹板校平

C．热处理　　D．腹板预制上拱度

四、思考题

1．什么样的杆件可被称作梁？根据外形，梁可以分为哪几类？

2．梁的断面形状有哪两类？各有何特点？

3．说明箱形梁的装配—焊接过程，箱形梁生产的主要问题是什么？怎样解决这一问题？

4．梁焊接后主要产生何种变形？减小梁焊接后变形的方法有哪些？

第二节　压力容器的生产工艺

一、压力容器的基本知识

压力容器是能承受一定压力作用的密闭容器，它主要用于石油化工、能源工业、科研和军事工业等方面；同时在民用工业领域也得到广泛应用，如煤气或液化石油气罐、蓄能器、换热器、分离器以及大型管道工程等。

1．压力容器的分类

压力容器按其承受压力的高低分为常压容器和压力容器。两种容器无论在设计、制造方面，还是在结构、重要性等方面均有较大的差别。按“压力容器安全技术监察规程”的规定，压力容器是指最高工作压力大于或等于 0.1MPa，容积大于或等于 25L，工作介质为气体、液化气体或最高工作温度高于或等于标准沸点的液体的容器。

压力容器的分类方法很多，主要的分类方法有以下两种：

1）按设计压力划分

可分为四个承受等级：

（1）低压容器（代号 L）：$0.1\text{MPa} \leqslant P < 1.6\text{MPa}$。

（2）中压容器（代号 M）：$1.6\text{MPa} \leqslant P < 10\text{MPa}$。

（3）高压容器（代号 H）：$10\text{MPa} \leqslant P < 100\text{MPa}$。

（4）超高压容器（代号 U）：$P \geqslant 100\text{MPa}$。

2）按综合因素划分

在承受等级划分的基础上，综合压力容器工作介质的危害性（易燃，致毒等程度），可将压力容器分为Ⅰ、Ⅱ和Ⅲ类：

（1）Ⅰ类容器。一般指低压容器（Ⅱ、Ⅲ类规定的除外）。

（2）Ⅱ类容器。属于下列情况之一者：①中压容器（Ⅲ类规定的除外）；②易燃介质或毒性程度为中度危害介质的低压反应容器和储存容器；③毒性程度为极度和高度危害介质的低压容器；④低压管壳式余热锅炉；⑤搪玻璃压力容器。

（3）Ⅲ类容器。属于下列情况之一者：①毒性程度为极度和高度危害介质的中压容器和 $p_V \geqslant 0.2\text{MPa}\cdot\text{m}^3$ 的低压容器；②易燃或毒性程度为中度危害介质且 $p_V \geqslant 0.5\text{MPa}\cdot\text{m}^3$ 的中压反应容器或 $\geqslant 10\text{MPa}\cdot\text{m}^3$ 的中压储存容器；③高压、中压管壳式余热锅炉；④高压容器。

2. 压力容器的结构特点

压力容器有多种结构形式，最常见的结构为圆柱形、球形和锥形三种（图 6–29）。球形容器的结构特点将在后面介绍，由于圆柱形和锥形容器在结构上大同小异，所以这里只简单介绍圆柱形容器的结构特点。

1）筒体

筒体是压力容器最主要的组成部分，由它构成储存物料或完成化学反应所需存在大部分压力的空间。当筒体直径较小（小于 500mm）时，可用无缝钢管制作。当筒体直径较大时，筒体一般用钢板卷制或压制（压成两个半圆）后焊接而成。筒体较短时可做成完整的一节，当筒体的纵向尺寸大于钢板的宽度时，可由几个筒节拼接而成。由于筒节与筒节或筒节与封头之间的连接焊缝呈环形，故称为环焊缝。所有的纵、环焊缝焊接接头，原则上均采用对接接头。

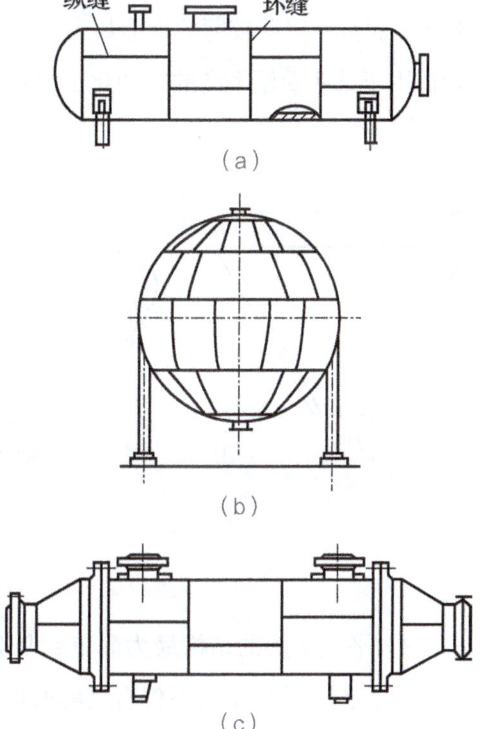

图 6–29　容器的典型形式

（a）圆柱形；（b）球形；（c）锥形。

2）封头

根据几何形状的不同，压力容器的封头可分为凸形封头、锥形封头和平盖封头三种，其中凸形封头应用最多。

（1）凸形封头包括椭圆形封头、碟形封头、无折边球形封头和半球形封头（图 6–30）。

椭圆形封头的纵剖面呈半椭圆形，一般采用长短轴比值为 2 的标准。

碟形封头又称为带折边的球形封头。它由三部分组成：第一部分为内半径为 R_i 的球面；第二部分为高度为 h 的圆形直边；第三部分为连接第一、二部分的过渡区（内半径为 r）。该封头特点为深度较浅，易于压力加工。

无折边球形封头又称球缺封头。虽然它深度浅，容易制造，但球面与圆筒体的连接处存在明显的外形突变，使其受力状况不良。这种封头在直径不大、压力较低、介质腐蚀性很小的场合可考虑采用。

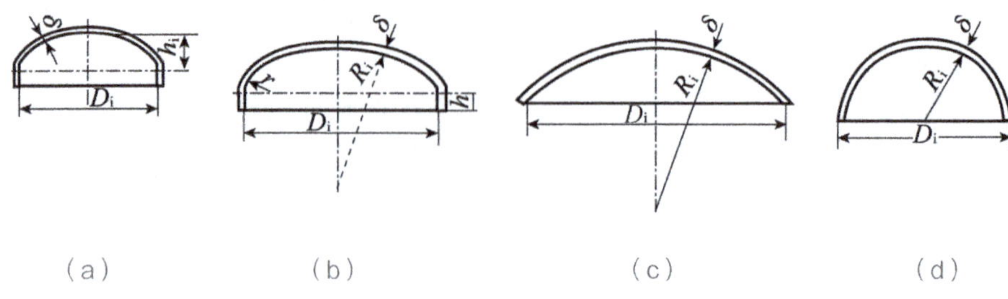

图 6-30　凸形封头

（a）椭圆形封头；（b）碟形封头；（c）无折边球形封头；（d）半球形封头。

（2）锥形封头分为无折边锥形封头、大端折边锥形封头和折边锥形封头三种，如图 6–31 所示。从应力分析知，锥形封头大端的应力最大，小端的应力最小。因此，其壁厚是按大端设计的。

锥形封头由于其形状上的特点，有利于流体流速的改变和均匀分布，有利于物料的排出，而且对厚度较薄的锥形封头来说，制造比较容易，顶角不大时其强度也较好，它较适用于某些受压不高的石油化工容器。

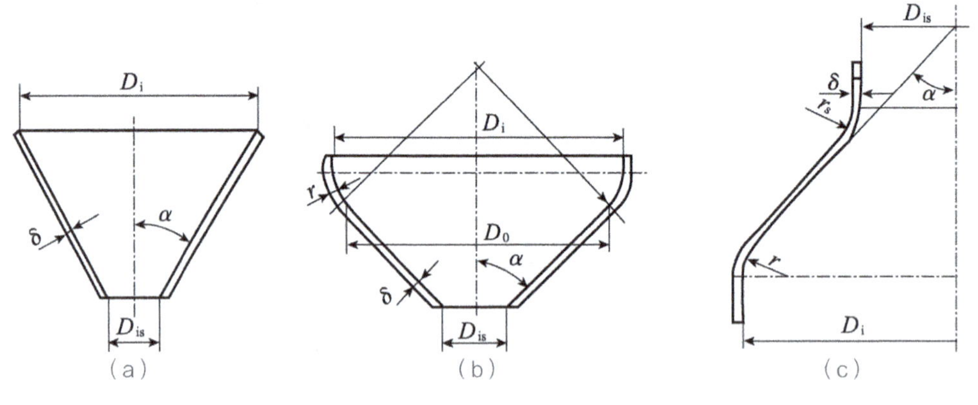

图 6-31　锥形封头

（a）无折边锥形封头；（b）大折边锥形封头；（c）折边锥形封头。

（3）平盖封头的结构最为简单，制造也很方便，但在受压情况下平盖中产生的应力很大，因此，要求它不仅有足够的强度，还要有足够的刚度。平盖封头一般采用锻件，与筒体焊接或用螺栓连接，多用于塔器底盖和小直径的高压及超高压容器。

3）法兰

法兰按其所连接的部分，分为管法兰和容器法兰。用于管道连接和密封的法兰称为管法兰；用于容器顶盖与筒体连接的法兰称为容器法兰。法兰与法兰之间一般加密封元件，并用螺栓连接起来。

4）开孔与接管

由于工艺要求和检修时的需要，常在石油化工容器的封头上开设各种孔或安装接管，如人孔、手孔、视镜孔、物料进出接管以及安装压力表、液位计、流量计、安全阀等接管开孔。

手孔和人孔是用来检查容器的内部并用来装拆和洗涤容器内部的装置。手孔的直径一般不小于150mm。直径大于1200mm的容器应开设人孔。位于筒体上的人孔一般开成椭圆形，净尺寸为300mm×400mm；封头部位的人孔一般为圆形，直径为400mm。对于可拆封头（顶盖）的容器及无需内部检查或洗涤的容器，一般可不设人孔。筒体与封头上开设孔后，开孔部位的强度被削弱，一般应进行补强。

5）支座

压力容器靠支座支承并固定在基础上。根据圆筒形容器的安装位置不同，有立式容器支座和卧式容器支座两类。对卧式容器主要采用鞍形支座，对于薄壁长容器也可采用圈形支座，如图6-32所示。

3. 压力容器制造的技术要求和技术条件

压力容器不仅是工业生产中常用的设备，同时也是一种比较容易发生事故的特殊设备。它与其他生产装置不同，压力容器一旦发生事故，不仅使容器本身遭到破坏，往往还会诱发一连串的恶性事故，如破坏其他设备和建筑设施，危及人员的生命和健康，污染环境，给国民经济造成重大损失，其结果可能是灾难性的。所以，必须严格控制压力容器的设计、制造、安装、选材、检验和使用。目前，我国压力容器的生产厂家大多数执行综合性的压力容器系列标准（GB 150.1~150.4—2011），内容包括：压力容器用钢标准及在不同温度下的许用应力，板、壳元件的设计计算，容器制造技术要求、检验方法与检验标准。为贯彻执行这些基础标准，各部门还制定了各种相关的专业标准和技术条件。

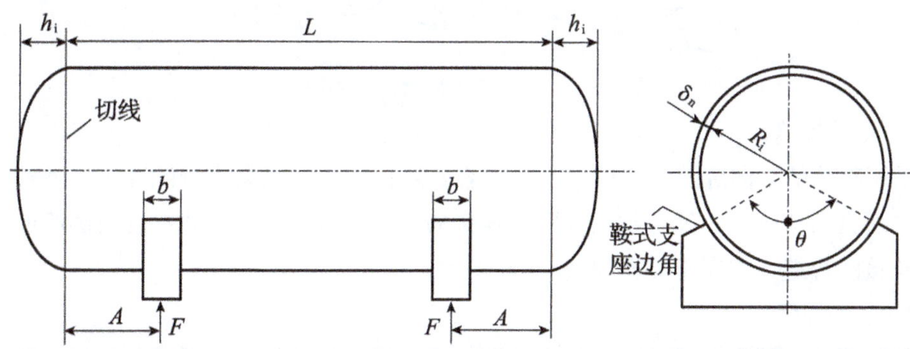

（a）

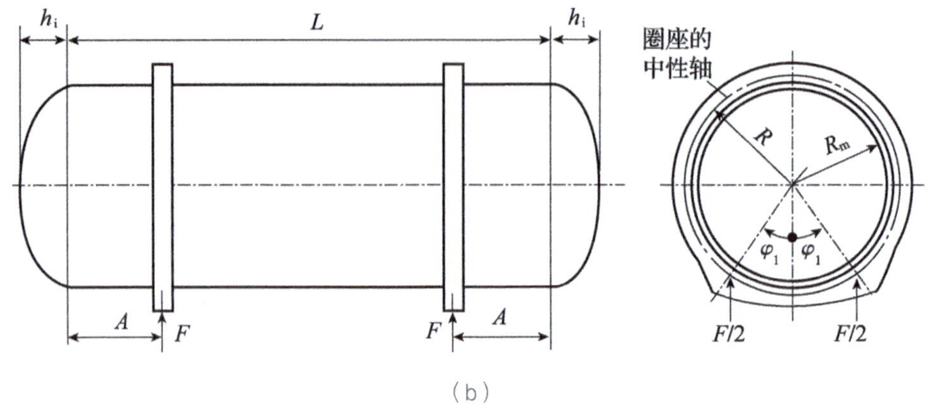

（b）

图 6-32 卧式容器典型支座

（a）鞍形支座；（b）圈形支座。

GB 150.1~150.4—2001 系列标准规定，压力容器受压元件用钢应具有钢材质检证书，制造单位应按该质检证书对钢材进行验收，必要时应进行复检。压力容器受压部分的焊缝按其所在的位置分为 A、B 、C 、D 四类，如图 6-33 所示。

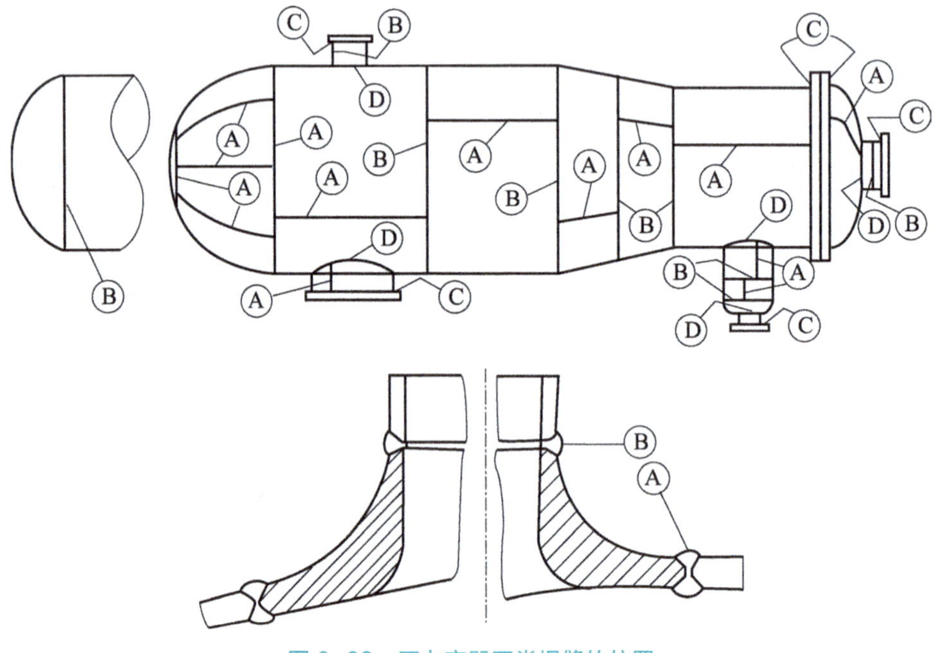

图 6-33 压力容器四类焊缝的位置

1）A 类焊缝

受压部分的纵向焊缝（多层包扎压力容器层板的层间纵向焊缝除外），各种凸形封头的所有拼接焊缝，球形封头与圆筒连接的环向焊缝以及嵌入式接管与圆筒或封头对接连接的焊缝，均属于此类焊缝。

2）B 类焊缝

受压部分的环形焊缝，锥形封头小端与接管连接的焊缝，均属于此类焊缝（已规定为 A、C、D 类的焊缝除外）。

3）C 类焊缝

法兰、平封头、管板等与壳体、接管连接的焊缝，内封头与圆筒的搭接填角焊缝，均属于此类焊缝。

4）D 类焊缝

插管、人孔、凸缘等与壳体连接的焊缝，均属于此类焊缝（已规定为 A、B 类的焊缝除外）。

在标准中，对焊前的冷热加工成形中规定了坡口加工的表面要求，规定了封头的拼接要求及形状和尺寸偏差，A、B 类焊缝对口错边量，焊接在环向，轴向形成的棱角的大小等，以及厚板对接时单面或双面削薄厚板边缘的要求、容器壳体圆度的要求、法兰和平盖按相应的标准要求。焊接技术条件中规定了焊前准备、施焊环境、焊接工艺评定的要求及参照标准、焊缝表面的形状尺寸及外观要求，焊缝返修应符合规定。热处理技术条件中规定了容器及其受压元件需进行热处理的条件、热处理的方式及其使用规则。在试板与试样条例中规定了容器制备焊接试板的条件、热处理试板的条件、制备产品焊接试板、焊接工艺纪律检查试板的要求及试板检验与评定的标准。在无损探伤技术中规定，主要受压部件的焊接接头应进行外形尺寸及外观检查，合格后再进行无损探伤检查；同时还规定了射线探伤或超声波探伤的检查范围，焊缝表面进行磁粉或渗透探伤检查的条件，探伤质量检验的标准。压力试验和致密性试验中，规定了液压和气压试验的介质、试验压力、试验温度及试验的具体方法，气密性试验和煤油渗漏试验的具体过程及要求。

二、中低压压力容器的制造工艺

中低压压力容器结构及制造较为典型，应用也最为广泛。这类容器一般为单层筒形结构，其主要受力元件是封头和筒体，现介绍其具体的生产工艺过程。

1. 封头的制造工艺

目前广泛采用冲压成形工艺加工封头。现以椭圆形封头为例来说明其制造工艺。

封头制造工艺如下：原材料检验→划线→下料→拼缝坡口加工→拼板的装焊→加热→压制成形→二次划线→封头余量切割→热处理→检验→装配。

椭圆形封头压制前的坯料是一个圆形，封头的坯料尽可能采用整块钢板，如直径过大，则一般采用拼接。主要有两种方法：一种是用两块或由左右对称的三块钢板拼焊，其焊缝必须布置在直径或弦的方向上；另一种是由瓣片和顶圆板拼接制成，焊缝方向只允许是径向和环向的。径向焊缝之间最小距离应不小于名义厚度 δ_n 的 3 倍，且不小于 100mm，如图 6-34 所示。封头拼接焊缝一般采用双面埋弧焊。

封头成形有热压和冷压之分。采用热压时，为保证热压质量，必须控制始压和终压温度。低碳钢始压温度一般为 1000℃ ~ 1100℃，终压温度为 850℃ ~ 750℃。加热的坯料在压制前应清除表面的杂质和氧化皮。封头的压制是在水压机（或油压机）上，用凸凹模一次压制成形，不需要采取特殊措施。

已成形的封头还要对其边缘进行加工，以便于和筒体装配。一般应先在平台上划出保证直边高度的加工位置线，用氧气切割割去加工余量，可采用图 6–35 所示的封头余量切割机。此机械装备在切割余量的同时，可通过调整割矩角度直接割出封头边缘的坡口（V 形），经修磨后直接使用。对坡口精度要求高或其他形式的坡口，一般是将切割后的封头放在立式车床上进行加工，以达到设计图样的要求。封头加工完后，应对主要尺寸进行检查，合格后才可与筒体装配焊接。

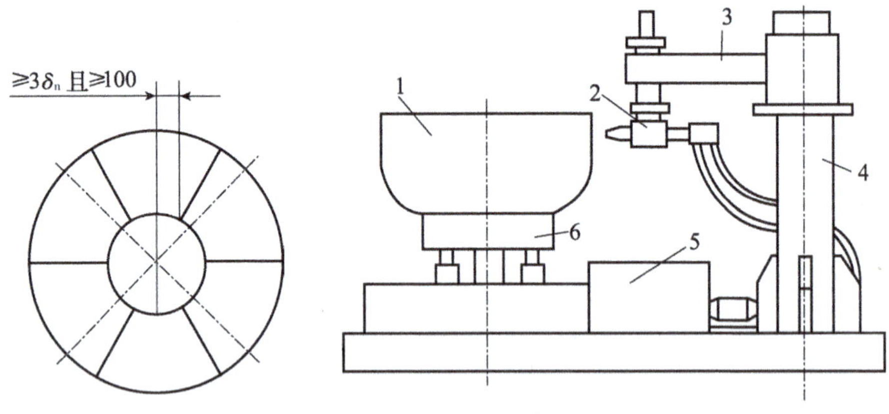

图 6–34 封头拼缝位置

图 6–35 封头余量切割机示意图

1– 封头；2– 割炬；3– 悬臂；4– 立柱；5– 传动系统；6– 支座。

2. 筒节的制造工艺

筒节的制造的一般过程为：原材料检验→划线→下料→边缘加工→卷制→纵缝装配→纵缝焊接→焊缝检验→矫圆→复检尺寸→装配。

筒节一般在卷板机上卷制而成，由于一般筒节的内径比壁厚要大许多倍，所以，筒节下料的展开长度 L 可用筒节的平均直径 D_p 来计算，即

$$L=2\pi D_p$$

$$D_p=D_g+\delta \qquad (6\text{–}4)$$

式中：D_g——筒节的内径；

δ——筒节的壁厚。

筒节可采用剪切或半自动切割下料，下料前先划线，包括切割位置线、边缘加工线、孔洞中心线及位置线等。其中管孔中心线距纵缝及环缝边缘的距离不小于管孔直径的 0.8 倍，并打上样冲标记。图 6–36 所示为筒节划线示意图。

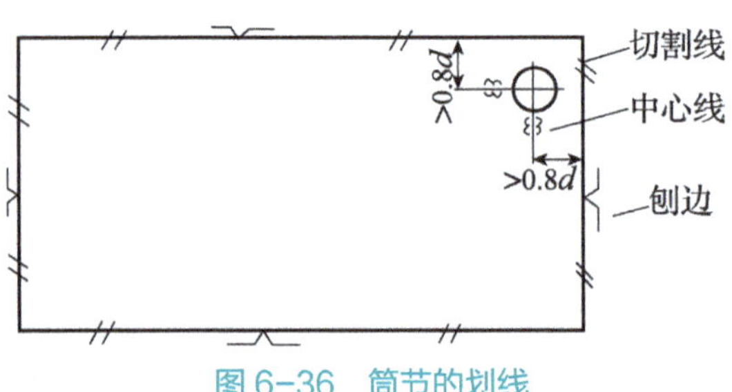

图 6–36 筒节的划线

这里需注意，筒节的展开方向应与钢板轧制的纤维方向一致，最大夹角也应小于 45°。

中低压压力容器的筒节可在三辊或四辊卷板机上冷卷而成，卷制过程中要经常用样板检查曲率。卷圆后，其纵缝处的棱角、径纵向错边量应符合技术要求。

筒节卷制好后，在进行纵缝焊接前应先进行纵缝的装配，主要是采用杠杆—螺旋拉紧器、柱形拉紧器等各种工装夹具来消除卷制后出现的质量问题，满足纵缝对接时的装配技术要求，保证焊接质量。装配好后即进行定位焊。筒节的纵环缝坡口是在卷制前就加工好的，焊前应注意坡口两侧的清理。

筒节纵缝焊接的质量要求较高，一般采用双面焊，顺序是先里后外。纵缝焊接时，一般都应做产品的焊接试板；同时，由于焊缝引弧处和灭弧处的质量不好，故焊前应在纵向焊缝的两端装上引弧板和灭弧板。图6–37为筒节两端装上引弧板、焊接试板和引出板的情况。筒节纵缝焊接完后还须按要求进行无损探伤，再经矫圆，满足圆度的要求后才送入装配。

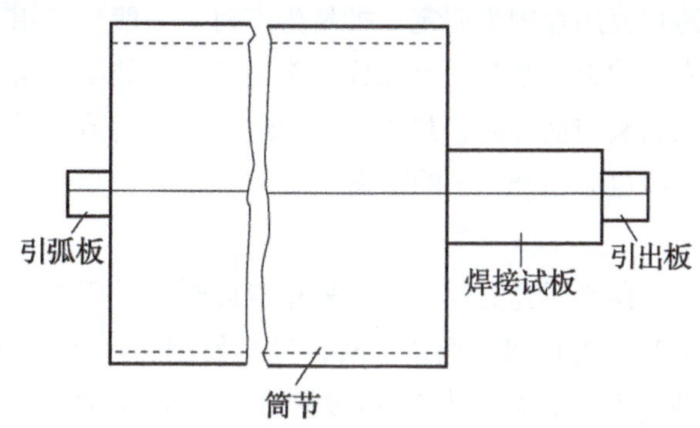

图6–37 焊接试板、引弧板和引出板与筒节的组装情况

3. 容器的装配工艺

容器的装配是指各零部件间的装配，其接管、人孔、法兰、支座等的装配较为简单，下面主要分析筒节与筒节以及封头与筒节之间的环缝装配工艺。

筒节与筒节之间的环缝装配要比纵缝装配困难得多，其装配方法有立装和卧装两种。

（1）立装适合于直径较大而长度不太大的容器，一般在装配平台或车间地面上进行。装配时，先将一筒节吊放在平台上，然后再将另一筒节吊装其上，调整间隙后，即沿四周定位焊，依相同的方法再吊装上其他筒节。

（2）卧装一般适合于直径较小而长度较大的容器。多在滚轮架或V形铁上进行。先把将要组装的筒节置于滚轮架上，将另一筒节放置于小车式滚轮架上，移动辅助夹具使筒节靠近、端面对齐。当两筒节连接可靠时，将小车式滚轮架上的筒节推向滚轮架上，再装配下一筒节。

筒节与筒节装配前，可先测量周长，再根据测量尺寸采用选配法进行装配，以减小错边量；或在筒节两端内使用径向推撑器，把筒节两端整圆后再进行装配。另外，相邻筒节的纵向焊缝应错开一定的距离，其值在周围方向应大于筒节壁厚的3倍以上，并且不应小于100mm。

封头与筒体的装配也可采用立装和卧装，当封头上无孔洞时，也可先在封头外临时焊上起吊用吊耳（吊耳与封头材质相同），以便于封头的吊装。立装与前面所述筒节之间的立装相同。卧装时，如是小批量生产，一般采用简易装配法，如图6–38所示。

装配时，在滚轮架上放置筒体，并使筒体端面伸出滚轮架外 400 ~ 500mm，用起重机吊起封头，送至筒体端部，相互对准后横跨焊缝焊接一些刚性不太大的小板，以便固定封头与筒体间的相互位置。移去起重机后，用螺旋压板等将环向焊缝逐段对准到适合的焊接位置，再用“Π 形马”横跨焊缝用点固焊固定。批量生产时，一般是采用专门的封头装配台来完成封头与筒体的装配。组装封头与筒体时，封头拼接焊缝与相邻筒节的纵焊缝也应错开一定的距离。

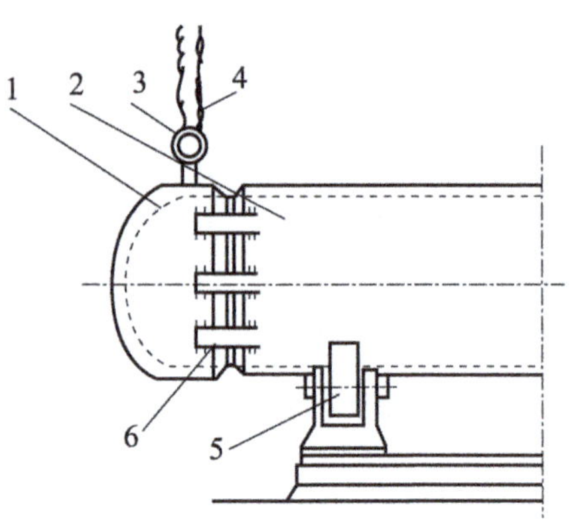

图 6–38　封头简易装配法

1- 封头；2- 筒体；3- 吊耳；4- 吊钩；5- 滚轮架；6-Π 形马。

4. 容器的焊接工艺

容器环缝的焊接一般采用双面焊。采用在焊剂垫上进行双面埋弧焊时，经常使用的环缝焊剂垫有带式焊剂垫和圆盘式焊剂垫两种。带式焊剂垫［图 6–39（a）］是在两轴之间的一条连续带上放有焊剂，容器直接放在焊剂垫上，靠容器自重与焊剂贴紧，焊剂靠容器转动时的摩擦力带动一起转动，焊接时需要不断添加焊剂。圆盘式焊剂垫是一个可以转动的圆盘装满焊剂放在容器下边，圆盘与水平面成 15° 角，焊剂紧压在工件与圆盘之间，环缝位于圆盘最高位置，焊接时容器旋转带动圆盘随之转动，使焊剂不断进入焊接部位，如图 6–39（b）所示。

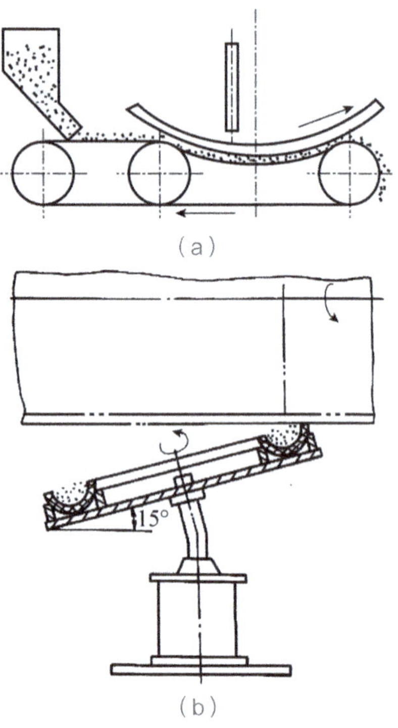

图 6–39　焊剂垫形式

（a）带式焊剂垫；（b）圆盘式焊剂垫。

焊接容器环缝时，可采用各种焊接操作机进行内外缝的焊接，但在焊接容器最后一条环缝时，只能采用手工封底的或带垫板的单面埋弧焊。

容器的其他部件，如人孔、接管、法兰、支座等，一般采用焊条电弧焊焊接。容器焊接完以后，还必须用各种方法进行检验，以确定焊缝质量是否合格。力学性能试验、金相分析、化学分析等破坏性试验，适用于对产品焊接试板的检验；而对容器本身焊缝则应进行外观检查、各种无损探伤、耐压及致密性试验等。凡检验出超过规定的焊接缺陷，都应进行返修，直到重新探伤后确认缺陷已全部清除才算返修合格。焊缝质量检验与返修的各项规定可参见国家系列标准的有关内容。

三、高压容器的制造工艺

近年来，石油、化工、锅炉等设备都在向大容量、高参数（高压、高温）发展，因此高压容器的容量越来越大，温度和压力越来越高，应用也越来越广泛。高压容器所使用的钢较之中低压容器所使用的钢强度更高，同时壁厚也要大得多。高压容器大体上分为单层和多层结构两大类。在大型容器方面，因为单层结构制造工艺比较简单，或由于本身结构的需要，单层结构应用较广，如电站锅炉汽包。

单层结构容器的制造过程与前面所述的中低压单层容器大致相同，只是在成形和焊接方法的选取等方面有所不同。单层高压容器由于壁较厚，筒节一般采用热弯卷加热矫正成形。由于加热时产生的氧化皮危害较严重，会使钢板内外表面产生麻点和压坑，所以加热前需涂上一层耐高温、抗氧化的涂料，防止卷板时产生缺陷。热卷时，钢板在辊筒的压力下会使厚度减小，减薄量为原厚度的 5% ~ 6%，而长度略有增加，因此下料尺寸必须严格控制。始卷温度和终卷温度视材质而定。筒节纵缝可采用开坡口的多层多道埋弧焊，但如果壁厚太大（$\delta > 50$mm），采用埋弧焊则显得工艺复杂，材料消耗大，劳动条件差，这时可采用电渣焊，以简化工艺，降低成本，电渣焊后需进行正火处理。容器环缝多用电渣焊或窄间隙焊来完成。若采用窄间隙埋弧焊新技术，可在宽 18 ~ 22mm，深达 350mm 的坡口内自动完成每层多道的窄间隙接头。与普通埋弧焊相比，效率大大提高，同时可节约焊接材料。

容器焊完后，除需进行外观检查外，所有焊缝还要进行超声波探伤及 X 射线检查。另外，由于壁较厚，焊后应力较大，高压容器焊后均应作消除应力处理。

四、球形容器的制造工艺

1. 球形容器的结构形式

球形容器一般称作球罐，主要用来储存带有压力的气体或液体，已在单元 4 中介绍过，这里再做简要介绍。

球罐按其瓣片形状分为足球瓣式、橘瓣式及混合式，如图 6–40 所示。橘瓣式球罐因安装较方便，焊缝位置较规则，目前应用最广泛。按球罐直径大小和钢板尺寸分为三带、四带、五带和七带橘瓣式球罐。足球瓣式的优点是所有瓣片的形状、尺寸都一样，材料利用率高，下料和切割比较方便，但大小受钢板规格的限制，混合式球罐的中部用橘瓣式，上极和下极用足球瓣式，常用于较大型球罐。一个完整的球体，往往需要数十或数百块的瓣片。

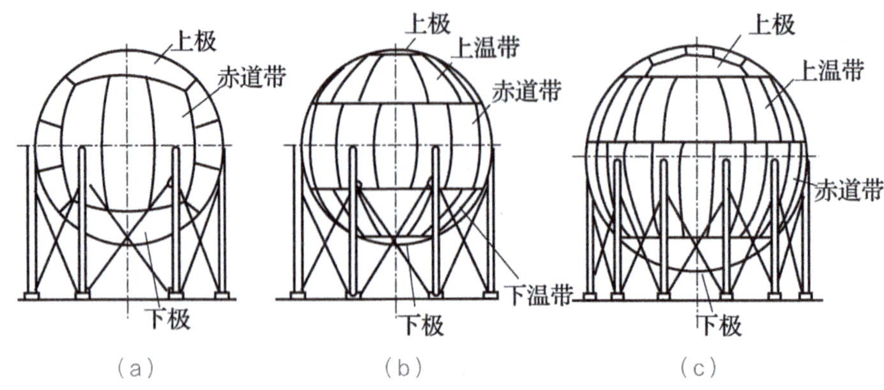

图 6-40 球罐形式

（a）足球瓣式；（b）橘瓣式；（c）混合式。

2. 技术条件及其分析

球罐的工作条件及结构特征决定了球罐的技术条件是相当高的。

首先球罐的各球瓣下料、坡口、装配精度等尺寸均要确保质量，这是保证球罐质量的先决条件。另外，由于工作介质和压力、环境的要求，且返修困难，故焊接质量要严格控制，要保证受压均匀。焊接变形也要严格控制，这必须有合适的工夹具来配合及采用正确的装焊顺序。

一般球罐多在厂内预装，然后将零件编号，再到工地上组装焊接。球罐的焊缝多数采用焊条电弧焊，要求焊工的技术水平较高，并要有严格的检验制度，对每一生产环节都要认真对待。

3. 球罐的制造工艺

1）瓣片制造

球瓣的下料及成形方法较多。由于球面是不可展曲面，因此多采用近似展开下料。通过计算（常用球心角弧长计算法），放样展开为近似平面，然后压延成球面，再经简单修整即可成为一个瓣片，此法称为一次下料。还可以按计算周边适当放大，切成毛料，压延成形后进行二次划线，精确切割，此法称为二次下料，目前应用较广。如果采用数学放样、数控切割，可大大提高精度与加工效率。

对于球瓣的压形，一般直径小、曲率大的瓣片采用热压；直径大、曲率小的瓣片采用冷压。压制设备为水压机或油压机等。冷压球瓣采用局部成形法。具体操作方法是钢板由平板状态进入初压时不要压到底，每次冲压坯料一部分，压一次移动一定距离，并留有一定的压延重叠面，这可避免工件局部产生过大的突变和折痕。当坯料返程移动时，可以压到底。

2）支柱制造

球罐支柱形式多样，以赤道正切式应用最为普遍。

赤道正切支柱多数是管状形式，小型球罐选用钢管制成；大型球罐由于支柱直径大而长，所以用钢板卷制拼焊而成。如考虑到制造、运输、安装的方便，大型球罐的支柱制造时分成上、下两部分，其上部支柱较短。上、下支柱的连接，是借助一短管，使安装时便于对拢。

支柱接口的划线、切割一般是在制成管状后进行。划线前应先进行接口放样制样板，其划线样板应以管子外壁为基准。支柱制好后要按要求进行检查，合格后还要在支柱下部的地方，约离其端部 1500mm 处取假定基准点，以供安装支柱时测量使用。

3）球罐的装焊

球罐的装配方法很多，现场安装时，一般采用分瓣装配法。分瓣装配法是将瓣片或多瓣片直接吊装成整体的安装方法。分瓣装配法中以赤道带为基准来安装的方法运用的最为普遍。以赤道带为基准的安装顺序是先安装赤道带，以此向两端发展。它的特点是由于赤道带先安装，其重力直接由支柱来支承，使球体利于定位，稳定性好，辅助工装少。图 6-41 所示为橘瓣式球罐分瓣装配法中以赤道带为基准的装配流程简图。

装配时，在基础中心一般都要放一根中心柱（图 6-42）作为装配和定位的辅助装置。它由 ϕ300 ~ ϕ400mm 的无缝钢管制成，分段用法兰连接。装赤道板时，用以拉住瓣片中部，用花篮螺钉调节并固定位置。温带球瓣可先在胎具上进行双拼，胎具制成与球瓣具有相同形状的曲面。

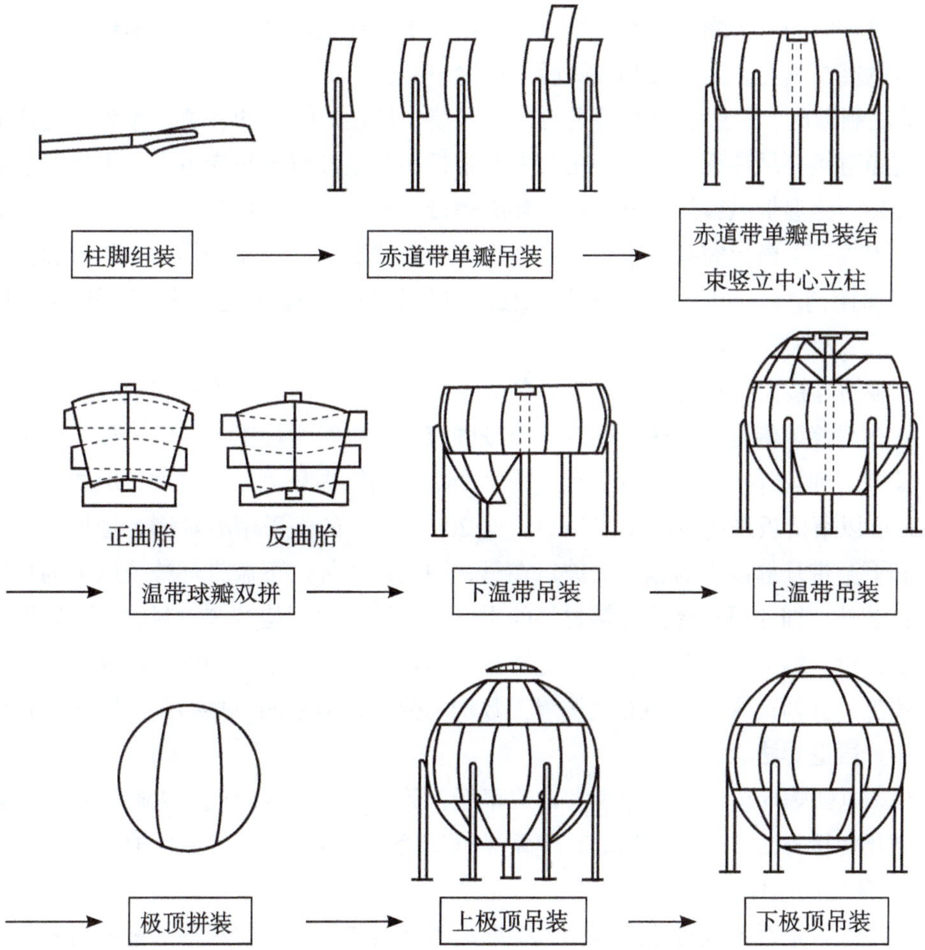

柱脚组装 → 赤道带单瓣吊装 → 赤道带单瓣吊装结束竖立中心立柱

正曲胎　反曲胎

→ 温带球瓣双拼 → 下温带吊装 → 上温带吊装

→ 极顶拼装 → 上极顶吊装 → 下极顶吊装

图 6-41　球罐的装配流程图（橘瓣式球罐）

胎具分两种：正曲胎，胎具制成凸形，用于球瓣外缝的焊接；反曲胎，胎具抽成凹形，用于球瓣内缝的焊接。装下温带时，先把下温带板上口挂在赤道板下口，再夹住瓣片下口，通过钢丝绳吊在中心柱上，如图 6–42 所示。钢丝绳中间加一倒链装置，把温带板拉起到所需位置。装上温带时，它的下口搁在赤道板上口，再用固定在中心柱上的顶杆顶住它的上口，通过中间的双头螺钉调节位置。也可以在中心柱上面做成一个倒伞形架，上温带板上口就搁在其上。温带板都装好后，拆除中心柱。

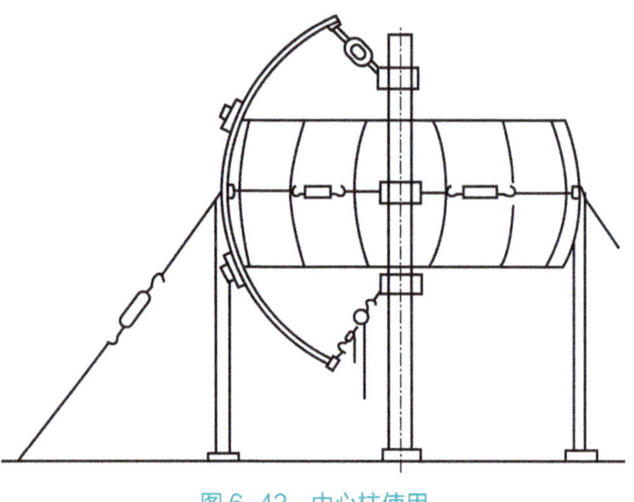

图 6–42 中心柱使用

球罐制造时，一般装焊交替进行，其安装、焊接及焊后的各项工作为：支柱组合→吊装赤道板→吊装下温带板→吊装上温带板→装里外脚手→赤道纵缝焊接→下温带纵缝焊接→上温带纵缝焊接→赤道下环缝焊接→赤道上环缝焊接→上极板安装→上极板环缝焊接→下极板安装→下极板环缝焊接→射线探伤和磁粉探伤（赤道带焊接结束即可穿插探伤）→水压试验→磁粉探伤→气密性试验→热处理→油漆、包保温层→交货。

球罐的焊接大多数情况下采用焊条电弧焊完成，焊前应严格控制接头处的装配质量，并在焊缝两侧进行预热。同时，应按国家标准进行焊接工艺评定，焊工也须取得合格证书。现场焊接时，要参照有关条例严格控制施焊环境。焊缝坡口形式为：一般厚 18mm 以下的板采用单面 V 形坡口；厚 20mm 以上的板采用不对称 X 形坡口，一般赤道和下温带环缝以上焊缝，大坡口在里，即里面先焊。下温带环缝及以下的焊缝，大坡口在外，即外面先焊。焊接材料的干燥、发放和使用均按该材料和压力容器焊接的要求执行。纵缝焊接时，每条焊缝要配一名焊工同时焊接。如焊工不够，可以间隔布置焊工，分两次焊接。环缝则按焊工数均匀分段，但层间焊接接头应错开，打底焊应采用分段退焊法。

焊条电弧焊焊接球罐工作量大，效率低，劳动条件差，因此，人们一直在探索应用机械化焊接方法，现已采用的有埋弧焊、管状丝极电渣焊、气体保护电弧焊等。

4）球罐的整体热处理

球罐焊后是否要进行热处理，主要取决于材质与厚度。球罐热处理一般进行整体退火，退火装置如图 6–43 所示。加热前将整球连带地脚螺钉从基础上架起，浮架在辊道上，以便处理过程中自由膨胀。热处理时应监测实际位移值，并按计算位移值来调整柱脚的位移。温度每变化 100℃，应调整一次。移动柱脚时，应平稳缓慢，一般在柱脚两面装2只千斤顶来调节伸缩。

(1)加热方法。球罐外部设防雨、雪棚。球壳板外加保温层并安装测温热电偶。将整台球罐作为炉体，在上人孔处安装一个带可调挡板的烟囱；在下人孔处安装高速烧嘴，烧嘴要设在球体中心线位置上，以使球壳板受热均匀。高速烧嘴的喷射速度快，燃料喷出后点火燃烧，喷射热流呈旋转状态，能均匀加热。燃料可用液化石油气、天然气或柴油。另外，在球罐下极板外侧一般还要安装电热器，作为罐体低温区的辅助加热措施。

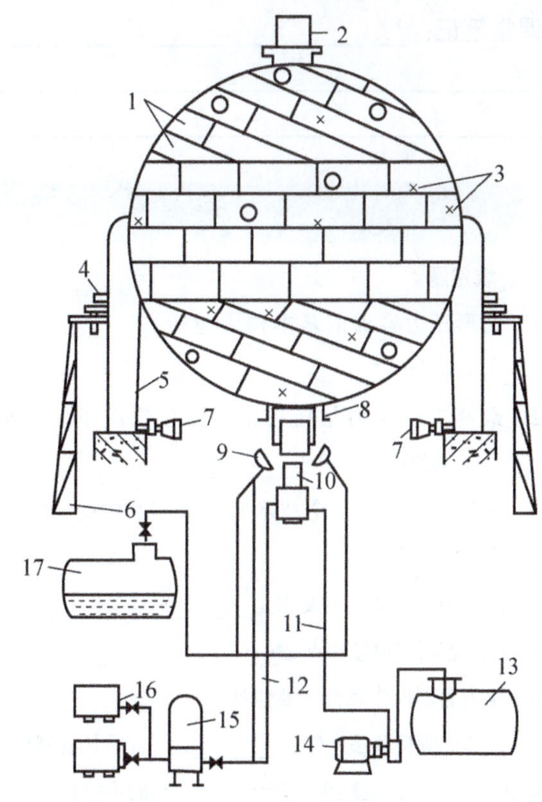

图6-43 退火装置示意图

1-保温毡；2-烟囱；3-热电偶布置点（O为内侧，×为外侧）；4-指针和底盘；5-柱脚；6-支架；7-千斤顶；8-内外套筒；9-点燃器；10-烧嘴；11-油路软管；12-气路软管；13-油罐；14-泵组；15-贮气罐；16-空压机；17-液化气贮罐。

(2)温度的控制。可通过以下措施控制升、降温速度和球体温度场的均匀化。

①通过调节上部烟囱挡板的开闭程度来控制升、降温速度。

②通过调节燃料、进风量的控制来调节升温速度和控制恒温时间；通过调节燃料与空气的比例来调节火焰长度，从而控制球体上、下部温差，使球体温度场均匀化。

③在下极板用加电热补偿器的办法，以防下部低温区升温过缓。

④通过增加或减少保温层厚度的办法来调节散热量，以使球体温度场均匀化。

(3)保温与测温。保温一般通过外贴保温毡实现。先将焊有保温钉的带钢纵向绕在球体外面，然后贴上保温毡。多层保温时，各保温毡接缝处要对严，各层接缝要错开，不得形成通缝。单层保温时，保温毡接缝要搭接100mm以上。在下极板处贴保温毡前要把电热补偿器挂好。保温毡贴好后再用钢带勒紧，以使保温毡贴紧罐壁。球壳板温度的监测用热电偶测量完成。在球体上设有若干个测温点，热电偶的测温触头要用螺栓固定在球壳板上，外侧测温热电偶工作触点周围要用保温材料包严，接线端应露出一定的长度，并注明编号，用补偿导线将其与记录仪连接起来。

球罐热处理也可采作履带式电加热和红外线电加热。电加热法比较简便、干净，热处理过程可以用电脑自动控制，控制精度高，温差小。

课堂笔记：____

____

____

练习题

一、填空题

1. 筒形压力容器的基本构成包括________、________、________、________、________、________等六部分。

2. 最高工作压力是指在正常操作情况下，容器________可能产生的最高压力，不包括________，其值应小于等于________。

3. 在《压力容器安全技术监察规程》中受监督的压力容器应满足________、________、________等三个条件。

4. 对压力容器的基本要求是________、________、________、________。

5. 压力容器的焊接特点是________、________、________、________、________、________。

6. 压力容器操作条件主要包括________、________、________。

7. 筒体的焊接顺序是先焊________，焊完后从容器外面用________，再焊________。这样不但保证了焊缝________，也减少了产生________的可能性。

8. 容器焊后热处理的目的是________、________、________。

二、判断题

1. 设计温度是指容器内介质可能达到的温度而不是壳壁或受压元件可能达到的最高或最低温度。（　）

2. 设计压力是指在设计温度下，用以计算壳体壁厚的压力，其值应略小于最高工作压力。（　）

3. 封头冲压后，在曲率半径最大的部位壁厚最厚，而在封头的两端减薄最严重。（　）

4. 碳含量大于0.24%的材料，不得用于制造压力容器。（　）

5. 压力容器的壳体允许采用十字焊缝，且相邻两筒节的纵缝、封头的拼接焊缝不必须相互错开。（　）

6. 在卷制筒节时，任何板厚都可以采用冷卷的方法。（　）

7. 天然气长输压力管道的焊接与传统的固定管子的焊接操作方法相同。（　）

8. 压力容器焊接缺陷的清除与返修，都不允许在带压或承载状态下进行。（　）

9. 压力容器焊接工艺规程的编制与焊接工艺评定无关。（　）

10. A、B类接头一般采用全焊透的双面焊对接接头，而C、D类接头允许采用局部焊透的角焊缝。（　）

11. 容器焊接时，应先焊纵向焊缝，经校圆、装配后再焊环向焊缝，这样能有效减小焊接应力。（　）

三、选择题

1. 筒体组装时，积累误差最大的焊缝是________。

A. 壳体纵缝　　B. 壳体与接管的连接焊缝

C. 壳体环缝　　D. 法兰与壳体的连接焊缝

2. 为了防止压力容器产生脆性断裂，低温容器（工作温度≤ -20℃）用钢一律以________冲击值作为材料的验收标准。

A. V 形缺口　　B. U 形缺口　　C. 不需开缺口

3. 压力容器中受力最大的接头是________。

A. D 类接头　　B. C 类接头　　C. B 类接头　　D. A 类接头

4. 完成一定的化学和物理反应，其中化学起主导作用，物理过程是辅助或伴生的容器被称为________。

A. 储存容器　　B. 反应容器

C. 分离容器　　D. 换热容器

5. 封头在压制过程中，壁厚最薄的部位是________，壁厚最厚的部位是________。

A. 曲率半径最大的地方　　B. 封头的边缘

C. 其他部位

6. 为验证所编制的焊接工艺能否保证焊接接头的质量，满足产品的技术要求，应进行________工作。

A. 硬度试验　　B. 力学性能试验

C. 可焊性试验　　D. 焊接工艺评定

7. 标准抗拉强度下限值 $\sigma_b \geqslant 540$MPa 的钢材，气割表面应进行________检查。

A. 射线探伤　　B. 超声波探伤

C. 磁粉探伤　　D. 力学性能试验

四、思考题

1. 压力容器的焊接接头是如何进行分类的？

2. 为什么说压力容器是特殊的商品？

3. 何为压力容器？压力容器按用途是如何进行分类的？

4. 在压力容器制造过程中，为什么要进行焊接工艺评定？

5. 压力容器全部焊接完成后，为什么要进行热处理？

6. 压力容器应满足哪些要求？

7. 天然气长输压力管道的焊接与传统的操作方法有何区别？

8. 什么是Ⅰ、Ⅱ、Ⅲ类压力容器？

9. 分析筒形容器纵缝和环缝的焊接顺序及焊接工艺，为什么纵缝的质量要比环缝要求高？

第三节 船舶结构的焊接工艺

一、船舶结构的类型及特点

船舶是一座水上浮动结构物，而作为其主体的船体则由一系列板架相互连接而又相互支持构成，如图 6-44 所示。

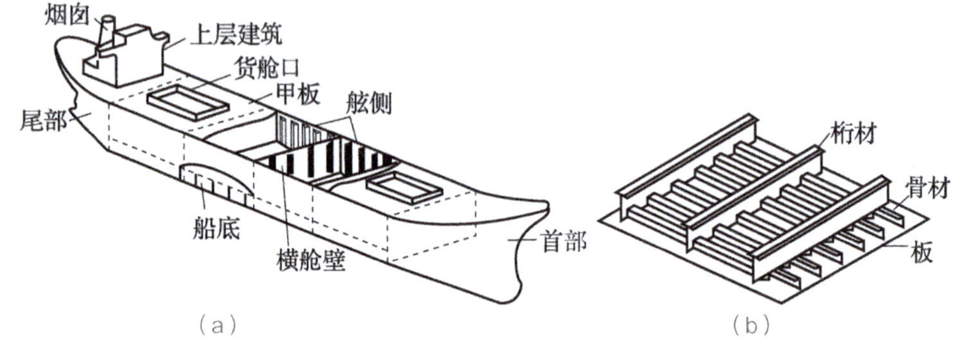

图 6-44 船体结构的组成及其板架简图

(a) 船体结构简图；(b) 板架结构简图。

1. 船舶板架结构的类型及使用范围

船体板架结构可分为纵骨架式、横骨架式及混合骨架式三种，其特征和使用范围见表 6-4。

表 6-4 船体板架结构的类型及特征

板架类型	结构特征	适用范围
纵骨架式	板架中纵向（船长方向）构件较密、间距较小，而横向（船宽方向）构件较稀、间距较大	大型油船的船体；大中型货船的甲板和船底；军用船舶的船体
横骨架式	板架中横向构件较密、间距较小，而纵向构件较稀、间距较大	小型船舶的船体；中型船舶的弦侧、甲板；民船的首部、尾部
混合骨架式	板架中纵、横向构件的密度和间距相差不多	除特种船舶外，很少使用

2. 船体结构的特点

船体结构与其他焊接结构相比，具有以下特点：

（1）零部件数量多。一艘万吨级货船的船体其零部件数量在 20 000 个以上。

（2）结构复杂、刚性大。船体中纵、横构架相互交叉又相互连接，尤其是首、尾部分还有不少典型结构。这些构件用焊接连成一体，使整个船体成为一个刚性的焊接结构。一旦某一焊缝或结构不连续处衍生微小的裂缝，就会快速地扩展到相邻构件，造成部分结构乃至整个船体发生破坏。因此，在设计时要避免构件不连续和应力集中的因素。在制造时要正确装配、保证焊接质量，并注意零件自由边的切割质量、构件端头和开孔处应实施包角焊等。

（3）钢材的加工量和焊接工作量大。各类船舶的船体结构重量和焊缝长度见表6–5。焊接工时一般占船体建造总工时的30% ~ 40%。因此，设计时要考虑结构的工艺性，同时也要考虑采用高效焊接的可能性，并尽量减小焊缝的长度。

表 6–5 各类船舶的船体钢材重量和焊缝长度

项目 / 船种	载重量（t）	主尺寸（m）			船体钢材重量（t）	焊缝长度（km）		
		长	宽	深		对接	角接	合计
油 船	88 000	226	39.4	18.7	13 200	28.0	318.0	346.0
	153 000	268	53.6	20.0	21 900	48.0	437.0	485.0
汽车运输船	16 000	210	32.2	27.0	13 000	38.0	430.0	468.0
集装箱船	27 000	204	31.2	18.9	11 100	28.0	331.0	359.0
散装货船	63 000	211	31.8	18.4	9700	22.0	258.0	280.0

（4）使用的钢材品种少。各类船舶所使用的钢材见表6–6。

表 6–6 各类船舶使用的钢材种类

船舶类型	使用钢种	备 注
一般中小型船舶	船用碳钢	——
大中型船舶、集装箱船和油轮	船用碳钢； σ_s=320 ~ 400MPa 船用高强钢	用于高应力区构件
化学药品船	船用碳钢和高强钢； 奥氏体不锈钢、双相不锈钢	用于货舱
液化气船	船用碳钢和高强钢； 低合金高强钢； 0.5Ni、3.5Ni、5Ni 和 9Ni 钢； 36Ni，2Al2 铝合金	用于全压式液罐、半冷半压和全冷式液罐和液舱

二、船舶结构焊接的工艺原则

1. 焊接顺序的基本原则

在船体建造中，为了减小船体结构的变形与应力，正确选择和严格遵守焊接顺序，是保证船体焊接质量的重要措施。由于船体结构复杂，各种类型的船体结构也不一样，因此焊接顺序也不相同。所谓焊接顺序，就是减小结构变形，降低焊接残余应力并使其分布合理的按一定顺序进行的过程。船体结构焊接顺序的基本原则：

（1）船体外板、甲板的拼缝，一般应先焊横向焊缝（短焊缝），然后焊纵向焊缝（长焊缝），如图6–45所示。对于具有中心线且左右对称的构件，应左右对称地进行焊接，最好是双数焊工同时进行焊接，避免构件中心线产生移位。埋弧焊一般应先焊纵缝后焊横缝。

（2）当构件中同时存在对接焊缝和角接焊缝时，则应先焊对接焊缝，后焊角接焊缝。如同时存在立焊缝和平焊缝，则应先焊立焊缝，后焊平焊缝。所有焊缝应采取由中间向左右、由中间向首尾、由下往上的焊接顺序。

（3）凡靠近总段和分段合拢处的对接焊缝和角焊缝应留出 200 ~ 300mm，暂时不焊，以利于船台装配对接，待分段、总段合拢后再进行焊接。

（4）当手工焊时，焊缝长度小于 1000mm 时，可采用直通焊，焊缝长度大于 1000mm 时，采用分段退焊法。

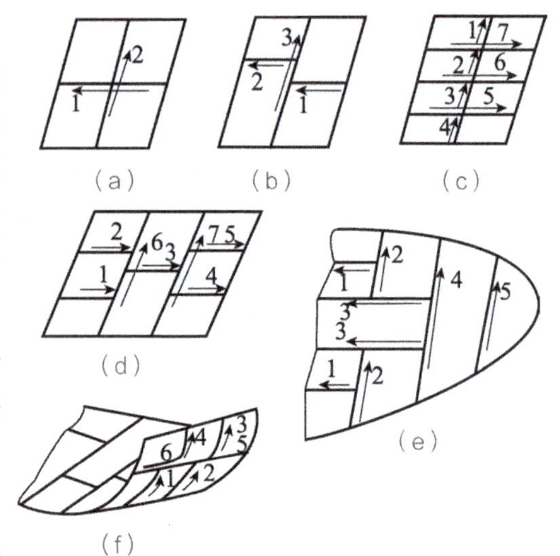

图 6-45 拼板接缝的焊接顺序

（5）在结构中同时存在厚板与薄板构件时，先将收缩量大的厚板进行多层焊，后将薄板进行单层焊。多层焊时，各层的焊接方向最好相反，各层焊缝的接头应相互错开。也可采用分段退焊法，焊缝的接头不应处在纵横焊缝的交叉点。

（6）对于刚性大的焊缝，例如立体分段的对接焊缝（大接头），焊接过程不应间断，应力求迅速、连续完成。

（7）分段接头呈 T 形和十字形交叉时，对接焊缝的焊接顺序。T 形对接焊缝可采用直接先焊好横焊缝（立焊），后焊纵焊缝（横焊），如图 6-46（a）所示。也可以采用图 6-46（b）所示的顺序，先在交叉处两边各留出 200 ~ 300mm，留在最后焊接，这样可防止在交叉部位由于应力过大而产生裂缝。同样，十字形对接焊缝的焊接顺序如图 6-46（c）所示，横缝错开的 T 字形交叉焊缝的焊接顺序如图 6-46（d）所示。

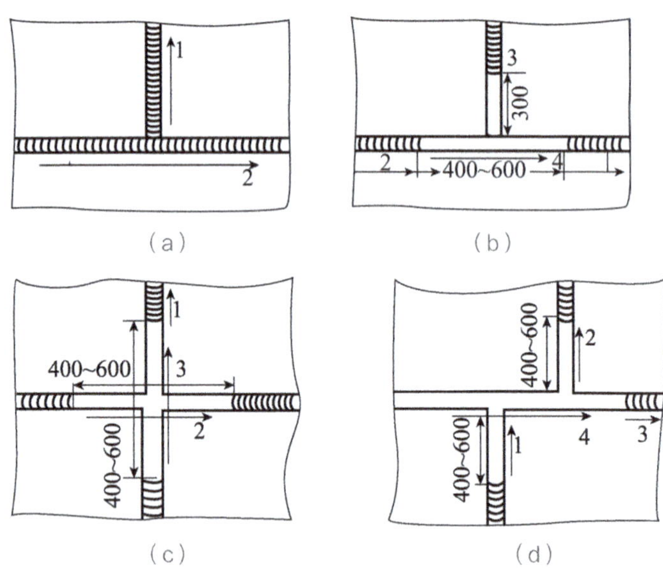

图 6-46 T 形、十字形交叉对接焊缝的焊接顺序示意图

（8）船台大合拢时，先焊接总段中未焊接的外板、内底板、舷侧板和甲板等的纵焊缝，同时焊接靠近大接头处的纵、横构架的对接焊缝，然后焊接大接头环形对接

焊缝，最后焊接构架与船体外板的连接角焊缝。

2. 工艺守则

在船体结构的焊接过程中，焊工应该遵守以下几项守则：

（1）凡是担任船结构焊接的电焊工，必须按我国《钢质海船入级与建造规范》（英文略称ZC）规则以及相对应的国外船检局（如NK、GL、ABS等）规则进行考试（包括定位焊的焊工），并取得考试合格证。

（2）为了保证焊透和避免产生弧坑等缺陷，在埋弧焊焊缝两端应安装引弧和熄弧板。引弧与熄弧板的尺寸，最小为150mm×150mm，厚度与焊件相同。

（3）当环境温度低于-5℃，施焊一般强度钢的船体主要结构（船体外板和甲板的接缝、艏柱、挂舵臂等）时，均需进行预热，预热温度一般为100℃左右。

（4）所有对接焊缝（包括T形构件的面板、腹板）正面焊好后，反面必须碳弧气刨清根，未露出金属光泽的焊缝不得焊接。

（5）焊接缺陷未补，不上船台，分段建造产生的焊接缺陷和焊接变形，应修正和矫正完毕后，再吊上船台。

（6）焊条、焊剂等材料的烘焙、发放应按有关技术要求严格执行，一次使用不得超过4h，而且回收烘焙只允许重复两次。

（7）在焊接时，不允许在焊缝的转角处或焊缝交叉处起弧或收弧，焊缝的接头应避开焊缝交叉处。引弧应在坡口中进行，严禁在焊件上缘引弧。

（8）装配使用的定位焊条必须与焊工施焊焊条牌号相同。在施焊过程中，遇到接头定位焊开裂，使错边量超过标准要求，须修正后再焊接。如果坡口间隙过大，可采用堆焊坡口方法，以及采用临时垫板工艺，切不可以嵌焊条或用切割余料等作为填充嵌补金属材料。

（9）当构件连续角焊缝与已完工的拼接缝相交时，可采取如下工艺措施：

①可将相交部分焊缝打平，但不允许该处焊缝呈突变的缺口。

②允许在构件腹板上开*R*30mm半圆孔或长形孔60mm×4mm，让平焊缝增强量高出部分通过，而施行角焊时将长孔填满。

③当构件要求水密时，其腹板上开长60mm、高3mm、剖面削斜45°的长形孔，既可使平焊缝增高部分通过，又能保证施焊角焊缝焊透。

④当构件穿越液舱时，应采取隔水孔或其他等效措施，距水密边界两侧各100mm处构件开*R*40mm的半圆孔，保证半圆孔处有良好的包角，孔与水密边界之间角焊缝焊脚尺寸加大10%。

（10）按《钢质海航入级与建造规范》规定，一般船体结构中，对下列部位在包角焊缝的规定长度内应采用双面连续的角焊缝：

①筋板趾端的包角焊缝长度应不小于连接骨材的高度，且不小于75mm。

②型钢端部，特别是短型钢的端部削斜时，其包角焊缝的长度应为型钢的高度或不小于削斜长度。

③各种构件的切口、切角和开孔的端部处和所有相互垂直连接构件的垂直交叉处的板厚大于 12mm 时，包角焊缝的长度应不小于 75mm，板厚小于或等于 12mm 时，其包角焊缝长度应不小于 50mm。

包角焊操作时，包角焊缝应有平滑的过渡，焊脚尺寸不能小于设计尺寸，在构件的端部更不能以点焊代替。

（11）焊接时，对以下船体结构和构件，按《钢质海航入级与建造规范》规定，应采用低氢型焊条：

①船体大合拢时的环形对接焊缝和纵桁材对接焊缝。

②具有冰区加强级的船舶，其外板的端接缝和边接焊缝。

③桅杆、吊货杆、吊艇架、拖钩架和系缆桩等承受强大载荷的舾装件及所有承受高应力的零部件。

④要求具有较大刚度的构件，如艏框架、艉框架和艉轴架等及其与外板和船体骨架的接缝。

⑤主机基座以及与其相连接的构件。

⑥用低合金钢材建造的所有船体焊缝。

⑦船长大于 90m 的舷顶列板与强力甲板边板在舯 0.5L 区域内的角焊缝。

⑧蒸汽锅炉及Ⅰ、Ⅱ类受压容器。

（12）当焊接 D、E 级高强度船体结构用钢时，应严格按 D、E 级钢焊接的操作要求执行。

（13）按《钢质海航入级与建造规范》规定，船体主要结构中的平行焊缝应保持一定距离。对接焊缝之间的平行距离应不小于 100mm，且避免尖角相交；对接焊缝与角焊缝之间的平行距离应不小于 50mm，如图 6-47 所示。

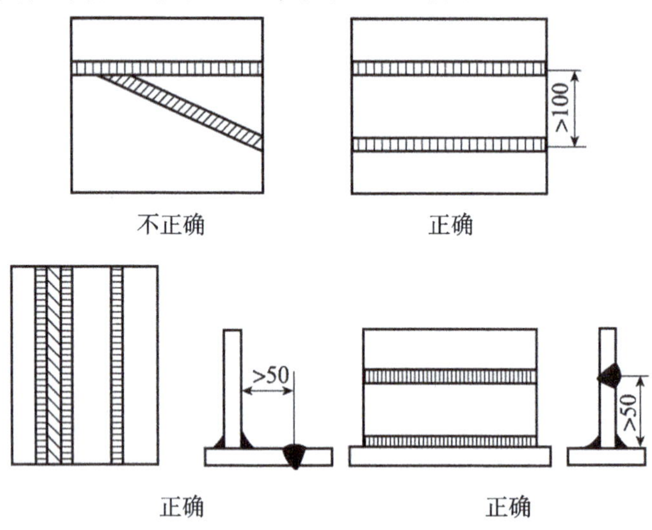

图 6-47 焊缝之间的平行距离

三、整体造船中的焊接工艺

整体造船法目前在船厂中用得较少，只在起重能力小、不能采用分段造船法的船厂和中小型船厂使用，一般适用于吨位不大的船舶。

整体造船法就是直接在船台上由下至上、由里至外先铺全船的龙骨底板，然后在龙骨底板上架设全船的筋骨框架、舱壁等纵横构架，最后将船板、甲板等安装于构架上，待全部装配工作基本完毕后，才进行主船体结构的焊接工作。这种整体造船法的焊接工艺是：

（1）先焊纵、横构架对接焊缝，再焊船壳板及甲板的对接焊缝，最后焊接构架与船壳板及甲板的连接角焊缝。前两者也可同时进行。

（2）船壳板的对接焊缝应先焊船内一面，然后外面碳弧气刨扣槽封底焊。甲板对接焊缝可先焊船内一面（仰焊），反面刨槽进行平对接封底焊或采用埋弧自动焊。也可以采用外面先焊平对接，船内刨槽仰焊封底。两种方法各有利弊，一般采用后者较多，因易保证质量，可减轻劳动强度。也可直接采用先进的单面焊接双面成形工艺（如焊条电弧焊和 CO_2 气体保护焊）。

（3）按船体结构顺序的基本原则要求，船壳板及甲板对接缝的焊接顺序是：若是交叉接缝，先焊横缝（立焊），后焊纵缝（横焊）；若是平列接缝，则应先焊纵缝，后焊横缝，如图 6-48 所示。

（4）船首外板缝的焊接顺序应待纵、横焊缝焊完后，再焊船首柱与船壳板的接缝，如图 6-49 所示。

（5）所有焊缝均采用由船中向左右、由中向首尾、由下往上的焊接，以减小焊接变形和应力，保证建造质量。

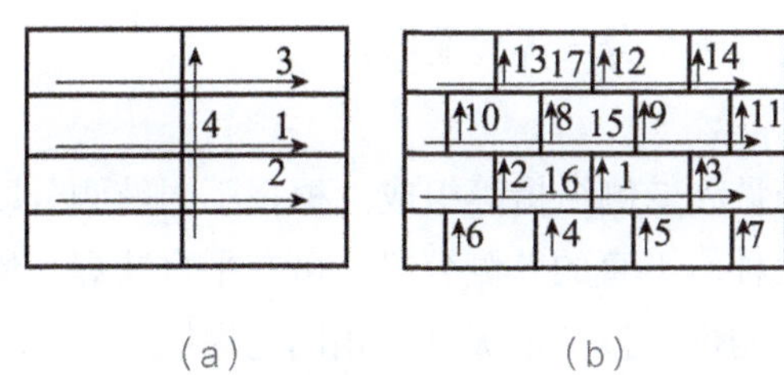

图 6-48　船壳板及甲板对接缝的焊接程序

（a）平列板缝；（b）错开板缝。

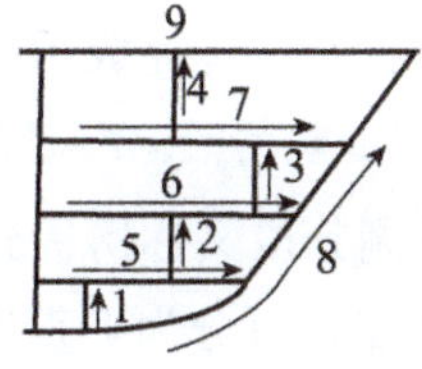

图 6-49　船首外板缝的焊接顺序

四、分段造船中的焊接工艺

目前在建造大型船舶时，都是采用分段造船法。分段是由两个或两个以上零件装焊而成的部件和零件组合而成。可分为平面分段、半立体分段和立体分段三种。平面分段有隔舱、甲板、舷侧分段等；立体分段有双重底、边水舱等；半立体分段介于二者之间，如甲板带舷部、舷部带隔舱、甲板带围壁及上层建筑等。下面介绍几种典型分段的焊接工艺。

1. 甲板分段的焊接工艺

1）甲板拼板的焊接

甲板是具有船体中心线的平面板材构件，虽具有较小的曲形（一般为船宽的1/50～1/100梁拱），但可在平台上进行装配焊接，焊接顺序可与一般拼板接缝顺序相同。确定焊接顺序时，应保证在船体中心线左右对称地进行，如前面图6–45所示。

2）甲板分段的焊接

将焊后的甲板吊放在胎架上，为了保证甲板分段的梁拱和减小焊接变形，将甲板与胎架应间隔一定距离进行定位焊。按构架位置划好线后，将全部构件（横梁、纵桁、纵骨）用定位焊装配在甲板上，并用支撑加强，以防构件焊后产生角变形。焊接顺序应按下列工艺进行：

（1）先焊构架的对接缝，然后焊构架的角焊缝（立角焊缝）及构架上的肘板，最后焊接构架与甲板的平角焊缝。甲板分段焊接时，应由双数焊工从分段中央开始，逐步向左右及前后方向对称进行焊接。

（2）为了总段或立体分段装配方便，在分段两端的纵桁应有一段约300mm暂不焊，待总段装配好后再按装配的实际情况进行焊接。横梁两端应为双面焊，其焊缝长度相当于肘板长度或横梁的高度。

（3）在焊接大型船舶时，为了采用埋弧焊或重力焊，加快分段建造周期，提高生产率，可采用分离装配的焊接方法。分段为横向结构时，先装横梁，重力焊焊后再装纵桁，然后再进行全部焊接工作，但对纵向结构设计的分段则相反。也可采用纵横构架单独装焊成整体，然后再和甲板合拢，焊接平角焊。

（4）焊接小型船舶时，宜采用混合装配法，即纵横构架的装配可以交叉进行，待全部构件装配完成后，再进行焊接，这可减小分段焊后变形。

2. 舷侧分段的焊接工艺

舷侧分段又称傍板分段，由傍板、筋骨和舷侧纵桁等组成。根据不同舷侧分段的线型特点，可分为平直形状和弯曲形状两种。平直的舷侧分段，可在平台装焊，傍板的接缝可用埋弧焊进行，然后装配上面的构件，按与甲板分段相同的焊接顺序，焊接构件及构件与傍板的角焊缝。弯曲的舷部分段应在胎架上进行。装配和焊接顺序如下：

（1）把傍板铺放在胎架上，用定位焊将它与胎架焊牢定位。为了防止分段焊后变形，傍板对接缝用“马”强制，然后采用手工焊进行傍板对接缝焊接。焊接顺序同样参照前面图6–45。

（2）傍板对接焊完后，装配筋骨和舷侧纵桁，并用定位焊固定构件。然后进行构件之间的对接缝焊接，再进行构件之间的立角焊缝的焊接，最后焊接构件与傍板的角接焊缝。焊接顺序都采用由傍板分段的中央向两端对称逐步向外展开的原则进行手弧焊或 CO_2 焊。

（3）为了方便装配，同甲板分段一样，构件的两端离傍板端 300mm 范围内的角接焊缝暂不施焊。

（4）舷侧分段内侧的所有焊缝结束后，将分段翻身，根据情况分别采用埋弧焊或手弧焊进行封底焊。封底焊前，均需用碳弧气刨清根，以保证焊接质量，封底焊焊接顺序与正面焊缝焊接顺序相同。

3. 双层底分段的焊接工艺

双层底分段是由船底板、内底板、筋板、中桁板（中内龙骨）、旁桁材（傍内龙骨）和纵骨组成的小型立体分段。根据双层底分段的结构和钢板的厚度不同，有两种建造方法：一种是以内底板为基面的“倒装法”，对于结构强、板厚的或单一生产的船舶，多采用“倒装法”建造；另一种是以船底板为基面的“顺装法”，它在胎架上建造，能保证分段的正确线型。

1）“倒装法”的装焊工艺

（1）在装配平台上铺设内底板，进行装配定位焊，并按图 6–45 的顺序进行埋弧焊。

（2）在内底板上装配中桁材、傍桁材和纵骨。定位焊后，用重力焊或 CO_2 气体保护焊等方法，进行对称平角焊，焊接顺序如图 6–50 所示。也可暂不焊接，等筋板装好一起进行手工平角焊。

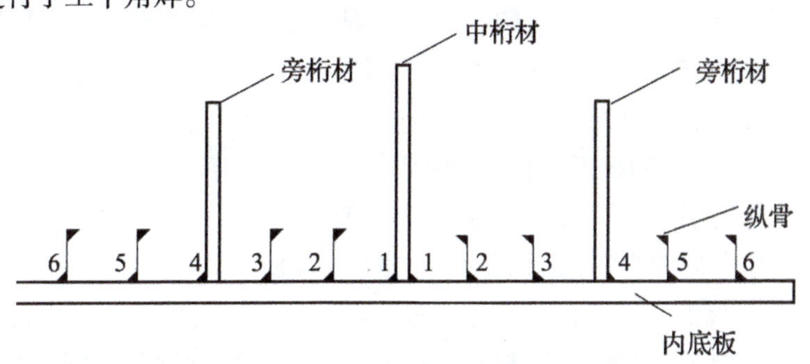

图 6–50　内底板与纵向构件的焊接顺序

（3）在内底板上装配筋板，定位焊后，用焊条电弧焊或 CO_2 气体保护焊焊接筋板与中桁材、旁桁材的立角焊，其焊接顺序如图 6–51 所示。然后焊接筋板与纵骨的角缝。焊接顺序的原则是由中间向四周；由双数焊工（图中为 4 名焊工）对称进行；立角焊长度大于 1m 时，要分段退焊，即先上后下焊接。

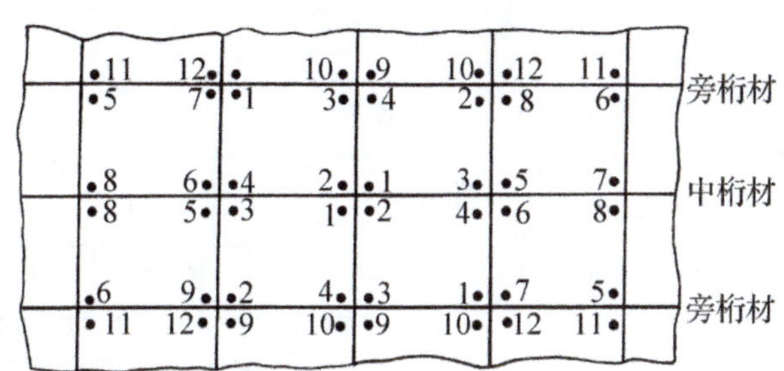

图 6–51　内底板分段立角焊的焊接顺序

（4）焊接筋板、中桁材、傍桁材与内底板的平角焊，焊接顺序如图 6–52 所示。

（5）在筋板上装纵骨构架，并做好铺设船底板的一切准备工作。

（6）在内底构架上装配船底板，定位焊后，焊接船底板对接内缝（仰焊），内缝焊毕，外缝碳弧气刨清根封底焊（尽可能采用埋弧焊）。但有时为了减轻劳动强度，也可采用先焊外缝，翻身后碳弧气刨清根再焊内缝（两面都是平焊），或采用单面焊双面成形的方法，焊接顺序如图 6–53 所示。

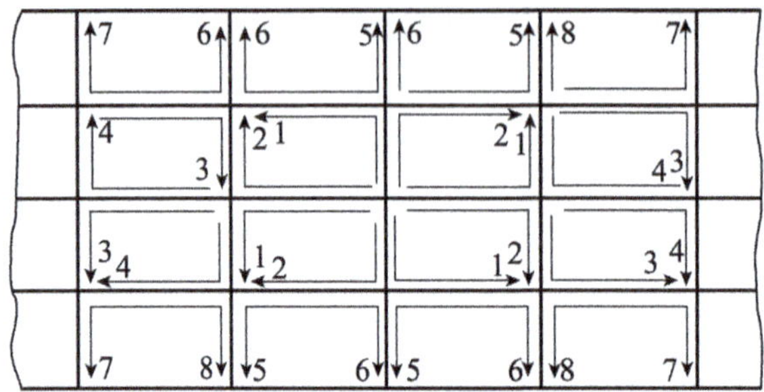

图 6–52　内底板分段平角焊的焊接顺序

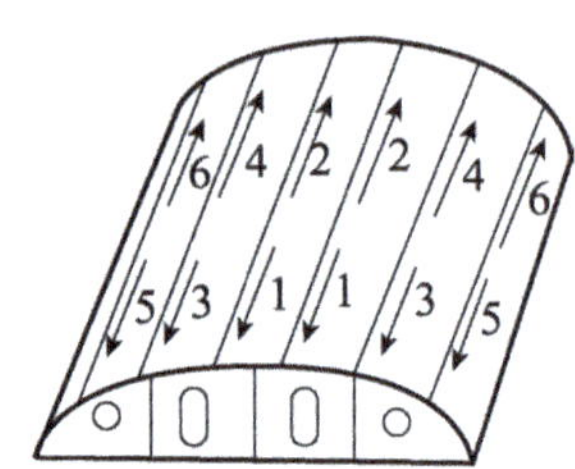

图 6–53　船底外板对接焊的焊接顺序

（7）为了总段装配方便，只焊船底板与内底板的内侧角焊缝，外侧角焊缝待总段总装后再焊。

（8）分段翻身，焊接船底板的内缝封底焊（原来先焊外缝），然后焊接船底板与筋板、中桁材、旁桁材、纵骨的角焊缝，其焊接顺序参照图 6–52。

2）“顺装法”的装焊工艺

（1）在胎架上装配船底板，并用定位焊将它与胎架固定，再用碳弧气刨刨剖口（若预先刨好剖口就不用该工序），用手弧焊焊接船底板内侧对接焊缝。如果船底板比较平直，也可采用手弧焊打底埋弧焊盖面，如图 6–54 所示。

（2）在船底板上装配中桁材、旁桁材、船底纵骨，定位焊后，用自动角焊机或重力焊、CO_2 气体保护焊等方法进行船底板与纵向构件的角焊缝的焊接，如图 6–55 所示。

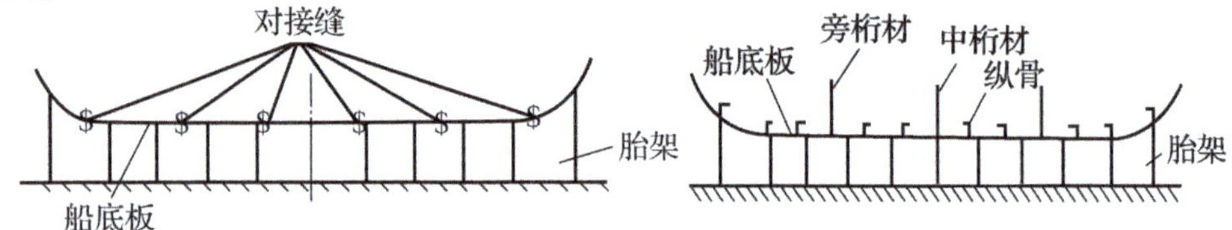

图 6–54　船底外板在胎架上进行对接缝焊接　图 6–55　船底外板与纵向构件角焊缝的焊接

（3）在船底板上装配筋板，定位焊后，先焊筋板与中桁板、旁桁板、船底纵骨的立角焊，然后再焊接筋板与船底板的平角焊缝，如图 6–56 所示。

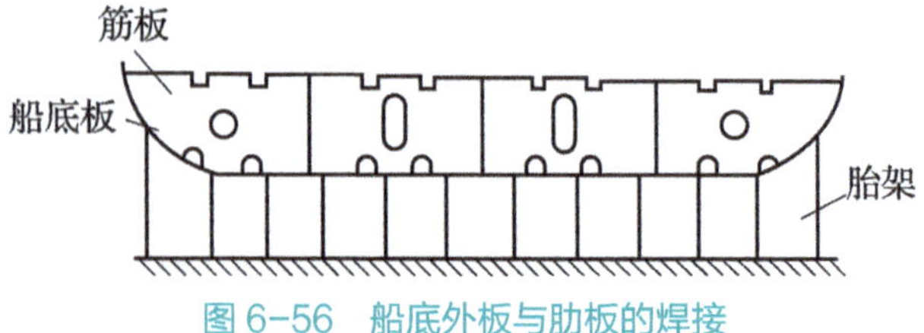

图 6–56　船底外板与肋板的焊接

（4）在平台上装配焊接内底板，对接缝采用埋弧焊。焊完正面焊缝后翻身，并进行反面焊缝的焊接。

（5）在内底板上装配纵骨，并用自动角焊机或重力焊进行纵骨与内底板的平角焊缝。

（6）将内底板平面分段吊装到船底构架上，并用定位焊将它与船底构架、船底板固定，如图 6–57 所示。

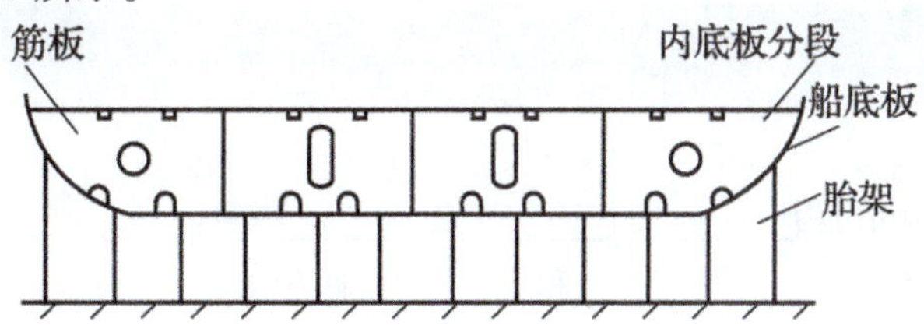

图 6–57　将内底板平面分段吊装到船底构架上的情况

（7）将双层底分段吊离胎架，并翻身后焊接内底板与中桁材、傍桁材、船底板的平角焊缝以及焊接船底板对接焊缝的封底焊。

"顺装法"的优点是安装方便，变形小，能保证底板有正确的外形；缺点是在胎架上安装，成本高，不经济。

"倒装法"的优点是工作比较简便，直接可铺在平台上，减少胎架的安装，节省胎架的材料和缩短分段建造周期；缺点是变形较大，船体线型较差。

4. 平面分段总装成总段的焊接工艺

在建造大型船舶时，先在平台上装配焊接成平面分段，然后在船台上或车间内分片总装成总段，如图 6–58 所示。最后再吊上船台进行总段装焊（大合拢）。平面分段总装成总段的焊接工艺如下：

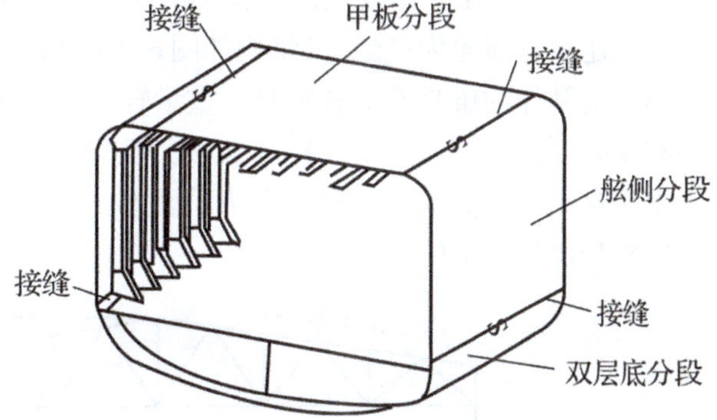

图 6–58　平面分段总装成总段

（1）为了减小焊接变形，甲板分段与舷侧分段、舷侧分段与双层底分段之间的对接缝，应采用"马"板加强定位。

（2）由双数焊工对称地焊接两侧舷侧外板分段与双层底分段对接缝的内侧焊缝。焊前应根据板厚开设特定坡口，采用焊条电弧焊或 CO_2 气体保护焊。

（3）焊接甲板分段与舷侧分段的对接缝。在采用手工焊时，先在接缝外面开设 V 形坡口，进行手工平焊，焊完后，内面碳弧气刨清根，进行手工仰焊封底；也可采用接缝内侧开坡口手工焊仰焊打底，然后在接缝外面采用埋弧焊；有条件的可以直接采用 FAB 衬垫或陶瓷衬垫使用 CO_2 气体保护焊单面焊双面成型工艺方法。

（4）焊接筋骨与双层底分段外板的角接焊缝，焊完后焊接内底板与外底板外侧角焊缝以及肘板与内底板的角焊缝。

（5）焊接肘板与甲板或横梁间的角焊缝。

（6）用碳弧气刨将舷侧分段与双层底分段间外对接焊缝清根，进行手工封底焊接。

课堂笔记：____

____

____

练习题

一、填空题

1. 船体板架结构可分为________、________及________三种。
2. 分段建造法有________、________和________三种方法。

二、思考题

1. 什么是“倒装法”？简述船体双层底分段采用“倒装法”时的焊接工艺。
2. 制订船体结构焊接顺序的基本原则有哪些？
3. 船体主要结构中对接焊缝之间、接焊缝与角焊缝之间的平行距离有什么规定？

第四节 桁架的生产工艺

一、桁架的结构特点及技术要求

桁架是主要用于承受横向载荷的梁类结构，还可以做机器骨架及各种支承塔架，特别在建筑方面尤为广泛，其结构如图 6–59 所示。一般来说，当构件承载小、跨度大时，采用桁架制作的梁具有节省钢材、重量轻、可以充分利用材料的优点。同时，桁架运输和安装方便，制造时易于控制变形。但桁架节点处均用短焊缝连接，装配费工，难于采用自动化、高效率的焊接方法。因此，一般认为跨度大于 30m、载荷较小时，使用桁架是比较经济的。

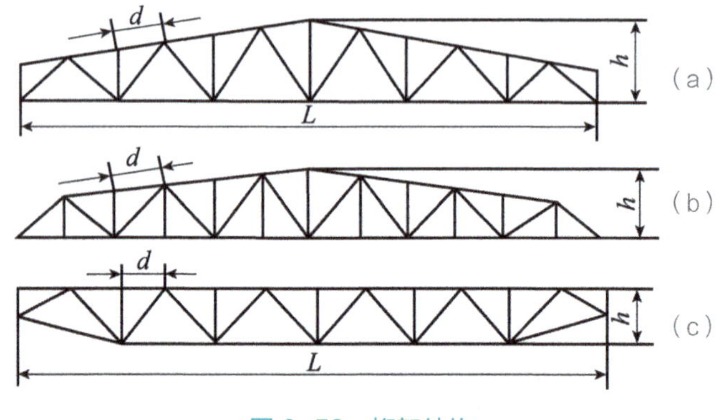

图 6–59 桁架结构

（a）、（b）建筑桁架；（c）起重机桁架。

1. 桁架的结构特点

（1）呈平面结构或由几个平面桁架组成空间构架。

（2）杆件多，焊缝多而且短，难于采用自动化焊接方法。

（3）整体看来，对称于长度中心；在受力平面内有较大的刚度，在水平面内、刚度小、易变形，特别容易弯曲。

2. 桁架的技术要求

（1）节点处是汇交力系，为保证桁架的平衡，要求各元件中心线或重心线要汇交于一点。

（2）各片桁架要求保证高度、跨度，特别是连接及安装接头处。

（3）要求保证挠度，防止扭曲。

3. 型钢桁架节点结构分析

为了保证桁架结构的强度和刚度，桁架杆件截面所用的型钢种类越少越好，且杆件所用角钢一般不小于 50mm × 50mm × 5mm，钢板厚度不小于 5mm，钢管壁厚不小于 4mm。杆件截面宜用宽而薄的型钢组成，以增大刚度。

从桁架的技术要求及生产工艺看，分析桁架节点结构的主要目的是防止在节点处产生附加力矩及减少节点处应力集中。图 6-60 所示为屋顶桁架 *A* 处节点结构设计的四种形式。图 6-60（a）中节点的几何中心线不重合，将产生附加力矩，同时件 1、2、3 间距小，使施焊比较困难。图 6-60（b）中节点的几何中心线重合，附加力矩小，但型钢 1、3 与件 4 的过渡尖角大，易在尖角处形成应力集中。图 6-60（c）中节点选用连接板 4，使件 1、2、3 与件 4 的焊缝过长，焊后易使桁架产生变形，且增加了装配工作量，浪费材料。图 6-60（d）中节点结构采用带弧形的连接板，降低了节点的应力集中，提高了节点的承载力。为使焊缝不致太密集，又有足够长度以满足强度要求，桁架节点处应多设置节点板。原则上桁架节点板越小越好；节点结构形式越简单，切割次数越少越好，最好用矩形、梯形和平行四边形的节点板。

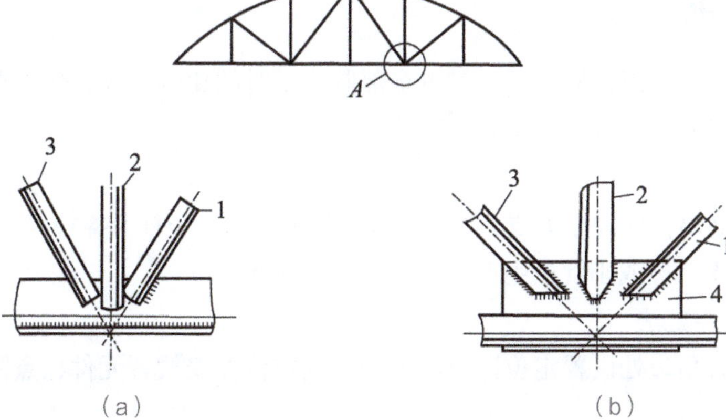

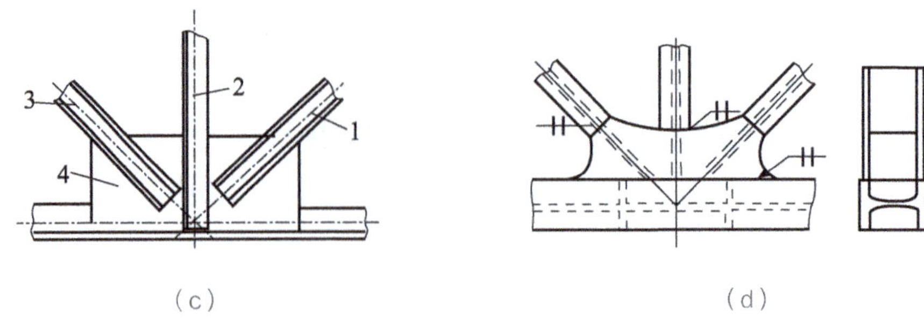

（c） （d）

图 6-60 几种节点结构形式比较

（a）节点的几何中心线不重合；（b）尖角处应力集中大；（c）连接焊缝过长；（d）采用弧形连接板。

综上所述，要使型钢桁架节点结构合理，必须要做到以下几点：

（1）杆件截面的重心线应与桁架的轴线重合，在节点处各杆应汇交于一点。

（2）桁架杆件宜直切或斜切，不可尖角切割。如图 6-61（a）、（b）、（c）所示较好，图 6-61（d）不宜采用。

（3）在铆接结构中，桁架的节点必须采用节点板，焊接桁架可有可无节点板。当采用节点板时，其尺寸不宜过大，形状应尽可能简单。

（4）当角钢桁架弦杆为变截面时，应将接头设在节点处。为便于拼接，可使拼接处两侧角钢肢背平齐。为减小偏心，可取两角钢的重心线之间的中心线与桁架轴线重合，如图 6-62（a）所示。对于重型桁架，弦杆变截面的接头应设在节点之外，以便简化节点构造，如图 6-62（b）所示。

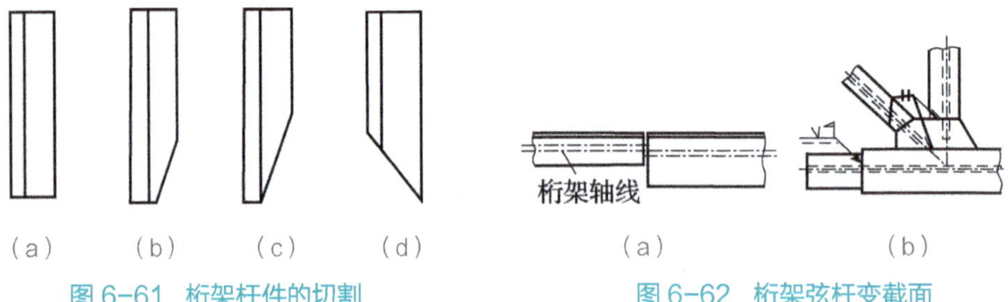

（a） （b） （c） （d）

图 6-61 桁架杆件的切割

（a）、（b）、（c）合理；（d）不合理。

（a） （b）

图 6-62 桁架弦杆变截面

二、桁架的装配工艺

在工厂生产中，桁架的装配工时占全部制造工时的比例很大，这将严重影响生产率的提高。桁架的装配方法有下列四种：

1）放样装配法

在平台上划出各杆件位置线，之后安放弦杆节点板、竖杆及撑杆等，点固并焊接。这种方法适用于单件或小批量生产，此方法生产率低。

2）定位器装配法

在各元件直角边处设置定位器及压夹器，按定位器安放各元件，点固并焊接。这种方法适于成批生产，降低了对工人技术水平的要求，提高了生产率。

3）模架装配法

首先采用放样装配法制出一片桁架，将其翻转 180° 作为模架，之后将所要装配的各元件按照模架位置安放并定位。在另一工作位置焊接，而模架工作位置上可继续进行装配。这种装配方法，也称为仿形复制装配法，其精度较定位器法差。如将模架法与定位器法结合使用，效果将更好。

4）按孔定位装配法

这种方法适用于装配屋架，如图 6–63 所示。装配时，先定位各带孔的连接板，这就确定了上、下弦杆的位置，并且保证了整个桁架的安装连接尺寸。其他节点处如有水平桁架而带孔者，仍按孔定位；无孔者，则用垫铁或挡铁定位。

采用上述各种方法装配的桁架，在焊接前必须检查几何尺寸，必须保证节点处各元件的中心线汇交于一点。

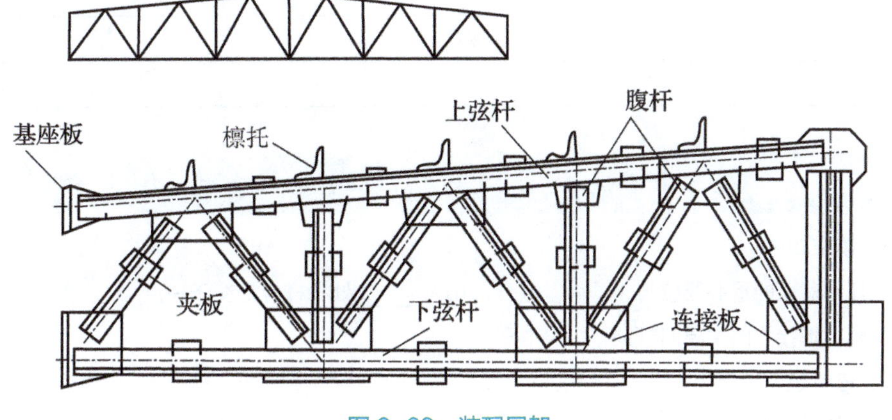

图 6–63 装配屋架

三、桁架的焊接工艺

桁架焊接时的主要问题是易产生挠度和扭曲。由于桁架仅对称于其长度中心线，故焊缝焊完后将产生整体挠度；在上、下弦杆节点之间，也可能产生小的局部挠度（对于单片式桁架，可能有超出平面的水平弯曲）；由于长度大、焊缝不对称等因素，也可能产生扭曲；所有这些变形都将影响其承载能力。因此，桁架在装配焊接时，要求支承面要平，尽量在夹固状态下进行焊接。

为了保证焊接质量和减少焊接变形，桁架制造时可遵从下列原则：

（1）从中部焊起，同时向两端支座处施焊。

（2）上、下弦杆同时施焊为宜。

（3）节点处焊缝应先焊端缝，再焊侧缝，如图 6–64 所示。焊接方向应从外向内，即从竖杆引向弦杆处。

（4）焊接节点时，应先竖后斜（按图 6–64 中 Ⅰ、Ⅱ、Ⅲ 顺序）；两端侧缝也可按Ⅰ杆形式焊接，但在焊接焊缝1时，焊缝2应事先点固，以防变形。焊后变形量超过技术要求时，应选用火焰矫正法进行矫正。

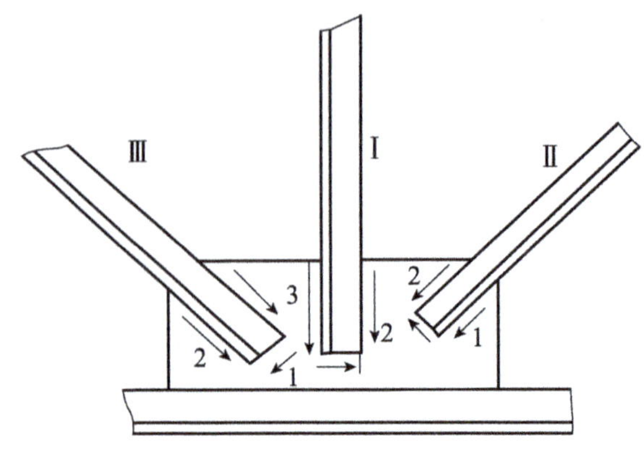

图6-64 节点焊接顺序

课堂笔记：____

练习题

一、填空题

1. 杆件截面的重心线应与________重合，在________处各杆应汇交于一点。

2. 桁架焊接式的主要问题是________和________。

二、思考题

1. 桁架的结构特点是什么？

2. 桁架的装配方法有哪些？各应用于什么情况？

单元7 装配—焊接工艺装备

学习目标

1. 明确焊接工艺装备在焊接生产中的地位及作用，熟悉焊接工艺装备的种类及特点。
2. 掌握焊接工装夹具结构特点、使用及设计的基本知识。
3. 掌握各种焊接变位机械的结构特点，并能正确使用焊接变位机械。
4. 了解焊接机器人的有关知识。

第一节　装配—焊接工艺装备概述

装配—焊接工艺装备是焊接结构装配与焊接生产过程中起配合及辅助作用的工装夹具、机械装置或设备的总称，简称焊接工装。焊接工装的应用对提高产品质量，减轻焊接工人的劳动强度，加速焊接生产实现机械化、自动化进程等方面起着非常重要的作用。

一、焊接工装的地位与作用

现代化的工业生产应该具备生产效率高、劳动强度低、产品质量优、价格低廉、市场竞争力强等特点。焊接结构产品的生产应该同样具备这些特点。焊接结构产品在整个生产过程中，应充分利用工艺装备，以实现生产过程的机械化和自动化。焊接结构产品的制造过程中，纯焊接所需作业工时约占全部作业工时的 25% ~ 30%，其余作业工时全部用于备料、装配及其他辅助工作。这些工作直接影响焊接结构生产的进度，特别是随着高效率焊接方法的广泛应用，这种影响日渐突出。解决好这一问题的最佳途径，就是大力推广使用机械化和自动化程度较高的焊接工艺装备。

焊接工装的作用主要表现在以下几个方面：

（1）定位准确、夹紧可靠，可部分或全部取代下料和装配时的划线工作；减小制品的尺寸偏差，提高零件的精度和互换性。

（2）防止和减小焊接变形，降低焊接后的矫正工作量，达到提高劳动生产率的目的。

（3）能够保证最佳的施焊位置，焊缝的成形性优良，工艺缺陷明显降低，可获得令人满意的焊接接头。

（4）采用机械装置进行零部件装配的定位、夹紧及焊件翻转等繁重的工作，可改善工人的劳动条件。

（5）可以扩大先进工艺方法和设备的使用范围，促进焊接结构生产机械化和自动化的综合发展。

二、焊接工装的分类及应用

焊接工装可按其功能、适用范围或动力源等进行分类，见表 7–1。

表 7–1 焊接工装的分类及应用

分类方法	工装名称	主要形式		基本应用
按功能分类	装配—焊接夹具	定位器		主要是对焊件进行准确的定位和可靠的夹紧
		夹紧器		
		拉紧及顶撑器		
		装配胎架		
	焊接变位机械	焊接变位机	焊接回转台	将焊件回转或倾斜，使接头处于水平或船形位置
			焊接翻转台	
			焊接滚轮架	
			焊接变位机	
		焊机变位机	平台式操作机	将焊接机头或焊枪送到并保持在待焊位置，或以选定的焊接速度沿规定的轨迹移动焊机
			悬臂式操作机	
			伸缩式操作机	
			门架式操作机	
		焊工变位机		焊接高大焊件时带动焊工升降
	焊接辅助装置			为焊接工作提供辅助性服务
按适用范围分类	专用工装			适用于某一种焊件的装配和焊接
	通用工装			不需调整即能适用于多种焊件的装配或焊接
	组合式工装			使用前需将各夹具元件重新组合，才能适用于另一种产品的装配和焊接
按动力源分类	手动工装			靠人工完成焊件的定位、夹紧或运动
	气动工装			利用压缩空气作为动力源
	液压式工装			利用液体压力作为动力源
	电动工装	电磁工装		利用电磁铁产生的磁力作为动力源
		电动工装		利用电动机的扭矩作为动力源

三、焊接工装的组成及选用原则

1. 焊接工装的组成

焊接工装的构造是由其用途及可实现的功能所决定的。

装配—焊接夹具一般是由定位元件、夹紧元件和夹具体组成。夹具体起连接各定位元件和夹紧元件的作用，有时还起支承焊件的作用。

焊接变位机、焊接操作机基本由原动机（力源装配）、传动装置（中间传动机构）和工作机（夹紧元件）三个基本部分组成，并通过机体把它们连接成整体。

图 7-1 为一种典型的夹具装置：力源装置是产生夹紧作用力的装置，通常是指机械夹紧时所用的气压、液压、电动等动力装置；中间传动机构起着传递夹紧力的作用，工作时可以通过它改变夹紧作用力的方向和大

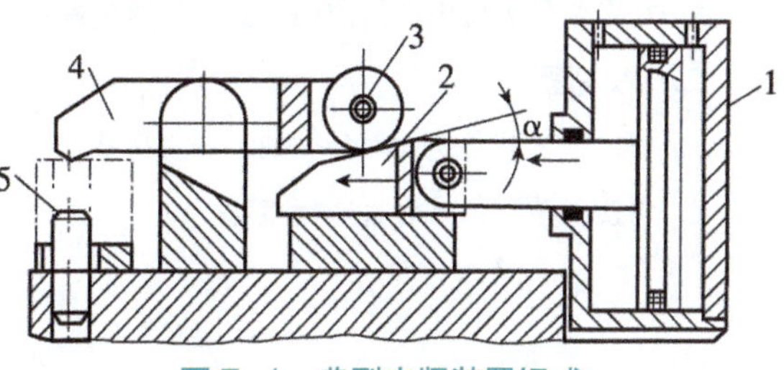

图 7–1 典型夹紧装置组成

1- 气缸；2- 斜楔；3- 辊子；4- 压板；5- 悍件

小，并保证夹紧机构在自锁状态下安全可靠；夹紧元件是夹紧机构的最终执行元件，通过它和焊件受压表面直接接触完成夹紧。

2. 焊接工装选用的基本原则

焊接工装的选用与焊接结构产品的各项技术要求及经济指标有着密切的联系。其一，焊接结构的生产规模和生产类型，在很大程度上决定了选用工艺装备的经济性、专用化程度、完善性、生产效率及构造类型。其二，产品的质量、外观尺寸、结构特征以及产品的技术等级、重要性等也是选择工艺装备的重要依据。其三，在产品生产工艺规程中对工艺装备的选用有着较明确的要求和说明（如零部件有效定位、夹紧、反变形、定位焊、施焊等），这些内容对选择工艺装备有很强的指导性。除上述之外，还有以下五个原则：

（1）工艺装备的可靠性；

（2）对制品的适应性；

（3）焊接方法对夹具的特殊要求；

（4）安装、调试、维护的可行性；

（5）尽量选用已通用化、标准化的工艺装备。

课堂笔记：____

____

____

练习题

一、填空题

1. 焊件在夹具中强行加固或预先给予反变形，这样对控制________非常有利，可提高焊件的________。

2. 采用焊接变位机械，可缩短装配和施焊过程中焊件________时间，减少________工时，提高焊接生产率。

3. 焊接工艺装备按功能可分为________、________和________。

4. 对尺寸精度较高、表面粗糙度较低的零件，装配时应选用具有________的定位元件、________的夹紧元件。

5. 对专业化大量生产的结构产品，每道装配、焊接工序都应采用________的装备来完成。

二、思考题

1. 焊接工艺装备是如何分类的？分为哪些类型？

2. 焊接工艺装备具有哪些特点？

第二节　焊接工装夹具

一、零件在夹具中的定位

1. 零件在夹具中的定位原理

零件在空间可以有无限个位置可放。为了确定零件的具体位置，必须消除它对于直角坐标系活动的6个自由度。图7–2中所示的沿着*X*轴、*Y*轴、*Z*轴的移动和转动，即为零件的6个自由度，当限制了这6个自由度，零件的位置便被确定下来。

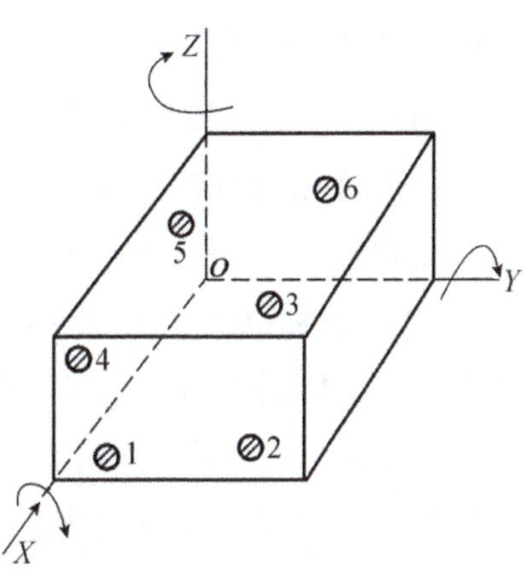

图7–2　零件定位简图

（1）在*XOY*平面内的3个支点（1，2，3）使矩形零件受到支托，该平面使零件不能绕*X*轴和*Y*轴转动，也不能沿*Z*轴移动，限制了它的3个自由度。将点（1，2，3）所确定的平面，称为定位基准。通常选择焊件上最大的表面作为定位基准。

（2）在*XOZ*平面内的两个支点（4，5），使得零件不能沿*Y*轴移动和绕*Z*轴转动，限制了它的2个自由度。将该平面称为导向基准。通常选择焊件上最长的表面作为导向基准。

（3）在*YOZ*平面内加置一个支点（6），限制了零件沿*X*轴移动的可能，于是零件的位置便被确定下来。将该平面称为止推基准，通常选择焊件上最短、最窄的表面作为止推基准。

焊件上的6个自由度均被限制的定位称为完全定位；焊件被限制的自由度少于6个，但仍能保证加工要求的定位称为不完全定位。在焊接生产中，为了调整和控制不可避免的焊接应力与变形，有些自由度是不宜限制的，故可采用不完全定位的方法。

2. 定位基准的选择

在设计胎夹具时首先应根据焊件的形状选择合理的基准，尽量选用零件表面粗糙度较低的面作为基准。同时又要使一个基准具有多种用途以减少基准的数量，从而简化胎夹具的机构。因此在选择基准时常常将设计基准作为定位和测量基准。

零件在装配—焊接夹具中的定位基准可以是平面、圆柱面、圆锥面，或者是复杂零件的复合表面等。其定位方法如下：

（1）平面定位：利用挡铁或支承钉进行定位。

（2）圆柱面定位：外圆柱面采用V形铁定位，内圆柱面采用定位销定位。

（3）圆锥面定位：用短V形铁定位。

二、定位器

定位器可作为一种独立的工艺装置，也可以是复杂夹具中的一个基本元件，它的基本任务是确定所装配零部件的正确位置。定位器具有多种结构形式，使用时，应根据被定位焊件的结构形式及定位要求进行布置和选择定位器。

1．定位器的构造及应用

1）挡铁

挡铁是一种应用较广且结构简单的定位元件。常见的形式有以下几种：

（1）固定式挡铁，如图 7–3（a）所示。它用来在水平面或垂直平面上定位零件，也可用焊接方法刚性地固定在夹具上，适用于单一产品且批量较大的焊接生产。

（2）可拆式挡铁，如图 7–3（b）所示。可拆式挡铁用螺栓固定在平台上，或直接插入夹具体或装配平台的锥孔中，适用于单件或多品种焊件的装配。

（3）永磁式挡铁，如图 7–3（c）所示。为了方便拆卸工件，挡铁在拔去插销和移动之后，工件即可方便地取走。

（4）可退式挡铁，如图 7–3（d）所示。挡铁可绕铰链转动，靠插销固定。这样工件装配成整体之后，拔去插销，即可方便地取下工件。

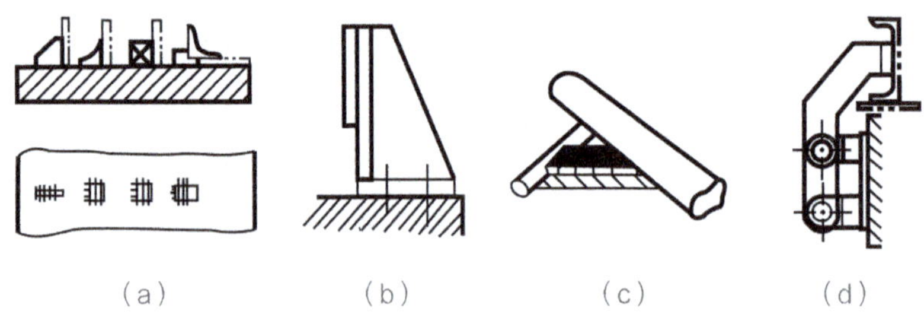

图 7–3　挡铁的结构形式

（a）固定式；（b）可拆式；（c）永磁式；（d）可退式。

2）支承钉（板）

（1）固定式支承钉，结构如图 7–4（a）所示。平头支承钉用来支承已加工过的表面；球头支承钉用来支承未经加工的粗糙不平的毛坯表面或焊件窄小表面的定位；带齿纹头的支承钉多用在焊件侧面，以增大摩擦系数，防止焊件滑动。

（2）可调式支承钉，结构如图 7–4（b）所示。可调式支承钉用于焊件表面未经加工或表面精度相差较大的情况，采用螺母旋合的方式按需要调整高度，适当补偿焊件的尺寸误差，多用于装配形状相同而规格不同的焊件。

（3）支承板，结构如图 7–4（c）所示。支承板一般用螺钉紧固在夹具体上，可进行侧面、顶面和底面定位，适用于焊件经切削加工的平面或较大平面。

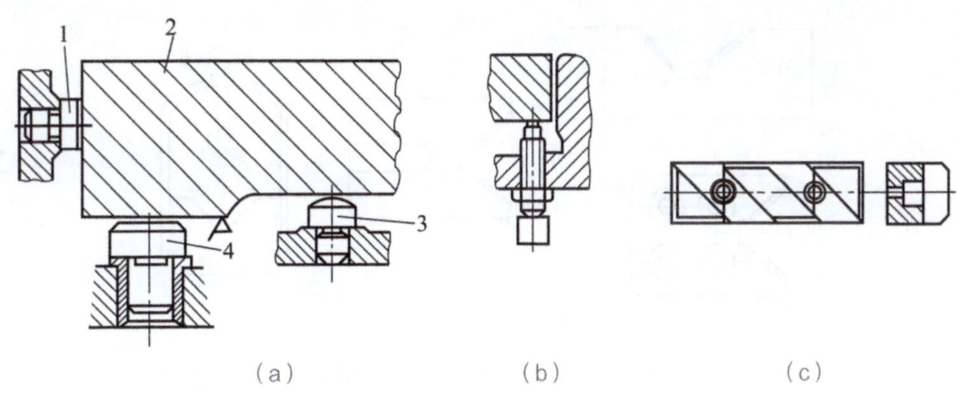

图 7-4 支承钉（板）的结构形式

（a）固定式支承钉；（b）可调式支承钉；（c）支承板。

1- 齿纹头式；2- 焊件；3- 球头式；4- 平头式。

3）定位销钉

应用于装配孔、螺钉孔或螺栓孔及专业定位孔等内表面，作为定位基准。常用的结构形式有以下几种：

（1）固定式定位销，如图 7-5（a）所示。其末端配合于夹具体上，伸出部分定位工件。

（2）可拆式定位销，如图 7-5（b）所示。焊件之间依靠孔进行定位，一般经定位焊后拆除该定位销才能进行焊接。

（3）可换式定位销，如图 7-5（c）所示。它是通过螺纹与夹具体相连接的，大批量生产时，为保证精度须定期维修和更换定位销。

（4）可退式定位销，如图 7-5（d）所示。采用铰链形式使圆锥形定位销应用后可及时退出，便于焊件的装上或卸下。

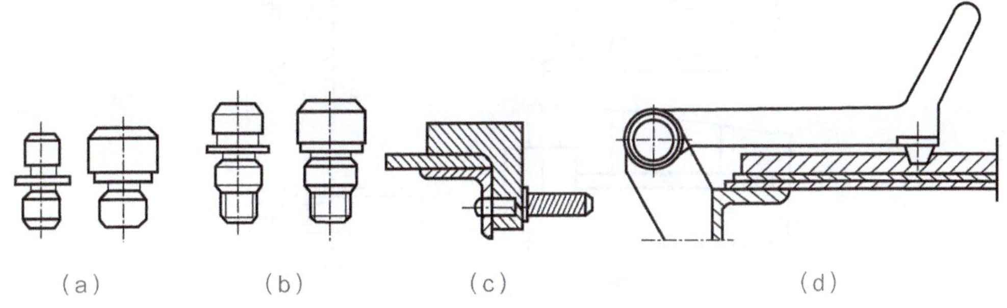

图 7-5 定位销的结构形式

（a）固定式；（b）可拆式；（c）可换式；（d）可退式。

4）V 形铁

V 形铁是一种外圆表面定位器，特点是具有两个成一定角度的斜面，在外力的作用下，圆柱形物体会自动贴紧两表面，从而确定其位置。V 形铁上两斜面的夹角一般有 60°、90°、120° 三种；焊接夹具中 V 形铁两斜面夹角多为 90°。常见的 V 形铁形式如下：

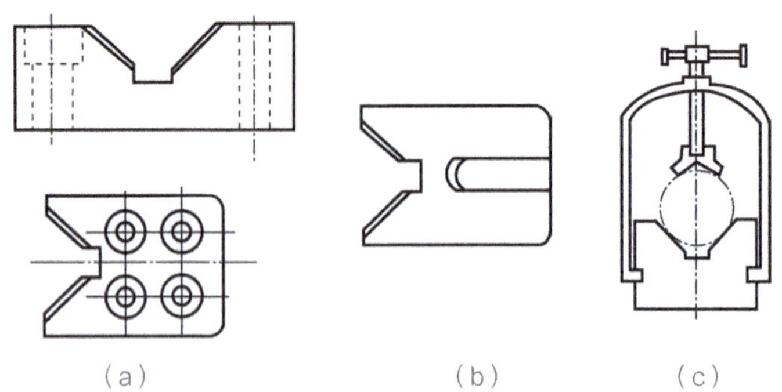

图 7-6　V 形铁的结构形式与应用

（a）固定式；（b）可调式；（c）V 形铁的应用。

（1）固定式 V 形铁，如图 7-6（a）所示。在装配钻孔前，用螺钉先定位到胎具上，之后钻装配孔。

（2）可调节式 V 形铁，如图 7-6（b）所示。用于同一类型但尺寸有变化的焊件，或用于可调式夹具中。

图 7-6（c）是 V 形铁与螺旋夹紧器配合使用的工作状态。

5）定位样板

定位样板是一种高效的定位器具。在实施定位操作时，只要预先把定位样板定位并固定，则零件的定位就非常方便、快捷。定位样板的高效体现在一个样板可以对多个零件进行定位以及对一些特殊位置的零件进行定位。图 7-7 所示为定位样板的例子。

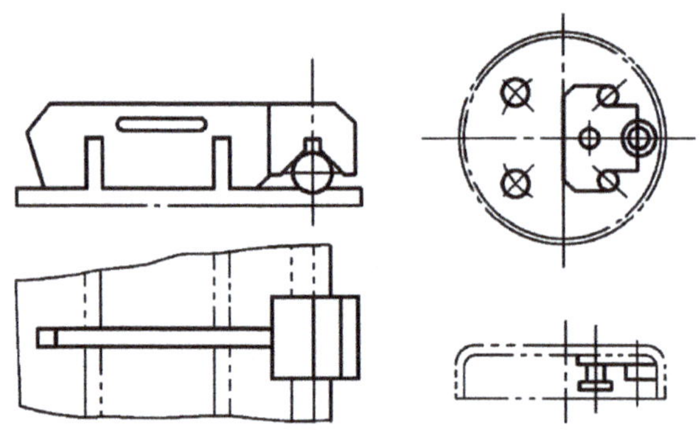

图 7-7　定位样板示例

2. 定位器布置的注意事项

定位器的工作表面在装配作业中将与被定位零件频繁接触且为零部件的装配基准，因此，不仅要有适当的加工精度，还要有良好的耐磨性（表面硬度为 40 ~ 65HRC），以便在较长期的工作条件下保持较稳定的定位精度。定位器有时要承受工件的重力，吊装时也难免受到工件的碰撞和冲击，因此，定位器本身应具有足够的刚性。同时，安装定位器的夹具也必须具有更大的刚性，以确保工件定位的准确性和可靠性。定位器的布置应符合定位原理，需另外为了满足装配零部件的装卸，还需将定位器设计成可移动、可回转或可拆装的形式，需注意基准的选择与配合。应用定位器要优先选择焊件本身的测量基准、设计基准。必要时可专门为解决定位精度而在焊件上设置装配孔、定位块等；注意定位操作的简便性。对工件尺寸较大，特别是采用中心柱销定位时，操作者不便观察工件的对中情况，这时，定位器本身应具有适应对中偏差的导入段，例如在定位器端部加工出斜面、锥面或球面导向，以辅助工件的对中并导入工件。布置定位器时应注意以下事项：

（1）应有足够的定位点数目，但不宜超定位。定位器及其所能限制的自由度数见表 7–2。

（2）胎具上的定位面应适合工件的定位基准，定位面的支承应当稳定。

（3）支承的设置应便于操作和取放工件，应考虑给焊件以自由伸缩的余地。

（4）支承的安置应便于调整或修换。

表 7–2　定位器及其所能限制的自由度数

定位支承	平面	狭条（直线）	长 V 形块	短 V 形块	长轴芯	销钉	棱形销
限制自由度相当支点数	3	2	4	2	4	2	1

三、夹紧器

焊接结构在装配时，不仅要注意定位，而且要考虑用什么方式夹紧。定位与夹紧两者有着密切的联系，不能截然分开，否则就会直接影响到产品的质量。

1. 对夹紧器的要求

（1）施力夹紧后不应破坏定位后工件的正确位置。

（2）在保证工件不发生移动的情况下，尽量减少夹紧力，以免使工件变形或损伤其表面。

（3）夹紧力的作用方向应垂直于装配基准，且着力点应在支承点上或由支承点所组成的平面内。

（4）夹紧器的结构应简单、操作方便、动作迅速、安全可靠、省力、容易维修，移动式的夹紧器还应尽量轻便。

2. 夹紧器的构造

1）机械式夹紧器

机械式夹紧器包括楔形夹紧器、螺旋夹紧器、偏心夹紧器、杠杆夹紧器、弹簧夹紧器等。

（1）楔形夹紧器。楔形夹紧器的结构如图 7–8 所示，主要通过斜面移动所产生的压力来夹紧工件。用楔条进行装配，方便灵活、速度快。为了确保压紧工件，楔条应能自锁，因此对楔条斜面角度有一定要求。手动夹紧时一般取 6° ~ 8°；气动或液压夹紧时，斜楔升角可扩大至 15° ~ 30°，为非自锁式。

（2）螺旋夹紧器。螺旋夹紧器的结构如图 7-9 所示，一般由螺杆、螺母和主体 3 部分组成；通过螺杆与螺母的相对转动达到夹紧工件的目的。为避免螺杆直接压紧工件而造成工件表面的压伤和产生位移，通常在螺杆的端部装有可以摆动的压块。

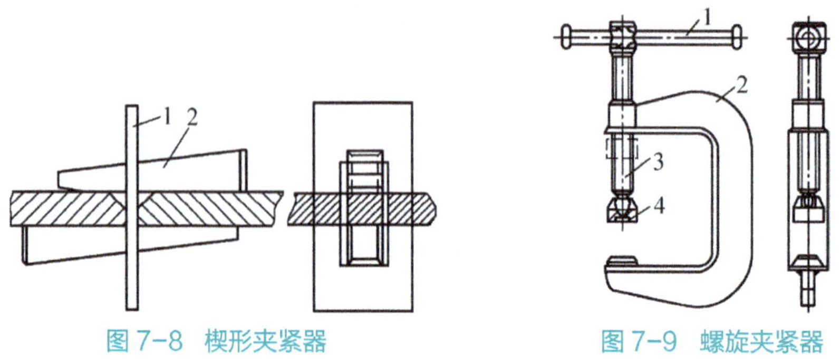

图 7-8 楔形夹紧器

1- 主体；2- 楔条。

图 7-9 螺旋夹紧器

1- 手柄；2- 主体；3- 螺杆；4- 压块。

螺旋夹紧器的种类很多，它在胎具上可装置成固定式、可拆式、可退让式或可转动式的。这种夹紧器的特点是制造方便，行程长，自锁性好，夹紧可靠，但施力过程较慢。为了克服这一缺点，采用旋转或退让式的结构较好，如图 7-10 所示。

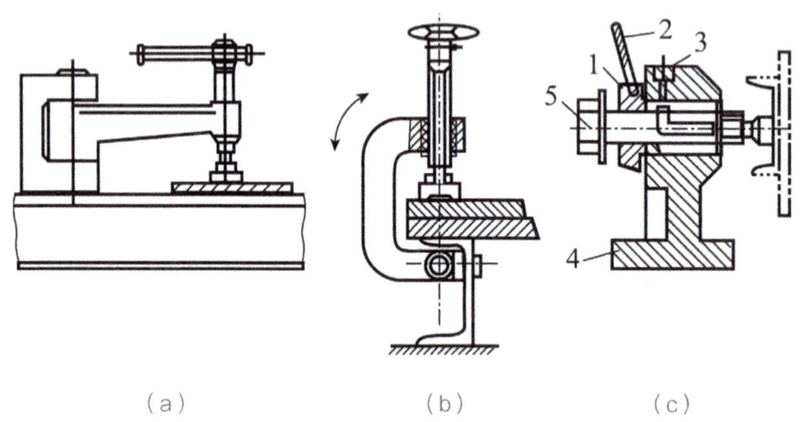

（a）　（b）　（c）

图 7-10 快速夹紧的螺旋夹紧器

（a）旋转式；（b）铰接式；（c）快撤式。

（3）偏心轮夹紧器。偏心轮是指绕一个与自身几何中心相对偏移一定距离的回转中心旋转的零件。偏心轮旋转时，在某一方向上，回转中心与轮边缘的距离会发生变化，利用这一变化来夹紧和松开零件。旋转一次手柄即可压紧工件，是快速作用式夹紧器。一般情况下，应保证偏心轮具有自锁性，以便施力结束后能保持压力。图 7-11 所示为偏心轮夹紧器。

（4）杠杆夹紧器。图 7-12 所示为一个典型的杠杆夹紧器。当向左推动手柄时，间隙 s 增大，焊件被松开；当向右推动手柄时，焊件被夹紧。杠杆夹紧器多与其他夹紧器联合使用，形式很多，特点是夹紧动作迅速，可起到增力的作用，适用于大批量生产中。设计时应注意其调节机构及防滑锁紧装置。

（5）弹簧夹紧器。其结构如图 7-13 所示。弹簧夹紧器可分板簧与圆柱簧两种。它也是快速作用式夹具。板簧很适用于薄板件的装配，板簧厚度为 4 ~ 8mm。

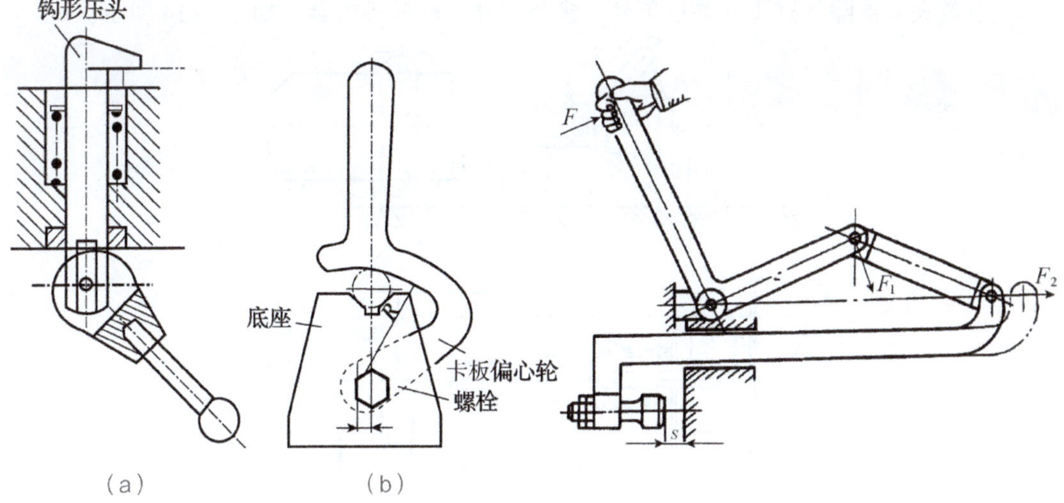

图 7-11 偏心轮夹紧器

（a）夹紧平面构件；（b）夹持圆柱表面和管子。

图 7-12 杠杆夹紧器

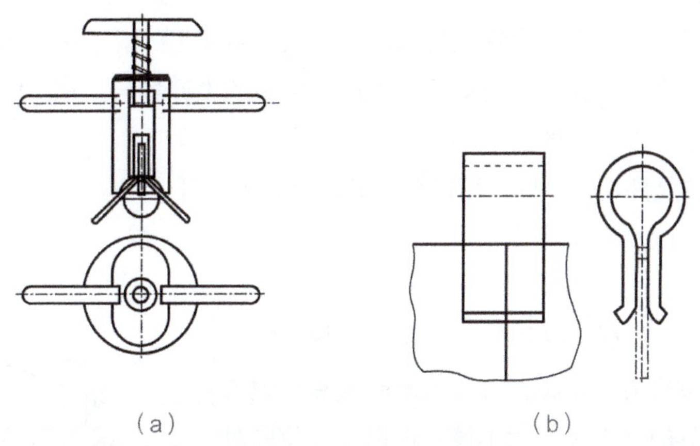

图 7-13 弹簧夹紧器

（a）圆柱簧；（b）板簧。

2）气压、液压式夹紧器

气动夹紧器是以压缩空气为传力介质，推动气缸活塞与连杆动作，实现对焊件的夹紧作用。气压传动用的气体工作压力一般为 0.4 ~ 0.6MPa。气动夹紧器具有夹紧动作迅速，夹紧力比较稳定，结构简单，操作方便，不污染环境及有利于实现程序控制等优点。

液压夹紧器是以压力油为传力介质，推动液压缸活塞与连杆产生动作实现夹紧的。液压传动用的液体工作压力一般为 3 ~ 8MPa；在输出力相同的情况下，液压缸尺寸较小，惯性小，结构紧凑。液体有不可压缩性，故液压夹紧器夹紧刚度较高且工作平稳，夹紧力大，有较好的抗过载能力。液体油有吸振能力，便于频繁换向，但液压系统结构复杂，制造精度要求高，成本较高，控制部分复杂，不适合远距离操纵。

这类夹紧器除气缸（或油缸）外，多与连杆、杠杆等组合，如图 7–14 所示。

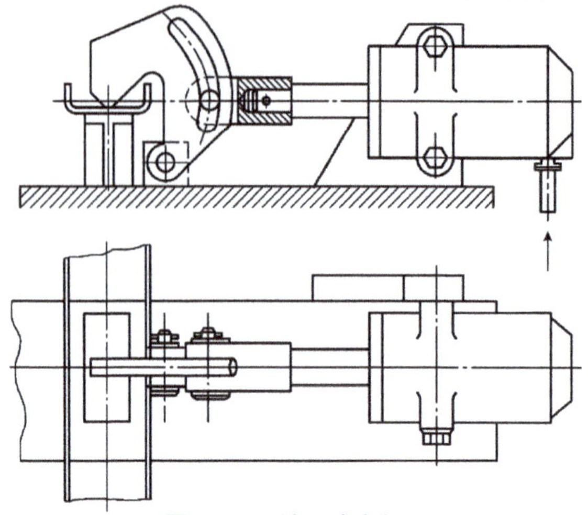

图 7–14 液压式夹紧器

3）组合夹具

组合夹具是由一些规格化的夹具元件，按照产品加工的要求拼装而成的可拆式夹具，适用于品种多、变化快、批量少、生产周期短的生产场合。在车间生产中可以是固定、移动式或可以启闭的。

组合夹具按元件功能不同，可以分为基础件、支承件、定位件、导向件、压紧件、紧固件、合成件以及辅助件等。

4）磁力夹具

磁力夹具是借助磁力吸引铁磁性材料的焊件实现夹紧的装置。按磁力的来源，可分为永磁式和电磁式两种。磁力夹具的特点是作用迅速，可以多点位同时作用，但其投资较高，而且不适用于厚板及非铁磁性材料的夹紧。图 7–15 所示为电磁式夹紧器。

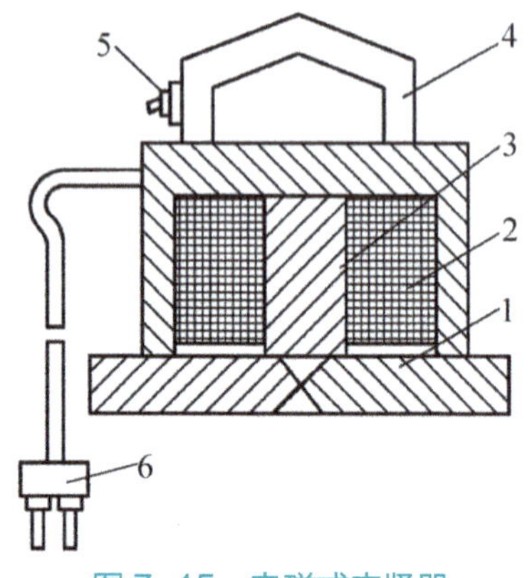

图 7–15 电磁式夹紧器

1- 壳体；2- 线圈；3- 铁心；4- 把手；5- 开关；6- 插头。

3. 布置夹紧器时的注意事项

（1）选用的夹紧器要简单可靠，便于操作，劳动量小。

（2）夹紧动作快，生产效率高。

（3）对精度要求较高的工件，作用点应在工件中心线下方，不能影响工艺顺序及操作。

（4）对同一胎夹具，夹紧器元件的类型越少越好。

（5）带有手柄的夹紧器，其手柄的运动方式：从上往下朝向自己，从右往左用力。

四、拉紧及推撑夹具

1. 千斤顶

千斤顶是最常见的装配工具，其典型结构如图 7–16 所示。图 7–16（a）是机械式千斤顶，它靠螺杆转动而上升或下降。其支承座可固定，铰接或可拆式地安装在胎具上。起重力一般为 5 ~ 100kN，工作效率不高。图 7–16（b）为液压式千斤顶，依靠液压传动而上升或下降。起重力较大，常用的为 50 ~ 500kN。千斤顶的作用是作为支承，其端面要求加工，调节方便，作为夹紧器向工件施力。

千斤顶的螺纹要求自锁；螺杆用 45 钢，端部硬度为 40 ~ 45HRC；为了使其快速作用，可将螺杆做成反向双头螺纹。

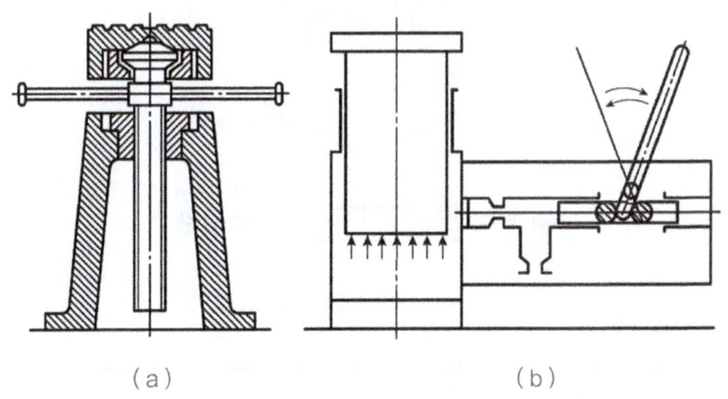

图 7–16 千斤顶

（a）机械式；（b）液压式。

2. 拉紧器

拉紧器用于装配时拉紧工件。常用的拉紧器多数是机械式的，其中经常使用的是省力的螺栓式拉紧器，其结构如图 7–17 和图 7–18 所示。拉紧器通常由螺栓和杠杆组成。为了快速作用，常用反向双头螺杆；也可由偏心轮—杠杆组成，但行程不大。拉紧器通常适用于钢板组成的各类结构（如梁、圆筒等）的装配。

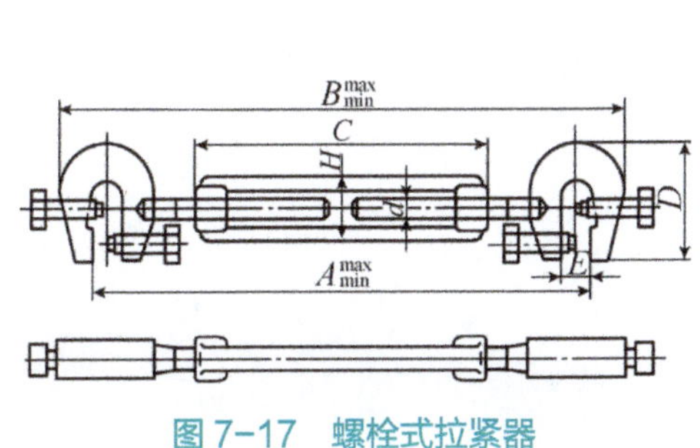

图 7–17 螺栓式拉紧器

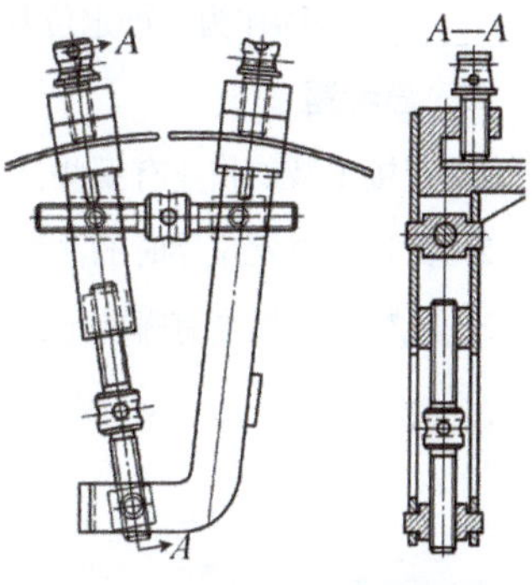

图 7–18 容器或钢板拉紧器

3. 推撑器

推撑器的作用与拉紧器相反，因此有些拉紧器只要能保证刚性，稍作改动或加上某些附件，即可作为推撑器。图 7–19 所示为由 6 根螺杆及支撑环组成的推撑器。在装配焊接圆筒形工件时，用于对齐边缘、张开工件和矫正工件的椭圆变形。此外，还有用气压、液压作为动力所组成的推撑器。

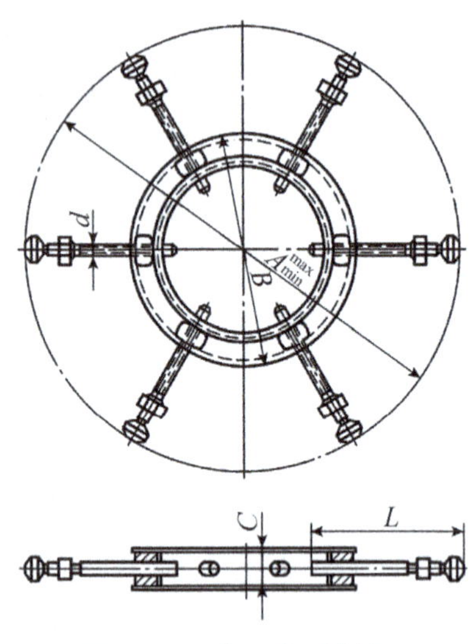

图 7–19　容器装配推撑器

课堂笔记：____

____

____

练习题

一、填空题

1. 工件以平面作为定位基准时，常用的定位器是________和________。

2. 螺旋夹紧机构是利用________或________使两者之间产生相对的轴向移动实现工件的夹紧。

3. 通常选择零件上________表面作为主要定位基准面、________表面作为导向定位基准面、________表面作为止推定位基准面。

二、思考题

1. 焊接工装的作业有哪些？

2. 简述布置定位器时的注意事项。

3. 机械式夹紧器有哪些形式？各有何特点？

第三节　焊接变位机械

焊接变位机械的主要作用是改变焊件、焊机、焊工的操作位置，以达到和保持最佳施焊条件，同时有利于实现机械化和自动化焊接生产。各种焊接变位机械既可单独使用，又可相互配套使用。

一、焊件变位机械

焊件变位机械有焊接回转台、焊接翻转机、焊接滚轮架、焊接变位机等，其作用是支撑焊件并使焊件回转和倾斜，使焊缝处于水平或船形等易于施焊的位置。

1. 焊接回转台

焊接回转台是将工件绕垂直轴或倾斜轴回转的焊件变位机械。其工作台一般处于水平或某一固定倾角。回转台多采用直流电动机驱动，工作台能保证以焊接速度回转，且均匀可调。其主要用于回转体焊件的焊接、堆焊与切割。图 7–20 所示为几种常见的焊接回转台。

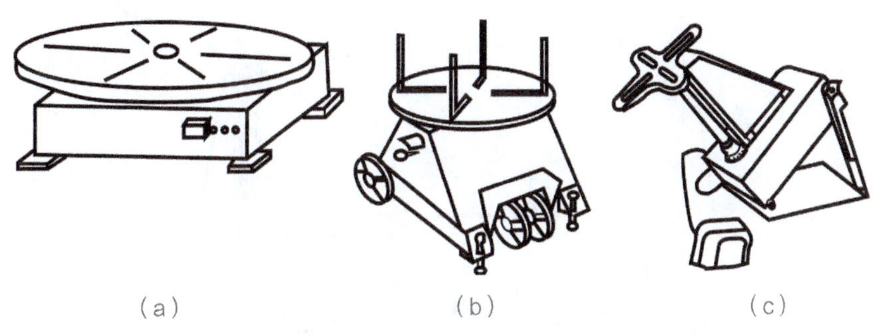

图 7–20　焊接回转台

（a）固定式回转台；（b）移动式回转台；（c）倾角可调式回转台。

2. 焊接翻转机

焊接翻转机是将工件绕水平轴转动或倾斜，使之处于有利装焊位置的焊件变位机械。焊接生产中，将沉重的焊件翻转到最佳施焊位置是比较困难的，使用车间现有的起重设备不仅费时，增加劳动强度，还可能出现意外事故。采用翻转机工作可以提高生产效率，改善结构焊接的质量。焊接翻转机主要适用于梁、柱、框架及椭圆容器等长形工件的装配和焊接。

常见的焊接翻转机有框架式、头尾架式、链式、环式和推举式等多种。

1）头尾架式翻转机

其结构如图 7–21 所示，由提供动力的主动头架 1 和从动的尾架 6 组成；在头架和尾架上分别有一个卡盘 3，用于夹紧焊件；主动头架可以按焊接速度转动或自锁于任意位置；从动的尾架小车可以沿轨道移动，以适应焊件的长度；调节装置 5 可以小范围调节头、尾架卡盘的距离；锁紧装置 4 防止尾架主轴回转；制动装置 7 防止小车在工作过程中移动；当焊件长度较短时，可以单独用头架夹紧，不使用尾架。头尾架式翻转机适用于轴类及筒形和椭圆形焊件的环缝焊接以及表面堆焊时的旋转变位。

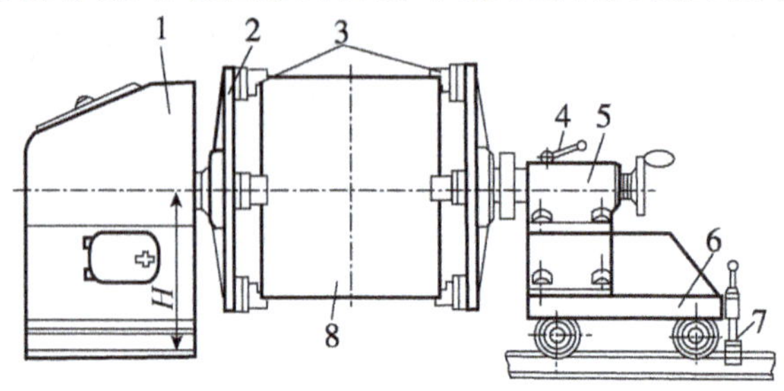

图 7-21 头尾架式翻转机

1- 头架；2- 工作台；3- 卡盘；4- 锁紧装置；5- 调节装置；6- 尾架；7- 制动装置；8- 焊件。

2）框架式翻转机

其结构如图 7-22 所示，可翻转工作台 2 的回转轴安装在两端的支架上，并可在支架上上下移动；4、5、6、7 两套动力系统分别提供工作台回转和升降的动力。框架式翻转机适用于板结构、桁架结构等较长焊件的倾斜变位，工作台上还可进行装配作业。

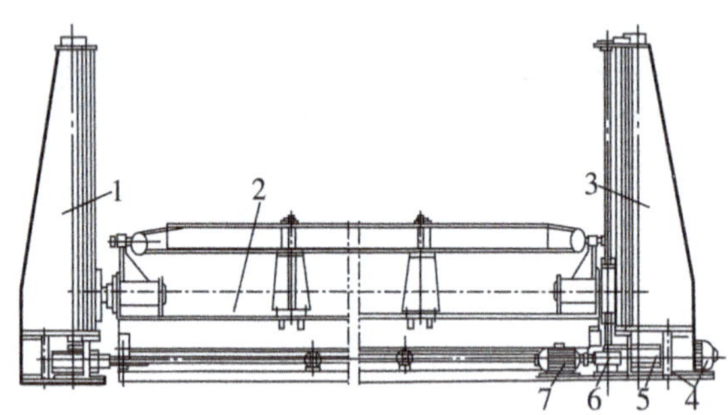

图 7-22 框架式翻转机

1、3- 立柱；2- 可翻转工作台；4、7- 电动机；5、6- 减速器。

3）转环式翻转机

其结构如图 7-23 所示，将焊件固定在由两个半圆环组成的支承环内，并将环安装在支承滚轮上，依靠摩擦力或齿轮传动方式使环翻转。其适用于装配定位后自身刚度很强的梁柱类构件的转动变位，多用于大型构件的组对与焊接。

4）链条式翻转机

其结构如图 7-24 所示，工作时，主动链轮带动链条上的焊件翻转变位。从动轮上安装有制动器，以防止焊件因自重而产生的滑动。下部的无齿链轮用来拉紧链条，防止焊件下沉。链式翻转机的结构简单，工件不用固定，装卸迅速，适用于装配定位后自身刚度很强的梁柱类构件的转动变位。

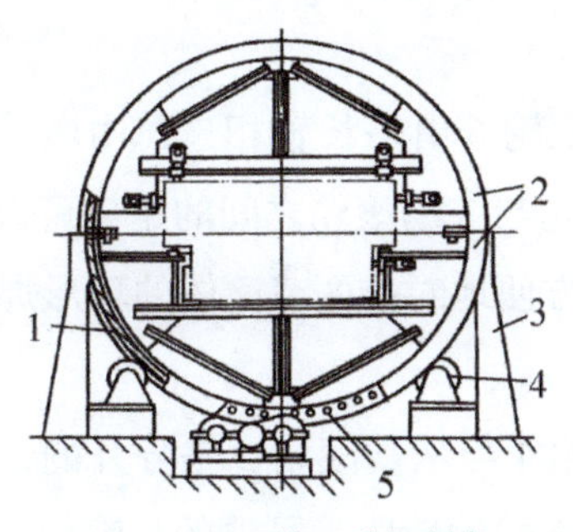

图 7-23 转环式翻转机

1- 滚轮槽；2- 半圆环；3- 支撑杆；4- 滚轮；5- 针轮。

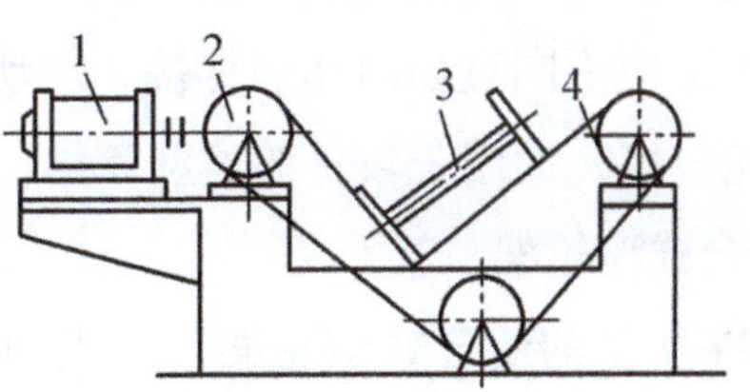

图 7-24 链条式翻转机

1- 驱动装置；2- 主动链轮；3- 焊件；4- 链条。

5）液压双面推拉式翻转机

其结构如图 7-25 所示，工作台 1 可向两面倾斜并可停留在任意位置。当工作台倾斜时，先由 4 个辅助液缸带动 4 个推拉式销轴 4 动作，两个拉出，两个送进。然后向翻转液压缸供油，推动工作台绕销轴转动倾斜。使用时为防止焊件倾倒，焊件应紧固在工作台面上。

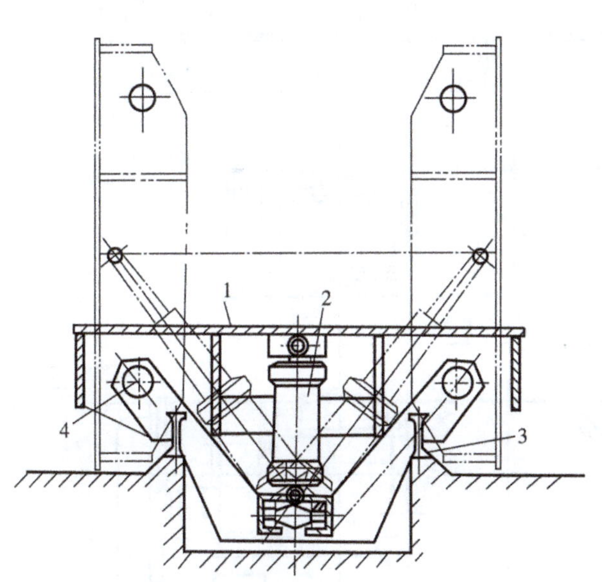

图 7-25 液压双面推拉式翻转机

1- 工作台；2- 举升液压缸；3- 台车底座；4- 推拉式销轴。

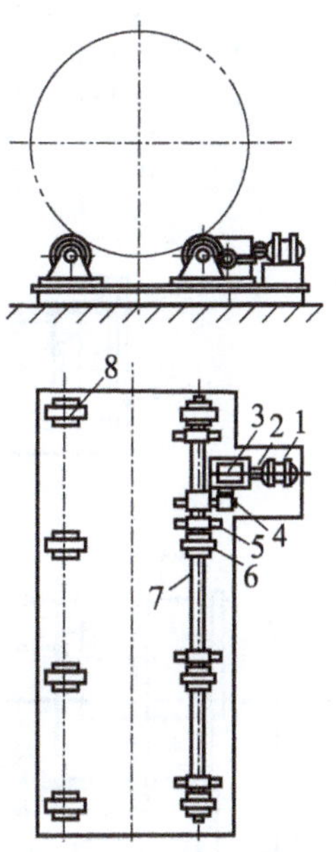

图 7-26 长轴式滚轮架

1- 电动机；2- 联轴器；3- 减速器；4- 齿轮对；5- 轴承；6- 主动滚轮；7- 公共轴；8- 从动滚轮。

3. 焊接滚轮架

焊接滚轮架是借助焊件与主动滚轮间的摩擦力来带动圆筒形焊件旋转的焊件变位机械。主要应用于锅炉、压力容器筒体的装配和焊接。适当调整主、从动滚轮间的高度，还可进行锥体、分段不等径回转体的焊接。

1）长轴式滚轮架

上页图 7–26 所示的长轴式滚轮架，主动滚轮 6 由一长轴相连，由电动机 1 减速后驱动，为适应不同直径筒体的焊接，从动滚轮与主动滚轮之间的距离可以调节。由于支承滚轮较多，适用于较长的薄壁筒体，能方便地对准两节筒体的环形焊缝。

2）组合式滚轮架

图 7–27 所示的组合式滚轮架，其主动滚轮 4 与从动滚轮 2 是分开的，每组滚轮都是相对独立地安装在各自的底座上，且每组滚轮的轮距是可调的。滚轮组的多少是根据焊件的重量和长度来确定。若焊件上有孔洞或突出物，可以通过调整滚轮位置将其避开，因此对焊件适应性强，使用灵活方便，是目前焊接生产中应用最为广泛的一种结构形式。

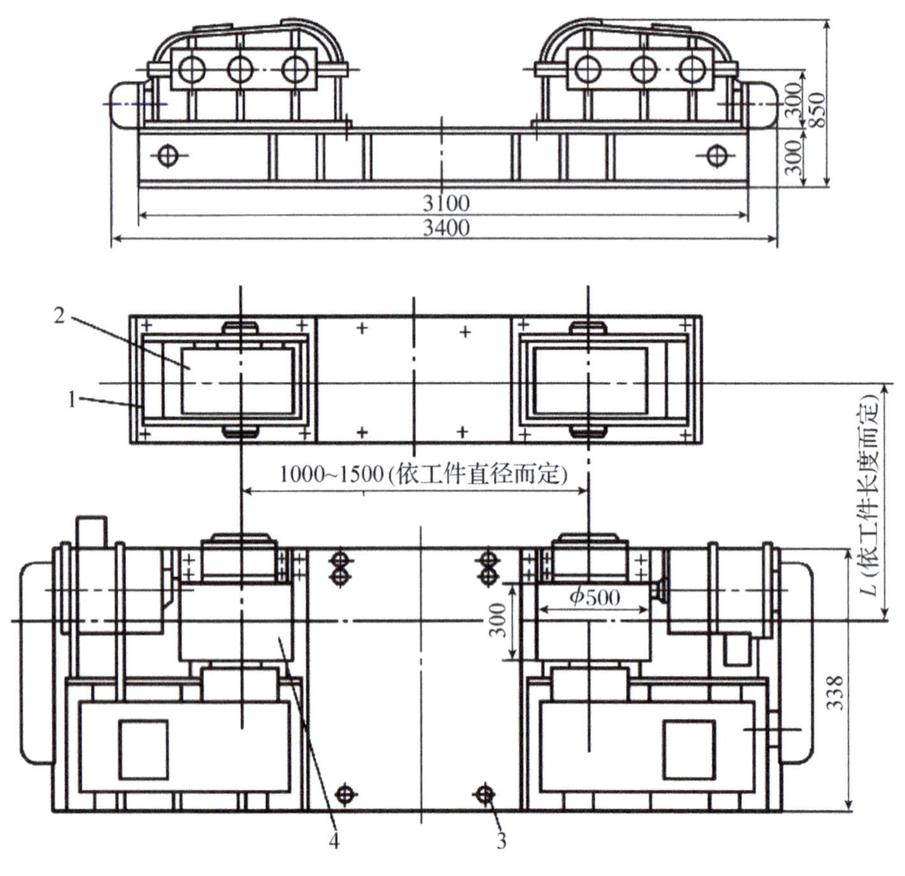

图 7–27　组合式滚轮架

1– 从动轮底座；2– 从动滚轮；3– 主动轮底座；4– 主动滚轮。

3）自调式滚轮架

图 7–28 所示的自调式滚轮架，其特点是可以根据焊件直径大小来自动调节滚轮的中心距，使其在不调整滚轮支座的情况下，适应较大范围变化的焊件直径。

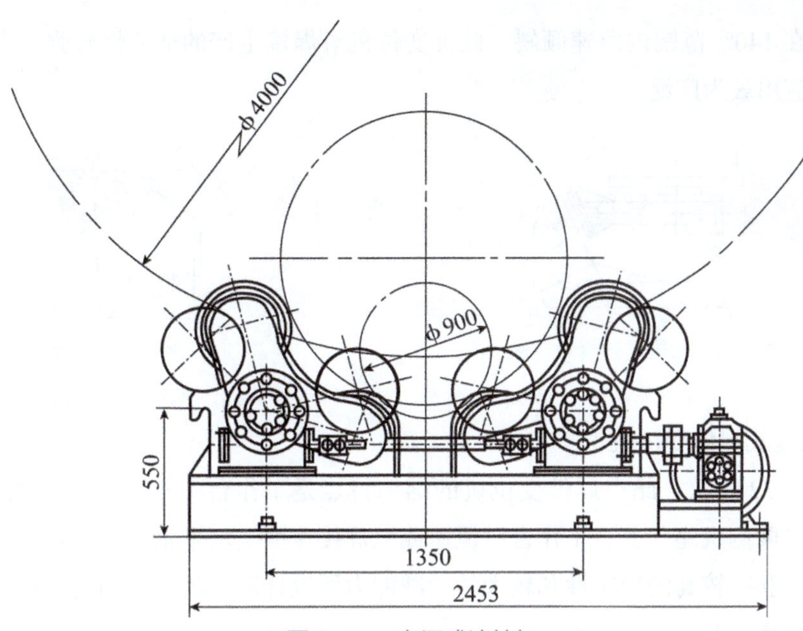

图 7–28 自调式滚轮架

4）履带式滚轮架

图 7–29 所示为履带式滚轮架。这种设计可使履带大面积与焊件相接触，减小了滚轮对焊件的压力，适合于轻型、薄壁大直径焊件及有色金属构件的焊接。

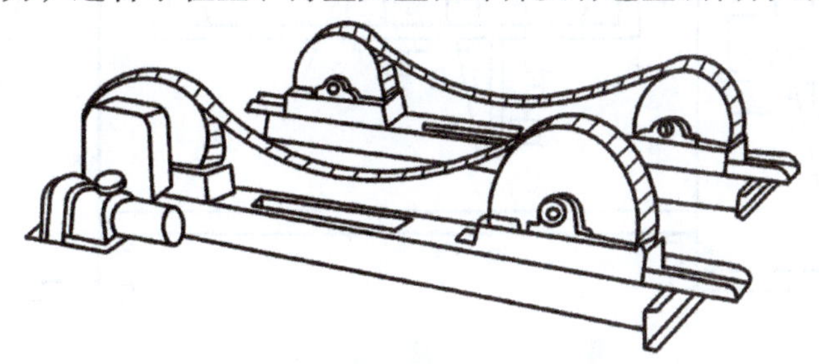

图 7–29 履带式滚轮架

4. 焊件变位机

焊件变位机是集翻转（或倾斜）和回转功能于一身的变位机械。翻转和回转分别由两根轴驱动，夹持焊件的工作台除能绕自身轴线回转外，还能绕另一根轴倾斜或翻转。因此，可将焊件上各种位置的焊缝调整到水平或“船形”等易施焊位置。

1）伸臂式焊件变位机

图 7–30 所示的伸臂式焊件变位机，主要用于 1 吨以下中小焊件的翻转变位。回转工作台 1 的转动可按照回转速度规范调整；旋转伸臂 2 旋转时，其空间轨迹为圆锥面，可以改变焊件倾斜位置，同时将伴随着焊件的升高或下降，使焊件获得最佳施焊位置。

2）座式焊件变位机

图 7–31 所示为一种常用的座式焊件变位机的结构形式。回转工作台 1 连同回转机构支承在两边的倾斜轴 2 上；工作台以焊接速度回转；通过扇形齿轮或液压油缸使

倾斜轴能在 140° 范围内恒速倾斜。此种变位机对焊接生产的适应性较强，在焊接结构生产中应用最为广泛。

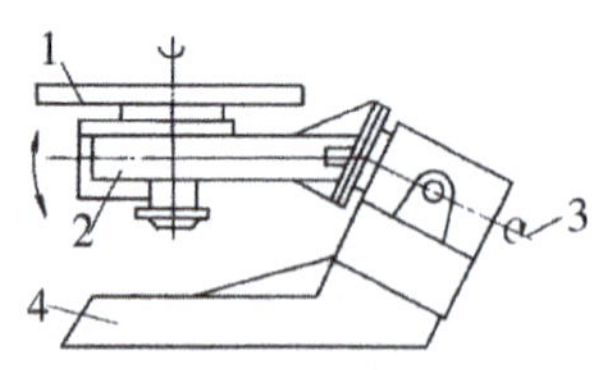

图 7–30 伸臂式焊件变位机

1– 回转工作台；2– 旋转伸臂；3– 倾斜轴；4– 底座。

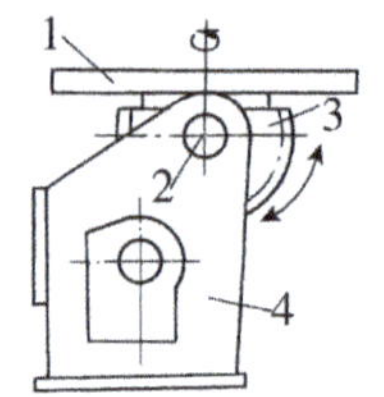

图 7–31 座式焊件变位机

1– 回转工作台；2– 倾斜轴；3– 扇形齿轮；4– 机座。

3）双座式焊件变位机

如图 7–32 所示，此类焊件变位机的结构特点是工作台 1 座落在 U 形架 2 上，U 形架座落在两侧机座 3 上，工作台以恒速或以焊接速度绕水平轴转动。双座式焊件变位机是为了获得较高的稳定性和较大的承载能力而设计制造的，特别适合用于大型和重型焊件的焊接变位。

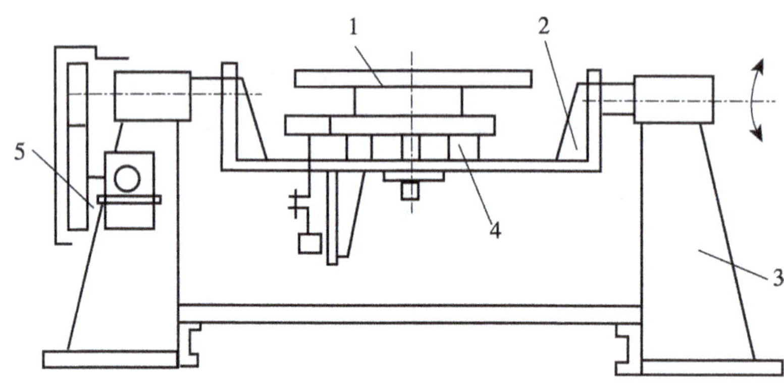

图 7–32 双座式焊件变位机

1– 工作台；2–U 形架；3– 机座；4– 回转机构；5– 倾斜机构。

二、焊机变位机械

这类机械装置以改变焊机所处位置为主要任务。为了适应在各种情况下的焊接需要，其类型与结构也是多种多样的，其共同特征：具有可以升降和水平伸缩的横臂或平台、立柱回转、台车可以移动等多种运动，也有不带台车而仅使平台或横臂绕立柱回转并沿之升降的。

1. 焊接操作机

1）平台式操作机

平台式操作机的结构形式如图 7–33 所示。焊接机头 1 可在操作平台 2 的专用轨道上作水平移动；操作平台 2 安装在立柱 3 上且可以沿立架升降，以适应不同直径筒体的焊接；立柱座落在台车6上，台车沿地轨移动，以调整平台与焊件之间的位置。平台式操作机有单轨式和双轨式两种，主要用于筒形容器的外纵缝和外环缝的焊接。

2）悬臂式操作机

悬臂式操作机的结构形式如图7-34所示。一般是利用悬臂的伸出长度来焊接容器的内纵缝和内环缝。悬臂3上安装有专用轨道，焊机在上面行走可焊接内纵缝；若焊机固定，而让容器回转则可焊接内环缝。

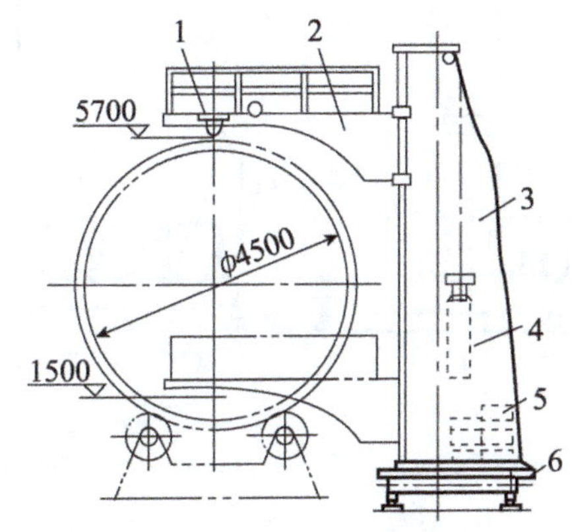

图7-33 平台式操作机

1-焊接机头；2-操作平台；3-立柱；4-配重；5-压重；6-台车。

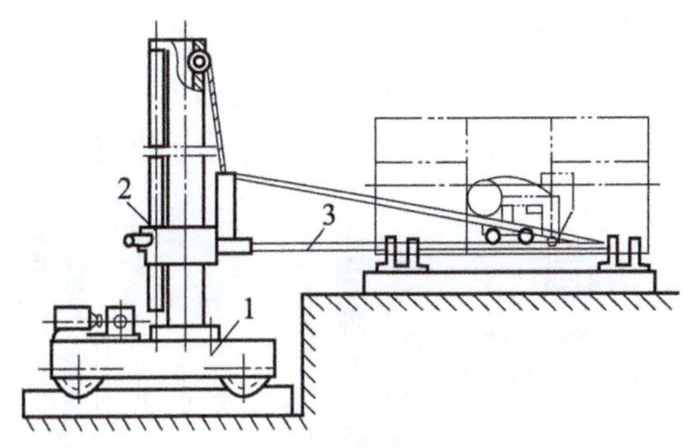

图7-34 悬臂式操作机

1-行走台车；2-升降机构；3-悬臂。

3）伸缩臂式操作机

其结构如图7-35所示。该机具有可以进行随台车11移动、绕立柱8回转、伸缩臂5水平伸缩与垂直升降四个运动；伸缩臂能以焊接速度运行，与变位机、滚轮架配合，完成各种工位上内外环缝和内外纵缝的焊接；在伸缩臂的一端还可安装割矩、磨头、探头等工作机头，完成切割、打磨和探伤等作业，机动性强，作业范围大。

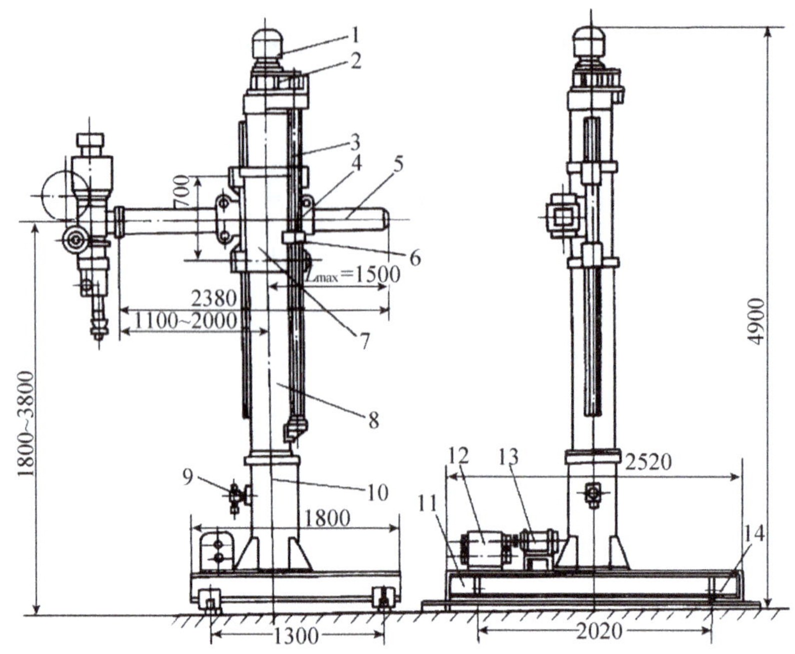

图 7-35 伸缩臂式操作机

1- 升降用电动机；2、12- 减速器；3- 丝杠；4- 导向装置；5- 伸缩臂；6- 螺母；7- 滑座；8- 立柱；9- 定位器；10- 柱套；11- 台车；13- 行走用电动机；14- 走轮。

4）门桥式操作机

门桥式操作机是将焊机或焊接机头安装在门桥的横梁上，焊件置于横梁下面，门桥跨越整个焊件。门桥式操作机可以完成三个方向的运动，即门桥自身沿轨道的运动、横梁的升降运动和焊机沿横梁的移动。图 7-36 是一种焊接容器用的门桥式操作机，它与焊接滚轮架配合可以完成容器外纵缝、外环缝的焊接。门桥式操作机的几何尺寸大，占用车间面积多，因此使用不够广泛，主要适用于批量生产的专业车间。

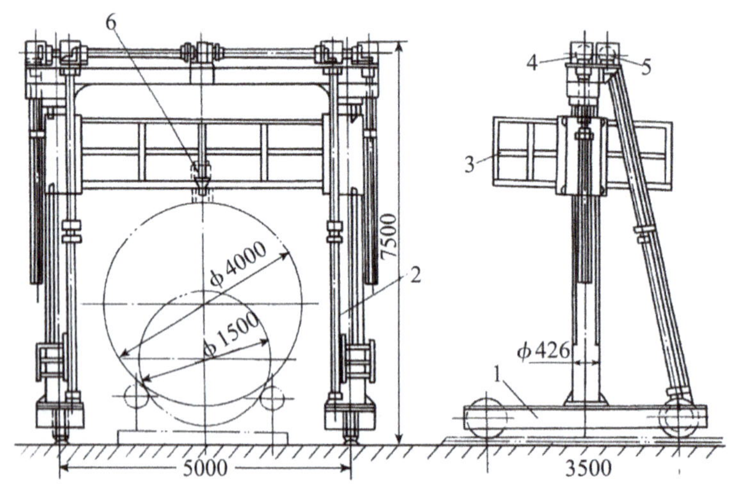

图 7-36 门桥式操作机

1- 走架；2- 立柱；3- 平台式横梁；4、5- 电动机；6- 焊接机头。

2. 电渣焊立架

电渣焊立架是将电渣焊机头按焊接速度进行提升的装置，主要用于直缝电渣焊，也可与滚轮架相配合完成环缝电渣焊。图7–37所示为一台焊接小直径筒体纵缝的电渣焊立架。整个立架放在可行走的台车2上，由于产品结构的多样性，通常需要根据产品的结构形式与尺寸，实际配备一套专用的电渣焊立架，在立架上安装标准的电渣焊机头进行焊接。

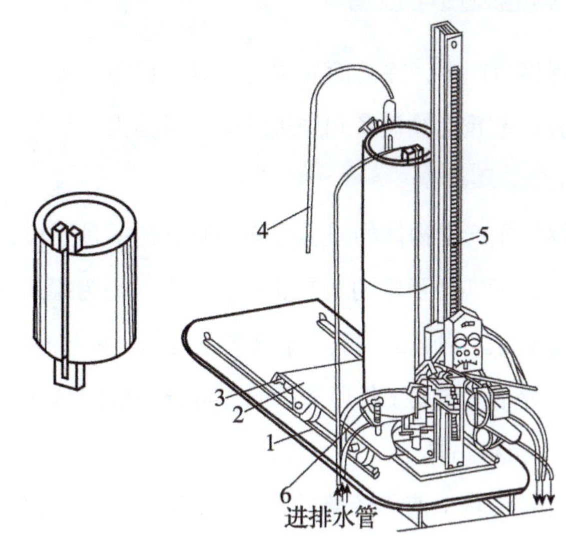

图7–37　电渣焊立架

1–底座；2–台车；3–制动器；4–电缆线；5–齿条；6–回转台。

三、焊工变位机械

焊工变位机械又称焊工升降台，这类装置的主要作用是在焊接高大结构或在工地上施工时，将焊工连同焊机或切割设备输送到作业位置。

如图7–38所示的移动式液压焊工升降台，工作负荷为200kg，工作台离地面高度可在1700 ~ 4000mm范围内调节，同时工作台的伸出位置也可以改变。使用时将支承装置1放下，使升降台不再移动，用手动液压泵2驱动工件升降到合适的高度即可工作。

图7–39为一垂直升降液压焊工升降台，依靠电动液压泵推动顶升液压缸5获得平稳的升降，液压缸全部伸出时，可把工作台举伸到7m的高度。到达所需高度后，工作台可水平移出，便于工人接近焊件。

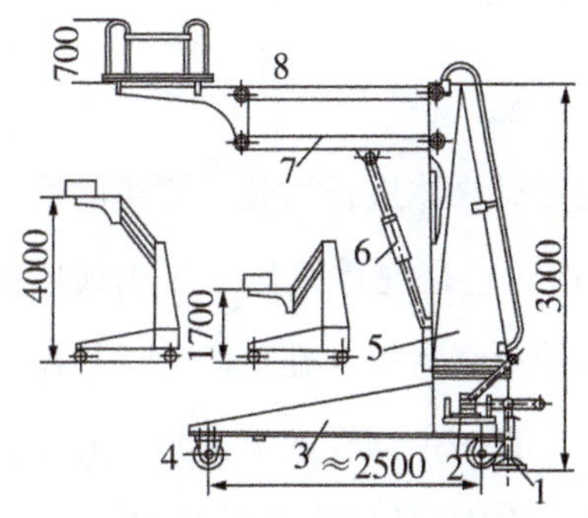

图7–38　移动式液压焊工升降台

1–支承装置；2–手动液压泵；3–底架组成；4–走轮；5–立架；6–正赛液压泵；7–转臂；8 工作台。

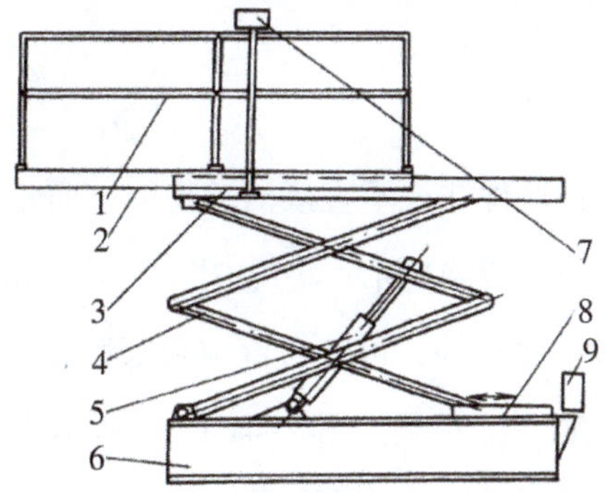

图7–39　垂直升降液压焊工升降台

1–栏杆；2、3–平台；4–铰接杆；5–液压缸；6–底架；7–控制板；8–导轨；9–开关箱。

四、其他装置与设备

焊接生产中，除前面介绍的工具、设备之外，还有很多辅助设备与装置，常用的有吊具、起重运输设备和先进的焊接机器人。

1. 装焊吊具

焊接生产中物体的搬运是必须具备的一种手段，将物体由一个位置搬运到另一个位置，从而实现预定的工艺流程。吊具就是为搬运各种板材、型钢和装焊好的结构件而实施夹紧、搬运的器具。吊具夹紧物体，再与起重设备配合就可以实现物体的搬运。

装焊吊具按其工作原理不同，可分为机械吊具、磁力吊具和真空吊具三类。

1）机械吊具

机械吊具中使用频繁的是各种挠性件，即起重链、麻绳和钢丝绳。图 7–40 所示为三种挠性吊具的简图。选用此类吊具应注意的是它们的承重量，同时应注意对物体的捆绑方法和捆绑位置。

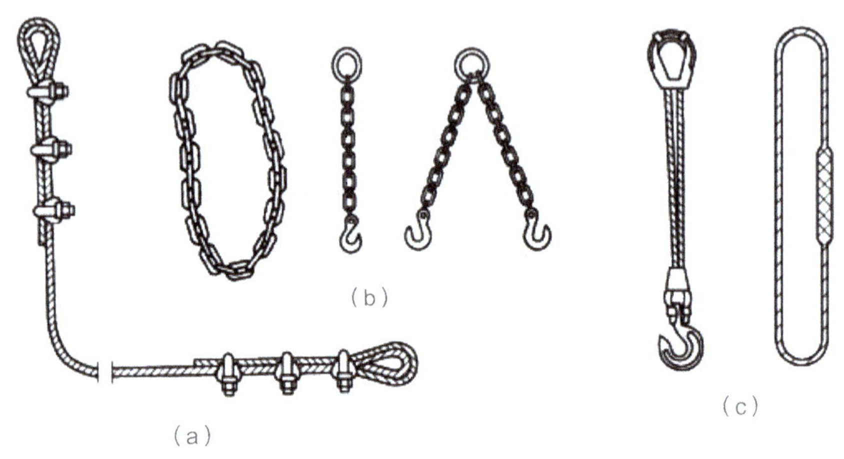

图 7–40 挠性吊具

（a）钢丝绳；（b）起重链；（c）麻绳。

挠性件往往不直接捆绑物体，而是与取物构件配合对物体进行吊装，常用的取物构件如图 7–41 所示。其中图 7–41（a）所示为起重钩，它是起重机械中应用最广的一种取物构件，可分为单钩和双钩两种，每个起重钩的承载量标注在打印处，使用时要注意不能超载。图 7–41（b）所示为 U 形起重卡环，有一带螺纹的横销封闭开口，使起吊过程比较安全。图 7–41（c）所示为偏心取物器，利用物体的自重带动偏心机构，从而产生对物体的夹紧力吊起物体。图 7–41（d）所示为起重承梁，在型钢梁下附有装载重物的钩或托爪，可以用来搬运各种长形物，如管子、工字梁等。

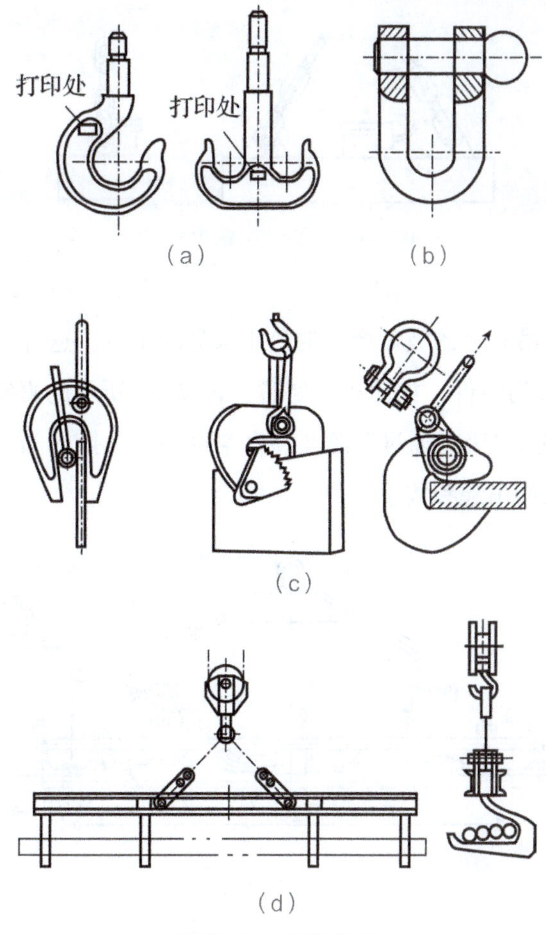

图 7-41 取物构件

1- 起重钩；2-U 形起重卡环；3- 偏心取物器；4—起重承梁。

2）磁力吊具

磁力吊具是利用磁力将铁磁物体吸牢，从而吊起物体。磁性吊具分为永磁式、电磁式、永磁—电磁式 3 种。永磁式吊具吸住工件后，靠外力将工件与吊具分开。电磁式吊具靠通电和断电来产生吸力。永磁—电磁式是利用永磁吸附工件，而用电磁铁极性的改变来增强或削弱磁力，在生产中应用广泛。图 7-42 为几种永磁—电磁式吊具的结构形式，这种吊具安全可靠，不用担心因停电而造成意外。

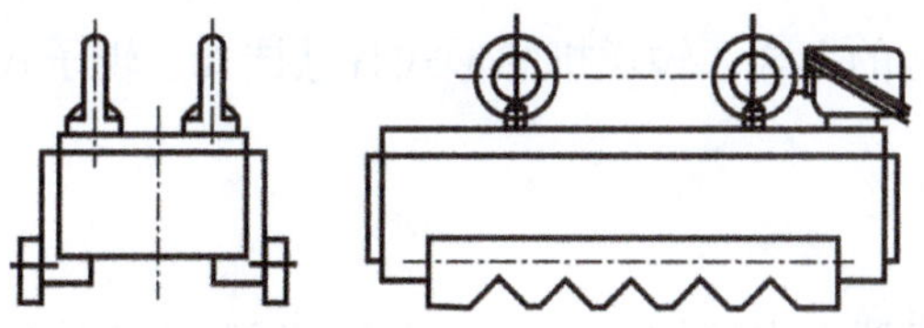

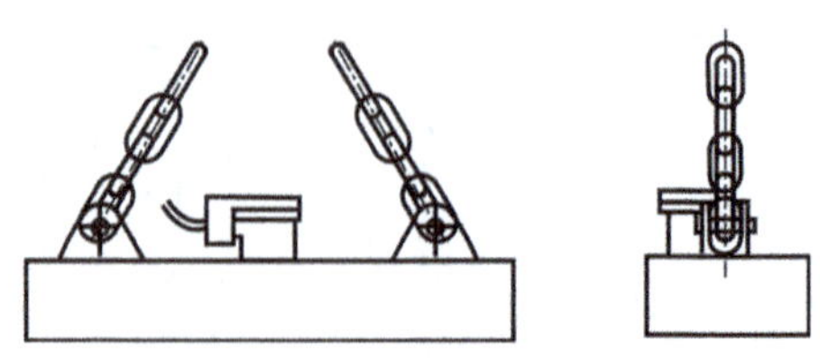

图 7-42 永磁—电磁吊具

3）真空吊具

真空吊具是利用吊具上的吸盘产生的负压来吸附工件。这种吊具适用于吊运表面光洁平整、重量不大的零件，如薄板类零件。图 7-43 所示的真空吊具结构，吊架 3 上面安装有多个吸盘 1，吸盘通过管路 4 与真空泵相连，换向阀 5 及分配阀 6 控制吸盘的充气和吸气，从而吊起和放下工件。

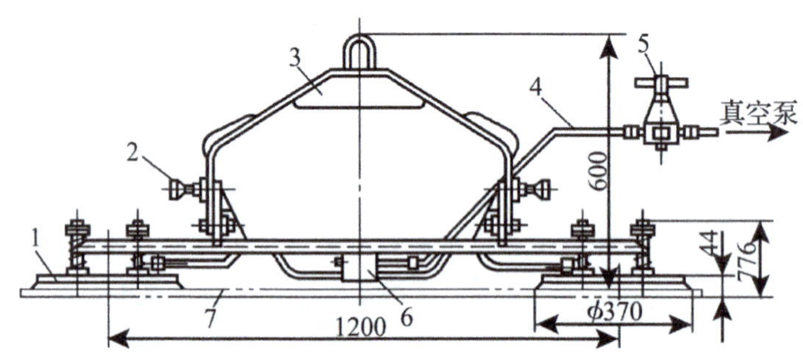

图 7-43 真空吊具

1- 吸盘；2- 导向机构；3- 吊架；4- 管路；5- 换向阀；6- 分配阀；7- 管桩。

2. 起重运输设备

仅仅靠吊具还不能使物体改变空间位置，真正使其改变位置的是起重运输设备。焊接车间中使用最广泛的起重运输设备是桥式起重机，它兼有起重和运输的功能。

另外还有在露天使用的门式起重机、小范围内使用的摇臂式起重机、手动和电动葫芦等起重运输设备。

若要在车间的不同跨间搬运物品，则要用到地面运输设备。常用的地面运输设备有叉车、电动搬运车、手动和电动平板车等。在大批量生产时，为了提高生产率，还有采用输送机进行搬运的方式，输送机的形式有悬挂式、辊子式、台车式和皮带式等多种。

3. 焊接机器人

焊接机器人又称机器人焊接加工系统，是 20 世纪 60 年代后期在国际上迅速发展起来的工业机器人技术的一个主要应用分支。目前，在焊接领域已应用到电阻点焊、电弧焊、切割及热喷涂等。

1）焊接机器人的组成

机器人是指可以反复编程的多功能操作机。图 7–44 所示为通用焊接机器人的一般组成，主要结构包括焊接操作机、控制系统、焊机等。

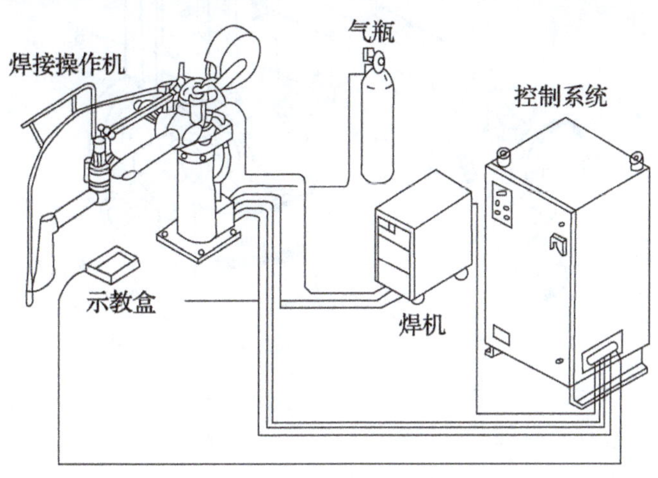

图 7–44 通用焊接机器人的一般组成

焊接操作机就是通常所指的机器人，完成对焊件的焊接功能。焊接操作机具有 4 ~ 6 个自由度，可以完成各种复杂的动作，为其安装上焊炬即可进行焊接。控制系统完成焊接机器人各部分的控制工作，如控制操作机各关节的回转、焊接电源等，并使其协调运行。控制系统还能完成示教—再现控制，即通过手工操作机器人，并将机器人的运动轨迹的数据自动存储在机器人的记忆装置中，然后再将数据读出，指挥机器人按原路径运行。控制部分还能实现一些智能功能，例如能根据焊接变形自动调整运动的路径、根据操作者的声音进行操作等。

焊机部分则提供焊接所需的电流、电压、送气、送丝等，也称为工艺保障部分。

2）机器人的自由度

机器人的动作要按自由度进行分类。在机器人的操作机部分，其臂和腕是基本动作部分。

任何一种机器人的臂部都有 3 个自由度，以保证臂的端部能够到达其工作范围内的任意一点。腕部的 3 个自由度是绕空间相互垂直的 3 个坐标轴 *XYZ* 的回转动作，一般称为滚转、俯仰和偏转运动。图 7–45 所示为已经标准化的通用机器人的运动简图。

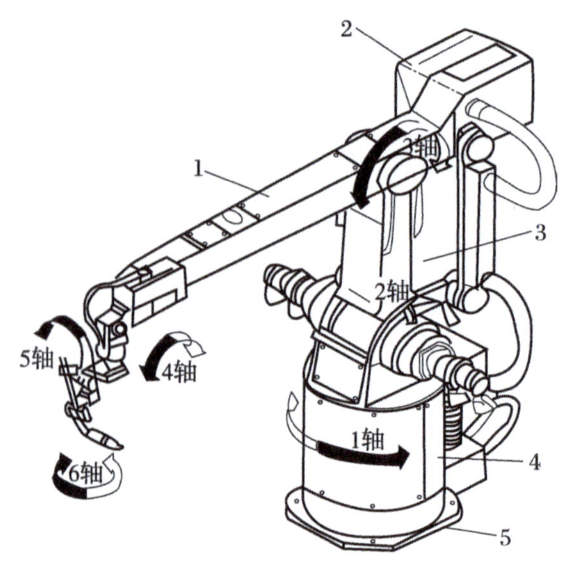

图 7-45　通用机器人运动简图

1- 上臂部；2- 手腕驱动部；3- 下臂部；4- 旋转套；5- 底座。

机器人还可以与各种变位机械配合，构成多达 12 个自由度的自动焊接系统。整个系统由焊接机器人控制系统集中控制和编程，可以极大地提高焊接生产效率。图 7-46 所示为几种典型机器人与变位机的配置。

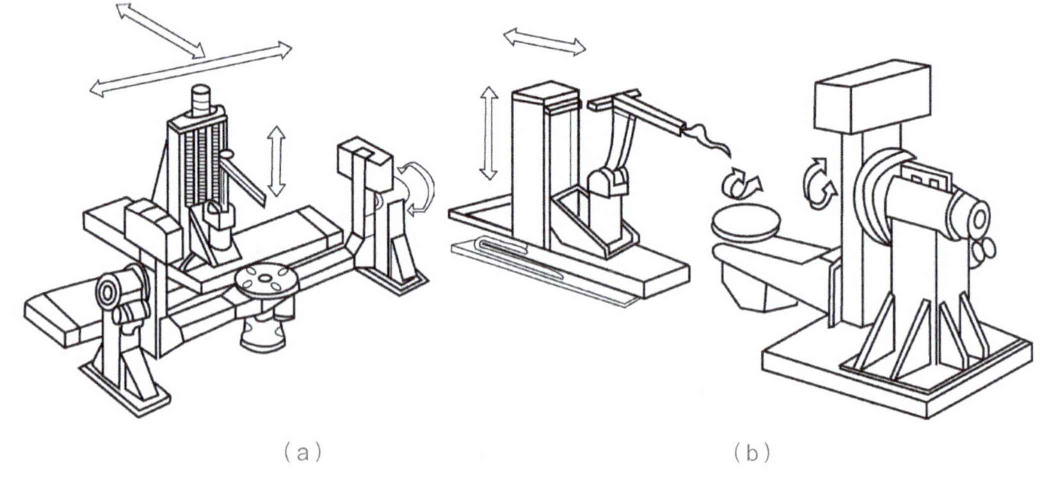

（a）　　　　（b）

图 7-46　机器人与变位机配置

（a）双座式变位机焊接机器人；（b）悬臂式变位机焊接机器人。

课堂笔记：

练习题

一、填空题

1. 焊接变位机械是通过改变________、________或________的空间位置来完成机械化、自动化焊接的各种机械设备。

2. 焊接变位机械可分为________变位机械、________变位机械和________变位机械。

3. 焊件变位机械按功能不同，可分为________、________、________和________等。

4. 变位器可以将焊件上各种位置的焊缝调整到________或________的易焊位置焊接。

5. 滚轮架是借助________之间的摩擦力带动筒形工件旋转的焊件变位机械。主要用于________工件的装配与焊接。

6. 焊接回转台是将工件绕________轴或________轴回转的焊件变位机械。

7. 头尾架式翻转机主要用于轴类及筒形、椭圆形焊件的________以及________的旋转变位。

8. 焊机变位机械按结构特征及用途可分为________式焊机变位机、________式焊机变位机、________式焊机变位机、________式焊机变位机和电渣焊立架等。

9. 电渣焊立架主要用于________的电渣焊，若与焊接滚轮架配合，还可用于________电渣焊。

10. 焊工变位机械是改变________的空间位置，使之在________高度进行施焊的设备。

11. 焊接机器人就是在焊接生产领域代替________从事________的工业机器人。

12. 完整的焊接机器人系统一般由以下几个部分组成：机器人操作机、________、控制器、________、________、中央控制计算机和相应的安全设备等。

二、简答题

1. 试述各种焊件变位机械的特点及用途。

2. 试述各种焊机变位机械的特点及用途。

3. 试述焊接机器人的发展历程及在国内外的应用现状。

4. 试述焊接机器人的组成及各部分的作用。

5. 普通弧焊机器人适用于哪些焊接方法？它有什么特点？

单元8 焊接结构生产的组织与安全技术

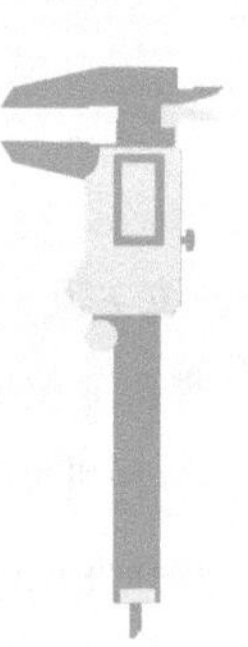

学习目标

1. 掌握有关焊接结构生产中的安全技术。
2. 掌握焊接生产中的劳动保护及安全管理的相关知识。

第一节　焊接结构生产的安全技术

一、企业安全文明生产常识

1. 正确执行安全技术操作规程

为了保障焊工的安全和健康，促进企业的生产安全，对从事焊接生产的焊工，必须遵守有关焊接安全操作规程，在这方面国家已制定相应的国家标准，如《焊接与切割安全》（GB 9448—1999），主要包括两大部分安全技术操作规程的内容：

1）气焊与气割的安全操作规程

具体包括：

（1）氧气瓶与乙炔瓶的安全使用。

（2）乙炔发生器与电石的安全使用。

（3）减压阀与回火防止器的安全使用。

（4）焊炬与割炬的安全使用。

（5）气焊与气割中胶管的安全使用。

（6）气焊与气割中的劳动保护技术。

2）电焊安全操作规程

具体包括：

（1）电焊设备的安全使用。

（2）焊钳与焊接电缆的安全使用。

（3）各种焊接方法的安全技术。

（4）电焊作业中的劳动保护技术。

3）特殊条件与材料的安全操作规程

此外，各生产单位还就特殊的材料和特殊的生产条件制定有相应的安全操作技术规程，如：

（1）钎焊安全操作技术规程。

（2）黄铜焊接安全操作技术规程。

（3）塑料焊接安全操作技术规程。

（4）登高焊割作业安全技术规程（焊工在离地面 2m 以上的地点进行焊割作业称高空焊接作业）。

（5）水下焊割作业安全技术规程。

（6）化工、燃料容器及管道焊割作业安全技术规程。

2. 按企业有关文明生产的规定，做到工作场地整洁，工件、工具摆放整齐

目前各工矿企业普遍地推行《工厂定置管理规定》，注重考评职工个人的管理意识，考核班组作业现场。根据制订的定置图和班组责任区，具体要求如下：

（1）厂房门窗窗明壁净，各种图表、标语整洁。

（2）按定置图归类存放物品，标识清晰，摆放整齐、平稳。

（3）保持地面平整清洁，无积水、烟头纸屑，无残料焊条头，无油垢痰迹。

（4）应保证安全通道畅通，无占道现象。

（5）工具箱应摆放整齐合理，工量具与生活用品分隔放置。

（6）机台常用工夹具摆放合理。

（7）应防止生产过程中零部件磕碰划伤，合理配置专用工位器具。

二、焊接安全操作常识

1. 安全用电的基本知识

在现代工业中应用的各种焊接方法，除少数几种，绝大部分是直接应用电能，或是以电为动力实行焊接，所以焊工在焊接时经常接触电源和电气设备，可能因设备故障或操作失误等原因造成触电事故和火灾等，所以焊接时的安全用电直接关系到个人生命和国家财产的安危。

1）造成触电事故的原因

造成焊工触电事故的原因很多，归纳起来有不安全的操作行为和设备不安全状态两个方面。

（1）属于操作行为的事故有：

①在更换焊条、电极和焊接的操作中，手或身体某部接触到焊条、焊钳或焊枪的带电部分，而脚或身体其他部分对地和金属结构间无绝缘防护。例如在金属容器、管道、锅炉、船舱或金属构架上施焊时，或当人身上大量出汗时，或在阴雨天、潮湿地点焊接时。

②在接线、调节焊接工艺参数和移动焊接设备时，手或身体某部碰触到接线柱、极板等带电体而造成触电。

③在登高焊接时，触及低压线路或靠近高压网路引起的触电事故。

④利用厂房金属结构、管道、轨道、天车吊钩或其他金属体搭接作为焊接回路而发生触电事故。

（2）属于设备故障的有：

①电焊设备罩壳漏电，人体碰触罩壳而触电。

②由于电焊设备或线路发生故障而引起的事故，如焊机的火线与零线接错，使外壳带电而造成触电事故。

③电焊过程中，人体触及绝缘破损的电缆、破裂的胶木闸盒等。

2）预防触电事故的技术措施

人体触及带电体就会引起触电，所以只要人不接触带电体，或带电导体的电压很低，或带电体与大地电位相等，或采用漏电保护装置等措施，就能预防触电事故的发生。为此目的常采用下述措施：

（1）隔离措施。指不使人接触带电导体。通常有两方面安全措施：

①安全距离。包括线路间、设备间和安全作业及检修时，应留有一定的安全距离。

②屏护。对带电设备或装置采用防罩壳、遮栏等方法实行隔离。

（2）绝缘措施。指把带电体用绝缘物封闭起来。

电焊设备的带电部分（如初、次级线圈间，线圈与外壳间）必须符合绝缘标准要求，其绝缘电阻值均不得小于 1MΩ；对于手持式电动工具的绝缘电阻值不低于 2MΩ；一般低压设备绝缘电阻值要大于 0.5MΩ。

（3）保护接地。指将正常情况下不带电的金属壳体，用导线和接地极与大地连接起来以保障人身安全。它只适用于三相三线制的中性线、中性点不接地的供电系统。

（4）保护接零。指将正常情况下不带电的金属壳体同电网的零线可靠地连接起来，保护接零适用于三相四线制电源，中性点直接接地的配电系统是目前绝大多数企业所采用的安全措施之一。

（5）保护切断与漏电保护装置。为了防止焊接设备采用了保护接地或接零，但发生碰壳时的短路电流不足够大时，就不能及时使熔断器中的熔丝熔断，或使自动开关跳闸，所以仍有触电危险。为了确保人身安全，防止触电事故，还有必要采用漏电保护装置，这就是目前国际上较为流行的“双保险”防触电措施，它还能预防漏电引起的电气火灾事故。常用的漏电保护装置有电压式与电流式两种。

（6）安全电压。为防止触电事故而采用的特定电源供电的电压系列，共分成 42V、36V、24V、12V、6V 五个等级，这个电压系列上限值，在任何情况下，两导体间或任一导体与地之间不得超过交流（50 ~ 500Hz）有效值 50V。

根据有关安全技术标准，对特定作业环境下的安全电压还作了如下规定：

①对于比较干燥而触电危险较大的环境，规定安全电压为 36V。

②对于潮湿而触电危险性又较大的环境，规定安全电压为 12V。

③对于水下或其他由于触电导致严重二次事故的环境，规定安全电压为 3V。

（7）焊机空载自动断电保护装置。因焊机的空载电压远大于安全电压（通常交流弧焊机不大于 80V、直流弧焊机不大于 90V），所以采用空载自动断电保护装置，不但可以避免更换焊条及其他辅助作业时产生触电的危险，还可减少空载运行时的电力损耗。

3）影响触电伤害程度的主要因素

影响触电伤害程度的主要因素，除了与通过人体的电流大小、持续时间和途径外，还与电流的种类、频率和人体状况有关。

2. 焊接设备及焊接工具的安全使用常识

1）焊机（弧焊电源）的安全使用要求

（1）所有交流、直流电焊机的内外壳，必须装设保护性接地或接零装置。

（2）焊机的接地装置可采用自然接地极，但氧气和乙炔管道及其他易燃可燃用品的容器和管道，严禁作为自然接地。

（3）自然接地极电阻超过 4Ω 时，应采用人工接地极。

（4）弧焊变压器的二次线圈与焊件相接的一端也必须接地（或接零），但二次线圈一端接地或接零时，则焊件不应接地或接零。

（5）凡是在有接地或接零装置的焊件上，进行焊接时应将焊件的接地线（或接零线）暂时拆除，焊完后方可恢复。

（6）用于焊机接地或接零的导线，应当符合下列安全要求：

①要有足够的截面积。接地线截面积一般为相线截面积的 1/3 ~ 1/2，接零线截面的大小，应保证其容量（短路电流）大于离电焊机最近处的熔断器额定电流的 2.5 倍，或者大于相应的自动开关跳闸电流的 1.2 倍。采用铝线、铜线和钢丝的最小截面，分别不小于 6.4mm^2 和 12mm^2。

②接地或接零线必须用整根的，中间不得有接头。与焊机及接地体的连接必须牢靠，应用螺栓拧紧。在有振动的地方，应当用弹簧垫圈、防松螺帽等防松动措施。固定安装的电焊机，上述连接应采用焊接。

（7）所有电焊设备的接地（或接零）线，不得串联接入接地体或零线干线。

（8）连接接地或接零线时，应当首先将导线接到接地体或零线干线上，然后将另一端接到焊接设备外壳上，拆除接地或接零线的顺序恰好与此相反，不得颠倒顺序。

（9）焊机一般都应该装设空载自动断电保护装置；在高空、水下、容器管道内或局限性空间等处的焊接作业，焊机必须安装空载自动断电保护装置。为达安全与节电的目的，焊机空载自动断电保护装置应满足以下基本要求：对焊机引弧无明显影响；保证焊机空载电压在安全电压之下；保护装置的最短断电延时为（1 ± 0.3）s；降低空载损耗不低于 90%。

2）焊接工具的安全使用要求

（1）焊钳和焊枪。焊钳和焊枪是焊接作业的主要工具，它与焊工操作安全有着直接关系，因此必须符合以下要求。

①结构轻便，易于操作，焊条电弧焊焊钳的质量不应超过 600g，其他不应超过 700g。

②焊钳和焊枪与电缆的连接必须简便可靠，接触良好，连接处不得外漏。

③要有良好的绝缘性能和隔热性能。气体保护焊枪头应用隔热材料包覆保护。焊钳由夹焊条处至握柄连接处止，间距为 150mm。

④要求密封性能良好。等离子焊枪应保证水冷系统密封、不漏气、不漏水。

⑤焊条电弧焊焊钳应保证在任何角度下能夹持焊条，而且更换焊条方便，可使焊工不必接触带电部分即迅速换焊条。

（2）焊接电缆。焊接电缆是焊机连接焊件、工作台、焊钳或焊枪等的绝缘导线，一般要求具备良好的导电能力和绝缘外皮、轻便柔软、耐油、耐热、耐腐蚀和抗机械损伤能力强等性能，操作中人体与焊接电缆接触的机会较多，因此使用时应注意下列安全要求。

①长度适当。焊机电源与插座连接的电源线电压较高，触电危险性大，所以其长度越短越好，规定不得超过 2 ~ 3m。如需较长电缆时，应架空布设，严禁将电源线拖在工作现场地面上。焊机与焊件和焊钳连接的电缆长度，应根据工作时的具体情况而定，太长会增加电压降，太短不便操作，一般以 20 ~ 30m 为宜。

②截面积适当。电缆截面积应当根据焊接电流的大小和所需电缆长度进行选用，

以保证电缆不致过热损坏绝缘外皮。

③减少接头。如需用短线接长，接头不应该超过 2 个。接头应用铜夹子作成，连接必须坚固可靠并保证绝缘良好。

④严禁利用厂房的金属结构、管道、轨道或其他与金属物体搭接起来作为电缆使用。也不能随便用其他不符合要求的电缆替换。

⑤不得将焊接电缆放置于电弧附近或灼热的焊缝金属旁，以免高温烫坏绝缘材料。

⑥横穿马路和通道时应加遮盖，避免碾压磨损等。

⑦焊接电缆应有较好的抗机械性损伤能力和耐油、耐热和耐腐蚀性能等，以适应焊工工作特点。

⑧焊接电缆还应具有良好的导电能力和绝缘外层。

3. 焊接操作人员的电气安全要求

（1）做好个人防护，工作前要戴好手套、穿好绝缘鞋和工作服。

（2）工作前要检查设备、工具的绝缘层是否有破损现象，焊机接地、接零及焊机各接点接触是否良好。

（3）推、拉电源闸刀时，要戴绝缘手套，动作要快，并且站在侧面，以防止电弧火花灼伤面部。

（4）身体出汗，衣服潮湿时切勿靠在带电的工件上。

（5）在带电的情况下，不要将焊钳夹在腋下去搬弄焊件或将电缆挂在脖子上。

（6）在狭小的仓室或容器内焊接时，要设有监护人员。

（7）严禁利用厂房的金属结构、管道、轨道或其他金属搭起来作为导线使用。

（8）严格执行焊机规定的负载持续率，避免焊机超负荷运行使绝缘损坏或设备烧损。

三、备料的安全技术

1. 划线号料工序的安全操作

划线、号料作业中需要注意的操作技术有：

（1）吊料前必须检查钢丝绳、卡钩是否完整与牢固。

（2）挂钩时必须找好重心，钢板必须挂稳、挂平，不准用手扶被吊件。

（3）放置钢板时，应事先选好位置，放好垫板，禁止边落料边放置或调整垫块。

（4）不得在被吊件下方工作，翻转大型工件时，人要离开工件翻转的范围。

（5）工作场地要经常保持整洁，样板、零件及边角料应堆放整齐，严禁乱丢乱扔。

（6）打样冲眼时，应戴防护眼镜，拿锤子的手不要戴手套。

（7）在对型钢划线打样冲时，必须将型钢放稳，以防翻转伤人。

2. 下料工序的安全操作

采用剪床下料时应注意以下几点：

（1）一台剪床禁止两人同时剪切两种零件，被剪切零件的长度和板厚应不超过剪床的剪切能力，不能剪切淬火钢。

（2）大型剪床启动前应先盘车，开动后应先空车运转到正常工作状态，然后才可进行剪切。

（3）剪切工件时禁止将手和工具伸入剪床内，以免发生人身和设备事故。

（4）工作时，脚踏开关由专人操作，不得随意乱放，随意操作。

（5）无法压紧的窄条钢板，不准在剪床上剪切；停机后剪床的离合器应放在空挡位置。

3. 成形加工中的安全操作

焊接生产车间的成形加工设备主要有卷板机和压力机。主要注意事项有以下几点：

（1）板料进入辊筒时要避免人体压伤、割伤事故的发生，卷板时要防止手或衣物被绞入辊筒内，严禁人站在板料上。热卷时应防止烫伤。

（2）板料落位后和卷板机开动过程中，在进、出料方向严禁站人。

（3）调整辊筒和板料时，必须停机。

（4）使用行车配合卷板工作时，应有专人指挥。吊具选择要适当，行车应不影响卷板机的工作。

（5）取出已卷好的圆筒时，必须停机并采取防止圆筒坠落的措施。

（6）放置卷好的圆筒时，应摆放整齐、平稳，以防止圆筒滚动伤人。

（7）不许在压力机能力范围之外工作。

（8）设备启动时，人身不准靠在压力机上，操作者的任何部位都不准置于压力机横梁或滑块的正下方。

（9）在压制或矫正工作时，不准用手把持工件，不准清扫氧化皮，也不要用不规则的垫块、圆棒等来压垫矫正。

（10）热压使用可燃气体加热，在点火前必须打开炉门排除炉内积聚的可燃气体，防止爆炸。

（11）消压缸、油泵房周围，可燃气体管路附近，不可明火作业和吸烟。

（12）行车配合作业时，应有专人指挥，应遵守挂钩安全操作规程。

（13）工作结束时应切断电源，将压力机置于非工作状态。

四、装配中的安全技术

目前，我国只有少数专业化程度较高的工厂采用或部分采用了机械化装配作业，而大多数工厂仍然还是用手工工具和简单的装配夹具进行装配，在装配过程中还需要与行车、焊工协同作业。因此，在装配时不仅存在机械性损伤、高空坠落、大件倾倒压伤等不安全因素，同时还存在噪声污染、弧光辐射和焊接烟尘等不卫生因素。所以，在装配作业时应注意以下几点：

（1）工作前检查各种锤有无卷边、伤痕，锤把应坚韧、无裂纹，锤把与锤连接处应加铁楔。

（2）打大锤不准戴手套，严禁两人对打。

（3）不得用手指示意锤击处，应用手锤或棒尖指点。

（4）使用千斤顶时应垫平放稳，不准超负荷使用。

（5）使用起重机进行机械吊装时，要有专人指挥，必须轻举慢落，工件到位后必须用定位焊焊牢，然后才能松钩。

（6）登高装配作业时，要有坚固的脚手架或梯子，操作者必须扎好安全带，工具只准放在工具袋内。

（7）在多人装配作业时，应注意相互配合，确保安全。

（8）装配时，应与焊工配合默契，防止弧光打眼和热工件烫伤。

（9）防止工件压坏电缆线造成触电事故。

（10）禁止在吊起的工件及翻转的工件上进行锤击矫正，防止工件脱落。

（11）在使用手提式砂轮机时，必须有防护罩，操作者应站在砂轮回转方向的侧面。

（12）在大型工件或容器内部作业时，要有安全行灯。操作人员必须穿戴好规定的防护用品，以防触电及机械损伤事故的发生。

课堂笔记：____

____

____

练习题

一、填空题

1. 焊工在离地面________以上的地点进行焊割作业称为高空焊接作业。

2. 焊机的接地装置可采用自然接地极，但________和________管道及其他________用品的容器和管道，严禁作为自然接地。

3. 自然接地极电阻超过 4Ω 时，应采用________接地极。

4. 在装配时，不仅存在________、________、________等不安全因素，同时还存在噪声污染、弧光辐射和焊接烟尘等不卫生因素。

5. 一台剪床禁止两人同时剪切________零件，被剪切零件的长度和板厚应不超过剪床的剪切能力，不能剪切________钢。

6. 在使用手提式砂轮机时，必须有________，操作者应站在砂轮回转方向的侧面。

二、思考题

1. 造成触电事故的原因有哪些？如何预防触电事故的发生？

2. 影响触电伤害程度的主要因素有哪些？

第二节　焊接结构生产的劳动保护与安全管理

一、焊接结构生产的劳动保护

各种焊接方法都会产生某些有害因素，不同的焊接工艺，其有害因素亦有所不同，但大体上有 7 类。其中物理因素分为：弧光、噪声、高频电磁场、热辐射、放射线以及其他有毒物质（如烟尘、有害气体）。

各种焊接工艺方法在施焊过程中，单一有害因素存在的可能性很小，还会有上述若干其他有害因素同时存在。必须指出，同时有几种有害因素存在，比起单一有害因素时，其对人体的毒性作用倍增。这是对某些看来并不超过卫生标准规定的有害因素亦应当采取必要的卫生防护措施的缘故。

焊接劳动保护综合起来有以下特点：

（1）焊接劳动保护的主要研究对象是熔化焊，其中明弧焊的劳动保护问题为最大，埋弧焊、电渣焊的问题较少。

（2）药皮焊条电弧焊、碳弧气刨和 CO_2 气体保护焊的主要有毒因素是焊接过程中产生的烟尘——电焊烟尘。特别是焊条电弧焊和气焊，如果在长期作业、空间狭小的环境里操作，而且在卫生防护不良的情况下，对呼吸系统会造成严重的危害。

（3）有害气体是气电焊和等离子弧焊的一种主要有害因素，浓度高的有时会引起中毒症状。特别是臭氧和氮化物，它们是由电弧高温辐射作用于空气中的氧和氮而产生的。

（4）弧光辐射是所有明弧焊共同的有害因素，由此引起的电光性眼病是明弧焊的一种特殊职业病。弧光辐射还会伤害皮肤，使焊工患皮炎、红斑和小水泡等皮肤病。此外，还会损坏棉织纤维。

（5）非熔化极氩弧焊和等离子弧焊，由于电焊机设置高频振荡器帮助引弧，所以存在有害因素高频电磁场。特别是高频振荡器工作时间较长的焊机。由于使用钍钨棒电极，钍为放射性物质，所以存在射线有害因素（α、β 和 γ 射线），在钍钨电极存放和进行磨尖的砂轮车间周围，有可能造成放射性的危害。

（6）等离子弧焊接、喷涂和切割时，产生强烈的噪声，在防护不好的情况下，会损伤焊工的听觉神经。

（7）有色金属气焊时的主要有害因素，是熔融金属蒸发于空气中形成的氧化物烟尘和来自焊剂的有害气体。

1. 有害因素的来源与危害

1）弧光辐射

焊接弧光辐射包括红外线、可见光和紫外线。它们是由于物体加热而产生的；例如，在生产环境中，凡是物体的温度达到 200℃以上时，辐射光谱中即可出现紫外线。随着物体温度的升高，紫外线的波长变短，其强度增大。焊接电弧的温度在 3000℃时可产生波长短于 290nm 的紫外线，电弧在 3200℃时，紫外线波长可短于 230nm，氩弧焊、等离子弧焊的温度越高，产生的紫外线波长越短。

光辐射到人体上，被体内组织吸收，引起组织的热作用、光化学作用或电离作用，致使人体组织发生急性或慢性损伤。

（1）紫外线。适量的紫外线对人体的健康是有益的，但焊接电弧产生的强烈紫外线对人体过度的照射却是有危害的。

紫外线可分为长波（400 ~ 320nm）、中波（320 ~ 275nm）和短波（275 ~ 189nm）。波长为 180 ~ 320nm 的紫外线，是有明显生物学作用的部分，尤其是 180 ~ 290nm 的紫外线，具有强烈的生物学作用。等离子弧焊的紫外线强度最大，其次是氩弧焊，焊条电弧焊最小。CO_2 气体保护焊的弧光辐射是焊条电弧焊的 2 ~ 3 倍。

紫外线对人体的伤害是光化学作用，主要造成皮肤和眼睛的伤害。

（2）红外线。红外线对人体的损害主要是引起组织的热作用。波长较长的红外线可被皮肤表面吸收，使人产生热的感觉。短波红外线可被组织吸收，使血液和深部组织灼伤。氩弧焊的红外线强度约比焊条电弧焊强 1 ~ 2 倍，而等离子弧焊又强于氩弧焊。

（3）可见光。焊接电弧的可见光线的光度较强，比肉眼正常承受的光度约大 10000 倍，被照射后眼睛疼痛，看不清东西，通常叫电焊“晃眼”，造成短时间内失去劳动能力。

2）电焊烟尘

焊接操作中的电焊烟尘包括烟和粉尘。焊条和母材金属熔融时所产生的蒸汽在空气中迅速冷凝及氧化从而形成金属及其化合物的微粒，其直径小于 0.1 μm 的微粒称为烟，直径在 0.1 ~ 10 μm 的金属微粒称为金属粉尘。飘浮于空气中的粉尘和烟等微粒，统称为气溶胶。

（1）电焊烟尘的来源。所有焊接操作都产生气体和粉尘两种污染，然而焊条电弧焊的电焊烟尘危害最大。20 世纪 20 年代出现药皮焊条后，标志着焊接技术的一个重大进步。目前，我国全部焊接工作量 70% 为焊条电弧焊，其人数占焊工队伍的多数。但是，厚药皮焊条在焊接时，会散发出大量的电焊烟尘，因此，电焊烟尘是焊条电弧焊主要有害因素之一，应作为焊接劳动卫生工作的一个重点。

电焊烟尘的产生首先是由于焊熔过程中金属元素的蒸发，焊接电弧的温度在 3500℃以上（弧柱区在 5000℃以上），在这样的高温下，必定有金属元素蒸发。其次是金属氧化物。在高温作用下分解的氧对弧柱区内的金属蒸气起氧化作用，形成的这些氧化物除了可能留在焊缝里造成夹渣等缺陷外，还会向操作现场扩散。

焊条电弧焊的金属烟尘还来源于焊条药皮。各种型号的焊条的药皮成分变化较大，概括起来药皮的矿产化工原料和金属元素主要有大理石（$CaCO_3$）、石英（SiO_2）、钛白粉（TiO_2）、锰铁（FeMn）、硅铁（FeSi）、纯碱（Na_2CO_3）、萤石（CaF_2）以及水玻璃等。焊接时各金属元素蒸发氧化，变成各种有毒物质，呈气溶胶状态逸出，如三氧化二铁、氧化锰、二氧化硅、硅酸盐、氟化钠、氟化钙、氧化铬和氧化镍等。由于药皮的蒸发和氧化，呈气溶胶状态逸出各种有害物质，如三氧化二铁、氧化锰、二氧化硅等。

（2）电焊烟尘的危害。电焊烟尘的成分比较复杂，其主要成分是铁、硅、锰。尤其在密闭容器、锅炉、船舱和管道内焊接时，在烟尘浓度较高的情况下，如果没有相应的通风除尘措施，长期接触会对焊工的健康造成危害。

3）有毒气体

在焊接电弧的高温下和强烈紫外线作用下，在电弧区周围形成多种有毒气体，其中主要有臭氧、氧化物、一氧化碳和氟化物（氟）等。

臭氧是一种淡蓝色气体，具有刺激性气味。浓度较高时，一般呈腥臭味并略带酸味。臭氧对人体的危害主要是对呼吸道及肺有强烈刺激作用。臭氧浓度超过一定限度时，往往引起咳嗽、胸闷、食欲不振、疲劳无力、头晕、全身痛等。严重时，特别在密封（闭）容器内焊接而又通风不良时，尚可引起支气管炎。另外，臭氧容易使橡胶、棉织品老化变性。

各种明弧焊都产生一氧化碳气体。CO 是一种窒息性气体，我国卫生标准规定 CO 的最高允许浓度为 30mg/m^3。

氟化氢主要产生于焊条电弧焊。在低氢型焊条的药皮里，通常都含有萤石（CaF）和石英（SiO_2），在电弧高温下形成氟化氢气体。这种气体为无色、易溶于水中，可形成氢氟酸，其腐蚀性很强，毒性极剧烈。如果人吸入较高浓度的氟化氢气体，可立即引起眼、鼻和呼吸道黏膜的刺激症状。严重时可发生支气管炎，肺炎等。

4）放射性物质

氩弧焊和等离子弧焊使用的钍钨棒电极中的钍是天然放射性物质，能放出 α、β、γ 三种射线。焊接操作时，其危害形式是含有钍及其衰变产物的烟尘被吸入体内，则可能引起病变，造成中枢神经系统、造血器官和消化系统的疾病，严重者发生放射病。

5）噪声

在等离子喷焊、喷涂和切割等工艺过程中，由于工作气体与保护气体以一定的速度流动，经压缩的等离子焰流以 10000m/min 的流速从喷枪口高速喷出，工作气体与保护性气体不同流速的流层之间，气流与静止的固体介质面之间，气流与空气之间都在互相作用。这种作用可以产生周期性的压力起伏和振动及摩擦，就会产生噪声。

噪声作用于中枢神经，可使神经感觉紧张、恶心、烦躁、疲倦。噪声作用于血管系统，可导致血管紧张性增加，血压增高，心跳及脉搏改变。

6）高温

焊接过程是应用高温热源把金属加热到熔化状态后进行连接的，所以在施焊过程中有大量的热能以辐射的形式向焊接作业环境中扩散，形成热辐射。

焊接作业场所由于焊接电弧、焊件预热以及焊条烘干等热源的存在，致使空气温度升高，其升高的程度主要取决于热源所散发的热量及环境的热条件。

2. 焊接卫生防护技术措施

生产劳动过程中需要进行保护，把人体同生产中的危险因素和有害、有毒因素隔离开，创造安全、卫生、舒适的劳动环境是劳动保护工作的重要内容。

1）通风防护措施

电气焊接过程中只要采取完善的防护措施，电气焊工只会吸入微量的烟尘和有毒气体，人体的解毒作用和排泄作用就能把毒害减小到最低程度，从而避免发生焊接烟尘和有毒气体中毒。

通风技术措施是消除焊接粉尘和有毒气体，改善劳动条件的有力措施。

（1）通风措施的种类和适应范围。按通风范围、通风措施可分为全面通风和局部通风。由于全面通风投资大、费用高、不能立即降低局部区域的烟雾浓度，且排烟效果不理想，因此除大型焊接车间外，一般情况下多采用局部通风措施。

（2）机械通风措施。焊接所采用的机械排气通风措施，以局部机械排气应用最广泛，使用效果好、方便、设备费用较少。

局部机械排气装置有固定、移动和随机式三种。

2）个人防护措施

主要指对眼、耳、鼻、身等部位的防护措施。除用工作服、手套、鞋、眼镜、口罩、头盔和护身器外，在特殊的作业场合，必须有特殊的防护措施。

（1）预防烟尘和有毒气。当在容器内焊接，特别是采用氩弧焊、二氧化碳气体保护焊，或焊接有色金属时，除加强通风外，还应戴好通风帽。

（2）预防电弧辐射。工作时必须穿好工作服（以白色工作服最佳），戴好工作帽、手套、脚盖和面罩。在辐射强烈的作业场合如氩弧焊时，应穿耐酸呢或丝绸工作服，并戴好通风焊帽。在高温条件下焊接应穿石棉工作服及石棉作业鞋等。工作地点周围，应尽可能放置屏蔽板，以免弧光伤害他人。

（3）对高频电磁场及射线的防护。在氩弧焊接用高频弧时，会产生高频电磁场。在焊枪的焊接电缆外面套一根铜丝软管进行屏蔽。将外层绝缘的铜丝编制软管一端接在焊枪上，另一端接地，同时应在操作台附近地面上垫绝缘橡皮。

钨极氩弧焊，若采用钍钨棒作电极，由于钍具有微量放射性，在一般的规范和短时间操作的情况下，对人体无多大危害。但在密闭容器内焊接或选用较强的焊接电流的情况下，以及在磨尖钍钨棒的操作过程中，对人体的危害就比较大。所以，在施焊时除加强通风和穿戴防护用品外，还应戴通风焊帽；焊工应有保健待遇，最好采用无放射性危害的铈钨棒来代替钍钨棒。

（4）对噪声的防护。长时间处于噪声环境下工作的人员应戴上护耳器，以减小噪声对人的危害程度。护耳器有隔音耳罩或隔音耳塞等。耳罩虽然隔音效能优于耳塞，但体积较大，戴用稍有不便。耳塞种类很多，常用的有耳研 5 型橡胶耳塞，具有携带方便、经济耐用、隔音较好等优点。该耳塞的隔音效能低频为 10 ~ 15dB，中频为 20 ~ 30dB，高频为 30 ~ 40dB。

3. 改进工艺和焊接材料

焊接作业中，劳动条件的好坏与生产工艺方法有着直接关系。改进生产工艺，使焊接操作实行机械化、自动化，不仅能降低劳动强度和提高劳动生产率，并且可以大大减少焊工接触产生毒物的机会。通过改革生产工艺而改善劳动卫生条件，使之符合卫生要求，是消除焊接职业危害的根本措施。

用自动焊代替手工焊，可以消除强烈的弧光，并可降低有毒气体和粉尘的危害。

合理地设计焊接容器结构，减少或完全不用容器内部的焊缝，尽可能采用单面焊双面成型新工艺，以减少或避免在容器内施焊的机会。

尽量减少高锰焊条的使用量。我国已研制出一些新型或新药皮配方的低氢型碱性焊条，这些焊条的药皮均具有低锰、低氢、低尘的特点。

二、焊接结构生产安全管理

焊接生产发生工伤事故的原因很多，一般来说，主要与安全技术措施不完善或安全管理措施不健全有关。实践经验证明，由于安全管理水平低，因而工作现场混乱，没有安全生产的规章制度或违规操作，缺乏必要的安全防护用品和器材，设备中的安全装置因维修不当而失灵等原因，即使有完善的安全技术措施，工伤事故还是可能会发生。因此，安全管理措施与安全技术措施是相互联系，相互配合的，它们是做好焊接安全工作的两个方面，缺一不可。

1. 焊接生产管理的任务

焊接生产管理的任务就是在生产施工过程中，组织安全生产的全部管理活动，主要通过对生产因素具体的状态控制，减少或消除生产因素中的不安全行为和状态。

2. 焊接生产管理的内容

焊接生产管理的内容主要包括安全组织管理、场地与设施管理、行为控制和安全技术管理4个方面，分别对生产中的人、物、环境的行为与状态进行具体的管理与控制。

3. 焊接生产管理的基本原则

（1）生产、安全同时管理。安全与生产虽有时存在矛盾，但管理目标是高度一致的。

（2）坚持安全管理的目的性。安全管理的目的是保护劳动者的安全与健康，实现效益。

（3）必须贯彻预防为主的方针。在生产过程中，应经常检查，及时发现不安全因素，并采取措施。

（4）坚持“四全”动态管理。即坚持全员、全过程、全方位、全天候的动态管理。

（5）安全管理重在控制。对生产因素的控制，与安全管理的目的关系最为直接。

4. 焊接生产管理的具体措施

1）进行焊工安全教育和考试

焊工安全教育是搞好焊工安全生产工作的一项重要内容，其作用是使广大焊工掌握安全技术和科学知识，提高安全操作技术水平，遵守安全操作规程，避免工伤事故。

新进厂的焊工，要接受厂、车间和班组的三级安全教育。并且，安全教育要实现经常化和宣传的多样化，如举办焊工安全培训班、报告会、图片展览、设置安全标识等多种形式，这都是行之有效的方法。按照安全规则，焊工必须经过安全培训，并经考试合格后才允许上岗独立操作。

2）建立焊接安全生产责任制

安全生产责任制是将安全工作与企业各级领导的职责联系起来的制度。通过建立焊接安全生产责任制，对工厂中各级领导、职能部门和相关工程技术人员等，在焊接安全工作中应负的责任明确的加以固定。

工程技术人员对焊接安全也负有责任，因为焊接安全的问题，需要仔细分析生产过程和焊接工艺、设备、工具及操作中的不安全因素。工程技术人员在进行产品设计、焊接方法选择、确定施工方案、焊接工艺规程的制订、工夹具的选用和设计，都必须考虑安全技术要求，并应有相应的安全技术措施。

企业各级领导、职能部门和工程技术人员，必须对与焊接有关的现行劳动法令中规定的安全技术标准和要求得到认真的贯彻执行。

3）制订焊接安全操作规程

焊接安全操作规程是人们在长期的焊接生产实践中，为克服各种不安全因素和消除工伤事故的经验总结。前已述及，在焊接安全操作方面已有相应的国家标准，在焊接结构生产过程中必须遵照执行。

4）对焊接工作场地的要求

在焊接工作场地，必须要有畅通的通道，以便于一旦发生事故时，消防、撤离和医务人员的抢救。安全规则规定，车辆通道的宽度不小于 3m，人行通道宽度不小于 1.5m。焊工作业面积不应小于 4m^2，地面应基本干燥，工作场地应有良好的天然采光和局部照明。焊割操作点周围 10m 直径范围内，严禁堆放各种易燃易爆物品。室内作业，应有良好的通风条件，不使可燃易燃气体滞留。室外作业时，操作现场的地面与登高作业以及与起重设备的吊运工作之间，应密切配合，秩序井然而不得杂乱无章。

课堂笔记：____

____

____

练习题

一、填空题

1. 影响触电伤害程度的主要因素，除了与通过人体的电流大小、持续时间和途径外，还与________、________和________有关。

2. 焊接弧光辐射包括________、________和________。

3. 在焊接电弧的高温下和强烈紫外线作用下，在电弧区周围形成多种有毒气体，其中主要有________、________、________和氟化物（氟）等。

4. CO 是一种________气体，我国卫生标准规定 CO 的最高允许浓度为________mg/m^3。

5. 氟化氢主要产生于焊条电弧焊。如果人吸入较高浓度的氟化氢气体，可立即引起眼、鼻和呼吸道黏膜的刺激症状。严重时可发生________、________等。

6. 安全规则规定，焊接生产场所车辆通道的宽度不小于________，人行通道宽度不小于________。

7. 焊工作业面积不应小于________m^2，焊割操作点周围________m 直径范围内。

二、思考题

1. 焊接劳动保护有哪些特点？

2. 如何进行焊接卫生防护？

3. 在焊接安全生产管理方面应注意哪些问题？

附 录

金属材料手册中角钢规格表

1. 等边角钢

型号		单角钢										双角钢				
		圆角	重心矩	截面积	质量	惯性矩	截面模量		回转半径			i_y，当 a 为下列数值				
		R	Z_0	A		I_x	W_{xmax}	W_{xmin}	i_x	i_{x0}	i_{y0}	6mm	8mm	10mm	12mm	14mm
		(mm)		(cm^2)	(kg/m)	(cm^4)	(cm^3)		(cm)			(cm)				
L20×	3	3.5	6	1.13	0.89	0.40	0.66	0.29	0.59	0.75	0.39	1.08	1.17	1.25	1.34	1.43
	4		6.4	1.46	1.15	0.50	0.78	0.36	0.58	0.73	0.38	1.11	1.19	1.28	1.37	1.46
L25×	3	3.5	7.3	1.43	1.12	0.82	1.12	0.46	0.76	0.95	0.49	1.27	1.36	1.44	1.53	1.61
	4		7.6	1.86	1.46	1.03	1.34	0.59	0.74	0.93	0.48	1.30	1.38	1.47	1.55	1.64
L30×	3	4.5	8.5	1.75	1.37	1.46	1.72	0.68	0.91	1.15	0.59	1.47	1.55	1.63	1.71	1.8
	4		8.9	2.28	1.79	1.84	2.08	0.87	0.90	1.13	0.58	1.49	1.57	1.65	1.74	1.82
L36×	3	4.5	10	2.11	1.66	2.58	2.59	0.99	1.11	1.39	0.71	1.70	1.78	1.86	1.94	2.03
	4		10.4	2.76	2.16	3.29	3.18	1.28	1.09	1.38	0.70	1.73	1.8	1.89	1.97	2.05
	5		10.7	2.38	2.65	3.95	3.68	1.56	1.08	1.36	0.70	1.75	1.83	1.91	1.99	2.08
L40×	3	5	10.9	2.36	1.85	3.59	3.28	1.23	1.23	1.55	0.79	1.86	1.94	2.01	2.09	2.18
	4		11.3	3.09	2.42	4.60	4.05	1.60	1.22	1.54	0.79	1.88	1.96	2.04	2.12	2.2
	5		11.7	3.79	2.98	5.53	4.72	1.96	1.21	1.52	0.78	1.90	1.98	2.06	2.14	2.23
L45×	3	5	12.2	2.66	2.09	5.17	4.25	1.58	1.39	1.76	0.90	2.06	2.14	2.21	2.29	2.37
	4		12.6	3.49	2.74	6.65	5.29	2.05	1.38	1.74	0.89	2.08	2.16	2.24	2.32	2.4
	5		13	4.29	3.37	8.04	6.20	2.51	1.37	1.72	0.88	2.10	2.18	2.26	2.34	2.42
	6		13.3	5.08	3.99	9.33	6.99	2.95	1.36	1.71	0.88	2.12	2.2	2.28	2.36	2.44
L50×	3	55	13.4	2.97	2.33	7.18	5.36	1.96	1.55	1.96	1.00	2.26	2.33	2.41	2.48	2.56
	4		13.8	3.90	3.06	9.26	6.70	2.56	1.54	1.94	0.99	2.28	2.36	2.43	2.51	2.59
	5		14.2	4.80	3.77	11.21	7.90	3.13	1.53	1.92	0.98	2.30	2.38	2.45	2.53	2.61
	6		14.6	5.69	4.46	13.05	8.95	3.68	1.51	1.91	0.98	2.32	2.4	2.48	2.56	2.64
L56×	3	6	14.8	3.34	2.62	10.19	6.86	2.48	1.75	2.2	1.13	2.50	2.57	2.64	2.72	2.8
	4		15.3	4.39	3.45	13.18	8.63	3.24	1.73	2.18	1.11	2.52	2.59	2.67	2.74	2.82
	5		15.7	5.42	4.25	16.02	10.22	3.97	1.72	2.17	1.10	2.54	2.61	2.69	2.77	2.85
	8		16.8	8.37	6.57	23.63	14.06	6.03	1.68	2.11	1.09	2.60	2.67	2.75	2.83	2.91
L63×	4	7	17	4.98	3.91	19.03	11.22	4.13	1.96	2.46	1.26	2.79	2.87	2.94	3.02	3.09
	5		17.4	6.14	4.82	23.17	13.33	5.08	1.94	2.45	1.25	2.82	2.89	2.96	3.04	3.12
	6		17.8	7.29	5.72	27.12	15.26	6.00	1.93	2.43	1.24	2.83	2.91	2.98	3.06	3.14
	8		18.5	9.51	7.47	34.45	18.59	7.75	1.90	2.39	1.23	2.87	2.95	3.03	3.1	3.18
	10		19.3	11.66	9.15	41.09	21.34	9.39	1.88	2.36	1.22	2.91	2.99	3.07	3.15	3.23
L70×	4	8	18.6	5.57	4.37	26.39	14.16	5.14	2.18	2.74	1.4	3.07	3.14	3.21	3.29	3.36
	5		19.1	6.88	5.40	32.21	16.89	6.32	2.16	2.73	1.39	3.09	3.16	3.24	3.31	3.39
	6		19.5	8.16	6.41	37.77	19.39	7.48	2.15	2.71	1.38	3.11	3.18	3.26	3.33	3.41
	7		19.9	9.42	7.40	43.09	21.68	8.59	2.14	2.69	1.38	3.13	3.2	3.28	3.36	3.43
	8		20.3	10.67	8.37	48.17	23.79	9.68	2.13	2.68	1.37	3.15	3.22	3.30	3.38	3.46
L75×	5	9	20.3	7.41	5.82	39.96	19.73	7.30	2.32	2.92	1.5	3.29	3.36	3.43	3.5	3.58
	6		20.7	8.80	6.91	46.91	22.69	8.63	2.31	2.91	1.49	3.31	3.38	3.45	3.53	3.6
	7		21.1	10.16	7.98	53.57	25.42	9.93	2.30	2.89	1.48	3.33	3.4	3.47	3.55	3.63
	8		21.5	11.50	9.03	59.96	27.93	11.2	2.28	2.87	1.47	3.35	3.42	3.50	3.57	3.65
	10		22.2	14.13	11.09	71.98	32.40	13.64	2.26	2.84	1.46	3.38	3.46	3.54	3.61	3.69

续表

型号		单角钢										双角钢				
		圆角	重心矩	截面积	质量	惯性矩	截面模量		回转半径			i_y，当 a 为下列数值				
		R	Z_0	A		Ix	W_{xmax}	W_{xmin}	i_x	ix_0	iy_0	6mm	8mm	10mm	12mm	14mm
		(mm)		(cm^2)	(kg/m)	(cm^4)	(cm^3)		(cm)			(cm)				
L80×	5	9	21.5	7.91	6.21	48.79	22.70	8.34	2.48	3.13	1.6	3.49	3.56	3.63	3.71	3.78
	6		21.9	9.40	7.38	57.35	26.16	9.87	2.47	3.11	1.59	3.51	3.58	3.65	3.73	3.8
	7		22.3	10.86	8.53	65.58	29.38	11.37	2.46	3.1	1.58	3.53	3.60	3.67	3.75	3.83
	8		22.7	12.30	9.66	73.50	32.36	12.83	2.44	3.08	1.57	3.55	3.62	3.70	3.77	3.85
	10		23.5	15.13	11.87	88.43	37.68	15.64	2.42	3.04	1.56	3.58	3.66	3.74	3.81	3.89
L90×	6	10	24.4	10.64	8.35	82.77	33.99	12.61	2.79	3.51	1.8	3.91	3.98	4.05	4.12	4.2
	7		24.8	12.3	9.66	94.83	38.28	14.54	2.78	3.5	1.78	3.93	4	4.07	4.14	4.22
	8		25.2	13.94	10.95	106.5	42.3	16.42	2.76	3.48	1.78	3.95	4.02	4.09	4.17	4.24
	10		25.9	17.17	13.48	128.6	49.57	20.07	2.74	3.45	1.76	3.98	4.06	4.13	4.21	4.28
	12		26.7	20.31	15.94	149.2	55.93	23.57	2.71	3.41	1.75	4.02	4.09	4.17	4.25	4.32
L100×	6	12	26.7	11.93	9.37	115	43.04	15.68	3.1	3.91	2	4.3	4.37	4.44	4.51	4.58
	7		27.1	13.8	10.83	131	48.57	18.1	3.09	3.89	1.99	4.32	4.39	4.46	4.53	4.61
	8		27.6	15.64	12.28	148.2	53.78	20.47	3.08	3.88	1.98	4.34	4.41	4.48	4.55	4.63
	10		28.4	19.26	15.12	179.5	63.29	25.06	3.05	3.84	1.96	4.38	4.45	4.52	4.6	4.67
	12		29.1	22.8	17.9	208.9	71.72	29.47	3.03	3.81	1.95	4.41	4.49	4.56	4.64	4.71
	14		29.9	26.26	20.61	236.5	79.19	33.73	3	3.77	1.94	4.45	4.53	4.6	4.68	4.75
	16		30.6	29.63	23.26	262.5	85.81	37.82	2.98	3.74	1.93	4.49	4.56	4.64	4.72	4.8
L110×	7	12	29.6	15.2	11.93	177.2	59.78	22.05	3.41	4.3	2.2	4.72	4.79	4.86	4.94	5.01
	8		30.1	17.24	13.53	199.5	66.36	24.95	3.4	4.28	2.19	4.74	4.81	4.88	4.96	5.03
	10		30.9	21.26	16.69	242.2	78.48	30.6	3.38	4.25	2.17	4.78	4.85	4.92	5	5.07
	12		31.6	25.2	19.78	282.6	89.34	36.05	3.35	4.22	2.15	4.82	4.89	4.96	5.04	5.11
	14		32.4	29.06	22.81	320.7	99.07	41.31	3.32	4.18	2.14	4.85	4.93	5	5.08	5.15
L125×	8	14	33.7	19.75	15.5	297	88.2	32.52	3.88	4.88	2.5	5.34	5.41	5.48	5.55	5.62
	10		34.5	24.37	19.13	361.7	104.8	39.97	3.85	4.85	2.48	5.38	5.45	5.52	5.59	5.66
	12		35.3	28.91	22.7	423.2	119.9	47.17	3.83	4.82	2.46	5.41	5.48	5.56	5.63	5.7
	14		36.1	33.37	26.19	481.7	133.6	54.16	3.8	4.78	2.45	5.45	5.52	5.59	5.67	5.74
L140×	10	14	38.2	27.37	21.49	514.7	134.6	50.58	4.34	5.46	2.78	5.98	6.05	6.12	6.2	6.27
	12		39	32.51	25.52	603.7	154.6	59.8	4.31	5.43	2.77	6.02	6.09	6.16	6.23	6.31
	14		39.8	37.57	29.49	688.8	173	68.75	4.28	5.4	2.75	6.06	6.13	6.2	6.27	6.34
	16		40.6	42.54	33.39	770.2	189.9	77.46	4.26	5.36	2.74	6.09	6.16	6.23	6.31	6.38
L160×	10	16	43.1	31.5	24.73	779.5	180.8	66.7	4.97	6.27	3.2	6.78	6.85	6.92	6.99	7.06
	12		43.9	37.44	29.39	916.6	208.6	78.98	4.95	6.24	3.18	6.82	6.89	6.96	7.03	7.1
	14		44.7	43.3	33.99	1048	234.4	90.95	4.92	6.2	3.16	6.86	6.93	7	7.07	7.14
	16		45.5	49.07	38.52	1175	258.3	102.6	4.89	6.17	3.14	6.89	6.96	7.03	7.1	7.18
L180×	12	16	48.9	42.24	33.16	1321	270	100.8	5.59	7.05	3.58	7.63	7.7	7.77	7.84	7.91
	14		49.7	48.9	38.38	1514	304.6	116.3	5.57	7.02	3.57	7.67	7.74	7.81	7.88	7.95
	16		50.5	55.47	43.54	1701	336.9	131.4	5.54	6.98	3.55	7.7	7.77	7.84	7.91	7.98
	18		51.3	61.95	48.63	1881	367.1	146.1	5.51	6.94	3.53	7.73	7.8	7.87	7.95	8.02
L200×	14	18	54.6	54.64	42.89	2104	385.1	144.7	6.2	7.82	3.98	8.47	8.54	8.61	8.67	8.75
	16		55.4	62.01	48.68	2366	427	163.7	6.18	7.79	3.96	8.5	8.57	8.64	8.71	8.78
	18		56.2	69.3	54.4	2621	466.5	182.2	6.15	7.75	3.94	8.53	8.6	8.67	8.75	8.82
	20		56.9	76.5	60.06	2867	503.6	200.4	6.12	7.72	3.93	8.57	8.64	8.71	8.78	8.85
	24		58.4	90.66	71.17	3338	571.5	235.8	6.07	7.64	3.9	8.63	8.71	8.78	8.85	8.92

2. 不等边角钢

角钢型号 B×b×t		圆角	重心矩		截面积	质量	回转半径			i_y，当 a 为下列数值（单角钢）				i_y，当 a 为下列数值（双角钢）			
		R	Z_x	Z_y	A		i_x	i_y	i_{y0}	6mm	8mm	10mm	12mm	6mm	8mm	10mm	12mm
		(mm)	(cm2)	(kg/m)	(cm)	(cm)	(cm)	(mm)	(cm2)	(kg/m)	(cm)	(cm)	(cm)	(mm)	(cm2)	(kg/m)	(cm)
L25×16×	3	3.5	4.2	8.6	1.16	0.91	0.44	0.78	0.34	0.84	0.93	1.02	1.11	1.4	1.48	1.57	1.65
	4		4.6	9.0	1.50	1.18	0.43	0.77	0.34	0.87	0.96	1.05	1.14	1.42	1.51	1.6	1.68
L32×20×	3	3.5	4.9	10.8	1.49	1.17	0.55	1.01	0.43	0.97	1.05	1.14	1.23	1.71	1.79	1.88	1.96
	4		5.3	11.2	1.94	1.52	0.54	1	0.43	0.99	1.08	1.16	1.25	1.74	1.82	1.9	1.99
L40×25×	3	4	5.9	13.2	1.89	1.48	0.7	1.28	0.54	1.13	1.21	1.3	1.38	2.07	2.14	2.23	2.31
	4		6.3	13.7	2.47	1.94	0.69	1.26	0.54	1.16	1.24	1.32	1.41	2.09	2.17	2.25	2.34
L45×28×	3	5	6.4	14.7	2.15	1.69	0.79	1.44	0.61	1.23	1.31	1.39	1.47	2.28	2.36	2.44	2.52
	4		6.8	15.1	2.81	2.2	0.78	1.43	0.6	1.25	1.33	1.41	1.5	2.31	2.39	2.47	2.55
L50×32×	3	5.5	7.3	16	2.43	1.91	0.91	1.6	0.7	1.38	1.45	1.53	1.61	2.49	2.56	2.64	2.72
	4		7.7	16.5	3.18	2.49	0.9	1.59	0.69	1.4	1.47	1.55	1.64	2.51	2.59	2.67	2.75
L56×36×	3	6	8.0	17.8	2.74	2.15	1.03	1.8	0.79	1.51	1.59	1.66	1.74	2.75	2.82	2.9	2.98
	4		8.5	18.2	3.59	2.82	1.02	1.79	0.78	1.53	1.61	1.69	1.77	2.77	2.85	2.93	3.01
	5		8.8	18.7	4.42	3.47	1.01	1.77	0.78	1.56	1.63	1.71	1.79	2.8	2.88	2.96	3.04
L63×40×	4	7	9.2	20.4	4.06	3.19	1.14	2.02	0.88	1.66	1.74	1.81	1.89	3.09	3.16	3.24	3.32
	5		9.5	20.8	4.99	3.92	1.12	2	0.87	1.68	1.76	1.84	1.92	3.11	3.19	3.27	3.35
	6		9.9	21.2	5.91	4.64	1.11	1.99	0.86	1.71	1.78	1.86	1.94	3.13	3.21	3.29	3.37
	7		10.3	21.6	6.8	5.34	1.1	1.96	0.86	1.73	1.8	1.88	1.97	3.15	3.23	3.3	3.39
L70×45×	4	7.5	10.2	22.3	4.55	3.57	1.29	2.25	0.99	1.84	1.91	1.99	2.07	3.39	3.46	3.54	3.62
	5		10.6	22.8	5.61	4.4	1.28	2.23	0.98	1.86	1.94	2.01	2.09	3.41	3.49	3.57	3.64
	6		11.0	23.2	6.64	5.22	1.26	2.22	0.97	1.88	1.96	2.04	2.11	3.44	3.51	3.59	3.67
	7		11.3	23.6	7.66	6.01	1.25	2.2	0.97	1.9	1.98	2.06	2.14	3.46	3.54	3.61	3.69
L75×50×	5	8	11.7	24.0	6.13	4.81	1.43	2.39	1.09	2.06	2.13	2.2	2.28	3.6	3.68	3.76	3.83
	6		12.1	24.4	7.26	5.7	1.42	2.38	1.08	2.08	2.15	2.23	2.3	3.63	3.7	3.78	3.86
	8		12.9	25.2	9.47	7.43	1.4	2.35	1.07	2.12	2.19	2.27	2.35	3.67	3.75	3.83	3.91
	10		13.6	26.0	11.6	9.1	1.38	2.33	1.06	2.16	2.24	2.31	2.4	3.71	3.79	3.87	3.96
L80×50×	5	8	11.4	26.0	6.38	5	1.42	2.57	1.1	2.02	2.09	2.17	2.24	3.88	3.95	4.03	4.1
	6		11.8	26.5	7.56	5.93	1.41	2.55	1.09	2.04	2.11	2.19	2.27	3.9	3.98	4.05	4.13
	7		12.1	26.9	8.72	6.85	1.39	2.54	1.08	2.06	2.13	2.21	2.29	3.92	4	4.08	4.16
	8		12.5	27.3	9.87	7.75	1.38	2.52	1.07	2.08	2.15	2.23	2.31	3.94	4.02	4.1	4.18
L90×56×	5	9	12.5	29.1	7.21	5.66	1.59	2.9	1.23	2.22	2.29	2.36	2.44	4.32	4.39	4.47	4.55
	6		12.9	29.5	8.56	6.72	1.58	2.88	1.22	2.24	2.31	2.39	2.46	4.34	4.42	4.5	4.57
	7		13.3	30.0	9.88	7.76	1.57	2.87	1.22	2.26	2.33	2.41	2.49	4.37	4.44	4.52	4.6
	8		13.6	30.4	11.2	8.78	1.56	2.85	1.21	2.28	2.35	2.43	2.51	4.39	4.47	4.54	4.62
L100×63×	6	10	14.3	32.4	9.62	7.55	1.79	3.21	1.38	2.49	2.56	2.63	2.71	4.77	4.85	4.92	5
	7		14.7	32.8	11.1	8.72	1.78	3.2	1.37	2.51	2.58	2.65	2.73	4.8	4.87	4.95	5.03
	8		15	33.2	12.6	9.88	1.77	3.18	1.37	2.53	2.6	2.67	2.75	4.82	4.9	4.97	5.05
	10		15.8	34	15.5	12.1	1.75	3.15	1.35	2.57	2.64	2.72	2.79	4.86	4.94	5.02	5.1
L100×80×	6	10	19.7	29.5	10.6	8.35	2.4	3.17	1.73	3.31	3.38	3.45	3.52	4.54	4.62	4.69	4.76
	7		20.1	30	12.3	9.66	2.39	3.16	1.71	3.32	3.39	3.47	3.54	4.57	4.64	4.71	4.79
	8		20.5	30.4	13.9	10.9	2.37	3.15	1.71	3.34	3.41	3.49	3.56	4.59	4.66	4.73	4.81
	10		21.3	31.2	17.2	13.5	2.35	3.12	1.69	3.38	3.45	3.53	3.6	4.63	4.7	4.78	4.85

续表

角钢型号 B×b×t		单角钢								双角钢							
		圆角	重心矩		截面积	质量	回转半径			i_y, 当 a 为下列数值				i_y, 当 a 为下列数值			
		R	Z_x	Z_y	A		i_x	i_y	i_{y0}	6mm	8mm	10mm	12mm	6mm	8mm	10mm	12mm
		(mm)	(cm2)	(kg/m)	(cm)	(cm)	(cm)	(mm)	(cm2)	(kg/m)	(cm)	(cm)	(cm)	(mm)	(cm2)	(kg/m)	(cm)
L110×70×	6	10	15.7	35.3	10.6	8.35	2.01	3.54	1.54	2.74	2.81	2.88	2.96	5.21	5.29	5.36	5.44
	7		16.1	35.7	12.3	9.66	2	3.53	1.53	2.76	2.83	2.9	2.98	5.24	5.31	5.39	5.46
	8		16.5	36.2	13.9	10.9	1.98	3.51	1.53	2.78	2.85	2.92	3	5.26	5.34	5.41	5.49
	10		17.2	37	17.2	13.5	1.96	3.48	1.51	2.82	2.89	2.96	3.04	5.3	5.38	5.46	5.53
L125×80×	7	11	18	40.1	14.1	11.1	2.3	4.02	1.76	3.11	3.18	3.25	3.33	5.9	5.97	6.04	6.12
	8		18.4	40.6	16	12.6	2.29	4.01	1.75	3.13	3.2	3.27	3.35	5.92	5.99	6.07	6.14
	10		19.2	41.4	19.7	15.5	2.26	3.98	1.74	3.17	3.24	3.31	3.39	5.96	6.04	6.11	6.19
	12		20	42.2	23.4	18.3	2.24	3.95	1.72	3.21	3.28	3.35	3.43	6	6.08	6.16	6.23
L140×90×	8	12	20.4	45	18	14.2	2.59	4.5	1.98	3.49	3.56	3.63	3.7	6.58	6.65	6.73	6.8
	10		21.2	45.8	22.3	17.5	2.56	4.47	1.96	3.52	3.59	3.66	3.73	6.62	6.7	6.77	6.85
	12		21.9	46.6	26.4	20.7	2.54	4.44	1.95	3.56	3.63	3.7	3.77	6.66	6.74	6.81	6.89
	14		22.7	47.4	30.5	23.9	2.51	4.42	1.94	3.59	3.66	3.74	3.81	6.7	6.78	6.86	6.93
L160×100×	10	13	22.8	52.4	25.3	19.9	2.85	5.14	2.19	3.84	3.91	3.98	4.05	7.55	7.63	7.7	7.78
	12		23.6	53.2	30.1	23.6	2.82	5.11	2.18	3.87	3.94	4.01	4.09	7.6	7.67	7.75	7.82
	14		24.3	54	34.7	27.2	2.8	5.08	2.16	3.91	3.98	4.05	4.12	7.64	7.71	7.79	7.86
	16		25.1	54.8	39.3	30.8	2.77	5.05	2.15	3.94	4.02	4.09	4.16	7.68	7.75	7.83	7.9
L180×110×	10	14	24.4	58.9	28.4	22.3	3.13	8.56	5.78	2.42	4.16	4.23	4.3	4.36	8.49	8.72	8.71
	12		25.2	59.8	33.7	26.5	3.1	8.6	5.75	2.4	4.19	4.33	4.33	4.4	8.53	8.76	8.75
	14		25.9	60.6	39	30.6	3.08	8.64	5.72	2.39	4.23	4.26	4.37	4.44	8.57	8.63	8.79
	16		26.7	61.4	44.1	34.6	3.05	8.68	5.81	2.37	4.26	4.3	4.4	4.47	8.61	8.68	8.84
L200×125×	12	14	28.3	65.4	37.9	29.8	3.57	6.44	2.75	4.75	4.82	4.88	4.95	9.39	9.47	9.54	9.62
	14		29.1	66.2	43.9	34.4	3.54	6.41	2.73	4.78	4.85	4.92	4.99	9.43	9.51	9.58	9.66
	16		29.9	67.8	49.7	39	3.52	6.38	2.71	4.81	4.88	4.95	5.02	9.47	9.55	9.62	9.7
	18		30.6	67	55.5	43.6	3.49	6.35	2.7	4.85	4.92	4.99	5.06	9.51	9.59	9.66	9.74

注：一个角钢的惯性矩 $I_x=Ai_x^2$，$I_y=Ai_y^2$；一个角钢的截面个角钢的截面模量 $W_{xmax}=I_x/Z_x$，$W_{xmin}=I_x/(b-Z_x)$; $W_{yax}=I_yZ_yW_{xmin}=I_y(b-Z_y)$。

参考文献

[1] 曾乐. 现代焊接技术手册 [M]. 上海：上海科学技术出版社，1989.

[2] 田锡唐. 焊接结构 [M]. 北京：机械工业出版社，1996.

[3] 王云鹏，戴建树. 焊接结构生产 [M]. 北京：机械工业出版社，1998.

[4] 邓红军. 焊接结构生产 [M]. 北京：机械工业出版社，2004.

[5] 吴润辉. 船舶焊接工艺 [M]. 哈尔滨：哈尔滨工程大学出版社，1996.

[6] 李莉. 焊接结构生产 [M]. 北京：机械工业出版社，2011.

职业院校“双证书”课题实验教材
焊接技术应用专业

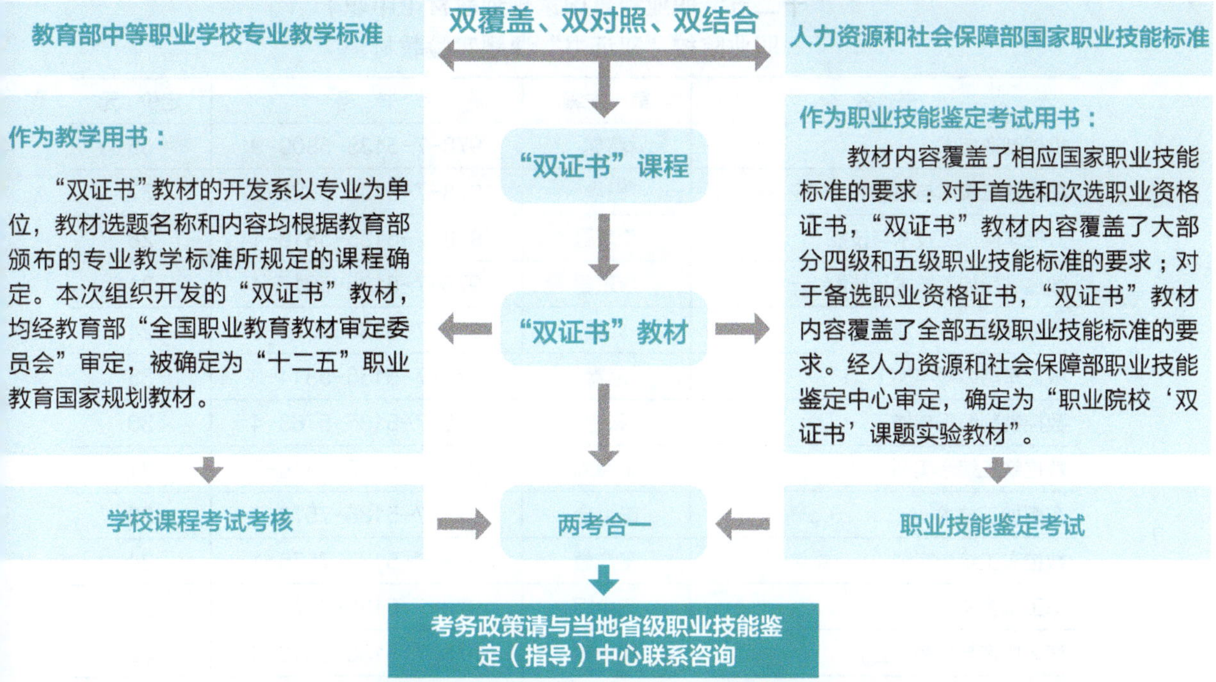

教育部中等职业学校专业教学标准

双覆盖、双对照、双结合

人力资源和社会保障部国家职业技能标准

作为教学用书：

“双证书”教材的开发系以专业为单位，教材选题名称和内容均根据教育部颁布的专业教学标准所规定的课程确定。本次组织开发的“双证书”教材，均经教育部“全国职业教育教材审定委员会”审定，被确定为“十二五”职业教育国家规划教材。

“双证书”课程

“双证书”教材

作为职业技能鉴定考试用书：

教材内容覆盖了相应国家职业技能标准的要求：对于首选和次选职业资格证书，“双证书”教材内容覆盖了大部分四级和五级职业技能标准的要求；对于备选职业资格证书，“双证书”教材内容覆盖了全部五级职业技能标准的要求。经人力资源和社会保障部职业技能鉴定中心审定，确定为“职业院校‘双证书’课题实验教材”。

学校课程考试考核

两考合一

职业技能鉴定考试

考务政策请与当地省级职业技能鉴定（指导）中心联系咨询

教材使用说明

教材识别

职业院校“双证书”课题实验教材，均由人力资源和社会保障部职业技能鉴定中心《职业院校“双证书”课题实验教材目录》给予公告，采用专用的标识，并在封底加贴唯一识别编码。需参加职业技能鉴定的学员，请在使用本系列教材前，登录“双证书教材服务平台（http://sz.nvq.net.cn）”，进行信息登记，以便记录学习过程信息和获取学习支持。

配套资源

- **学生资源：**教材另配数字学习资源，学生可在“双证书教材服务平台”上登录后，免费下载相关学习资源。
- **教师资源：**教材配有相应模拟试卷，任课教师经过授权并登录“双证书教材服务平台”，填写有关信息后，可免费下载。也可向试点地区的职业技能鉴定指导机构、有关出版单位索取。
- **题库建设：**各专业的“双证书”课程和综合实训课程的考试试题，可由试点地区职业技能鉴定中心根据本系列教材，组织职业院校教师、行业企业专家共同命题组卷。对于符合国家职业技能鉴定题库技术要求的试题，可推荐收录到国家题库中。

教材体系

焊接技术应用专业“双证书”教材体系由《金属熔焊基础》《焊接检测》《焊接结构生产》《焊接基本技能实训》《普通焊接方法与工艺》《普通焊接设备操作与维护》《焊工（中级）职业技能鉴定专项实训》7 本教材组成。这 7 本教材基本上覆盖了焊工国家职业技能标准的基本要求和五级、四级工作要求。

希望各地职业技能鉴定机构、职业院校和我们一同努力，积极探索符合职业院校特点、对接国家职业技能标准、课程考试与职业技能鉴定“两考合一”的职业院校学生评价体系和“教学训考”资源开发使用模式。

有关有关职业院校“双证书”课题实验教材的具体问题和反馈意见可咨询人力资源和社会保障部职业技能鉴定中心课题组。

联系方式：人力资源和社会保障部职业技能鉴定中心　许　远　vocscum@qq.com, 010-84661204
外语教学与研究出版社职教分社　吴　飞　609311386@qq.com, 010-88819197

“十二五”职业教育国家规划教材（中职）
职业院校“双证书”课题实验教材

书　名	第一主编	书　号	定价 / 元
机械制造技术	龚雯	978-7-5135-5809-9	35
车削加工技术与技能	田华	978-7-5135-5808-2	37
数控车削加工技术与技能	李东君	978-7-5135-5818-1	28
数控铣削加工技术与技能	李东君	978-7-5135-5817-4	31
极限配合与技术测量	郭鹏	978-7-5135-7576-8	24
数控车削编程与加工	赵青	978-7-5135-5814-3	35
数控铣削编程与加工	张晖	978-7-5135-5763-4	30
数控铣工综合实训	张荣高	978-7-5135-5816-7	31
车削加工技术	陈世全	978-7-5135-7573-7	38
数控车工综合实训	王广勇	978-7-5135-7575-1	24
车工综合实训	王少妮	978-7-5135-7574-4	25
汽车构造与拆装（上）	祁翠琴	978-7-5135-5813-6	32
汽车构造与拆装（下）	祁翠琴	978-7-5135-5807-5	29
汽车拆装实训	詹远武	978-7-5135-5810-5	33
汽车电控系统检修	闫炳强	978-7-5135-5815-0	32
汽车制造工艺	李东兵	978-7-5135-5812-9	29
汽车机械制图	王丽芬	978-7-5135-5811-2	32
汽车文化	黄智亮	978-7-5135-7577-5	32
汽车电工电子基础	倪彤	978-7-5135-7578-2	32
汽车机械基础	赵青	978-7-5135-7579-9	34
汽车发动机机械维修	姜龙青	978-7-5135-7580-5	32
汽车悬挂、转向与制动系统维修	赵青	978-7-5135-7581-2	35
汽车车身电气设备检修	江帆	978-7-5135-7582-9	38
汽车发动机电器与控制系统检修（上）	丁宪伟	978-7-5135-7583-6	28
汽车发动机电器与控制系统检修（下）	丁宪伟	978-7-5135-7584-3	30
汽修专业考证与综合实训（中级工）	王胜旭	978-7-5135-7585-0	35
汽车维修接待实务	王茂美	978-7-5135-7570-6	26
典型机床电气故障诊断与维修	邱寿昆	978-7-5135-5800-6	28
电工技能实训	周皓	978-7-5135-5801-3	24
机械拆装技能实训	韩树明	978-7-5135-5803-7	32
电器与 PLC 控制技术（西门子）	周占怀	978-7-5135-5804-4	35
PLC 与变频器应用技术（三菱）	岳丽英	978-7-5135-5802-0	32

书　名	第一主编	书　号	定价 / 元
钳工技能实训	郑爱权	978-7-5135-5805-1	35
机床电气线路安装与维修	刘捍东	978-7-5135-7568-3	39
电子技能实训	钱志宏	978-7-5135-7567-6	28
气动与液压传动	郑勇	978-7-5135-5764-1	35
设备电气控制技术	李红斌	978-7-5135-7562-1	30
金属熔焊基础	关强	978-7-5135-7566-9	28
焊接结构生产	王冠雄	978-7-5135-5806-8	36
焊接检测	郭广磊	978-7-5135-7564-5	30
焊接基本技能实训	李晓霞	978-7-5135-7569-0	28
普通焊接方法与工艺	任黎娜	978-7-5135-7563-8	38
普通焊接设备操作与维护	顾鹏展	978-7-5135-7565-2	28
焊工（中级）职业技能鉴定专项实训	申海舰	978-7-5135-7561-4	30
沟通技能训练	廉捷	978-7-5135-5784-9	29
办公设备使用与维护	姜绍辉	978-7-5135-5785-6	33
办公软件应用	李星华	978-7-5135-5786-3	35
会议组织与管理	楼红霞	978-7-5135-5790-0	34
文书拟写与处理	张琼华	978-7-5135-5788-7	35
企业行政管理	林淑贞	978-7-5135-5789-4	28

“十二五”职业教育国家规划教材（中职）

书　名	第一主编	书　号	定价 / 元
网站内容编辑	宋爱华	978-7-5135-6059-7	32
商品拍摄与图片处理	丛日东	978-7-5135-6055-9	52
网络营销实务	刘青春	978-7-5135-6054-2	37
店铺运营	蓝魏	978-7-5135-6056-6	39
电子商务物流	周云斌	978-7-5135-6052-8	25
电子商务客户服务	张元生	978-7-5135-6058-0	29
网页设计	鱼东彪	978-7-5135-6057-3	26
电子商务基础	梁海波	978-7-5135-6053-5	35
办公室事务管理	任素芳	978-7-5135-4588-4	32
公关礼仪训练	佟景渝	978-7-5135-7016-9	31